U0633488

本书为教育部人文社会科学研究规划基金项目《星占学与汉代社会研究》（项目批准号：15YJA770023）最终研究成果

本书为河南省哲学社会科学规划项目《天文星占与汉代政治研究》（项目批准号：2017BLS014）阶段性研究成果

鼓楼史学丛书·区域与社会研究系列

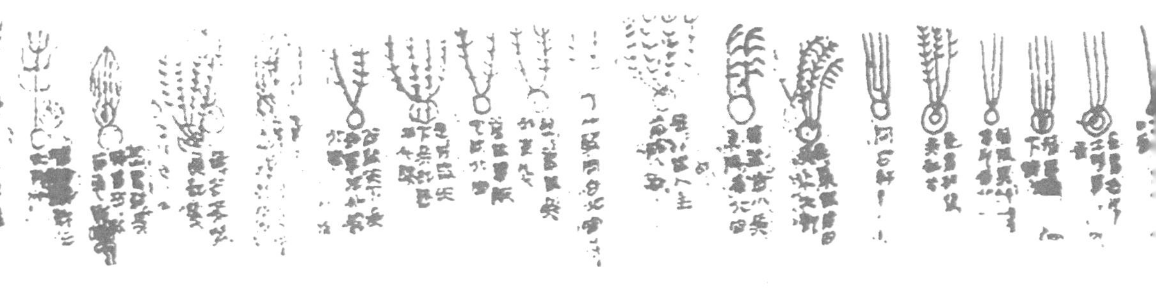

星占学与汉代社会研究

The Research of Astrology and the Society of the Han Dynasty

甄尽忠 ◯ 著

中国社会科学出版社

图书在版编目（CIP）数据

星占学与汉代社会研究／甄尽忠著．—北京：中国社会科学出版社，2018.10（2025.8重印）

ISBN 978－7－5203－3335－1

Ⅰ.①星… Ⅱ.①甄… Ⅲ.①占星术—研究—中国—汉代 Ⅳ.①B992.2

中国版本图书馆CIP数据核字(2018)第243724号

出 版 人 赵剑英
责任编辑 宋燕鹏
特约编辑 陈夕涛
责任校对 李 莉
责任印制 李寡寡

出 版 中国社会科学出版社
社 址 北京鼓楼西大街甲158号
邮 编 100720
网 址 http://www.csspw.cn
发 行 部 010－84083685
门 市 部 010－84029450
经 销 新华书店及其他书店

印 刷 北京明恒达印务有限公司
装 订 廊坊市广阳区广增装订厂
版 次 2018年10月第1版
印 次 2025年8月第2次印刷

开 本 710×1000 1/16
印 张 22.5
字 数 404千字
定 价 95.00元

目　　录

绪　论

现代意义上的天文学“主要继承了古希腊的天文学体系”①。但在西学东渐之前，中国古代的天文学基本上是自成体系的，有其自身独立、完整的发展路径，“无论就性质还是就功能而论，都与现代意义上的天文学迥然不同”。② 中国古代天文学在世界天文学史上长期处于领先的地位，成为中华古代文明的重要组成部分，甚至可以说是源头，并独具鲜明的特色和风格。

一　“观象授时”与“占候吉凶”：先秦两汉时期天文学的二重功能

长期以来，对于中国先秦两汉时期天文学的功能，一直被界定为“观象授时”，即通过观察日月星辰的运行制定历法，确定四季，服务于农牧业生产这一个层面，更多地侧重于考察其“科学”属性，这几乎是20世纪90年代以前中国古代史权威教科书一致性的结论。郭沫若先生主编的《中国史稿》指出：“适应农业生产发展的需要，天文历法知识也逐渐积累起来。”③ 白寿彝先生主编的《中国通史纲要》认为：“古代天文知识和历法的发展，跟畜牧业和农业的发展有密切的联系。”④ 朱绍侯先生主编的《中国古代史》（上册）也认为：“农业生产与季节气候有着极为密切的关系。古代的天文历法知识，就是在农业生产的经验积累中逐步发展起来的。”⑤

随着对中国古代天文学史研究的深入，其所蕴含的人文属性逐渐引起学者们的兴趣和重视，开始由“边缘地带”走向学术研究的中心，由此又引

---

① 陈久金、杨怡：《中国古代天文与历法》，中国国际广播出版社2010年版，第2页。

② 江晓原：《天学真原》，译林出版社2011年版，第5页。

③ 郭沫若主编：《中国史稿》，人民出版社1962年版，第82页。

④ 白寿彝主编：《中国通史纲要》，上海人民出版社1980年版，第52页。

⑤ 朱绍侯主编：《中国古代史》（上册），福建人民出版社1982年版，第52页。

发关于古代天文学功能的争论。部分学者更多地关注中国古代天文学的政治属性和星占功能，否认其为农牧业生产服务的基础性作用。江晓原先生认为：先秦两汉时期的天文学，“不折不扣，即今人所谓之星占学也。而与‘农业生产’之类扯不上任何关系。”① 他又指出：“所谓‘敬授人时’，绝非现代流行论著中所解释的‘安排农来生产’云云，而是指政治活动的安排。”② 台湾地区学者黄一农认为：“星占是古代天文学最重要的内容之一。”“古代天文透过星占影响政治，是中国古代天文学相当突出的特质。”③ 钮卫星认为：“有人将‘敬授人时’解释为安排农事活动，并认为这是古代历法存在的主要目的，但这一点是站不住脚的。首先从《礼记·月令》、《淮南子·时则训》等篇记载的天子‘敬授人时’的活动，几乎与‘农业生产’没有什么关系；其次从中国古代历法的内容——对行星运动的推求、对日月食的推求等来看，大都与‘农业生产’无关。”④ 刘韶军认为：“中国古代天文学实即占星术。……中国古代所谓天官书或天文志，实际上都是占星术著作。”“在古人心目中，天官或天文之学，绝非今人头脑中的天文学，而是以占星术为主旨的一门学问和技术。”⑤ 邓可卉也认为：“古代中国人心目中的‘天文’，究其含义和性质，实际上就是星占。纵观历代官修史书二十四史中的《天文志》，不难发现，其中的内容皆为典型的星占学文献。”⑥

章启群先生通过考察先秦两汉时期天文学发展演变的脉络后认为：“至少在春秋以前的中国天文学，目的主要是为农业生产服务，表达了一种农耕社会的宇宙观，基本上没有受到占星学的影响，不属于‘政治天文学’。”“大约从春秋末到战国初开始，中国天文学发生了一个根本的转折：试图论证人间帝王统治的合法性，用天象反映人间社会的等级制度。”“占星学正是由此脱颖而出。” “从本质上说，这时候的天文学家实质上已成为占星家。”⑦

星占学（或称之为占星学、星占术、占星术），“是观察天体的运行变化，预言人间吉凶祸福的一种方法”。“包括恒星占、五星占、日占、月占、

---

① 江晓原：《星占学与传统文化》，上海古籍出版社 1992 年版，第 194 页。

② 江晓原：《天学真原》，译林出版社 2011 年版，第 19 页。

③ 黄一农：《社会天文学史十讲》，复旦大学出版社 2004 年版，第 2 页。

④ 钮卫星：《天文与人文》，上海交通大学出版社 2011 年版，第 102 页。

⑤ 刘韶军：《古代占星术注评》，北京师范大学出版社 1992 年版，第 2—3、11 页。

⑥ 邓可卉：《比较视野下的中国天文学史》，上海人民出版社 2011 年版，第 1 页。

⑦ 章启群：《星空与帝国——秦汉思想史与占星学》，商务印书馆 2013 年版，第 59、63 页。

日月食占和异常天象占等。”[①]《周易·贲卦·彖传》曰：“观乎天文以察时变，观乎人文以化成天下。”《系辞上》曰：“天垂象，见吉凶，圣人象之。”[②]“观象授时”，是制定历法；“占候吉凶”，即“根据天象的变化来附会人事，预测吉凶”。[③]其功能是通过星占体现出来的，这是中国古代天文学最核心的两项基本功能。班固在《汉书·艺文志》中说：“天文者，序二十八宿，步五星日月，以纪吉凶之象，圣王所以参政也。……夫观景以谴形，非明王亦不能服听也。”[④]对此，冯友兰先生指出：“‘序二十八宿，步五星日月’，是天文学；‘纪吉凶之象’就是占星术了。在古代，天文学和占星术是混在一起的。”[⑤]

早在1987年，席泽宗先生就指出：“在中国，天文学是随着农业生产和星占两种需要而诞生的。”[⑥]尤其是在先秦两汉时期，作为中国古代天文学的肇始、萌芽和初步发展阶段，这两大功能始终是相互交织、相互渗透的，这既缘于农耕文明的社会特质，也是取决于统治阶级维护自己统治的需要，缺少其中的任何一个方面，都无法完整揭示出上古时期天文学的全部内容和本质要义。

（一）原始社会末期：中国古代天文星占学的肇始阶段

中国早期天文学在原始社会末期就开始孕育和产生，新石器时代大河村文化“彩陶上的太阳纹、日晕纹、月牙纹、星座纹等表明当时人们已掌握了一定的天文历法知识”[⑦]。但从原始宗教的角度来看，也不排除当时人们

---

① 陈久金：《中国占星术的特点》，《广西民族学院学报》（自然科学版）2004年第1期。关于星占学（或占星学、星占术、占星术），学者们曾下有不同的定义，不过内容大同小异。鲁子健认为：星占学是“古人根据观察天象变化以占卜人世吉凶祸福的数术”。参见鲁子健《中国历史上的占星术》，《社会科学研究》1998年第2期；郑小江认为：占星术“是一种根据天象（主要是星象）来预卜人间事务的方式”。参见郑小江主编《中国神秘文化》，当代世界出版社2008年版，第210页；江晓原认为星占学“是一种根据天象来预言人世间吉凶祸福的方术”。参见江晓原《中国星占学类型分析》，上海书店出版社2009年版，第3页；章启群认为：占星学“是星相学家观测天体、日月星辰的位置及其各种变化后，来预测人世间的各种事物的一种方术”。参见章启群《星空与帝国——秦汉思想史与占星学》，商务印书馆2013年版，第42页。

② 周振甫译注：《周易译注》，中华书局1991年版，第80、247页。

③ 《辞海》编辑委员会：《辞海》，上海辞书出版社1990年版，第215页。

④ 《汉书》卷三十《艺文志》，第1765页。（东汉）班固：《汉书》，中华书局1962年版。下引《汉书》皆出此版本。

⑤ 冯友兰：《中国哲学史新编》（第一册），人民出版社1962年版，第438页。

⑥ 席泽宗：《论中国古代天文学的社会功能》，参见方励之主编《科学史论集》，中国科学技术大学出版社1987年版，第189—196页。

⑦ 巩启明：《仰韶文化》，文物出版社2002年版，第201页。

对日月星辰等天象的崇拜。如与大河村文化同时期的庙底沟文化，在出土的彩陶盆上绘有火焰形图案，王震中先生称之为“星火”彩陶纹样，“反映了大火星祭祀的情景”①。2005 年，在山西襄汾陶寺镇发现距今约 4100 年世界上最早的天文观象台遗址——陶寺观象台②，“它的功能包括观测日出方位确定季节，以制定历法，即所谓的‘观象授时’”。③ 但陶寺观象台又是“一个集礼仪祭祀和观象授时为一体的建筑”，“对于早期先民，这样一个集天文观测、观象授时、太阳崇拜和礼仪祭祀的建筑，是符合历史背景的”。④

从时间上来说，陶寺观象台相当于帝尧时期，不少学者认为陶寺遗址就是古史传说中的尧都。是不是帝尧时代的都城，尚有待进一步的考证，但陶寺观象台的发现印证了古代文献的相关记载。如《国语·楚语下》载：颛顼“命南正重司天以属神，命火正黎司地以属民，使复旧常，无相侵渎，是谓绝地天通”⑤。《世本·作篇》载，黄帝使“羲和占日，常仪占月，臾区占星气”⑥。及《尚书·尧典》所载：

> 乃命羲和，钦若昊天。历象日月星辰，敬授人时。分命羲仲，宅嵎夷，曰旸谷。寅宾出日，平秩东作。日中，星鸟，以殷仲春。厥民析，鸟兽孳尾。申命羲叔，宅南交，平秩南讹，敬致。日永，星火，以正仲夏。厥民因，鸟兽希革。分命和仲，宅西，曰昧谷，寅饯纳日，平秩西成。宵中，星虚，以殷仲秋。厥民夷，鸟兽毛毨。申命和叔，宅朔方，曰幽都，平在朔易。日短，星昴，以正仲冬。厥民隩，鸟兽氄毛。帝曰：咨！汝羲暨和。朞三百有六旬有六日，以闰月定四时成岁。⑦

---

① 王震中：《炎帝族对于“大火历”的贡献》，参见王俊义主编《炎黄文化研究》（第五辑），大象出版社 2007 年版，第 64 页。

② 关于陶寺观象台的年代，在此以武家璧、陈美东、刘次沅等先生的考证为准。“结合考古学各方面信息，该建筑建于陶寺中期（大约公元前 2100 年），毁于陶寺晚期。”参见武家璧、陈美东、刘次沅《陶寺观象台遗址的天文功能与年代》，《中国科学 G 辑：物理学、力学、天文学》2008 年第 9 期，第 1265—1272 页。

③ 武家璧：《陶寺观象台与考古天文学》，《科学技术与辩证法》2008 年第 5 期。

④ 刘次沅：《陶寺观象台遗址的天文学分析》，《天文学报》2009 年第 1 期。

⑤ 《国语·楚语下》，第 562 页。参见上海师范大学古籍整理组校点《国语》，上海古籍出版社 1978 年版。下引《国语》无特别说明者皆出此版本。

⑥ 《世本》（王谟辑本），中华书局 2008 年版，第 26 页。

⑦ 《尚书·尧典》，第 119 页。（西汉）孔安国传，（唐）孔颖达等正义：《尚书正义》。《十三经注疏》本，上海古籍出版社 1997 年版。下引《尚书》皆出此版本。

帝尧对天文观测如此重视，其原因主要是出于两个方面：其一是“历象日月星辰，敬授人时”，通过观测鸟、火、虚、昴四宿在黄昏时出现在南中天的时间来确定二分二至，划分季节，指导社会生产和生活；其二是“钦若昊天”，即对上天的尊敬和崇拜。江晓原先生指出：“谈帝尧为政的225字中，关于天学事务竟占了172字，即76%。”“这至少说明：在古人心目中，帝尧的这项政绩比任何其他政绩都要重要得多。”①

“钦若昊天”，《史记·五帝本纪》记为“敬顺昊天”，张守节正义曰：“而独言昊天者，以尧能敬天。”《五帝本纪》又载：“于是帝尧老，命舜摄行天子之政，以观天命。舜乃在璇玑玉衡，以齐七政。”② “以观天命”，即观察上天的旨意。“在璇玑玉衡，以齐七政”九字，源出《尚书·舜典》，孔颖达疏：“七政者，日月五星也。”“日月五星各异政，舜察天文齐七政，以审己当天心与否。”③ 这九个字但究竟何意？几千年来学者们有不同的看法，解释歧异，未有定论，但无疑都与天象观测有关。《史记》裴骃集解引郑玄曰：“璇玑玉衡，浑天仪也。七政，日月五星也。”④《史记·天官书》曰：“北斗七星，所谓‘旋、玑、玉衡，以齐七政’。”司马贞索隐引马融云：“璇，美玉也。机，浑天仪，可转旋，故曰机。衡，其中横筒。以璇为机，以玉为衡，盖贵天象也。”引郑玄注《大传》云：“浑仪中筒为旋机，外规为玉衡。”又引马融注《尚书》云：“七政者，北斗七星，各有所主：第一曰主日法天；第二曰主月法地；第三曰命火，谓荧惑也；第四曰煞土，谓填星也；第五曰伐水，谓辰星也；第六曰危木，谓岁星也；第七曰剽金，谓太白也。日、月、五星各异，故曰七政也。”⑤

由此来看，“在璇玑玉衡，以齐七政”，主要是通过观测北斗或日月五星运行是否正常来判断政事的得失，这也是古代星占学理论最根本的宗旨。尧、舜在禅让时都不忘嘱托继任者一句“天之历数在尔躬”⑥。其所作所为，无非是为了证明，他们的权力来自上天的赐予，承载着天运之命数，也只有

① 江晓原：《天学真原》，译林出版社2011年版，第31—32页。

② 《史记》卷一《五帝本纪》，第20、28页。（西汉）司马迁：《史记》，中华书局2014年版。下引《史记》皆出此版本。

③ 《尚书·舜典》，第126页。

④ 《史记》卷一《五帝本纪》，第29页。

⑤ 《史记》卷二十七《天官书》，第1542页。

⑥ 《史记》卷二十六《历书》，第1502页。此句话在《论语·尧曰》中也曾提及。“咨！尔舜！天之历数在尔躬。”参见杨伯峻译注《论语译注》，中华书局1980年版，第207页。下引《论语》皆出此版本。

他们才能掌握“绝地天通”的通天之术和权力。

（二）夏、商、周时期：中国古代天文星占学的初步发展阶段

夏代的历法是非常成熟的。孔子就一再说要“行夏之时”①。今天民间使用的农历仍被称为“夏历”。《史记·夏本纪》载：“孔子正夏时，学者多传《夏小正》云。”② 现保存在《大戴礼记》中的《夏小正》一文相传是夏代的遗书，也是流传至今最早的一部天文学文献，这一点已基本上得到学术界的认可。竺可桢先生认为：“《夏小正》一书，虽疑为后人所伪撰，且所记天象如‘八月参中则旦’，‘十月初昏南门见’，均与事实矛盾。但大体言之，其星宿位置较《吕览》、《淮南子》为早。赤经相差约一小时，为距今三千年前之现象。”③ 李学勤先生认为：“可见从晚周到汉代，人们都认为《夏小正》确与夏代有关。学者认为《夏小正》是我国现存最早的，具有丰富物候知识的著作，是合乎实际的。”④

《夏小正》是否为夏代的历法，虽然史学界还存在一定的争论。但在天文史学界，绝大多数学者认为《夏小正》就是夏代的历法，或者说至少是起源于夏代。陈遵妫先生认为：“《夏小正》相传是夏代的历法。它根据天象、物候、草木、鸟兽等天然现象，定季节、月份，还记有各月昏旦伏见南中的星象，并指明了初昏斗柄方向和时令的关系。尽管这书作于西周至春秋末叶之间，也可能为春秋前期杞国人所作或春秋时居住夏代领域沿用夏时者所作，但其中一部分确信是夏代流传下来的。”⑤ 罗树元等人根据岁差理论考证后认为：“《夏小正》是公元前2000年左右，即我国夏代的历法，不是伪托。它先靠口头流传，约在春秋前形成文字。它的天象记载是一个完整的、一个时代的天象。”⑥ 潘鼐认为：“《夏小正》的成书虽然在东周较后的时期，然而其中的天象资料，却确是夏代的。”⑦

清代学者王筠释《夏小正》之“正”字曰：“正盖政之古文，非正朔之

① 《论语·卫灵公》，第164页。

② 《史记》卷二《夏本纪》，第109—110页。

③ 竺可桢：《二十八宿起源之时代与地点》，参见《竺可桢文集》，科学出版社1979年版，第244—245页。

④ 李学勤：《夏小正新证》，参见《古文献丛论》，中国人民大学出版社2010年版，第165页。

⑤ 陈遵妫：《中国天文学史》（第一册），上海人民出版社1980年版，第200页。

⑥ 罗树元、黄道芳：《论〈夏小正〉的天象和年代》，《湖南师范大学自然科学学报》1985年第4期。

⑦ 潘鼐：《中国恒星观测史》，学林出版社1989年版，第7页。

正也。”[①]《夏小正》是一个星象物候历，其作用首先是为了观象授时，对其后的《礼记·月令》《吕氏春秋》“十二纪”等都产生了较大的影响。但它又不是一个纯粹的历法，而是融星象、气象、物候、农事、田猎等内容为一体的混合历，体现出天、地、人、物相统一的理念，重点是根据星象来安排各项农事活动。

由中国天文学史整理研究小组编著的《中国天文学史》认为：“到了阶级社会，原始迷信和神话传说的成分却变成相当细致的星占神学。”[②]从有关文献记载来看，夏代对异常天象是极为重视的，现在世界上公认最早的日食记录是夏代的仲康日食[③]，有关情况在《尚书·胤征》中有明确的记载：“乃季秋月朔，辰弗集于房，瞽奏鼓，啬夫驰，庶人走。”《胤征》虽为伪古文，但这条史料确是可靠可信的，并不是伪记。《左传·昭公十七年》太史昭子引《夏书》曰：“辰不集于房，瞽奏鼓，啬夫驰，庶人走。”[④]这两条记录文字基本相同，前者应该是取自后者。一次日食竟引起如此大规模的慌乱，主管天文历法的官员羲和因酗酒失职，“昏迷于天象”而被处死，说明当时不仅极其重视天象的观测，而且已经把日食视为严重的不祥之兆。

陈遵妫先生指出：“我国大概在商代以前，占星术就已经萌芽了。由于奴隶主阶级的提倡，占星术得到了迅速发展，商代的许多甲骨片就是占卜用的，其中有不少天象纪事，正是占星术发达的证明。古代史籍中常见的巫咸就是商代著名的占星家。”[⑤]殷墟卜辞中有丰富的天文记录，既有天文历法的内容，也有星象纪事、对异常天象占卜的内容。

在天文历法方面，“从已出土的有关天文历法的资料来看，殷代已有了一定水平的历法”。[⑥]“商代实行阴阳合历，纪日以干支，纪月以朔望，纪年以四气，并以闰月调整太阴年与回归年的周期差。十月为旬，每月或分上、

---

① （清）王筠：《夏小正正义》，中华书局1985年版，第1页。

② 中国天文学史整理研究小组：《中国天文学史》，科学出版社1981年版，第3页。

③ 根据夏商周断代工程专家组对洛阳地区公元前2250—前1850年共400年间的可见日食进行普查性计算，得出符合季秋的大食分日食共有11次，其中“公元前2043年10月3日、公元前2019年12月6日、公元前1970年11月5日和公元前1961年10月26日”的四次可供参考。参见夏商周断代工程专家组编著《夏商周断代工程1996—2000年阶段成果报告》（简本），世界图书出版公司2000年版，第81页。

④ 《左传·昭公十七年》，第1385页。参见杨伯峻注《春秋左传注》，中华书局1981年版。下引《左传》无特别说明者皆出此版本。

⑤ 陈遵妫：《中国天文学史》（第一册），上海人民出版社1980年版，第194页。

⑥ 中国天文学史整理研究小组：《中国天文学史》，科学出版社1981年版，第12页。

中、下三旬。”①

商人还尤其崇拜北斗、南斗。如

壬宾二斗，蒸亡尤？	前4·20·6
鬯于二斗惠……？	宁3·233
庚，从斗诅雨？	合362

夏渌先生指出：“甲骨文中有二斗字，大斗为北斗七星，小斗（后转化为升），当为南斗六星。商人特加崇拜，除了指示方向，还以斗柄的变化，指示四季，直接影响农业生产，所以倍加尊重。”②

除此之外，商人崇拜二斗，还与二斗与人间事务有某种联系有关。章鸿钊先生在《殷人祀北斗考》中列举多条相关卜辞，这些卜辞多以“王受佑（祐）”结尾，章先生认为，这说明殷人“视二斗主人主休咎与天下安危”③。

同样，在卜辞中，还有关于日食、月食等异常天象的占卜④。

癸未卜，争贞：旬亡祸？三日乙酉，夕月有食。闻，八月。

《合集》11485

癸亥贞：旬无祸？旬壬申，夕月有食。

《合集》11482 正—反

壬寅贞：月又（有）戠，王不于一人祸？

《小屯南地甲骨》726

庚辰贞：日又（有）戠，非祸？唯若？

《粹》55

乙丑贞：日又（有）戠，其告于上甲？

《合集》33697

辛巳［贞］：日蚀在西，亡祸？

---

① 冯时：《百年来甲骨文天文历法研究》，中国社会科学出版社2011年版，第349页。

② 夏渌：《释甲骨文春夏秋冬——商代必知四季说》，《武汉大学学报》（社会科学版）1985年第5期。

③ 章鸿钊：《殷人祀北斗考》，参见《中国古历析疑》，科学出版社1958年版，第58页。

④ 在已发现的甲骨文中，“记载日食的卜辞有七条”，“有七条卜辞记录五次月食”。参见杨升南、朱玲玲《远古中华》，上海书店出版社2015年版，第597、599页。

《合集》33704

戊申贞：日有戠，告于河。

《小屯南地甲骨》726

“戠”，郭沫若先生释曰：“‘日戠’，若‘日又（有）戠’，当是日之变，因有此变，故卜告于河，卜告于父，以稽其祯祥。戠与食音同，盖言日蚀之事耶？”① 郭沫若先生的这一推断得到多数学者的认同，冯时先生认为：“‘戠’与‘蚀’的音义确实十分吻合，这意味着卜辞的日、月有戠均指日、月食，它们的正确写法应该是日、月有蚀。”②

孙小淳指出：“星占是占卜天意的一种重要方式。”③ 而星占家最为关注的，首先就是日食和月食，这是人人凭肉眼都能看到的异常天象，其他星宿运行的细微变化没有一定的天文知识和长期的观测是察觉不到的。殷人迷信天命，占卜日食、月食的主要目的是“稽其祯祥”，不少占卜日食、月食的卜辞都与“祸”字相连，这说明他们已视日、月食为重大灾祸的前兆，所以才非常虔诚地占卜，“告于河”，向河神祈祷，以求免灾。故冯时认为：“特别是卜辞中的日食记录，不仅涉及了见食时间与见食地点等日食预报的内容，而且也关乎奇异天象吉凶的分辨。”④ 而这正是“占候吉凶”功能的具体体现，也说明在殷代星占学已相当发达。

1976 年 3 月，陕西省临潼县出土西周早期的青铜器“利簋”，在簋腹内底铸有 4 行 32 字铭文，张政烺先生释为：

珷征商，隹（唯）甲子朝，岁鼎，克闻（昏）夙又（有）商。辛未，王才（在）阑师，易（锡）又（有）事（司）利金。用乍（作）旜公宝尊彝。

利簋及其铭文的重要意义在于用实物印证了《尚书·牧誓》《逸周书·世俘解》《战国策·赵二》及《史记·周本纪》等文献中关于周武王在

① 郭沫若：《殷契粹编考释》，科学出版社 1965 年版，第 368 页。
② 冯时：《百年来甲骨文天文历法研究》，中国社会科学出版社 2011 年版，第 126 页。
③ 孙小淳：《天文学在古代中国社会文化中的作用》，《中国科技史杂志》2009 年第 1 期。
④ 冯时：《百年来甲骨文天文历法研究》，中国社会科学出版社 2011 年版，第 337 页。

“甲子日”克商的记载[①]。关于“岁鼎”，张政烺解读为：“岁鼎：岁，岁星，即木星。鼎，读丁，义即当。”“‘岁鼎’，意谓岁星正当其位，宜于征伐商国。”[②] 张政烺先生的释读得到徐中舒、戚桂宴、马承源、黄怀信等先生的认同[③]。

于省吾先生将“岁鼎”释为“岁贞”，但又说：“岁贞之岁，也可以解为岁星。”“如果把岁鼎解为岁星当前，于义可通。”[④]

《国语·周语下》中伶州鸠在论律时说：

> 昔武王伐殷，岁在鹑火，月在天驷，日在析木之津，辰在斗柄，星在天鼋。星与日辰之位，皆在北维。颛顼之所建也，帝喾受之。我姬氏出自天鼋，及析木者，有建星及牵牛焉，则我皇妣大姜之侄伯陵之后，逄公之所凭神也。岁之所在，则我有周之分野也。月之所在，辰马农祥也。

此段所论，全部为星占学的内容。“岁在鹑火”，韦昭注：“岁，岁星也。鹑火，次名，周分野也。从柳九度至张十七度为鹑火。”“析木”，韦注：“次名，从尾十度至南斗十一度为析木，其间为汉津。”“岁之所在”，韦注：“岁星所在，利以伐之也。”[⑤] 根据星土分野说的理论，鹑火为周之分野，岁星于所在之国有利，所以伶州鸠才说“岁之所在，则我有周之分野也”。

---

① 《尚书·牧誓》：“时甲子昧爽，王朝至于商郊牧野，乃誓。”（第182页）《逸周书·世俘解》：“越五日甲子朝，至，接于商。则咸刘商王纣，执天恶臣百人。”参见黄怀信、张懋镕、田旭东《逸周书汇校集注》，中华书局2007年版，第414—415页；《战国策·赵二》，张仪为秦连横游说赵王曰：“愿以甲子之日合战，以正殷纣之事。”参见孟庆祥译注《战国策译注》，黑龙江人民出版社1986年版，第480页；《史记·周本纪》，“二月甲子昧爽，武王朝至于商郊牧野，乃誓。”（第158页）

② 张政烺：《〈利簋〉释文》，《考古》1978年第1期。

③ 徐仲舒认为：“岁是岁星。”“武王伐纣而必以甲子朝至于商郊，可能还是采纳占星家的建议。”戚桂宴认为：“‘岁鼎’是岁星当空，表示吉兆。”参见《关于利簋铭文考释的讨论》，《文物》1978年第6期；马承源主编的《商周青铜器铭文选》完全采用张政烺的观点：“岁鼎，岁星当前。是说征商的时间与岁星照临的位置相当。”“鼎，与当同义。这是说武王征商的时间与岁星运行的位置相合。”参见马承源主编《商周青铜器铭文选》，文物出版社1988年版，第13页；黄怀信认为：“关于‘岁鼎’的诸说中，惟有以‘岁’为岁星之说可以相信。”“‘鼎’，应当读为‘中’”，“所谓‘岁鼎（中）’，就是岁星中天。”参见黄怀信《利簋铭文再认识》，《历史研究》1998年第6期。

④ 于省吾：《利簋铭文考释》，《文物》1977年第8期。

⑤ 《国语·周语下》，第138—140页。

很明显，利簋铭文和伶州鸠所论反映的都涉及星占学中的分野理论。周武王之所以敢以“小邦周”去讨伐“大邑商”，从当时的社会文化背景来看，在决战之前不可能不进行占卜，星占必然是占卜的方式之一，而星占所显示的吉利兆头和迹象也促使其最终下定开战的决心。

从中国最早的一部诗歌总集《诗经》的有关记载来看，既有记述天象运行、天象与农时季节关系的诗句，如著名的农事史诗《诗经·豳风·七月》：

七月流火，
九月授衣。
一之日觱发，
二之日栗烈。
无衣无褐，
何以卒岁。
……
七月在野，
八月在宇，
九月在户，
十月蟋蟀入我床下。①

但也有不少视日食、月食等异常天象为不祥之兆的内容。如《诗经·小雅·十月之交》：

十月之交，
朔日辛卯，
日有食之，
亦孔之丑。
……
日月告凶，
不用其行。

① 《诗经·豳风·七月》，第213—215页。周振甫译注：《诗经译注》，中华书局2002年版。下引《诗经》无特别说明者皆出此版本。

四国无政，
不用其良。
彼月而食，
则维其常，
此日而食，
于何不臧？①

郑《笺》曰："丑，恶也。"经现代考证，此次日食，发生在周幽王六年十月朔日，即公元前776年9月6日。在此之前，人们只是视日、月食等异常天象为上天"告凶"，为某种重大灾祸的前兆。此后，开始分析、思考异常天象发生的人事原因，把异常天象视为"天谴"，是对人间帝王施政不良的一种警告。《左传·昭公七年》中士文伯曰："国无政，不用善，则自取谪于日月之灾，故政不可不慎也。"②《管子·四时》篇亦说："使能之谓明，听信之谓圣，信明圣者，皆受天赏，使不能为惛，惛而忘也者，皆受天祸。"又曰："日掌阳，月掌阴，星掌和。阳为德，阴为刑，和为事。是故日食，则失德之国恶之。月食，则失刑之国恶之。彗星见，则失和之国恶之。风与日争明，则失生之国恶之。"③

类似这样的状况，在春秋时期的文献中也多有记载。《左传》《国语》中有许多通过观测大火星的出没以辨时节、寒暑变化的记述。如《左传·昭公三年》："火中，寒暑乃退。"④《昭公十七年》："火出，于夏为三月，于商为四月，于周为五月。"⑤《哀公十二年》："仲尼曰：'丘闻之，火伏而后蛰者毕，今火犹西流，司历过也。'"⑥《国语·周语中》："火见而清风戒寒。"⑦大火星是我国远古时代的授时主星，据庞朴先生考证，"中国古代——大约从新石器时代晚期到商代前期——曾以大火星（天蝎α）为示

① 《诗经·小雅·十月之交》，第299—300页。
② 《左传·昭公七年》，第1288页。
③ 刘柯、李克和：《管子译注》，黑龙江人民出版社2003年版，第281—282页。
④ 《左传·昭公三年》，第1233页。
⑤ 《左传·昭公十七年》，第1391页。
⑥ 《左传·哀公十二年》，第1673页。
⑦ 《国语·周语中》，第68页。

时星象，并存在着一套本名为‘火历’的历法的事实。”[①]《左传》等文献所载，就是观星候气、以火纪时这一古老粗疏历法的残留。

随着分野理论的成熟和流行，将大火星的运行轨迹与所对应封国的祸败衰亡相联系的现象也极为普遍。《左传·襄公九年》载晋国大夫士弱曰：“古之火正，或食于心，或食于咮，以出内火。是故咮为鹑火，心为大火。陶唐氏之火正阏伯，居商丘，祀大火，而火纪时焉。相土因之，故商主大火，商人阅其祸败之衅，必始于火，是以日知其有天道也。”[②]《左传·昭公元年》载子产曰：“后帝不臧，迁阏伯于商丘，主辰。商人是因，故辰为商星。”[③]都说明大火星（即心宿二）为商人的主星。昭公十七年冬，“有星孛于大辰，西及汉”。鲁国大夫申须问曰：“彗所以除旧布新也，天事恒象。今除于火，火出必布焉，诸侯其有火灾乎？”梓慎对曰：“若火作，其四国当之，在宋、卫、陈、郑乎？宋，大辰之虚也；陈，大皞之虚也；郑，祝融之虚也；皆火房也。星孛及汉，汉，水祥也。卫，颛顼之虚也，故为帝丘，其星为大水。水，火之牡也。其以丙子若壬午作乎！水火所以合也。若火入而伏，必以壬午，不过其见之月。”[④]

“天事恒象”，即天通过某种迹象来表达出自己的意志。此语在《国语·周语上》中内史过亦曾提及：“夫天事恒象，任重享大者必速及。”韦昭注：“恒，常也。事善象吉，事恶象凶也。”[⑤]《国语·晋语四》中子犯曰：“天事必象，十有二年，必获此土。二三子志之。岁在寿星及鹑尾，其有此土乎！天以命矣，复于寿星，必获诸侯，天之道也。”[⑥]可见，“天事恒象”在当时已是广为流行的观点和日常用语。

除大火星之外，还有视岁星运行所至星次以预测所主之分野国的吉凶。《左传·昭公九年》载裨灶曰：“岁五及鹑火，而后陈卒亡，楚克有之，天之道也，故曰五十二年。”[⑦]

---

① 庞朴：《火历钩沉——一个遗失已久的古历之发现》，《中国文化》1989年第1期。甲骨文中亦有关于大火星的丰富记录。冯时认为，殷人把“对大火星的观测和祭祀作为他们的重要典事”。参见冯时《百年来甲骨文天文历法研究》，中国社会科学出版社2011年版，第45—51页。

② 《左传·襄公九年》，第963—964页。

③ 《左传·昭公元年》，第1217页。

④ 《左传·昭公十七年》，第1390—1391页。

⑤ 《国语·周语上》，第39—40页。

⑥ 《国语·晋语四》，第339页。

⑦ 《左传·昭公九年》，第1310页。

《左传·昭公十一年》："岁及大梁，蔡复，楚凶，天之道也。"①

以上文献反复提到的"天之道"，并非指自然规律而言，其实更像"天之命"，用天意以证人事的意义十分明显，是早期"天命观"的体现。

与此类似的还有日食，一方面，人们将日食视为大凶之兆。昭公七年四月，"日有食之"。晋平公问："谁将当日食?"士文伯曰："鲁、卫恶之，卫大，鲁小。"并进一步解释道："去卫地如鲁地，于是有灾，鲁实受之。其大咎其卫君乎！鲁将上卿。"士文伯的理论依据就是分野学说。据正义："娵訾，卫也；降娄，鲁也。"杨伯峻先生注："士文伯以此次日食，先始于娵訾之末。如鲁地者，日行至降娄之始然后见日。"②故卫国所承受的灾祸要大于鲁国。另一方面，又用日食来验证纪年的准确性，《左传·昭公七年》，伯瑕曰："日月之会是谓辰，故以配日。"③《昭公二十一年》，梓慎曰："二至二分，日有食之，不为灾。日月之行也，分，同道也；至，相过也。"④ 这又是从日、月自然运行的角度来解释日、月食现象。

从文献所载两周时期的天文机构、职官及其职掌来看，基本上是一岗双责、一身二任的，既负责观象授时，编修历法，又负责通过天象的变异来占候吉凶，仰承天意。

我国第一个有据可考的天文机构是周文王时的灵台，据《诗经·大雅·灵台》："经始灵台，经之营之。庶民攻之，不日成之。"郑《笺》曰："天子有灵台者，所以观祲象，察气之妖祥也。文王受命，而作邑于丰，立灵台。"⑤《春秋公羊传·庄公三十一年》何休注："礼，天子有灵台，以候天地；诸侯有时台，以候四时。"⑥ 灵台是一个天文观测台，具有观祲象、察妖祥与候四时的双重功能。

《周礼·春官》中有"冯相氏"一职，负责天文观测：

> 掌十有二岁，十有二月，十有二辰，十日。二十有八星之位，辨其叙事，以会天位。冬夏致日，春秋致月，以辨四时之叙。

---

① 《左传·昭公十一年》，第1322页。

② 同上书，第1287页。

③ 同上书，第1297页。

④ 《左传·昭公二十一年》，第1427页。

⑤ 《诗经·大雅·灵台》，第254页。（东汉）郑玄笺，（唐）孔颖达等正义：《毛诗正义》。《十三经注疏》本，上海古籍出版社1997年版。

⑥ 《春秋公羊传·庄公三十一年》，第334页。（东汉）何休解诂，（唐）徐彦疏：《春秋公羊传注疏》，上海古籍出版社2014年版。

又有“保章氏”一职：

> 掌天星以志星辰日月之变动，以观天下之迁，辨其吉凶。以星土辨九州之地所封，封域皆有分星，以观妖祥。以十有二岁之相，观天下之妖祥。以五云之物，辨吉凶，水旱降，丰荒之祲象。以十有二风，察天地之和，命乖别之妖祥。凡此五物者，以诏救政，访序事。①

冯相氏与保章氏同属太史，职责、分工非常明确。一个负责对天体正常运行的观测，以“辨四时之叙”；一个重点负责天象异常变动的情况，以“辨其吉凶”。在先秦时期，“巫史”是不分的，司马迁在《报任安书》中指出：“文史星历，近乎卜祝之间。”②《大戴礼记·千乘篇》亦曰：“日历巫祝，执伎以守官，俟命以作。”③

太史作为二者的主管部门，全面负责天文、星历、占卜等工作。《周礼·春官宗伯·叙官》，“大史，下大夫二人，上士四人。小史，中士八人，下士十有六人，府四人，史八人，胥四人，徒四十人。”孙诒让正义：“此官与小史掌典法礼籍，兼司星历之官，故亦属宗伯。”④《周礼·春官宗伯·大史》云：“大师，抱天时，与大师同车。”郑司农云：“大出师，则太史主抱式，以知天时，处吉凶。史官主知天道。”⑤ 在战争中，太史要随军出征，以掌握天时，观测天象，占卜吉凶而助军作战。《礼记·月令》载：每年正月，天子“乃命大史，守典奉法。司天日月星辰之行，宿离不贷，毋失经纪，以初为常。”每年十月，“命大史，衅龟筮占兆，审卦吉凶”。⑥

陈立夫先生主编的《中华天文学发展史》（第一册）中指出：“周朝皇室曾设太史、小史，而隶于春官宗伯。这些史官的责任包括：

1. 祭神时向神祷告；
2. 主管卜筮；
3. 主掌天文星历；

---

① 《周礼·春官宗伯》，第818—819页。（东汉）郑玄注，（唐）贾公彦疏：《周礼注疏》。《十三经注疏》本，上海古籍出版社1997年版。下引《周礼》皆出此版本。

② 《汉书》卷六十二《司马迁传》，第2732页。

③ （清）王聘珍：《大戴礼记解诂》，中华书局1983年版，第158页。

④ （清）孙诒让：《周礼正义》卷三十二《春官·叙官》，中华书局2013年版，第1286页。

⑤ 《周礼·春官宗伯·大史》，第818页。

⑥ 《礼记·月令》，第175、208页。参见杨天宇《礼记译注》，上海古籍出版社2004年版。

4. 解说灾异；

5. 锡命或策命；

6. 掌管氏族谱系。

可见当时的天文官是一个混合宗教祭祀、卜筮、天文观测与资料记录的一个综合体。设立天文机构的目的是透过过去的事件与自然征兆的了解，以达到对未来之掌握，因此当时的观念认为天文星历和卜筮祷告是属于同一性质的事情。天文学的知识领域内弥漫了迷信、仪式、宗教和巫术的气氛。”①

《史记·历书》曰：“幽、厉之后，周室微，陪臣执政，史不记时，君不告朔，故畴人子弟分散，或在诸夏，或在夷狄，是以其禨祥废而不统。”“畴”：索隐引孟康云：“同类之人明历者也。”又引乐产云：“畴昔知星人。”②“畴人”即为历代专职负责天文历算和星占的官员或学者。

司马迁在《史记·天官书》中列举了一份从远古至战国时期14位著名天文星占家的名单：

> 昔之传天数者：高辛之前，重、黎；于唐、虞，羲、和；有夏，昆吾；殷商，巫咸；周室，史佚、苌弘；于宋，子韦；郑则裨灶；在齐，甘公；楚，唐眛；赵，尹皋；魏，石申。③

《晋书·天文志上》又补充曰：

> 鲁有梓慎，晋有卜偃，郑有裨灶，宋有子韦，齐有甘德，楚有唐眛，赵有尹皋，魏有石申夫，皆掌著天文，各论图验。④

陈遵妫先生指出：“我国古代多数占星家，同时又是天文学家。”⑤以上这些“传天数者”，皆为先秦时期著名的天文学家，又精通“图验”，兼司

---

① 陈立夫主编：《中国天文学发展史》（第一册），台湾“商务印书馆”1985年版，第20页。

② 《史记》卷二十六《历书》，第1503—1504页。

③ 《史记》卷二十七《天官书》，第1600页。

④ 《晋书》卷十一《天文志上》，第277—278页。（唐）房玄龄等：《晋书》，中华书局1974年版。下引《晋书》皆出此版本。

⑤ 陈遵妫：《中国天文学史》（第一册），上海人民出版社1980年版，第194页。

星占，是闻名当时、影响后世的星占家[①]，巫咸之前多为上古时期传说中的人物，其后诸人的事迹在先秦文献中都有确切的记载[②]。

（三）两汉时期：中国古代天文星占学的基本形成阶段

汉代是中国古代天文星占学及其理论体系的基本成熟时期，不管是官方天文机构的工作人员还是民间的星占家，都对天文星占学的发展做出了重大的贡献。

司马迁在《史记》中设有《历书》和《天官书》，对汉武帝时期及之前的历法和星占学理论进行系统性的总结。[③] 尤其是《天官书》，绝不是现代意义上的天文学，更主要的是一部星占学著作。据江晓原先生统计，《天官书》中星占占辞共计242条，其中：战争93条；水旱灾害与年成丰歉45条；王朝盛衰治乱23条；帝王将相之安危11条；君臣关系10条；丧（主要指君主王侯之丧）10条；领土得失8条；得天下7条；吉凶（抽象泛指者）7条；民安与否4条；亡国4条；可否举事3条；王者英明有道与否2条；天下革政1条；有归国者1条。可以说，在全部占辞中，“没有任何一类、任何一条不属于军国大事的范围之内”[④]。

司马迁的《史记》编纂体例亦为后世所继承。班固著《汉书》，亦列《律历志》和《天文志》，又首创《五行志》，专门记载日食等天文星变及其占验、事应，进一步丰富了天文星占学的内容。

在《汉书·艺文志》中，结合刘向、刘歆父子所编制的《七略》，在《数术略》中收录当时天文二十一家著作共计“四百四十五卷”，据统计，实为22家419卷（篇），分别是：

《泰壹杂子星》二十八卷。

《五残杂变星》二十一卷。

《黄帝杂子气》三十三篇。

---

① 冯时认为：“早期的天文家同时也是占星家，而星气之书多杂禨祥，都反映了天文与星占本出同源的基本事实。”参见冯时《中国古代物质文化史·天文历法》，开明出版社2013年版，第27页。

② 江晓原先生对各位星占家的史载事实有详细的考证。详见《天学真原》第三章《天学与王权》第二节“‘昔之传天数者’——天学家溯源。”译林出版社2011年版，第57—81页。

③ 《史记·历书》和“两汉书”的《律历志》虽主要记载历法的编制情况，但也“不免掺入星占神学的杂质”。参见中国天文学史整理研究小组编《中国天文学史》，科学出版社1981年版，第4页。

④ 江晓原：《天学真原》，译林出版社2011年版，第189—190页。

《常从日月星气》二十一卷。
《皇公杂子星》二十二卷。
《淮南杂子星》十九卷。
《泰壹杂子云雨》三十四卷。
《国章观霓云雨》三十四卷。
《泰阶六符》一卷。
《金度玉衡汉五星客流出入》八篇。
《汉五星彗客行事占验》八卷。
《汉日旁气行事占验》三卷。
《汉流星行事占验》八卷。
《汉日旁气行占验》十三卷。
《汉日食月晕杂变行事占验》十三卷。
《海中星占验》十二卷。
《海中五星经杂事》二十二卷。
《海中五星顺逆》二十八卷。
《海中二十八宿国分》二十八卷。
《海中二十八宿臣分》二十八卷。
《海中日月彗虹杂占》十八卷。
《图书秘记》十七篇。

此外，阴阳家中的《宋司星子韦》三篇，兵阴阳家中的《别成子望军气》六篇①也与天文星占有密切的联系。

又录有历谱十八家，共“六百六卷”，实有18家，566卷。

《黄帝五家历》三十三卷。
《颛顼历》二十一卷。
《颛顼五星历》十四卷。
《日月宿历》十三卷。
《夏殷周鲁历》十四卷。
《天历大历》十八卷。
《汉元殷周谍历》十七卷。

---

① 《汉书》卷三十《艺文志》，第1733、1760页。

《耿昌月行帛图》二百三十二卷。

《耿昌月行度》二卷。

《传周五星行度》三十九卷。

《律历数法》三卷。

《自古五星宿纪》三十卷。

《太岁谋日晷》二十九卷。

《帝王诸侯世谱》二十卷。

《古来帝王年谱》五卷。

《日晷书》三十四卷。

《许商算术》二十六卷。

《杜忠算术》十六卷。

历谱类虽研究的主要是历法、术数，但与星占亦有密切关系。班固曰："历谱者，序四时之位，正分至之节，会日月五星之辰，以考寒暑杀生之实。故圣王必正历数，以定三统服色之制，又以探知五星日月之会。凶厄之患，吉隆之喜，其术皆出焉。此圣人知命之术也。"① 在古代社会，历谱（历法）不仅仅是为了指导季节，同时也兼有对王朝国运和吉凶祸福的占卜，具有极强的政治导向，"与政权有密切的关系"。"谁能够把历法授予人民，他便有可能成为人民的领袖。" "人民奉谁的正朔，便意味着承认谁的统治权。"②

综上，在先秦两汉时期，"观象授时" 与 "占候吉凶" 一直是天文学的两大基本功能，密不可分，并成为一种固化的宇宙图式，潜移默化地影响着其后两千多年中国古代天文学的发展。在此后的正史中，除少部分之外，大部分有《天文志》和《历法志》，"历法志主要是叙述该朝代使用的历法及其制定情况等；而天文志则除了阐述星区的划分，对宇宙的看法外，讲述了大量的星占学内容"。③ 这两大功能虽然在不同的历史时期因政治的需要而侧重点或有所不同，但二者始终是相互依存、相互促进、相互影响的，由此形成中国古代天文学相当突出的特色和文化内涵。

---

① 《汉书》卷三十《艺文志》，第1763—1767页。

② ［英］李约瑟著：《中国科学技术史》（第四卷）·《天学》（第一分册），《中国科学技术史》翻译小组译，科学出版社1975年版，第53、45页。

③ 中国天文学史整理研究小组编：《中国天文学史》，科学出版社1981年版，第3页。

二 学术史回顾与梳理

星占学是中国古代天文学的重要组成部分。自20世纪80年代以来，关于天文星占与中国古代社会关系的研究成为国内外学术界较为活跃的领域之一，不少研究成果都论及或涉及星占学与汉代社会的互动关系。概而言之，主要集中在以下几个方面。

（一）对汉代天象记录的整理和科学考证

天文学是中国古代最为发达的学科之一。英国著名中国科技史专家李约瑟（Joseph Needham）先生指出："从中国的天象记事可以看出，中国人在阿拉伯人以前，是全世界最艰毅、最精确的天文观测者。"① 出于农牧业生产和星占的需要，汉代乃至整个中国古代社会对天象观测都极为重视，留下了大量可靠的观测资料和丰富的素材资源，对现代天文学的研究具有极大的参考和应用价值，成为中国古代天文学的一大特色。

但由于特殊的政治目的和需要、天文科学知识发展水平的限制和文献传抄、印刷中的错误，有关汉代天文星占的资料真伪相杂。不少学者和机构对传世的汉代天文文献资料进行了认真的整理和考证工作。

1. 对汉代天象资料的整理

《史记·天官书》《汉书·天文志》《后汉书·天文志》等文献对汉代的天文观测资料进行较为详细的记载。对汉代天文文献资料和考古资料的系统整理，目前还没有专门的成果，主要是散见于一些通论式的资料整理著作当中。

1975年，中华书局编辑部编印的《历代天文律历等志汇编》（第一册）将《史记·天官书》《汉书》《续汉书》和《晋书》的"天文志"等单独汇编成册②，为相关的研究工作提供了极大的便利。1980年，中国社会科学院考古研究所编著的《中国古代天文文物图集》共收录天文文物、图版108幅，其中汉代的有31幅，包括"汉代帛画天象图""洛阳西汉墓星象图""汉代木雕星象图""山西平陆枣园汉墓天象图""东汉画像石中的星象图"③ 等。

---

① ［英］李约瑟著：《中国科学技术史》（第四卷）·《天学》（第一分册），《中国科学技术史》翻译小组译，科学出版社1975年版，第3页。

② 中华书局编辑部：《历代天文律历等志汇编》，中华书局1975年版。

③ 中国社会科学院考古研究所：《中国古代天文文物图集》，文物出版社1980年版。

1988 年，北京天文台主编的《中国古代天象记录总集》对见诸文献的汉代太阳黑子、陨石、日食、月食、月掩行星、新星和超新星、彗星、流星、流星雨等天象进行分类收录和整理，资料之丰富前所未有①。1989 年，潘鼐的《中国恒星观测史》第三章《秦汉时期星象观测的发展》② 重点对汉代的恒星名数、星座组织、星象观测与记录等进行了详细的汇集和考释。1995 年，韩玉祥主编的《南阳汉代天文画像石研究》收录相关文章 23 篇，从不同的角度对发现于南阳的汉代天文画像石进行研究。③ 2009 年，潘鼐的《中国古天文图录》收录古代天文文物 238 项，包括汉墓天象图、汉画像石和画像砖天象图、汉墓祠石刻天象图、汉栻盘和占盘等汉代天文文物 23 项④。庄威凤在《中国古代天象记录的研究与应用》中全面总结了包括汉代在内的日食、月食、五星运行、彗星等古代天象观测及其在自然科学和人文科学方面的应用情况⑤。

2. 对汉代天象记录精确性和可靠性的科学考证

早在 1927 年，作为利用现代天文学对中国古代天文学进行研究的奠基人朱文鑫先生著《〈史记・天官书〉恒星图考》⑥，这是第一部运用现代天文学知识对《史记・天官书》所记载的恒星古今位置、运行变化情况等进行专门考证的专著。1933 年，他在《天文考古录》中对中国历法源流、史之哈雷彗星、日斑史、《汉书・天文志》记载的客星等进行考证和论述⑦。1934 年，他又在《历代日食考》中结合文献资料对《汉书》《后汉书》“五行志”中关于汉代的日食记录进行勘误和纠正，认为“两汉四百二十五年，日食见于史者，凡一百四十有二”。⑧ 1995 年，李勇、张培瑜、许邦信在《中国古代正史 31 次日全（环）食记录的研究》中收集整理了汉代的 8 次日全（环）食记录，同时对有关资料的可靠性进行了分析和评判⑨。2005 年，邢纲、石云里在《汉代日食记录的可靠性分析——兼用日食对汉代历

① 北京天文台主编:《中国古代天象记录总集》，江苏科学技术出版社 1988 年版。

② 潘鼐:《中国恒星观测史》，学林出版社 1989 年版，第 73—93 页。

③ 韩玉祥主编:《南阳汉代天文画像石研究》，民族出版社 1995 年版。

④ 潘鼐:《中国古天文图录》，上海科技教育出版社 2009 年版。

⑤ 庄威凤:《中国古代天象记录的研究与应用》，中国科学技术出版社 2009 年版。

⑥ 朱文鑫:《〈史记・天官书〉恒星图考》，中华书局（上海）1927 年版。

⑦ 朱文鑫:《天文考古录》，商务印书馆（上海）1933 年版。

⑧ 朱文鑫:《历代日食考》，商务印书馆（上海）1934 年版，第 27 页。

⑨ 李勇、张培瑜、许邦信:《中国古代正史 31 次日全（环）食记录的研究》，《南京大学学报》（自然科学版）1995 年第 2 期。

法的精度进行校验》中结合现代日食计算程序，逐条对两汉文献中日食记录的可靠性进行考证①。2006 年，刘次沅、马莉萍在《中国历史日食典》中也利用现代天文计算方法对汉代的日食进行科学的测算，计算出两汉时期实际发生日食共计 137 次②。2015 年，李勇在《两汉〈五行志〉中的日食记录研究》中借助作者本人建立的中国历史时期的日期转换平台考察两汉《五行志》日食的历日记录，并对两汉历谱的精度进行了评估。指出："两汉《五行志》记日食计 126 次，其中无食 21 次，首都不见 7 次，日出前 9 次，日没后 1 次，见食凡 88 次，占 70%，见食地通常为首都。"③

1955 年，席泽宗院士发表《古新星新表》一文，对出现在汉代的 17 次新星、超新星记录进行钩沉④，受到国际天文学界的高度关注。1960 年，薄树人先生在《中国古代恒星观测》一文中从星官、星座、星数等方面对汉代恒星观测的成就进行简单的总结。⑤ 1982 年，陈遵妫先生在《中国天文学史》（第二册）第九章"星数"中对汉代文献记载中的星座和星数进行具体的分析和考证⑥。1986 年，张培瑜在《我国对哈雷彗星的历史记载》中对公元前 164 年、公元前 87 年、公元前 12 年、公元 66 年、141 年、218 年的哈雷彗星回归记录进行科学的检验⑦。1988 年，刘次沅在《由南北朝以前 171 个月掩星记录所得到的地球自转长期变化》一文中运用"实际可见时间段"的方法研究了汉代五次月掩星记录的真实性及其含义⑧。

1997 年，孙小淳和基斯特梅柯（Jacob Kistemaker）合著的《汉代中国星空研究》（英文版）"用傅里叶分析法对中国最古老的星表进行年代分析，并在此基础上复原了汉代星空，对中国星空的构成与社会背景作了仔细的考察"⑨。2003 年，由卢嘉锡总主编、陈美东著的《中国科学技术史·天文学

---

① 邢纲、石云里：《汉代日食记录的可靠性分析——兼用日食对汉代历法的精度进行校验》，《中国科技史杂志》2005 年第 2 期。

② 刘次沅、马莉萍：《中国历史日食典》，世界图书出版公司 2006 年版，第 38 页。

③ 李勇：《两汉〈五行志〉中的日食记录研究》，《天文学报》2015 年第 5 期。

④ 席泽宗：《古新星新表》，《天文学报》1955 年第 2 期。

⑤ 薄树人：《中国古代的恒星观测》，《科学史集刊》（第三期），科学出版社 1960 年版，第 35—52 页。

⑥ 陈遵妫：《中国天文学史》（第二册），上海人民出版社 1982 年版，第 401—402 页。

⑦ 张培瑜：《我国对哈雷彗星的历史记载》，《中国科技史杂志》1986 年第 6 期。

⑧ 刘次沅：《由南北朝以前 171 个月掩星记录所得到的地球自转长期变化》，《天体物理学报》1988 年第 2 期。

⑨ 孙小淳：《天文学史研究回顾与展望》。参见中国科学技术协会主编《天文学科发展报告 2007—2008》，中国科学技术出版社 2008 年版，第 196 页。

卷》第三章《天文学体系的形成——秦汉时期（前221年—公元220年）》对汉代的天象记录、天象观测和“汉代星图”也进行了阐述和深入的分析[①]。2010年，张健在《中国汉代记载的五星运动精度考查》中利用现代天文计算方法对《汉书·天文志》和《续汉书·天文志》记载的160余条五星运动进行计算、验证、分析和研究。“结果表明：160条记录中绝大多数是准确和比较准确的，占77.5%。错误的仅有36条，占22.5%。”[②]

（二）关于汉代星占学理论及其体系的研究

上文已分析，在古代中国，天文学和星占学作为一对孪生兄弟，其产生和发展可以说几乎是同步的，我国古代许多著名的天文学家同时也是星占家。早在战国时期，齐国人甘德著《天文星占》八卷、魏国人石申著《天文》八卷（后人合称《甘石星经》），惜已失传。唐代天文学家李淳风的《乙巳占》、瞿昙悉达的《开元占经》，北周庾季才撰、宋人王安礼等人重修的《灵台秘苑》等都是古代星占学的集大成著作，其中不少内容是对汉代星占学理论的辑佚和总结。

20世纪80年代之后，对星占学的研究再次引起学者们的兴趣。多数学者都能从马克思主义唯物史观的立场出发，对包括汉代在内的中国古代星占学理论、方法和社会功能进行客观的分析和思考。

1982年，陈遵妫先生在《中国天文学史》第二册中已经触及星占学理论中的“十二次”“分野”等重要内容，对《史记·天官书》《淮南子·天文训》《汉书·天文志》等汉代文献中的“十二次”和“分野”理论进行了系统的阐述和概括。[③] 1987年，詹鄞鑫在《中国的星占术》一文中对中国古代星占术的起源与盛行、占星、占云气、星占术的历史价值等进行简单的介绍和评价。[④]

1992年，刘韶军的《古代占星术注评》以《史记·天官书》和《开元占经》两部中国古代最基本、最重要的占星学著作为对象，通过注释评议的方式，剖析了中国古代占星术的主要内容和意义。[⑤] 1993年，李龙生的《占星术》从术数的角度对古代占星术的常用术语进行诠释。[⑥]

---

① 陈美东：《中国科技学术史·天文学卷》，科学出版社2003年版，第103—217页。

② 张健：《中国汉代记载的五星运动精度考查》，《天文学报》2010年第2期。

③ 陈遵妫：《中国天文学史》（第二册），上海人民出版社1982年版，第410—425页。

④ 詹鄞鑫：《中国的星占术》，《文史知识》1987年第1期。

⑤ 刘韶军：《古代占星术注评》，北京师范大学出版社、广西师范大学出版社1992年版。

⑥ 李龙生：《占星术》，海南出版社1993年版。

1995 年和 2009 年，江晓源先后出版《历史上的星占学》[①] 和《中国星占学类型分析》[②]，在对中国传世经典星占学全面梳理的基础上，对星官、天象、分野、占辞、占例、事应、思想基础等星占学理论体系进行类型分析和论述。

1998 年，鲁子健在《中国历史上的占星术》中对我国古代的占星活动、星体命名、星区体系和星象占验等进行了解读。[③] 2004 年，陈久金在《中国星占术的特点》中将中国古代星占术概括为三大特点，即天地人互相对应、政治与天变的对应和以军国帝王为重；[④] 2007 年，他在《帝王的星占——中国星占揭秘》中依据古代星占文献，详细介绍了恒星占、五星占、日占、月占、彗星占、客星占和流星占七种星宿的星占方法和占例。[⑤] 卢央在《中国古代星占学》中以阴阳五行为主线，对干支通说、北斗星占、恒星和分野、七曜和杂星占、式占通说五个专题进行了系统性的归纳与研究。[⑥] 2013 年，陈美东在《中国古代天文学思想》第七章《星占思想、天人感应说及其影响》对中国古代的星占思想、天人感应学说、分野模式及其理论及占星术与天文学的关系等进行了探讨。[⑦]

1973 年，长沙马王堆汉墓出土汉代帛书《五星占》《天文气象杂占》等天文考古资料，是迄今发现最早的天文星占实物，引起学界的高度重视。多数学者重点考证其所反映的天文学成就及编撰年代，但少数学者也注意到其星占意义和价值。江晓原指出："1973 年在长沙马王堆三号汉墓出土的帛书《五星占》，可称迄今所知最早的行星星占学专著。"[⑧] 谢采筏认为："从长沙马王堆三号汉墓出土的《五星占》（约成书于汉初）看来，星占术已与'天人感应'思想有所交融。"[⑨]

另外还有一些纯粹是从星相占卜、吉凶预测的迷信角度来解说中国古代占星术的著作，如容肇祖的《占卜的源流》（《"中央研究院"历史语言研

---

① 江晓原：《历史上的星占学》，上海科技教育出版社 1995 年版。

② 江晓原：《中国星占学类型分析》，上海书店出版社 2009 年版。

③ 鲁子健：《中国历史上的占星术》，《社会科学研究》1998 年第 2 期。

④ 陈久金：《中国星占术的特点》，《广西民族学院学报》（自然科学版）2004 年第 1 期。

⑤ 陈久金：《帝王的星占——中国星占揭秘》，群言出版社 2007 年版。

⑥ 卢央：《中国古代星占学》，中国科学技术出版社 2007 年版。

⑦ 陈美东：《中国古代天文学思想》，中国科学技术出版社 2013 年版，第 414—469 页。

⑧ 江晓原：《古代中国的行星星占学——天文学、形态学和社会学的初步考察》，《大自然探索》1991 年第 1 期。

⑨ 谢采筏：《从梦幻的现实到现实的梦幻——童谣"荧惑说"新探》，《浙江师范大学学报》1994 年第 6 期。

究所集刊》第一本第一分册，1928年）、刘韶军的《中华占星术》（文津出版社1995年版）、刘文英的《星占与梦占》（中央编译出版社2008年版）、北京大陆桥文化传媒编著的《神秘占星术》（重庆出版社2008年版）等。

国外学者也注意到中国古代天文学的星占特征。李约瑟先生指出："中国古代国家宗教所具有的天文学性质，或者不如说是占星术性质。"① 英国学者鲁惟一（Michael Loewe）在《汉代对彗星的看法》中指出：彗星的出现被"视作不祥之兆"，是对皇帝的一种警告。② 美国学者班大为（David W. Pankenier）在《中国早期分野星占学的特征》中探讨了决策星占学中分野星占学体系的面貌和星占学对应关系的发展历史及宇宙论基础，并描述了"这一体系的起源、本质特征和历史发展"③。

日本学者池田知久在《中国科学与天文历数学》中认为：中国古代的天文学是指"预卜王朝和国家命运的占星术"，"就是国家占星术（Judical astrology）"④。桥本敬造的《中国占星术的世界》通过和西方古典天文学的比较，从中国古代天文学的特色和占卜、五行等方面，较为全面地解析了包括汉代在内的中国古代占星术世界。⑤

（三）汉代星占学的社会功能研究

席泽宗院士较早地意识到中国古代天文星占的社会功能。1987年，他在《论中国古代天文学的社会功能》一文中指出："中国古代天文学是一门应用科学，它在政治、经济、军事、意识形态等各个领域都起着作用。"⑥ 1990年，台湾学者张嘉凤、黄一农在《天文对中国古代政治的影响——以汉丞相翟方进自杀为例》中，以绥和二年（公元前7年）丞相翟方进因"荧惑守心"而被迫自杀为例揭示出天文星占对汉代社会政治的影响。此后，黄一农先生又发表《中国星占学上最凶的天象——"荧惑守心"》《中

---

① ［英］李约瑟著：《中国科学技术史》（第四卷）·《天学》（第一分册），《中国科学技术史》翻译小组译，科学出版社1975年版，第44页。

② ［英］鲁惟一：《汉代对彗星的看法》，《远东古文物博物馆通报》，1980（52），第1—31页。（Michale Loewe："The Han View of Comets"，*Bulletin of the Museum of Far Eastern Antiquities*，52，1—31，1980）

③ ［英］班大为著：《中国早期分野星占学的特征》，徐凤先译，载《中国上古史实揭秘——天文考古学研究》，上海古籍出版社2008年版，第287—307页。

④ ［日］池田知久：《中国科学与天文历数学》，载［日］沟口雄三、小岛毅主编：《中国的思维世界》，孙歌等译，江苏人民出版社2006年版，第98—113页。

⑤ ［日］桥本敬造著：《中国占星术的世界》，王仲涛译，商务印书馆2012年版。

⑥ 席泽宗：《论中国古代天文学的社会功能》，载方励之主编《科学史论集》，中国科学技术大学出版社1987年版。

国星占学上最吉的天象——“五星会聚”》《星占对中国古代战争的影响》等文章，通过扎实的个案研究，系统探讨天文星占与汉代和中国古代政治或社会间的密切互动关系。在此基础上，提出“社会天文学史”的观点。①

1991年，张新野的《汉代日食观及其对社会政治的影响》对汉代日食观的主要内容及其哲学、政治和科技背景进行分析，重点论述了日食对汉代社会政治各方面的影响。② 江晓原出版《天学真原》一书，认为“天文”在古代中国人的心目中“正是今人所说的‘星占学’，对译的西文应该是astrology。历代官史中诸《天文志》，皆为典型的星占学文献。……后人常以‘天文星占’并称”。③ 他把中国古代天文学称为“天学”，是一种纯粹的“政治天文学”，并深入、系统地探讨了天学与王权、政治运作、道德教化等方面的关系。1995年，吴青在《灾异与汉代社会》中也论及星占学对汉代社会的特殊作用。④ 徐凤先在《中国古代异常天象观对社会影响的历史嬗变》中通过梳理两汉至明代帝王在异常天象之后所下的诏书，突出强调异常天象对汉代社会政治的影响，并指出：“两汉是最重视异常天象的朝代，异常天象产生了较大的社会影响。”⑤ 1996年，范家伟在《受禅与中兴：魏蜀正统之争与天象事验》中指出：星占术和星占家成为“政治宣传和服务的工具”，东汉末年至三国初期，魏蜀两国为争夺正统地位，争相试图从星占术和天象占验上寻找合法的依据，“说明自己才是合乎天命、顺天应人的统治者”⑥。2002年，陈江风的《天文与社会》作为大学生素质教育丛书之一，对中国古代天文学所具有的星占学特质及文化内涵进行了细致的考察。⑦ 2011年，钮卫星在《天文与人文》中继承了江晓原先生的观点，认为“中国古代的‘天文’更象是星占学（astrology）”。在该书第四章《中国古代天文学及其政治、社会和文化功能》从天人感应的角度论述了中国古代天文星占的社会政治功能。⑧ 2017年，河北师范大学张骞的硕士学位

---

① 黄一农：《社会天文学史十讲》，复旦大学出版社2004年版。

② 张新野：《汉代日食观及其对社会政治的影响》，《青岛大学学报》（社会科学版）1991年第3期。

③ 江晓原：《天学真原》，译林出版社2011年版，第3页。第一版出版于1991年，辽宁教育出版社。

④ 吴青：《灾异与汉代社会》，《西北大学学报》（哲学社会科学版）1995年第3期。

⑤ 徐凤先：《中国古代异常天象观对社会影响的历史嬗变》，《自然辩证法通讯》1995年第3期。

⑥ 范家伟：《受禅与中兴：魏蜀正统之争与天象事验》，《自然辩证法通讯》1996年第6期。

⑦ 陈江风：《天文与社会》，河南大学出版社2002年版。

⑧ 钮卫星：《天文与人文》，上海交通大学出版社2011年版，第2、58—106页。

论文《星占学与汉代政治研究》重点以史籍所载两汉时期的星象记录和受其影响的政治事件为研究对象，分析日食、五星等星象的星占义涵、星占方法及其在政治上的特殊寓意，以及它们在政治运作中的作用，重点考察星占学对汉代政治的影响。[①]

欧美日等国家的汉学家们更早地注意到中国古代天文星占所蕴含的社会功能及其浓厚的政治目的。李约瑟先生在《中国科学技术史》第四卷“天学·第一分册”中已提到中国古代天文学的“政治特征”，认为“中国天文学有一个基本特点，这就是它具有官方性质，并且同朝廷和官府有密切的关系”[②]。美国宾夕法尼亚大学的席文（Nathan Sivin）教授在 1969 年也谈到中国古代天文学的政治目的，认为其本质“差不多是为纯政治目的服务的、实用而经验的技艺”。[③] 美国学者沃尔弗勒姆·埃伯哈德（Woltram Eberhard）在《中国汉代天文学及天文学家的政治职能》中重点探讨了“天文学和占星术、天文学家或占星家与统治者和政府的关系如何”，探究了天文学和占星术在汉朝所起的政治作用，指出“中国天文学是以政治目的为导向”，日食、月食等异常天象“实际上预示着天道背后隐藏的政治意义而非科学意义”[④]。英国学者崔瑞德（Denis Twitchett）和鲁惟一（Michael Loewe）在《剑桥中国秦汉史》第十二章《宗教和知识的文化背景》第六节“宇宙及其秩序”中介绍了汉代天文、星占、历法和数术所达到的知识水平，其中也提到天文星占对两汉王朝政治的重要作用。[⑤] 美国学者曾蓝莹在《星占、分野与疆界：从“五星出东方利中国”谈起》中以新疆尼雅遗址出土的“五星出东方利中国”织锦为视角，探讨相关的星占、分野和疆界等问题，并从星占学的角度思考汉代“天下”与“中国”的概念。[⑥]

1981 年，日本学者影山辉国在《汉代的灾异与政治——以宰相的灾异

---

① 张骞：《星占学与汉代政治研究》，硕士学位论文，河北师范大学，2017 年。

② ［英］李约瑟著：《中国科学技术史》（第四卷）·《天学》（第一分册），《中国科学技术史》翻译小组译，科学出版社 1975 年版，第 39 页。

③ ［美］席文：《*Cosmos and Computation in Early Chinese Mathematical Astronomy*》（《中国早期数理天文学中的宇宙和计算》，《*T'oung Pao*》，1969，V55（1），1－73.

④ ［美］沃尔弗勒姆·埃伯哈德：《中国汉代天文学及天文学家的政治职能》，载［美］费正清主编《中国的思想与制度》，郭晓兵等译，世界知识出版社 2008 年版，第 3—48 页。

⑤ ［英］崔瑞德、鲁惟一著，杨品泉等译：《剑桥中国秦汉史》，中国社会科学出版社 1992 年版，第 651—655 页。

⑥ ［美］曾蓝莹：《星占、分野与疆界：从“五星出东方利中国”谈起》，载甘怀真编，东亚文明研究丛书《东亚历史上的天下与中国概念》，台湾大学出版中心 2009 年版，第 181—215 页。

责任为中心》中就异常天象对汉代社会政治的影响进行了深入的研究。[①] 此外，新城新藏、小沢贤二、泽田多喜男、日原利国等也对星占术的有关理念及其对汉代社会政治的影响进行了一定的探讨。

（四）汉代星占学的文化功能及其作用的研究

司马迁提出："究天人之际，通古今之变，成一家之言。"[②] 这不仅是史学研究的最高追求，亦是中国古代天文学和星占学的终极目标。天文星占与文化各个领域都有十分深刻的复杂联系。汉代作为星占学及其理论的成熟阶段，该时期的思想文化、礼仪制度、社会风俗等无不深受其影响，这也成为学界探讨的重要对象和内容。

1988 年，陈江风在《天文与人文》中从集体表象、哲学意识、祭祀与民俗及天文与文学等方面探析了中国古代"独异的天文文化观"和其中深刻的文化学道理。[③] 1989 年，席泽宗院士在《天文学在中国传统文化中的地位》中指出，天文学又被称为"历象之学"，是沿着两条路线前进的："一条是制订历法，敬授人时"；一条是"观测天象，预卜吉凶"。"历象之学"在自然科学、文学、历史学、哲学等学科领域都具有特殊的地位和影响。[④] 1992 年，江晓原在《星占学与传统文化》中对星占学与汉代的人事吉凶、星占学与历法等内容进行了深入的探讨，并从文化学的角度阐述星占学在传统文化中的地位和作用。[⑤] 关增建在《中国古代星官命名与社会》中重点考察了古代星官命名所反映的"人世间的生活和信念"及古代天文学和社会之间的相互作用。[⑥] 他在《日食观念与传统礼制》中又对日食观念与汉代及中国古代社会传统礼制的关系进行了阐述。[⑦] 刘韶军在《试论中国古代占星术及其文化涵义》中对占星术与汉代的学术文化、思维方式等文化含义进行了研究。[⑧] 李龙生在《占星术》中对占星术所反映的"社会生活和社会心理"、占星术与哲学、文学艺术的关系进行了探讨。[⑨]

---

① ［日］影山辉国：《汉代的灾异与政治——以宰相的灾异责任为中心》，《史学杂志》，90 卷 8 号，1987 年。

② 《汉书》卷六十二《司马迁传》，第 2735 页。

③ 陈江风：《天文与人文》，国际文化出版公司 1988 年版。

④ 席泽宗：《天文学在中国传统文化中的地位》，《科学》（季刊）1989 年第 2 期。

⑤ 江晓原：《星占学与传统文化》，上海古籍出版社 1992 年版。

⑥ 关增建：《中国古代星官命名与社会》，《自然辩证法通讯》1992 年第 6 期。

⑦ 关增建：《日食观念与传统礼制》，《自然辩证法通讯》1996 年第 2 期。

⑧ 刘韶军：《试论中国古代占星术及其文化涵义》，《华中师范大学学报》（哲学社会科学版）1993 年第 2 期。

⑨ 李龙生：《占星术》，海南出版社 1993 年版。

2006 年，冯时在《中国古代的天文与人文》中结合考古学、文献学和文字学资料对中国古代时空观的形成、发展及其对中国传统文化的影响进行了细致的分析与考述。[①] 2009 年，孙小淳在《天文学在古代中国社会文化中的作用》中从天人关系的角度探讨了中国古代天文学在社会文化中的作用，指出中国古代天文学从早期开始就与敬天的宗教崇拜密不可分，以观天象而占国家大事吉凶的中国占星术在中国古代宗教政治中发挥了极其重要的作用。[②] 2010 年，陕西师范大学研究生焦海燕在其硕士学位论文《星占学与两汉文化研究》中对星占学与两汉时期的民俗、纪传体史学的关系进了初步的研究。[③] 程万里在《汉画四神图像》第四章“汉画四神图像的内涵”第二节“神秘的天文星象”中探讨了天文星占对汉画的影响。明确指出：“四神星象图是汉代占星术盛行的产物，集中反映了天人感应思想。”[④] 2013 年，章启群在《星空与帝国——秦汉思想史与占星学》一书中以占星学为视角勾勒出秦汉之际思想史的变迁及中国古代天文学向占星学转折这一重大学术问题，并重点论述了两汉经学与占星学之间的血缘关系。[⑤] 方潇在《天学与法律——天学视域下中国古代法律“则天”之本源路径及其意义探究》第四章“星占学下的法律模拟”中探讨了天文星占学尤其是星占占辞与汉代立法、司法、修法及法律设施之间的关系。[⑥]

（五）存在的问题与反思

星占学是中国传统文化的重要组成部分，并非完全意义上的“伪科学”，而是科学、非科学与社会属性相互杂糅的混合物，在服务于当时社会的同时，也奠定了中国古代天文学的理论基础，并成为根深蒂固的民族心理和文化积淀，潜移默化地影响着中国历史文化的发展和民族思维的形成。

综上所述，有关星占学与中国古代社会关系的研究渐趋繁荣，不少成果都涉及星占学对汉代社会的影响这一问题，提出很多有见地的观点，启发了人们的研究视角，亦是本书的学术基础。但不少成果更多的侧重于天文现象本身及其政治意蕴，即局限于“天文学史”的内史范畴。而关于星占学对汉代社会的整体影响及互动作用的研究还微乎其微，或是个案研究，或是作

---

① 冯时：《中国古代的天文与人文》，中国社会科学出版社 2006 年版。

② 孙小淳：《天文学在古代中国社会文化中的作用》，《中国科技史杂志》2009 年第 1 期。

③ 焦海燕：《星占学与两汉文化研究》，硕士学位论文，陕西师范大学，2010 年。

④ 程万里：《汉画四神图像》，东南大学出版社 2012 年版，第 194—197 页。

⑤ 章启群：《星空与帝国——秦汉思想史与占星学》，商务印书馆 2013 年版。

⑥ 方潇：《天学与法律：天学视域下中国古代法律“则天”之本源路径及其意义探究》，北京大学出版社 2014 年版，第 92—125 页。

为时代背景的点缀而一笔带过，尚缺乏系统而深入的研究与探索。

再者，研究者多为天文学史方面的学者，在多数研究成果中或多或少带有一定程度的西方中心论色彩，更多的是吸取古代天文星占中符合现代科学的部分，或者是侧重于星占本身及其占卜意义，还有的将其视为封建迷信或“伪科学”、骗术而一笔抹杀。缺少从文化的角度、从汉代社会的实际出发，全面深入地探讨天文星占在社会运作中的角色与作用的有分量的研究成果。

事实上，星占学是研究汉代政治史、社会史、思想史不可或缺的重要组成部分。在天人感应思想极其泛滥的汉代社会，星占学及其理论体系是与社会文化的整体相互交织、相互融合的，具有显著的社会功能和人文色彩。该时期的国家政治、职官设置、人事任免、思想文化、祭祀礼仪、社会生活乃至军事决策，无不深受其影响，这都足以说明天文星占与汉代社会的互动与“感应”。只有把星占学与时代特征和社会文化一并考察，才能透过神秘的表象来揭示出深层的文化意义及价值。

“天人合一”一直是中国古代天文星占学发展的主导思想，透过天文星占来影响社会政治和文化生活，是中国古代天文学的重要内容和突出特色，这一特色在两汉时期表现得尤为明显。所以，我们非常有必要从历史发展的实际出发，加强对星占学与汉代社会关系的研究，通过解读星占的信息密码，从神秘的占验中找出其理性的内容，尽可能还原其历史的真实面貌，对汉代星占学及其作用给以一个客观、恰当的评价，以正确诠释星占学与天文学的关系及其在文化学上的重要意义及其历史价值，进而追寻中华文化的精神原点。

三 研究思路、方法和目标

关于汉代星占学及其理论体系的内容、特色及其与社会各个方面的相互渗透、相互作用等构成本书研究的重点。尤其是突破以往研究成果中主要局限于“天文学史”的内史范畴，对星占学在汉代社会运转演变中所起的重要作用作尽可能全面的剖析。

（一）基本思路

在广泛收集文献资料和考古资料的基础上，通过对各种天象（尤其是异常天象）象征意义的揭示及占验内容的解析，重点探讨其对汉代主流社会的“感应”作用及其所引发的政治、人事等活动，进而综合考察汉代星占学及其理论体系对社会各个阶层、各个方面的影响及互动情况。

（二）具体研究方法

整体而言，本研究仍属于传统的历史学研究范畴，在具体的研究过程中，主要采取以下研究方法。

第一，采用传统史学的考证、归纳、对比和综合的研究模式，努力做到定量分析与定性分析相结合，个案研究与一般研究相结合，理论研究与历史实际相结合，通过理性分析和逻辑论证，力求得出公正、合理、符合历史实际的结论。

第二，作为交叉学科研究的尝试，采用历史学、天文学、社会学、政治学、考古学、宗教学、文化学等学科相交叉的研究方法，尤其注意借鉴古代天文学史的研究方法。

第三，采取文化整体（cultural manifold）的研究路径，运用“三重证据法”，注意吸收考古学和古代天文学史方面的最新研究成果，将文献、考古资料与古代天文学史研究的科学结论相互对比，相互印证，以弥补文献资料方面的缺漏和不足。

（三）研究目标

本书的研究拟达到以下四个目标。

第一，通过对各种天象象征意义和星占占辞的解读，综合审视星占学与汉代社会政治、思想文化、社会风俗等方面的交互作用，从而更客观、更理性地认识和评价汉代星占学及其理论体系，以及其与汉代社会内在的“感应”关系，加深对汉代社会的准确理解和整体把握，同时也有助于更好地认知中国文化的思维模式、心理特征和发展脉络。

第二，正确认识天人感应学说。天人感应学说是中国古代思想史上一个重大的理论命题，亦是汉代社会认识星空、构建宇宙图式的理论基石，并具有高度的涵盖性。除去其封建迷信的外衣，折射出的是制衡君权、关爱民生、天人和谐的人文主义情怀。《晋书·五行志上》“序”云：“综而为言，凡有三术。其一曰，君治以道，臣辅克忠，万物咸遂其性，则和气应，休征效，国以安。二曰，君违其道，小人在位，众庶失常，则乖气应，咎征效，国以亡。三曰，人君大臣见灾异，退而自省，责躬修德，共御补过，则消祸而福至。此其大略也。”① 这从一个侧面展示出汉代星占学的时代特征和民族特色。

第三，长期以来，历史学界对汉代星占学及其社会功能的研究远远不

---

① 《晋书》卷二十七《五行志上》，第800页。

够，基本上还是“未开垦的处女地”①。研究的力度、广度和深度都有待于进一步的加强。本书的研究，希望能够弥补该方面研究的缺陷和不足，引起史学界对这一尚不成熟研究领域的高度重视。

第四，天人关系是中国传统文化的轴心问题，中国文化的各种基本形式都离不开对天文之源的祖述。通过对中华民族关于宇宙、社会、人生及天人关系的探索与思考，可以从源头出发考察中华文明的渊源与发展规律，进一步加深对丰厚悠远、博大精深、内涵丰富的民族文化的认知。

陈久金先生指出：“人们通常把最难懂的书称为‘天书’，中国古代有关天文历法的书籍就是真正的天书。”② 星占学与汉代社会关系的研究内容极其复杂，可以说包罗万象，是一个十分重要而又难度较大的课题，目前尚无专门的研究成果问世，也没有现成的模式和成熟的理论框架可以遵循。虽说史料丰富，但真伪相杂，尤其是为了某种政治需要，往往存在有弄虚作假的成分，人为伪造和刻意隐瞒的天象大量存在，一切都须去认真地考察、甄选、求证和分析，去伪存真，就给研究工作增添了难度。且作者作为一名历史学者，对天文学知识的掌握还较为欠缺。因此，在研究中错误和疏漏之处在所难免，还敬请方家和读者给以批评指正、纠误和不吝赐教。

---

① 江晓原：《天学真原》，译林出版社2011年版，第6页。

② 陈久金、杨怡：《中国古代天文与历法》，中国国际广播出版社2010年版，第6页。

第一章　汉代的天文机构、职责及星占学在汉代民间社会的发展

在中国古代社会，天文学与星占学始终是密不可分，恰如一枚硬币的两面，互为表里，在社会政治和文化生活中发挥着极其独特的作用。

顾炎武曾说："三代以上，人人皆知天文。'七月流火'，农夫之辞也。'三星在天'，妇人之语也。'月离于毕'，戍卒之作也。'龙尾伏晨'，儿童之谣也。"[①] 但这只是针对最基本的天文气象知识而言。《汉书·艺文志》曰："然星事凶悍，非湛密者弗能由也。""非天下之至材，其孰与焉！"[②]其实，天文星占是一门极其精深的学问，不管是天文观测、制定历法还是占测天象，都需要业务精湛的专司人员来负责运作。在汉代，从事天文星占的工作主要是来自两个方面：一是来自政府天文机构的官员和工作人员；一是来自民间对天文星占有一定研究的儒生和术士。

第一节　汉代的天文机构、职责及天文官员在政治中的作用

美国学者沃尔弗勒姆·埃伯哈德（W. Eberhard）认为，汉代的天文学是一种"应用政治科学"，天文学家、星象学家"对政治比对科学更感兴趣"[③]。在中国古代，天文星占学作为沟通天人关系的重要工具和媒介，历

---

① （清）顾炎武著，黄汝成集释，栾保群、吕宗力校点：《日知录集释》（下册），上海古籍出版社 2014 年版，第 660 页。

② 《汉书》卷三十《艺文志》，第 1765、1767 页。

③ ［美］沃尔弗勒姆·埃伯哈德（W. Eberhard）：《中国汉代天文学及天文学家的政治职能》。参见［美］费正清主编《中国的思想与制度》，郭晓兵等译，世界知识出版社 2008 年版，第 45—47 页。

来都有官方的性质和官营的传统。出于对天文的重视和天象变异的高度畏惧，汉代设有专门的天文机构负责天象观察、记录、占测、历法的推演与修订等工作，成为帝国官僚体系的重要组成部分，对于促进中国古代天文学的发展起到一定的积极作用。同时，在天人感应思想极其流行的时代背景下，天文官员作为洞晓天意、沟通天人关系的专门人员，通过占候天象、解释灾祥而介入政治，使其在百官中拥有极其独特的身份和地位，在现实的政治生态中发挥着至关重要的作用。

一 汉代天文机构的设置及历史演变

汉代负责天文工作的机构是太史，隶属于太常。《汉书·百官公卿表上》载："奉常，秦官，掌宗庙礼仪，有丞。景帝中六年更名太常。属官有太乐、太祝、太宰、太史、太卜、太医六令丞。"① 太史的最高负责人为太史令，下设明堂及灵台等。《后汉书·百官志二》载：

> 太史令一人，六百石。本注曰：掌天时、星历。凡岁将终，奏新年历。凡国祭祀、丧、娶之事，掌奏良日及时节禁忌。凡国有瑞应、灾异，掌记之。丞一人。明堂及灵台丞一人，二百石。本注曰：二丞，掌守明堂、灵台。灵台掌候日月星气，皆属太史。

刘昭补注引《汉官（仪）》又记载其下属及分工：

> 太史待诏三十七人，其六人治历，三人龟卜，三人庐宅，四人日时，三人易筮，二人典禳，九人籍氏、许氏、典昌氏，各三人，嘉法、请雨、解事各二人，医一人。
>
> 灵台待诏四十（二）［一］人，其十四人候星，二人候日，三人候风，十二人候气，三人候晷景，七人候钟律。一人舍人。②

明堂为"祭天法祖"和布政之所。所以，负责天文星占工作的主要是太史令及其下属灵台丞、灵台待诏等工作人员。

---

① 《汉书》卷十九上《百官公卿表上》，第726页。

② 《后汉书》志二十五《百官志二》，第3572页。（南朝宋）范晔：《后汉书》，中华书局1965年版。下引《后汉书》皆出此版本。

（一）太史令

《史记·太史公自序》云："喜生谈，谈为太史公。"太史公司马谈"仕于建元、元封之间"。又云："太史公既掌天官，不治民。"裴骃集解引如淳曰："汉仪注太史公，武帝置，位在丞相上。天下计书先上太史公，副上丞相，序事如古春秋。迁死后，宣帝以其官为令，行太史公文书而已。"司马贞索隐引《汉旧仪》云："太史公秩二千石，卒史皆秩二百石。"①

汉武帝时是否设置有"太史公"这一官职？"太史公"是官名还是尊称？学界歧义较大，尚无定论。张大可在《太史公释名考辨》一文中列举古今有关"太史公"的十种观点，分别是：

1. 太史公为他人尊称司马迁说；
2. 太史公为官名说；
3. 太史公为司马迁尊称其父说；
4. 太史公为司马迁尊称其父亦是自题说；
5. 太史公为太史令之尊称说；
6. 太史公为官府之通称说；
7. 太史公乃太史官之假借说；
8. 司马迁从楚俗，自题太史令为太史公说；
9. 司马迁为太史公，追书其父亦为太史公说；
10. 太史公为书名说。②

笔者认为，从两汉时期职官设置的实际情况来看，有太史令而无太史公，太史令亦非汉宣帝时所置，乃是沿用先秦和秦朝旧制。

《史记·太史公自序》集解引臣瓒曰："百官表无太史公。《茂陵中书》司马谈以太史丞为太史令。"索隐案《茂陵书》，"谈以太史丞为太史令，则'公'者，迁所著书尊其父云'公'也。然称'太史公'皆迁称述其父所作，其实亦迁之词，而如淳引卫宏仪注称'位在丞相上'，谬矣"。③

"太史"之设，在我国由来已久。据王谟《世本·作篇》载，"苍颉作书"。宋忠注曰："黄帝之世，始立史官，苍颉、沮诵，居其职矣。至于夏

① 《史记》卷一百三十《太史公自序》，第3991—3998页。
② 张大可：《史记研究》，甘肃人民出版社1985年版，第122—129页。
③ 《史记》卷一百三十《太史公自序》，第3992页。

商，乃分置左右，言则左史书之，动则右史书之。故曰左史记言，右史记事，言经《尚书》，事经《春秋》者也。”① 《说文解字·序》载：“黄帝之史仓颉，见鸟兽蹄迒之迹，知分理之可相别异也，初造书契，百工以乂，万品以察。”②

当然，在黄帝之世就设立史官只能是属于传说，不过在殷墟卜辞中已有“太史僚”一职，与“卿事寮”并列，“太史僚即太史官”③。《周礼》中亦有大（太）史一职，“掌建邦之六典，以逆邦国之治，掌法以逆官府之治。掌则以逆都鄙之治。”④ 司马迁在《史记·太史公自序》中也提到“司马氏世典周史”。“余先周室之太史也。自上世尝显功名于虞夏，典天官事。”⑤《吕氏春秋·先识》篇载：“夏太史令终古，出其图法，执而泣之。夏桀迷惑，暴乱愈甚，太史令终古乃出奔如商。”“殷内史向挚见纣之愈乱迷惑也，于是载其图法，出亡之周。”“晋太史屠黍见晋之乱也，见晋公之骄而无德义也，以其图法归周。”⑥ 《今本竹书纪年》亦载，帝癸（一名桀）二十八年，“太史令终古出奔商”⑦。

从《国语》《左传》等文献的记载来看，太史的职责范围甚广，在当时的政治生活中极为活跃。《国语·周语上》载：“瞽献曲，史献书。”“瞽、史教诲”，韦昭注：“史，太史也。掌阴阳、天时、礼法之书，以相教诲者。”⑧ 陈桐生将春秋时期太史的职责概括为：卜筮、占梦、祭祀、灾异、星历和论载、藏书、博物顾问、史鉴等。⑨

“太史令”之名始见于《吕氏春秋·先识》篇中提到的夏太史令终古。据《汉书·艺文志》载，在秦始皇兼并六国之后，为统一文字，令丞相李斯作《仓颉》七章，中车府令赵高作《爰历》六章，太史令胡毋敬作《博学》七章，“文字多取史籀篇，而篆体复颇异，所谓秦篆者也”。⑩

---

① （清）王谟辑本：《世本》。参见（汉）宋忠注、（清）秦嘉谟等辑《世本八种》，中华书局2008年版，第36页。

② （东汉）许慎：《说文解字·序》，中华书局1963年版，第314页。

③ 李学勤：《论卿事寮、太史寮》，《松辽学刊》1989年第3期。

④ 《周礼·春官宗伯·大史》，第817页。

⑤ 《史记》卷一百三十《太史公自序》，第3989—4000页。

⑥ 《吕氏春秋·先识》，第945—946页。参见陈奇猷《吕氏春秋校释》，学林出版社1984年版。下引《吕氏春秋》皆出此版本。

⑦ 张玉春译注：《竹书纪年译注》，黑龙江人民出版社2003年版，第133页。

⑧ 《国语·周语上》，第9—11页。

⑨ 陈桐生：《太史考》，《人文杂志》1992年第4期。

⑩ 《汉书》卷三十《艺文志》，第1721页。

汉承秦制，亦设太史令一职，隶属于奉常［汉景帝中元六年（公元前144年）更名为太常］。《史记·太史公自序》载，在司马谈去世三年后“而迁为太史令，细史记石室金匮之书”。索隐引《博物志》：“太史令茂陵显武里大夫司马迁，年二十八，三年六月乙卯除，六百石。”① 对于司马谈，《汉书·郊祀志上》记为“太史令谈”。《汉书·律历志上》又载，汉武帝元封七年（公元前105年），“大中大夫公孙卿、壶遂、太史令司马迁等言‘历纪坏废，宜改正朔’”。并以邓平“为太史丞”②。都说明当时的官职名称就是“太史令”。

汉代太史令的级别在六百石，绝无可能“位在丞相之上”，且亦于史无据。司马迁在《报任安书》中提到：“乡者，仆亦尝厕下大夫之列，陪外廷末议。”颜师古注引臣瓒曰：“汉太史令千石，故比下大夫。”③ 但《后汉书·百官志二》和索隐所引《博物志》皆云太史令为“六百石”。张家山汉简《二年律令·秩律》亦明载大（太史）秩“六百石”④。

《汉书·律历志上》载，汉昭帝元凤三年（公元前78年），太史令张寿王上书言：“历者天地之大纪，上帝所为。传黄帝调律历，汉元年以来用之。今阴阳不调，宜更历之过也。”遭人弹劾：“寿王吏八百石，古之大夫，服儒衣，诵不详之辞，作袄言欲乱制度，不道。”⑤ 在此，太史令张寿王的秩级为八百石。王国维认为：“臣瓒千石之税，别无他据。元凤中，太史令张寿王之秩八百石，或以他事增秩。据史公所自述，自以六百石之说为最长矣。”⑥

（二）灵台

在先秦时期，灵台就是重要的天文观测场所。据《诗经·大雅·灵台》所载，周文王时期灵台就已出现。“经始灵台，经之营之。庶民攻之，不日成之。”郑笺：“天子有灵台者，所以观祲象，察气之妖祥也。文王受命，

---

① 《史记》卷一百三十《太史公自序》，第4001页。

② 《汉书》卷二十一上《律历志上》，第974—976页。

③ 《汉书》卷六十二《司马迁传》，第2727—2728页。

④ 张家山二四七号汉墓竹简整理小组：《张家山汉墓竹简》（二四七号墓），文物出版社2006年版，第74页。

⑤ 《汉书》卷二十一上《律历志上》，第978页。

⑥ 王国维：《太史公行年考》。参见王国维著，黄爱梅点校《王国维手定观堂集林》（卷第十一·史林三），浙江教育出版社2014年版，第270页。

而作邑于丰，立灵台。”①《三辅黄图》卷五载：“周文王灵台，在长安西北四十里。”“高二丈，周回百二十步。”②《周礼·春官宗伯·冯相氏》贾公彦疏：“其天子有灵台，诸侯有观台，皆所以视天文，故云登高台也。”③ 据《国语·楚语上》，楚庄王时建有匏居之台，“先君庄王为匏居之台，高不过望国氛，大不过容宴豆，木不妨守备，用不烦官府，民不废时务，官不易朝常。”“氛”，韦昭注：“祲气也。”这个匏居之台的性质和作用与周文王的灵台是一致的，既是天文观测之台，又是占测天象吉凶的场所。“故先王之为台榭也，榭不过讲军实，台不过望氛祥。”“氛祥”，韦昭注：“凶气为氛，吉气为祥。”④

在汉代，灵台为太史的下属机构，最高负责人为灵台丞，秩级为二百石，下有工作人员42人。《后汉书·百官志二》刘昭补注引《汉官》曰：“灵台待诏四十（二）［一］人，其十四人候星，二人候日，三人候风，十二人候气，三人候晷景，七人候钟律。一人舍人。”⑤ 规模庞大，职责明确，分工精细。

《三辅黄图》卷五载：“汉灵台，在长安西北八里。汉始曰清台，本为候者观阴阳天文之变，更名曰灵台。”⑥

汉代灵台，始称清台，原位于上林苑内。《后汉书·律历志中》载，汉顺帝汉安二年（143年），尚书侍郎边韶上言：“孝武皇帝摅发圣思，因元封七年十一月甲子朔旦冬至，乃诏太史令司马迁、治历邓平等更建太初，改元易朔，行夏之正，乾凿度八十分之四十三为日法。设清台之候，验六异，课效粗密，太初为最。”⑦《汉书·律历志上》载：元凤三年（公元前78年），汉昭帝诏主历使者鲜于妄人、治历大司农中丞麻光等与“丞相、御史、大将军、右将军史各一人杂候上林清台，课诸历疏密，凡十一家。”⑧ 至汉平帝元始四年（4年）王莽奏请立灵台。《汉书·王莽传上》载：“是岁，莽

① 《诗经·大雅·灵台》，第524页。（东汉）郑玄笺，（唐）孔颖达等正义：《毛诗正义》。《十三经注疏》本，上海古籍出版社1997年版。

② 何清谷校注：《三辅黄图校注》，三秦出版社1995年版，第277页。下引《三辅黄图》皆出此版本。

③ 《周礼·春官宗伯·冯相氏》，第755页。

④ 《国语·楚语上》，第542—543、545页。

⑤ 《后汉书》志二十五《百官志二》，第3572页。

⑥ 何清谷校注：《三辅黄图校注》，第279页。

⑦ 《后汉书》志二《律历志中》，第3035页。

⑧ 《汉书》卷二十一上《律历志上》，第978页。

奏起明堂、辟雍、灵台，为学者筑舍万区，作市、常满仓，制度甚盛。”①这批礼制性建筑皆位于长安城南，《史记·武帝本纪》索隐引《关中记》，“明堂在长安城门外，杜门之西也”。②

《水经注·渭水》载：明堂“北三百步，有灵台，是汉平帝元始四年立。”杨守敬认为：“又《黄图》，灵台上有铜表，题云，‘太初四年造’。太初乃武帝年号，亦足证台非平帝立也。（以铜表为据，疑台即造于太初四年，此句为武帝太初四年之误）。”③ 学者多认为杨守敬考证为是。笔者认为，据《汉书·王莽传上》，汉平帝元始四年（4 年），王莽奏请复建明堂、辟雍、灵台等礼制性建筑于长安城南，所以，此灵台即为元始四年（4 年）王莽主政时所建。至于“铜表”题有“太初四年造”，应是原在汉武帝时所建的“清台”，后移至新建的“灵台”。

东汉建立后，光武帝于中元元年（56 年）在都城洛阳建立灵台。《后汉书·光武帝纪下》，“是岁，初起明堂、灵台、辟雍，及北郊兆域”。李贤注引《汉宫阁疏》曰：“灵台高三丈，十二门。天子曰灵台，诸侯曰观台。”④ 位于洛阳城南，“灵台在洛阳南，去城三里”。⑤ 成为东汉时期最大的天文台建筑，并一直沿用到西晋末年。

关于该灵台的高度，有两种记载，一说为“高三丈”，一说为“高六丈”，《水经注·谷水》，“谷水又迳灵台北，望云物也。汉光武所筑，高六丈，方二十步”。⑥《洛阳伽蓝记》卷三亦载：大统寺“东有灵台一所，基址虽颓，犹高五丈余，即是汉光武帝所立者”⑦。经现代考证，“六丈说”较为符合历史实际。根据中国社会科学院考古研究所洛阳工作队对东汉灵台遗址的考古发掘和考证，灵台遗址占地面积约 4.4 万平方米，全部为夯土垒成。“地面以上的夯台由于历代的破坏，外形已非原状。现存的夯土台南北残长约 41 米余，东西残长约 31 米余，残高约 8 米余。”“原高并不止此，因

① 《汉书》卷九十九上《王莽传上》，第 4096 页。

② 《史记》卷十二《武帝本纪》，第 576 页。

③ 《水经注·渭水》，第 1592—1593 页。参见杨守敬、熊会贞疏，段熙仲点校，陈桥驿复校《水经注疏》，江苏古籍出版社 1989 年版。下引《水经注》皆出此版本。

④ 《后汉书》卷一下《光武帝纪下》，第 84 页。

⑤ （南朝梁）萧统著，（唐）李善注：《文选》卷十六《志下·潘安仁〈闲居赋〉》，上海古籍出版社 1986 年版，第 701 页。下引《文选》无特别说明者皆出此版本。

⑥ 《水经注·谷水》，第 1423 页。

⑦ （北魏）杨衒之著，杨勇校笺：《洛阳伽蓝记校笺》，中华书局 2006 年版，第 131 页。

此台高六丈的说法是有可能的。”①

二 汉代天文机构及官员的工作职责

从有关文献记载来看，汉代的天文机构及官员主要的工作职责是掌管天象观测、天文历法、占星及解释阴阳灾异等。

（一）负责天象的观测、记录和整理

出于对天象变异的畏惧和农业生产的需要，两汉王朝对天象观测极为重视，而这些工作主要是由官方的天文机构及有关工作人员具体负责的。从《汉书》《后汉书》的“天文志”“律历志”“五行志”等文献的记载可以看出，当时的天文观测和记录相当地完整、详尽和细致，且具有连续性。如对日食的观测，不仅详细记载了日食发生的时间，而且还注意到食分、方位及从初亏至复圆的整个过程。《汉书·五行志下之下》记载汉武帝征和四年八月辛酉（公元前89年9月29日）的一次日食，“日有食之，不尽如钩，在亢二度。晡时食从西北，日下晡时复”。②

由于两汉时期天文工作者的辛勤努力和工作，给我们留下了丰富的天象记录资料。据刘次沅先生的统计，《汉书·五行志》载有西汉天象记录79条，《汉书·天文志》载84条；《汉书·王莽传》载10条；《后汉书·五行志》“共计天象记录107条”，《后汉书·天文志》共记载238条（含王莽时期3条）。③ 甚至出现中国乃至世界上最早的新星和超新星记录。如：

汉武帝元光元年（公元前134年）六月，“客星见于房”。④ 席泽宗院士经考证后指出：“这是中西史上皆有记载的第一颗新星。”⑤

汉灵帝中平二年（185年）十月癸亥，“客星出南门中，大如半筵，五色喜怒稍小，至后年六月消”。⑥ 该星从185年12月7日持续至186年7月，是一颗“超新星”⑦。

---

① 中国社会科学院考古研究所洛阳工作队：《汉魏洛阳城南郊的灵台遗址》，《考古》1978年第1期。

② 《汉书》卷二十七下之下《五行志下之下》，第1503页。

③ 刘次沅：《两汉魏晋天象记录统计分析》，《时间频率学报》2015年第3期。

④ 《汉书》卷二十六《天文志》，第1305页。

⑤ 席泽宗：《古新星新表》，《天文学报》1955年第2期。

⑥ 《后汉书》志十二《天文志下》，第3260页。

⑦ 席泽宗：《古新星新表》，《天文学报》1955年第2期。［英］D. H. 克拉克和F. R. 斯梯芬森指出：“在历史上记载最早、有根据推测为超新星的AD185年新见星，只有中国有它的记录。”参见［英］D. H. 克拉克，F. R. 斯梯芬森著，王德昌等编译：《历史超新星》，江苏科学技术出版社1982年版，第86页。

又如太阳黑子的记录：

汉成帝河平元年（公元前28年）三月乙未，“日出黄，有黑气大如钱，居日中央。”①

为演示天体在天球上的变化和运行轨迹，协助做好对天象的观测及天体坐标的测量工作，汉代天文机构的工作人员还发明、设计、改进相关的天文观测仪器。《史记·五帝本纪》载：“舜乃在璇玑玉衡，以齐七政。”“璇玑玉衡”，汉代学者多认为是古代的天文观测仪器，郑玄和马融都认为是浑天仪。裴骃集解引郑玄曰：“璇玑，玉衡，浑天仪也。”②《史记·天官书》集解引马融曰：“璇，美玉也。机，浑天仪，可转旋，故曰机。衡，其中横筒。以璇为机，以玉为衡，盖贵天象也。”③ 张守节正义：“玑为运转，衡为横箫，运玑使动于下，以衡望之，是王者正天文器也。”又引蔡邕云：“玉衡长八尺，孔径一寸，下端望之，以视星宿，并县玑以象天，而以衡望之，转玑窥衡，以知星宿。玑径八尺，圆周二丈五尺而强也。”④ 蔡邕所说的是否就是古代的“璇玑玉衡”或浑天仪，还难定论，但必是他亲眼见过的汉代天文仪器。《晋书·天文志上》曾载汉灵帝时蔡邕于朔方上书曰：“惟浑天近得其情，今史官候台所用铜仪则其法也。立八尺员体而具天地之形，以正黄道，占察发敛，以行日月，以步五纬，精微深妙，百代不易之道也。”⑤

《后汉书·明帝纪》载，永平三年（60年）正月，汉明帝“奉郊祀，登灵台，见史官，正仪度。”李贤注曰：“仪谓浑仪，以铜为之，置于灵台，王者正天文之器也。度谓日月星辰之行度也。史官即太史，掌天文之官也。”⑥ “浑仪”即浑天仪，为汉武帝时期天文学家落下闳所发明，扬雄在《法言·重黎》篇中言道：“或问‘浑天’？曰：‘下闳营之，鲜于妄人度之，耿中丞象之，几乎！几乎！莫之能违也’。”⑦ “耿中丞”即大司农中丞耿寿昌，《后汉书·律历志中》载，汉宣帝甘露二年（公元前52年），“大司农中丞耿寿昌奏，以图仪度日月行，考验天运状，日月行至牵牛、东井，

---

① 《汉书》卷二十七下之下《五行志下之下》，第1507页。两汉时期共有关于太阳黑子的记载7次。参见《中国古代天象记录总集》，江苏科学技术出版社1988年版，第3页。

② 《史记》卷一《五帝本纪》，第28—29页。

③ 《史记》卷二十七《天官书》，第1542页。

④ 《史记》卷一《五帝本纪》，第28—29页。

⑤ 《晋书》卷十一《天文志上》，第278页。

⑥ 《后汉书》卷二《明帝纪》，第105页。

⑦ 《扬子法言》卷十《重黎》，第22页。（西汉）扬雄著，李轨注：《扬子法言》，上海古籍出版社1989年版。

日过［一］度，月行十五度，至娄、角，日行一度，月行十三度，赤道使然，此前世所共知也。如言黄道有验，合天，日无前却，弦望不差一日，比用赤道密近，宜施用”。①

汉和帝永元十五年（103 年）七月，诏太史造“黄道铜仪”，进行二十八宿黄道度的测量，其结果为：“以角为十三度，亢十，氐十六，房五，心五，尾十八，箕十，斗二十四四分度之一，牵牛七，须女十一，虚十，危十六，营室十八，东壁十，奎十七，娄十二，胃十五，昴十二，毕十六，觜三，参八，东井三十，舆鬼四，柳十四，星七，张十七，翼十九，轸十八，凡三百六十五度四分度之一。冬至日在斗十九度四分度之一。”史官“以（郭）［部］日月行，参弦望，虽密近而不为注日”。② 张衡在《灵宪》中说，“今史官所用候台铜仪，则其法也。立八尺圆体之度，而具天地之象，以正黄道，以察发敛，以行日月，以步五纬。精微深妙，万世不易之道也”。③

汉安帝元初四年（117 年），太史令、天文学家张衡对浑天仪又进行进一步的改进，制造出水运浑天仪。“以水力驱动，使浑象上星宿出没与天象一致。”④《晋书·天文志上》载：“张平子既作铜浑天仪于密室中以漏水转之，令伺之者闭户而唱之。其伺之者以告灵台之观天者曰：‘璇玑所加，某星始见，某星已中，某星今没’，皆如合符也。”⑤ 从该文献记载可以看出，“浑天仪”主要是用于察天象，考历度。对此，《晋书·天文志上》总结道：

> 暨汉太初，落下闳、鲜于妄人、耿寿昌等造员仪以考历度。后至和帝时，贾逵系作，又加黄道。至顺帝时，张衡又制浑象，具内外规、南北极、黄赤道，列二十四气、二十八宿中外星官及日月五纬，以漏水转之于殿上室内，星中出没与天相应。因其关戾，又转瑞轮蓂荚于阶下，随月虚盈，依历开落。⑥

---

① 《后汉书》志二《律历志中》，第 3029 页。

② 同上书，第 3029—3030 页。

③ 《后汉书》志十《天文志上》，第 3218 页。

④ 陈晓中、张淑莉：《中国古代天文机构与天文教育》，中国科学技术出版社 2013 年版，第 45 页。

⑤ 《晋书》卷十一《天文志上》，第 281 页。

⑥ 同上书，第 284 页。

（二）编制、校正历法

《史记·历书》曰：“王者易姓受命，必慎始初，改正朔，易服色，推本天元，顺承厥意。”索隐释曰：“王者易姓而兴，必当推本天之元气行运所在，以定正朔，以承天意，故云承顺厥意。”[①]《汉书·律历志上》，御史大夫儿宽与博士赐等曰：“帝王必改正朔，易服色，所以明受命于天也。”[②]在中国古代，制定、颁布历法不仅仅是为了授时，同时也是一项重要的政治任务，是奉天承运、统治天下万民的象征。“臣民奉谁的正朔就表示接受谁的统治。”[③]故历代王朝对编制历法工作都高度重视。在汉代，编制、推演、校正历法成为天文机构和官员的重要工作内容，经过汉代天文工作者坚持不懈的努力，汉代的历法得到不断的完善和精确。

西汉建立后，接受北平侯张苍的建议，沿用秦朝的《颛顼历》，以十月为岁首。到汉武帝时期，“正朔服色，未睹其真，而朔晦月见，弦望满亏，多非是”。[④]误差已非常明显，且使用的还是秦朝的正朔。太初元年（公元前104年），汉武帝命大中大夫公孙卿、壶遂、太史令司马迁、治历邓平及方士唐都、巴郡落下闳等二十余人议造汉历，经过对比和检测，最后选定邓平所提出的“八十一分律历”，即《太初历》，以正月为岁首。经宦者淳于陵渠的复验、核校，“《太初历》晦朔弦望，皆最密，日月如合璧，五星如连珠”。[⑤]邓平由此被提拔为太史丞。

《太初历》前后沿用了188年，直至东汉章帝元和二年（85年）。虽然在汉昭帝元凤三年（公元前78年）太史令张寿王曾反对使用《太初历》，主张使用黄帝《调律历》，经过长达六年的复候，证明《调律历》“课皆疏阔”，“不合经术”而未被采纳。

但《太初历》经过一百多年的使用，至东汉初年已出现“历稍后天，朔先［于］历，朔或在晦，月［或朔］见”等与天象明显不符的现象，因当时东汉王朝刚刚建立，“天下初定”，故“未遑考正”。至汉章帝元和二年（85年），《太初历》“失天益远，日、月宿度相觉浸多，而候者皆知冬至之日日在斗二十一度，未至牵牛五度，而以为牵牛中星，（从）［后］天四分

---

① 《史记》卷二十六《历书》，第1500页。

② 《汉书》卷二十一上《律历志上》，第975页。

③ 张培瑜、陈美东、薄树人、胡铁珠：《中国古代历法·前言》，中国科学技术出版社2013年版，第5页。

④ 《汉书》卷二十一上《律历志上》，第974页。

⑤ 同上书，第976页。

日之三，晦朔弦望差天一日，宿差五度”。[①] 谬误已相当严重。汉章帝遂下诏改行由治历编訢、李梵等人修订后的《四分历》，以汉文帝后元三年（公元前161年）十一月夜半朔旦冬至为历元。《四分历》一年365.25天，较实际回归年365.2423076天长0.0076924天，节气每130年就要延后一天，但比《太初历》已有较大的改进，并校正了《太初历》在实行一百多年后所产生的后天现象。

在《四分历》实行之初，有人对新历提出质疑。元和二年（85年）八月，汉章帝“令两候，上得算多者”。太史令桥玄等从元和二年（85年）到永元元年（89年）经过长达五年的实测验证工作，“五岁中课日行及冬（夏）至斗（一）［二］十一度四分一，合古历建星《考灵曜》日所起，其星间距度皆如石氏故事”。事实证明《四分历》较其他历法具有较高的准确性和可靠性，“他术以为冬至日在牵牛初者，自此遂黜也”。[②]

《后汉书·律历志中》载，永平年间，曾诏令故太史待诏张隆“以四分法署弦、望、月食加时”。“案史官旧有《九道术》”，用来解释和测算月行迟疾的现象，但“废而不修”，并没有流传下来。汉灵帝熹平年间（172—177年），故治历郎梁国宗整上《九道术》，“诏书下太史，以参旧术，相应”。部太子舍人冯恂课校后亦复作《九道术》，“增损其分，与整术并校，差为近。”太史令单飏将冯恂的《九道术》结合弦、望进行认真的试用、推演，“然而加时犹复先后天，远则十余度”。[③] 误差竟达10余度之多，自然弃而不用。但这也说明当时的天文工作者已经发现月行有迟疾的问题。

（三）占候天象吉凶

汉代的天文官员都是一身二任的，既是天文学家，又是星占家，在某种程度上来说还是神职人员。在天人感应思想极其流行的汉代社会，天文之变备受关注。朝廷设立专门的天文机构和人员，并不只是进行纯粹的天文和气象观测，最主要的工作其实是占星，即通过天象占验人事的吉凶祸福，作为帝王参政的重要依据。

《汉书·艺文志》载，汉成帝时，“使谒者陈农求遗书于天下”，“诏光禄大夫刘向校经传诸子诗赋，步兵校尉任宏校兵书，太史令尹咸校数术，侍医李柱国校方技”。“数术”，颜师古注：“占卜之书。”[④] 据《后汉书·百官志

---

① 《后汉书》志二《律历志中》，第3025—3026页。

② 同上书，第3028页。

③ 同上书，第3030页。

④ 《汉书》卷三十《艺文志》，第1701—1702页。

二》，在灵台丞下设候星十四人，候日二人，候风三人，候气十二人，从人员组成和所司之事可以看出，其职能基本上就是《周礼》中“保章氏”的工作范围。“候”，《说文解字》曰：“伺望也。”① 一是观测，一是占候。《汉书·王莽传下》左将军公孙禄曰：“太史令宗宣典星历，候气变。”② 亦明确指出太史令的职责重点是占候天道的吉凶。可以说，自司马迁之后，此成为太史令的主要工作。对此，唐代刘知几指出：“寻自古太史之职，虽以著述为宗，而兼掌历象、日月、阴阳、管数。司马迁既殁，后之续《史记》者，若褚先生、刘向、冯商、扬雄之徒，并以别职来知史务。于是太史之署，非复记言之司。故张衡、单飏、王立、高堂隆等，其当官见称，唯知占候而已。”③

《后汉书·祭祀志中》载，永平二年（59年）正月辛未，汉明帝在宗祀明堂之后“升灵台，以望云物”。刘昭补注引杜预注《传》曰：“云物，气色灾变也。素察妖祥，逆为之备。”④ 此后汉章帝、汉和帝、汉顺帝亦多次“登灵台，望云物”。

灵台作为当时最大的国家天文台，主要作用是观象望气，而观象望气的目的是为了沟通天人，占候天象云气的吉凶灾祥。《白虎通》卷六《辟雍·灵台明堂》曰：“天子所以有灵台者何？所以考天人之心，察阴阳之会，揆星辰之证验，为万物获福无方之元。”⑤ 纬书《诗泛历枢》曰：“灵台参天意。”“灵台候天意也。经营灵台，天下附也。”⑥《后汉书·祭祀志中》刘昭补注引《礼含文嘉》详细说明灵台的作用：

> 礼，天子灵台，所以观天人之际，阴阳之会也。揆星度之验，征六气之端，应神明之变化，睹日气之所验，为万物获福于无方之原，招太极之清泉，以与稼穑之根。仓廪实，知礼节；衣食足，知荣辱。天子得灵台之［礼］，则五车三柱，明制可行，不失其常。⑦

---

① （东汉）许慎：《说文解字》，中华书局1963年版，第165页。

② 《汉书》卷九十九下《王莽传下》，第4170页。

③ 《史通》卷十一《史官建置》，第284页。（唐）刘知几著，（清）浦起龙通释，王煦华整理：《史通通释》，上海古籍出版社2009年版。

④ 《后汉书》志八《祭祀志中》，第3181页。

⑤ （清）陈立撰，吴则虞点校：《白虎通疏证》卷六《辟雍·灵台明堂》，第263页。中华书局1994年版，下引《白虎通》皆出此版本。

⑥ ［日］安居香山、中村璋八辑：《纬书集成》，河北人民出版社1994年版，第479页。下引《纬书集成》皆出此版本。

⑦ 《后汉书》志八《祭祀志中》，第3178页。

《孝经内事》又曰："天子得云台之礼，则五车均明，河行不离其常。"宋均注曰："天子考察天气，若梓慎见星之祲者也，所以获福禳灾。五车主五谷。民禳灾得福，民无饥寒之困，五谷星之明以应之。河若离常，则有决溢之忧，则九谷失所殖矣。"①

班固在《两都赋·东都赋》中曰："登灵台，考休征。俯仰乎乾坤，参象乎圣躬。""孰与灵台明堂，统和天人?"在《灵台诗》中又曰：

乃经灵台，灵台既崇。帝勤时登，爰考休征。
三光宣精，五行布序。习习祥风，祁祁甘雨。
百谷蓁蓁，庶草蕃庑。屡惟丰年，于皇乐胥。②

张衡在《二京赋·东京赋》中亦曰："左制辟雍，右立灵台。因进距衰，表贤简能。冯相观祲，祈褫禳灾。"③

灵台的作用与《周礼》中的冯相氏和保章氏一样是通过"观祲"来及时感应天意，占候休征妖祥，祈福禳灾。这也是汉明帝、汉章帝、汉和帝、汉顺帝等登灵台、望云物的主要目的所在，已经超越"观象授时"的时令、气象范畴，而成为窥测天意、"统和天人"的重大政治活动，故刘向在《说苑》中说："是故古者圣王既临天下，必变四时，定律历，考天文，揆时变，登灵台以望气氛。"④ 当然，灵台作为与天感应、沟通的场所，是帝王才能拥有的权力。但帝王不可能经常去"登灵台，望云物"，最多只是象征性的，日常工作主要还是灵台的工作人员来具体负责。

三 天文官员在两汉政治运作中的作用

美国学者沃尔弗勒姆·埃伯哈德（W. Eberhard）指出，汉代的天文星占家"只关心'应用政治科学'，不是将其用于技术，而是仅用于政治"⑤。天文官员负责着对天象象征意义的解释，是上天与人间帝王"对话"的翻译者，而这些解释和星占占测绝大多数都涉及两汉王朝的军国大事，在当时

---

① ［日］安居香山、中村璋八辑：《纬书集成》，第1018—1019页。

② 《后汉书》卷四十下《班固传下》，第1364—1372页。

③ （南朝梁）萧统著，（唐）李善注：《文选》，第106页。

④ 《说苑》卷十八《辨物》，第442页。（西汉）刘向著，向宗鲁校证：《说苑校证》，中华书局1987年版。下引《说苑》皆出此版本。

⑤ ［美］沃尔弗勒姆·埃伯哈德：《中国汉代天文学及天文学家的政治职能》，参见［美］费正清主编《中国的思想与制度》，郭晓兵等译，世界知识出版社2008年版，第47页。

的政治运作中发挥着直接或间接的影响。

（一）直接参与国家重大的军政事务

太史令等官员的级别虽然不高，但人微言重，在朝廷事务中却占有着举足轻重的地位，直接参与国家军政事务的决策和运作。

元鼎五年（公元前112年），汉武帝为讨伐南越而告祷太一神，“以牡荆画幡日月北斗登龙，以象太一三星，为太一锋，命曰‘灵旗’。为兵祷，则太史奉以指所伐国”。[①] 在作法时由太史令司马谈亲自擎着“灵旗”指向所伐之国，以保佑战争取得胜利。

不仅如此，太史令司马谈还是汉武帝祭祀天地山川活动时的重要参与者和制订礼仪的核心成员之一。元鼎四年（公元前113年）冬，汉武帝郊雍，有司与太史令司马谈、祠官宽舒议：“天地牲角茧栗。今陛下亲祠后土，后土宜于泽中圜丘为五坛，坛一黄犊太牢具，已祠尽瘗，而从祠衣上黄。”于是汉武帝“遂东，始立后土祠汾阴脽丘，如宽舒等议”。元鼎五年（公元前112年）十一月冬至，汉武帝首次郊拜太一，太史令司马谈、祠官宽舒等曰：“神灵之休，祐福兆祥，宜因此地光域立太畤坛以明应。令太祝领，秋及腊间祠。三岁天子一郊见。”[②]

《汉书·李广传》载，抗匈名将李广之孙李陵因兵败而投降匈奴，汉武帝大怒，群臣也“皆罪陵”，汉武帝“问太史令司马迁”[③]，司马迁因替李陵辩解开脱而进一步激怒武帝，并因此被处以腐刑。但汉武帝专门征询太史令司马迁的意见，由此亦可见太史令在国家重大事务决策中是具有较大发言权的。

汉武帝晚年在《轮台罪己诏》中也提到太史及星占在军事决策中的重大作用。“兴（师）遣贰师将军，欲以为使者威重也。……公车方士、太史治星望气，及太卜龟蓍，皆以为吉，匈奴必破，时不可再得也。”[④] 太史治星望气所得的吉兆是汉武帝最终下定决心派贰师将军李广利率兵出击匈奴的重要因素之一。

光武帝中元元年（56年）夏，“京师醴泉涌出，饮之者固疾皆愈，惟眇、蹇者不疗。又有赤草生于水崖。郡国频上甘露”。群臣上奏要求“宜令太史撰集，以传来世”。[⑤]《后汉书·蔡邕传》载，熹平四年（175年），太史令单飏

① 《史记》卷二十八《封禅书》，第1676页。

② 同上书，第1669—1676页。

③ 《汉书》卷五十四《李广传》，第2455页。

④ 《汉书》卷九十六下《西域传下》，第3913页。

⑤ 《后汉书》卷一下《光武帝纪下》，第83页。

与议郎蔡邕、五官中郎将堂溪典、光禄大夫杨赐、谏议大夫马日磾、议郎张驯、韩说等“奏求正定《六经》文字”。得到汉灵帝的批准。光和元年（178年），“妖异数见，人相惊扰”。该年七月，汉灵帝诏蔡邕与光禄大夫杨赐、谏议大夫马日磾、议郎张华、太史令单飏等诣金马门，“引入崇德殿，使中常侍曹节、王甫就问灾异及消改变故所宜施行”。[①]《东观汉记》卷十七又载，中常侍谕旨：“朝廷以灾异忧惧，特旨密问政事所变改施行，务令分明。”[②] 但凡与祥瑞、灾异有关的政治活动，太史令是必须参加的。

《三国志·魏书·武帝纪》注引张璠《汉纪》载，建安元年（196 年），汉献帝兵败曹阳，本欲顺河东下，太史令王立借天象变异谏议道：“自去春太白犯镇星于牛斗，过天津，荧惑又逆行守北河，不可犯也。”汉献帝于是根据太史令王立对天象的分析而改变出逃路线，“遂不北渡河，将自轵关东出”。[③]

（二）及时向朝廷提出对策、建议

张衡任太史令时在给汉顺帝的奏折中说：“臣官在于考变禳灾，思任防救。”[④] 前文提到，天文机构和官员的一个重要职责是根据天象占候人事的吉凶，并及时向帝王提出自己的占析、建议和应对之策，或乘机提出自己的政治改革主张。由于天文官员的特殊身份，穷神知化，阐释的又都是天意，帝王对他们的建议也相当重视。

汉武帝太初元年（公元前 104 年），太史令司马迁与大中大夫公孙卿、壶遂等上言，“历纪坏废，宜改正朔”。“改正朔”在古代为重大的政治事件，是帝王受命于天、与民更始、君圣臣贤、天下和洽的象征，关乎着王朝统治的正统。《史记·历书》曰：“王者易姓受命，必慎始初，改正朔，易服色，推本天元，顺承厥意。”[⑤]《白虎通·三正》曰：“王者受命必改朔何？明易姓，示不相袭也。明受之于天，不受之于人，所以变易民心，革其耳目，以助化也。”[⑥]《春秋元命苞》亦曰：“王者受命，昭然明于天地之

---

① 《后汉书》卷六十下《蔡邕传》，第 1990、1998 页。

② 《东观汉记》卷十七，第 751 页。（东汉）刘珍等著，吴树平校注：《东观汉记校注》，中华书局 2008 年版。下引《东观汉记》皆出此版本。

③ 《三国志》卷一《魏书·武帝纪》，第 13 页。（西晋）陈寿：《三国志》，中华书局 1982 年版。下引《三国志》皆出此版本。

④ 《全后汉文》卷五十四《张衡三》，第 771 页。（清）严可均辑：《全上古三代秦汉三国六朝文·全后汉文》，中华书局 1958 年版。下引《全上古三代秦汉三国六朝文》皆出此版本。

⑤ 《史记》卷二十六《历书》，第 1500 页。

⑥ 《白虎通·三正》，第 360 页。

理，故必移居处，更称号，改正朔，易服色，以明天命圣人之实。”① 汉武帝接受司马迁等人的建议，改元太初，于当年五月，颁布使用新编制的《太初历》，以正月为岁首，“色上黄，数用五”②。在整个过程中，太史令司马迁一直是首议者、倡导者和重要参与者。《汉书·儿宽传》载，“后太史令司马迁等言：‘历纪坏废，汉兴未改正朔，宜可正。’上乃诏宽与迁等共定汉《太初历》”。③

王莽地皇四年（22 年）十一月，各地反莽起义如火如荼，此时又“有星孛于张，东南行，五日不见”。星孛即彗星，在星占学上为著名的妖星、灾星。王莽就此天象多次召问太史令宗宣，但宗宣等术家却将灾异当作吉祥，谀骗王莽，“皆缪对，言天文安善，群贼且灭。莽差以自安”。④

阳嘉二年（133 年）五月，京都洛阳地震，又出现妖星。汉顺帝下诏求言，太史令张衡“奉答灾异”，在对策中说：“臣闻政善则休祥降，政恶则咎征见。苟非圣人，或有失误。……中间以来，妖星见于上，震烈著于下，天诫详矣，可为寒心。”要求汉顺帝“修政恐惧”，以“消祸于未萌”，“转祸为福”。阳嘉四年（135 年），又因朔方出现日食而上奏，要求加强该地区的防务，“今年三月，朔方觉日蚀，此郡惧有兵患。臣愚以为可敕北边须塞郡县，明烽火，远斥候，深藏固闭，无令谷畜外露”。⑤

延熹元年（158 年），出现日食，太史令陈授通过小黄门徐璜向汉桓帝“陈灾异日食之变”⑥，并把灾异产生的责任归咎于大将军梁冀。梁冀得知后竟令洛阳令收考陈授，使其死于狱中⑦。汉桓帝本就对梁冀的专横跋扈极为不满，由此更加发怒并下决心除掉梁氏。在梁冀被诛之后的十余年间，灾异仍然不断，太史建议“宜有赦令，又当存录大臣冤死者子孙”，为汉桓帝所接受，于是朝廷“大赦天下”⑧。

---

① （清）赵在翰辑，钟肇鹏、萧文郁点校：《七纬》，第 293 页。中华书局 2012 年版。下引《七纬》皆出此版本。

② 《汉书》卷六《武帝纪》，第 199 页。

③ 《汉书》卷五十八《儿宽传》，第 2633 页。

④ 《汉书》卷九十九下《王莽传下》，第 4197 页。

⑤ 《全后汉文》卷五十四《张衡三》，第 771 页。

⑥ 《后汉书》卷三十四《梁冀传》，第 1185 页。

⑦ 《后汉书》志十八《五行志六》注引《梁冀别传》曰：“常侍徐璜白言：‘臣切见道术家常言，汉死在戌亥。今太岁在丙戌，五月甲戌，日蚀柳宿。朱雀，汉家之贵国，宿分周地，今京师是也。史官上占，去重见轻。’璜召太史陈援（授）诘问，乃以实对。冀怨援（授）不为隐讳，使人阴求其短，发擿上闻。上以亡失候仪不肃，有司奏收杀狱中。”（第 3368 页）

⑧ 《后汉书》卷六十三《李固传》，第 2090 页。

《三国志·魏书·武帝纪》注引司马彪《九州春秋》载，光和末年，冀州刺史王芬等预谋乘汉灵帝北巡河间故宅时将之废黜，另立合肥侯为帝。恰在此时北方出现赤气，“东西竟天”。太史进谏说：“当有阴谋，不宜北行。”① 汉灵帝于是取消了北巡的计划，王芬畏罪自杀。

（三）沦为政治斗争的工具

根据天人感应理论，灾异主要是因为人事而引发的。自汉成帝末年丞相翟方进因“荧惑守心”自杀之后②，推咎大臣或策免三公成为汉代帝王应对灾异常用的做法，这就导致各派政治势力纷纷借灾异党同伐异，攻击对手。在一次次的政治斗争中，天文官员对星象变异的占辞常常为政治人物所利用，成为各派政治势力用来打击对方、争权夺利的重要工具和借口。

汉宣帝时，赵广汉任京兆尹，大力惩腐治恶，威制豪强。在欲告发丞相之前，先询问太史知星气者，被告知“今年当有戮死大臣”。赵广汉遂即上书“告丞相罪”。结果被司直萧望之劾奏：“广汉摧辱大臣，欲以劫持奉公，逆节伤化，不道。”③ 自己反被下狱并被腰斩。

汉安帝延光三年（124 年），宦官樊丰等乘安帝东巡岱宗之机“竞修第宅”，太尉杨震的部掾高舒召大匠令史考校此事，又得樊丰等假下诏书，杨震遂写好弹劾奏折只等汉安帝回来上奏。但此时“太史言星变逆行”，樊丰等借此诬陷杨震，“自赵腾死后，深用怨怼；且邓氏故吏，有恚恨之心”。④ 杨震由此被免官遣回原籍，在洛阳城西几阳亭饮鸩而死。

汉献帝初平二年（191 年），卫尉张温因不与权臣董卓结交而遭怨恨，“时太史望气，言当有大臣戮死者”。董卓“乃使人诬卫尉张温与袁术交通，遂笞温于市，杀之，以塞天变”⑤。

在魏文帝曹丕代汉的过程中，太史的预测也起到至关重要的舆论导向作用。早在汉灵帝熹平五年（176 年），“黄龙见谯”，太史令单飏就预言道：“其国后当有王者兴，不及五十年，亦当复见。天事恒象，此其应也。”到建安二十五年（220 年）三月，果然再次“黄龙见谯”⑥。谯为曹氏的故乡，其实这是借太史令单飏的预言来进一步指明曹魏代汉是天命所在，以增强曹

---

① 《三国志》卷一《魏书·武帝纪》，第 4 页。

② 《汉书·天文志》载，汉成帝绥和二年（公元前 7 年）春，“荧惑守心。二月乙丑，丞相翟方进欲塞灾异，自杀”。（第 1311 页）

③ 《汉书》卷七十六《赵广汉传》，第 3205 页。

④ 《后汉书》卷五十四《杨震传》，第 1766—1767 页。

⑤ 《后汉书》卷七十二《董卓传》，第 2330 页。

⑥ 《三国志》卷二《魏书·文帝纪》，第 58 页。

魏政权的神圣性与合法性。同样，在劝进曹丕废汉称帝时，太史丞许芝先是条奏曹魏代汉见于谶纬、符命，又借诠释“荧惑失色不明”、彗星除紫微、彗星扫太微、白虹贯日、月食荧惑、日食及岁星在大梁属魏国的分野等天文之变及各种休征嘉瑞论证汉家天命已终，历数已尽。“今汉室衰替，帝纲堕坠，天子之诏，歇灭无闻，皇天将舍旧而命新，百姓既去汉而为魏，昭然著明。”魏王曹丕“以至德当历数之运”，“应期运之数，为皇天所子”，须“急遵皇天之意，副兆民之望，”①顺天应人，受禅称帝。

表一　　两汉天文官员简表

帝王（年代）	天文官员	主要事迹	文献出处
汉高祖 （前206—前195年）	太史魏尚	魏尚，字文仲，高皇帝时为太史，晓鸟语	《八家后汉书辑注·谢承后汉书》卷八《魏尚传》
汉武帝 （前140—前87年）	太史令司马谈	“学天官于唐都，受易于杨何，习道论于黄子。” 著《论六家之要指》	《史记·太史公自序》
	太史令司马迁	著《史记》 发起并参与太初元年（公元前104年）的历法改革	《汉书·司马迁传》 《汉书·律历志上》
	太史丞邓平	创制“太初历”，以正月为岁首。 “乃诏迁用邓平所造八十一分律历。” “遂用《邓平历》，以平为太史丞。”	《汉书·律历志上》
汉昭帝 （前86—前74年）	太史令张寿王	反对实行《太初历》 元凤三年（前78年），太史令张寿王上书言：“历者天地之大纪，上帝所为。传黄帝《调律历》，汉元年以来用之。今阴阳不调，宜更历之过也。”	《汉书·律历志上》

① 《三国志》卷二《魏书·文帝纪》，第66—72页。

续表

帝王（年代）	天文官员	主要事迹	文献出处
汉成帝 （前32—前7年）	太史令尹咸	负责校“数术” 汉成帝“使谒者陈农求遗书于天下。诏光禄大夫刘向校经传诸子诗赋，步兵校尉任宏校兵书，太史令尹咸校数术，侍医李柱国校方技。” “数术”，颜师古注：“占卜之书。”	《汉书·艺文志》
王莽时期 （8—22年）	太史令宗宣	左将军公孙禄曰：“太史令宗宣典星历，候气变，以凶为吉，乱天文，误朝廷。” 地皇三年（22年）十一月，“有星孛于张，东南行，五日不见。莽数召问太史令宗宣，诸术数家皆缪对，言天文安善，群贼且灭。莽差以自安”	《汉书·王莽传下》
	羲和刘歆①	编制《三统历》	《汉书·律历志上》
汉明帝 （58—75年）	太史待诏杨岑	永平五年（62年），官历署七月十六日［月］食。待诏杨岑见时月食多先历，即缩用算上为日，［因］上言“月当十五日食，官历不中”。诏书令岑普［候］，与官［历］课。起七月，尽十一月，弦望凡五，官历皆失，岑皆中	《后汉书·律历志中》
	太史待诏张盛、景防、鲍邺	永平五年（62年），复令待诏张盛、景防、鲍邺等以四分法与岑课。 十二年（69年）十一月丙子，诏书令盛、防代岑署弦望月食加时。四分之术，始颇施行	《后汉书·律历志中》
	太史待诏董萌	永平九年（66年），太史待诏董萌上言历不正，事下三公、太常知历者杂议，讫十年四月，无能分明据者	《后汉书·律历志中》

① 羲和：《汉书·平帝纪》，元始元年（1年）二月，“置羲和官，秩二千石”。《汉书·律历志上》，“职在太史，羲和掌之”。元始元年（1年），王莽将“专管天文历标的官改名羲和，刘歆为第一任羲和”。参见陈久金主编《中国古代天文学家》，中国科学技术出版社2013年版，第66页。

续表

帝王（年代）	天文官员	主要事迹	文献出处
汉章帝（76—88 年）	治历编訢、李梵	元和二年（85 年），太初失天益远，日、月宿度相觉浸多，而候者皆知冬至之日日在斗二十一度，未至牵牛五度，而以为牵牛中星，（从）［后］天四分日之三，晦朔弦望差天一日，宿差五度。章帝知其谬错，……故召治历编訢、李梵等综校其状。 于是四分施行。而訢、梵犹以为元首十一月当先大，欲以合耦弦望，命有常日，而十九岁不得七闰，晦朔失实	《后汉书・律历志中》
	太史令桥玄	元和二年（85 年）废除《太初历》，实行《四分历》。太史令玄等候元和二年（85 年）至永元元年（89 年），五岁中课日行及冬（夏）至斗（一）［二］十一度四分一，合古历建星考灵曜日所起，其星间距度皆如石氏故事	《后汉书・律历志中》
	太史丞弘	元和元年（84 年），太史丞弘试十二律，其二中，其四不中，其六不知何律	《后汉书・律历志上》
汉和帝（89—105 年）	待诏太史霍融	永元十四年（102 年），待诏太史霍融上言："官漏刻率九日增减一刻，不与天相应，或时差至二刻半，不如夏历密。"诏书下太常，令史官与融以仪校天，课度远近	《后汉书・律历志中》
	太史令舒	太史令舒，治历卫承、李梵等对："案官所施漏法《令甲》第六《常符漏品》，孝宣皇帝三年十二月乙酉下，建武十年二月壬午诏书施行。漏刻以日长短为数，率日南北二度四分而增减一刻。一气俱十五日，日去极各有多少。今官漏率九日移一刻，不随日进退。夏历漏［刻］随日南北为长短，密近于官漏，分明可施行。"	《后汉书・律历志中》

续表

帝王（年代）	天文官员	主要事迹	文献出处
汉和帝 （89—105 年）	太史令巡	永元元年（89 年），天以七月后闰食，术以八月。其（十）二年正月十二日，蒙公乘宗绀上书言："今月十六日月当食，而历以二月。"至期如绀言。太史令巡上绀有益官用，除待诏	《后汉书·律历志中》
汉安帝 （107—125 年）	太史令张衡	著《灵宪》 作浑天仪 阳嘉元年，复造候风地动仪	《后汉书·张衡传》
汉顺帝 （126—144 年）	太史令虞恭、治历宗訢	汉安二年（143 年），尚书侍郎边韶提出："百七十一岁进退六十三分，百四十四岁一超次，与天相应，少有阙谬。"太史令虞恭、治历宗訢等坚持用《四分历》	《后汉书·律历志中》
汉桓帝 （147—167 年）	太史令陈授	延熹元年（158 年），太史令陈授因小黄门徐璜，陈灾异日食之变，咎在大将军，冀闻之，讽洛阳［令］收考授，死于狱	《后汉书·梁冀传》
汉灵帝 （168—189 年）	太史令单飏	善明天官、算术。举孝廉，稍迁太史令。 熹平四年（175 年），与五官中郎将堂溪典、光禄大夫杨赐、谏议大夫马日磾、议郎张驯、韩说等"奏求正定六经文字。" 熹平中，故治历郎梁国宗整上九道术，诏书下太史，以参旧术，相应。……太史令飏上以恂术参弦、望。然而加时犹复先后天，远则十余度。 光和元年（178 年），与光禄大夫杨赐、谏议大夫马日磾、议郎张华等议"灾异及消改变故所宜施行"	《后汉书·方术列传下》 《后汉书·蔡邕传》 《后汉书·律历志中》

续表

帝王（年代）	天文官员	主要事迹	文献出处
汉灵帝（168—189 年）	太史令修	光和二年（179 年）岁在己未，三月、五月皆阴，太史令修、部舍人张恂等推计行度，以为三月近，四月远。 光和二年（179 年），万年公乘王汉上《月食注》。自章和元年到今年凡九十三岁，合百九十六食；与官历河平元年月错，以己巳为元。事下太史令修，上言“汉所作注不与见食相应者二事，以同为异者二十九事”	《后汉书·律历志中》
汉献帝（189—220 年）	太史令王立	初平四年（193 年）正月甲寅朔，日有蚀之，在营室四度。“未蚀八刻，太史令王立奏曰：‘日晷过度，无有变也。’于是朝臣皆贺。” 初，天子败于曹阳，欲浮河东下。侍中太史令王立曰：“自去春太白犯镇星于牛斗，过天津，荧惑又逆行守北河，不可犯也。”由是天子遂不北渡河，将自轵关东出	《后汉书·五行志六》《三国志·魏书·武帝纪》

第二节 天文星占在民间社会的发展

从现有研究成果来看，不少学者认为，天文星占在中国古代社会属于“绝地天通”的通天之术，历代均由官府垄断，民间是严禁私学私习的。江晓原认为：“对广大公众而言，天学是一门被严厉禁锢的学问！对于民间私藏、私习天学书籍，历朝颁布过许多严厉的禁令。”① 陈久金认为：“作为迷信的中国星占术，却在帝王的皇宫里，或者在皇家的天文台——司天监、钦天监盛行流传了数千年，秘不外传。历届政府都有严厉的规定，私习天文的人是要被杀头的。”② 程万里认为：“占星术在古代中国一直地位特殊，不仅

① 江晓原：《天学真原》，译林出版社 2011 年版，第 52 页。
② 陈久金：《帝王的星占——中国星占揭秘》，群言出版社 2007 年版，第 1 页。

牢牢掌握在政府手中，而且历代对私藏、私习天文学加以厉禁。”①

然而通过查阅有关史料，严禁民间私藏、私习天文星占之学是在两晋南北朝之后，现已知最早的禁令是晋武帝在泰始三年（267 年）发出的，“禁星气谶纬之学”。② 咸康三年（336 年），后赵皇帝石季龙也规定：“禁郡国不得私学星谶，敢有犯者诛。”③ 这是官府垄断天文星占学，禁止民间私学、私习的开始。

在两汉时期，虽然官府设有专门的机构和人员负责天文观测、编制历法及占候吉凶等工作，但并不禁止民间私藏、私学、私习，反而在天人感应、谶纬神学等思潮的影响下，在民间社会得到较为广泛的普及与发展。

一 天文星占学在汉代民间社会发展的状况

司马迁在《史记·历书》中说：“幽、厉之后，周室微，陪臣执政，史不记时，君不告朔，故畴人子弟分散，或在诸夏，或在夷狄，是以其禨祥废而不统。”“畴”，索隐引孟康云：“同类之人明历者也。”又引乐产云：“畴昔知星人。”④ 春秋之前，学在官府，天文星占之学自然是掌握在政府官员手中。随着周王室东迁，礼坏乐崩，诸侯争霸，大国并雄，狼烟四起，“争于攻取，兵革更起，城邑数屠，因以饥馑疾疫焦苦，臣主共忧患，其察禨祥候星气尤急。”⑤ 周王室的统治日渐式微，加之私学兴起，百家争鸣，自无力对天文星占等学再进行垄断。同时，出于争霸战争的需要，各诸侯国都加强了对天文星占人才的招揽和对天文星占的观测与研究，促进了天文星占学的蓬勃发展，并枝分叶散，由庙堂走向民间。一些贵族、官僚的门客多有精通天文星占者，如《吕氏春秋》“十二纪”即为秦相吕不韦的门客所著，这就促进了天文星占学的下移与普及，人才辈出。《史记·天官书》说：“近世十二诸侯七国相王，言从衡者继踵，而皋、唐、甘、石因时务论其书传，故其占验凌杂米盐。”⑥ 这里提到的赵人尹皋、楚人唐昧、齐人甘德、魏人石申皆是战国时期著名的天文星占学家，各有“书传”。现在我们还能知道的有甘德著《天文星占》八卷，石申著《天文》八卷，这些著作虽大部分

① 程万里：《汉画四神图像》，东南大学出版社 2012 年版，第 196 页。

② 《晋书》卷三《武帝纪》，第 56 页。

③ 《晋书》卷一百六《石季龙载纪》，第 2765 页。

④ 《史记》卷二十六《历书》，第 1503—1504 页。

⑤ 《史记》卷二十七《天官书》，第 1601 页。

⑥ 同上书，第 1601 页。

已经失传，但在司马迁时代应该还是能够看得到的。清人钱大昕说："予尝谓史公《天官书》古奥，自成一种文字，此必出于甘、石之传，非龙门所能自造。"[①] 司马迁是否抄袭甘、石的《星经》，尚须进一步的考证，但在撰写《天官书》时参考了二人的著作是确信无疑的。《天官书》提到"故甘、石历五星法，唯独荧惑有反逆行；逆行所守，及他星逆行，日月薄蚀，皆以为占"[②] 即是明证。

汉惠帝四年（公元前191年），"除挟书律"[③]，为私人著述扫除了障碍。两汉时期，尚无官修天文星占著作的记载，私人著述却相当普遍。司马迁虽曾担任过太史令，但《史记·天官书》完全是他"究天人之际、通古今之变"的一家之言，而非皇家天文机构的官方著作。

《汉书·艺文志》所录天文22家，共419卷，作者多已无从可考，应皆为私人著作。如"《泰阶六符》一卷"[④]，为汉武帝时期东方朔首次提出，《汉书·东方朔传》载："愿陈《泰阶六符》，以观天变，不可不省。是日因奏《泰阶》之事，上乃拜朔为太中大夫给事中，赐黄金百斤。"[⑤] 陈祥谦认为："《泰阶六符》作者就是东方朔"，"事实上，《朔传》明记为朔之《泰阶六符》，及其若干逢占射覆之书又恰属'数术'，《东方朔岁占》、《东方朔书》、《东方朔历》等子书可能由此流变而来。"[⑥] 另录有冠名"海中"占的著作6种共计136卷，宋代学者王应麟在《汉艺文志考证》卷九中认为，《海中占》等论著，"即张衡所谓'海人之占'也"。[⑦] 王子今先生认为："所谓'海人'，应当是以'海'为基本生计条件的人们。"[⑧] 总之，也不是官方著作。

天文星占学作为一门专业性极强的学问，需要经过专门的教育、培养和实践，才能熟练地掌握和精通。从汉代天文星占学的传承体系来说，主要有两种途径：一是师传，一是家传。在民间教育和普及的过程中都发挥了积极的作用。

---

① （清）钱大昕著，陈文和主编：《嘉定钱大昕全集·潜研堂文集》，江苏古籍出版社1997年版，第506页。

② 《史记》卷二十七《天官书》，第1607页。

③ 《汉书》卷二《惠帝纪》，第90页。

④ 《汉书》卷三十《艺文志》，第1764页。

⑤ 《汉书》卷三十五《东方朔传》，第2851页。

⑥ 陈祥谦：《〈东方朔集〉考辨》，《图书情报工作》2011年第15期。

⑦ （宋）王应麟著，张三夕、杨毅点校：《汉艺文志考证》，中华书局2011年版，第284页。

⑧ 王子今：《汉代"海中星占"书论议》，《史学集刊》2015年第5期。

汉代虽有官学，但数量和名额极其有限，导致了私学之风的发展与繁盛。著名的大儒、经师常常广设门庭，居家教授，桃李盈门，授徒动辄数百乃至数千，“其耆名高义开门受徒者，编牒不下万人”。[1] 早在汉高祖时期，鲁人申公“退居家教，终身不出门。……弟子自远方至受业者千余人”[2]。汉平帝时，吴章为当世名儒，“教授尤盛，弟子千余人”。[3] 张政“习《梁丘易》以教授”，“既而声称著闻，弟子自远至者，著录且万人，为梁丘家宗。”[4] 东汉经学家马融，“徒四百余人，升堂进者五十余生”。[5] 乐安临济人牟长“自为博士及在河内，诸生讲学者常有千余人，著录前后万人”，他的儿子牟纡，“隐居教授，门生千人”。[6] 陈留东昏人杨伦，“不复应州郡命。讲授于大泽中，弟子至千余人”。[7] 汝南南顿人蔡玄，“学通五经，门徒常千人，其著录者万六千人”。[8] 私学规模之大，学员之多可略见一斑。有的经师虽担任博士官或其他官职，但在授徒方面完全属于私人讲学的性质。

在天人感应思想占主导地位的大背景下，濡染风气，除经学之外，天文星占是私学教授的重要内容。且以天文星占、术数阐发经义，言说灾异亦是董仲舒之后汉儒的一贯做法。清人阮元在《〈畴人传〉序》中说：

> 两汉通才大儒，若刘向父子、张衡、郑玄之徒，纂续微言，钩稽典籍，类皆甄明象数，洞晓天官，或作法以叙三光，或立论以明五纪。数术穷天地，制作侔造化，儒者之学，斯为大矣。[9]

这些通才大儒自身又都是著名的天文星占家。汉成帝时丞相翟方进，“虽受《谷梁》，然好《左氏传》、天文星历，其《左氏》则国师刘歆，星历则长安令田终术师也”。[10]

《后汉书·姜肱传》，姜肱“博通五经，兼明星纬，士之远来就学者三

---

① 《后汉书》卷七十九下《儒林列传下》，第 2588 页。
② 《汉书》卷八十八《儒林传》，第 3608 页。
③ 《汉书》卷六十七《云敞传》，第 2927 页。
④ 《后汉书》卷七十九上《儒林列传上》，第 2552—2553 页。
⑤ 《后汉书》卷三十五《郑玄传》，第 1207 页。
⑥ 《后汉书》卷七十九上《儒林列传上》，第 2557 页。
⑦ 同上书，第 2564 页。
⑧ 《后汉书》卷七十九下《儒林列传下》，第 2588 页。
⑨ （清）阮元等撰，彭卫国、王原华点校：《畴人传汇编》，广陵书社 2009 年版，第 1 页。
⑩ 《汉书》卷八十四《翟方进传》，第 3421 页。

千余人”。[①]

《后汉书·方术列传》载，汝南平舆人廖扶，“习《韩诗》、《欧阳尚书》，教授常数百人”。“专精经典，尤明天文、谶纬，风角、推步之术。”南阳鲁阳人樊英“习《京氏易》，兼明五经。又善风角、星算、河洛七纬，推步灾异”。虽隐居壶山之阳，“受业者四方而至”[②]。豫章南昌人唐檀，“少游太学，习《京氏易》、《韩诗》、《颜氏春秋》，尤好灾异星占。后还乡里，教授常百余人。”[③]

清人谈泰在《畴人解》中说：“天官之学，尤崇世胄。自昔掌天官者大抵师承家学，即所谓专门之裔也。”[④] 自先秦以来，中国古代天文星占之学就有家传的传统，“其所拥有的专门知识只有通过官职的世袭才能得到承传。”[⑤]《史记·历书》提到的“畴人子弟分散”，集解引如淳曰：“家业世世相传为畴。律，年二十三傅之畴官，各从其父学。”[⑥] “律”，是指汉律，但此是继承先秦遗风。《周礼·春官宗伯》设有冯相氏，“以辨四时之叙”，又设保章氏，“掌天星，以志星辰日月之变动。以观天下之迁。辨其吉凶。”[⑦] 郑玄注：“冯，乘也。相，视也。世登高台，以视天文之次序。”“保，守也。世守天文之变。”贾公彦疏：“以其称氏也，故称世守天文之变也。”[⑧] 掌管天文、历法、星占的官员既是专业的，又是累世相传的，基本上是世代为官，子承父业、代代相继。

这一传统在汉代得到一定程度的继承，不少天文星占家都具有一定的家学渊源。据《史记·太史公自序》，司马迁本是远古时期天文学家重黎的后代，在夏、商两代“世序天地”，于周代始获姓司马氏，“世典周史”[⑨]。其父司马谈在汉武帝时任太史令，掌天官，于公元前110年病故。三年之后，司马迁复为太史令。“所以，《天官书》是父子两代长期积累、共同的结晶。”[⑩]

---

① 《后汉书》卷五十三《姜肱传》，第1749页。
② 《后汉书》卷八十二上《方术列传上》，第2719—2721页。
③ 《后汉书》卷八十二下《方术列传下》，第2729页。
④ （清）阮元等撰，彭卫国、王原华点校：《畴人传汇编》，广陵书社2009年版，第2页。
⑤ 冯时：《百年来甲骨文天文历法研究》，中国社会科学出版社2011年版，第335页。
⑥ 《史记》卷二十六《历书》，第1503—1504页。
⑦ 《周礼·春官宗伯》，第818—819页。
⑧ 同上书，第755页。
⑨ 《史记》卷一百三十《太史公自序》，第3989页。
⑩ 张大可：《司马迁评传》，南京大学出版社1994年版，第101页。

《汉书·路温舒传》，路温舒“从祖父受历数天文”[①]。《后汉书·杨厚传》载，杨厚的祖父杨春卿，“善图谶学”，临自杀前告诫其子杨统要用心修习其先祖所传的“秘记”，杨统“从犍为周循学习先法，又就同郡郑伯山受河洛书及天文推步之术”。杨厚“少学统业，精力思述”，颇得其父杨统的真传。汉安帝永初（二）［三］年，太白入（北）斗，洛阳大水。时杨厚随父杨统在京师洛阳，“邓太后使中常侍承制问之，厚对以为‘诸王子多在京师，容有非常，宜亟发遣各还本国。’太后从之，星寻灭不见。又克水退期日，皆如所言”。[②]《后汉书·郎顗传》载，郎顗的父亲郎宗，“学《京氏易》，善风角、星算、六日七分，能望气占候吉凶”，郎顗“少传父业，兼明经典，隐居海畔，延致学徒常数百人”[③]。《后汉书·刘瑜传》，刘瑜“少好经学，尤善图谶、天文、历算之术”。刘瑜死后，其子刘琬，“传瑜学，明占候，能著灾异”。[④]《后汉书·方术列传》载，任文公之父任文孙，“明晓天官风角秘要”，任文公“少修父术”[⑤]。李郃的父亲李颉以儒学著称，李郃“袭父业，游太学，通五经。善河洛风星”[⑥]。东汉著名水利专家王景“好天文术数之事”，其八世祖王仲“本琅邪不其人。好道术，明天文”[⑦]。

由于天文星占知识的普及，至一般民众多有通晓者。刘向在上奏中说：“今日食尤屡，星孛东井，摄提炎及紫宫，有识长老莫不震动，此变之大者也。”[⑧]“长老”，为老年人的统称，对日食星变都极其敏感和紧张。霍光死后，其女婿、光禄大夫赵平的门客石夏善为天官，对赵平说：“荧惑守御星，御星，太仆奉车都尉也，不黜则死。”[⑨]石夏只是一名普通的门客，对天文星占却相当精通。《后汉书·公孙瓒传》载，公孙瓒在上疏中指责袁绍说，“绍令星工伺望祥妖，赂遗财货，与共饮食，克会期日，攻钞郡县。此岂大臣所当施为？绍罪六也。”“星工”，李贤注曰：“善星者。”[⑩]《后汉

① 《汉书》卷五十一《路温舒传》，第2372页。
② 《后汉书》卷三十上《杨厚传》，第1047—1048页。
③ 《后汉书》卷三十下《郎顗传》，第1053页。
④ 《后汉书》卷五十七《刘瑜传》，第1854、1858页。
⑤ 《后汉书》卷八十二上《方术列传上》，第2707页。
⑥ 同上书，第2717页。
⑦ 《后汉书》卷七十六《循吏列传》，第2464页。
⑧ 《汉书》卷三十六《刘向传》，第1965页。
⑨ 《汉书》卷六十八《霍光传》，第2955页。
⑩ 《后汉书》卷七十三《公孙瓒传》，第2360—2361页。

书·方术列传上》载，高获"字敬公，汝南新息人也"。"素善天文，晓遁甲。"[①] 在出土的汉代画像石（砖）上，有不少题材是关于天文星占方面的，都是"出于民间艺人之手，而非专职司天人员"[②]。这既是天人感应思想盛行的产物，亦是天文星占知识在民间广泛普及的反映。

二　政府选官政策的激励作用

在两汉时期的察举科目中，明阴阳灾异是其中重要的特科。

因灾异而察举人才始于汉文帝二年（公元前178年）的日食之变。汉文帝在诏书中说：

> 人主不德，布政不均，则天示之灾以戒不治。乃十一月晦，日有食之，适见于天，灾孰大焉！朕获保宗庙，以微眇之身托于士民君王之上，天下治乱，在予一人，唯二三执政犹吾股肱也。朕下不能治育群生，上以累三光之明，其不德大矣。令至，其悉思朕之过失，及知见之所不及，匄以启告朕。及举贤良方正能直言极谏者，以匡朕之不逮。[③]

察举的对象不仅有在职的官员，也包括从民间选拔的精通天文星占、阴阳灾异者。因须就灾异作出对策，且不少对策是针对日食星变的，《汉书·成帝纪》载，元延元年（公元前12年）七月，有星孛出现于东井，汉成帝下诏："乃者，日蚀星陨，谪见于天，大异重仍。在位默然，罕有忠言。今孛星见于东井，朕甚惧焉。公卿大夫、博士、议郎其各悉心，惟思变意，明以经对，无有所讳；与内郡国举方正能直言极谏者各一人。"[④] 要想做好对策，就必须精通天文星占之学，因此，天文星占成为贤良方正必须拥有的知识结构和所通习的学问。

汉文帝之后，因灾异下诏求贤的诏书层出不穷，逐渐成为一种固定的制度。汉元帝初元二年（公元前46年），首次正式察举阴阳灾异。汉元帝在诏书中说："盖闻安民之道，本繇阴阳。间者阴阳错谬，风雨不时。朕之不德，庶几群公有敢言朕之过者，今则不然。媮合苟从，未肯极言，朕甚闵

---

① 《后汉书》卷八十二上《方术列传上》，第2711页。

② 程万里：《汉画四神图像》，东南大学出版社2012年版，第196页。

③ 《汉书》卷四《文帝纪》，第116页。

④ 《汉书》卷十《成帝纪》，第326页。

焉。……丞相、御史举天下明阴阳灾异者各三人。”[①] 汉平帝元始四年（4年），“征天下通一艺教授十一人以上，及有逸《礼》、古《书》、《毛诗》、《周官》、《尔雅》、天文、图谶、钟律、月令、兵法、《史篇》文字，通知其意者，皆诣公车。”[②] 汉安帝永初元年（107年）诏：“诏公卿内外众官、郡国守相，举贤良方正、有道术之士，明政术、达古今、能直言极谏者，各一人。”[③] 直接把贤良方正与有道术相联。永初二年（108年），再次下诏：

> 朕以不德，遵奉大业，而阴阳差越，变异并见，万民饥流，羌貊叛戾。夙夜克己，忧心京京。间令公卿郡国举贤良方正，远求博选，开不讳之路，冀得至谋，以鉴不逮，而所对皆循尚浮言，无卓尔异闻。其百僚及郡国吏人，有道术明习灾异阴阳之度璇玑之数者，各使指变以闻。二千石长吏明以诏书，博衍幽隐，朕将亲览，待以不次，冀获嘉谋，以承天诫。[④]

《后汉书·灵帝纪》载：建宁元年（168）五月丁未朔，日食，灵帝“诏公卿以下各上封事，及郡国守相举有道之士各一人”[⑤]。

“有道术”或“有道术之士”的涵盖对象非常宽泛，“如通天文（占候、星占在其中）者、知医学（含巫医）之人、明神仙、相术、命相、遁甲、堪舆、通谶纬的术士”。[⑥]《汉书·李寻传》载，汉成帝时，李寻在对策中曾建议“宜少抑外亲，选练左右，举有德行、道术通明之士，充备天官”[⑦]。擅长天文星占当然是首先必备的学识条件和基本要求。

夏侯胜在讲学时对诸生曰：“士病不明经术；经术苟明，其取青紫如俛拾地芥耳。”[⑧] 班固在《汉书·儒林传》“赞曰”中指出：“自武帝立《五经》博士，开弟子员，设科射策，劝以官禄，讫于元始，百有余年，传业者寖盛，支叶蕃滋，一经说至百余万言，大师众至千余人，盖禄利之路然

---

① 《汉书》卷九《元帝纪》，第284页。
② 《汉书》卷九十九上《王莽传上》，第4069页。
③ 《后汉书》卷五《安帝纪》，第206页。
④ 《后汉书》卷五《安帝纪》，第210页。
⑤ 《后汉书》卷八《灵帝纪》，第329页。
⑥ 代继华、谭力、粟时勇：《中国职官管理史稿》，法律出版社1994年版，第151页。
⑦ 《汉书》卷七十五《李寻传》，第3191页。
⑧ 《汉书》卷七十五《夏侯胜传》，第3159页。

也。”[①] 不仅经学，天文星占亦是如此。古代中国的历史充分证明，政府的官吏选拔制度与导向是促进一门学科繁荣发展最重要的推动力。针对日食星变等灾异的对策，天子多要亲览，精通天文星占，对策如果偶合圣意就有可能得到皇帝的召见、赏识或青睐，擢举为官或被官府察举、征辟，在现实的政治利益和“禄利之路”的诱惑下，这就使得对天文星占的学习与研究和经学一样走向兴盛，成为众多儒生、术士入仕的敲门砖和升迁、晋身的阶梯，甚至是捷径。初元三年（公元前45年）在汉元帝发布荐举明阴阳灾异的诏书后，“于是言事者众，或进擢召见，人人自以得上意”。[②] 汉成帝永始、元延年间，“日蚀地震尤数，吏民多上书言灾异之应”。[③]

《汉书·谷永传》，谷永为当时著名的天文星占家，本为长安小史，后博学经书，“其于天官、《京氏易》最密，故善言灾异”。建昭年间，被御史大夫繁延寿“除补属，举为太常丞”[④]。

《后汉书·翟酺传》，翟酺“好《老子》，尤善图纬、天文、历算”，“仕郡，征拜议郎，迁侍中”。汉安帝时，“尚书有缺，诏将大夫六百石以上试对政事、天文、道术，以高第者补之”。“由是酺对第一，拜尚书。”[⑤]

《后汉书·刘瑜传》，刘瑜“少好经学，尤善图谶、天文、历算之术”。[⑥] 延熹八年（165年），被太尉杨秉举为贤良方正。

《后汉书·刘宽传》注引《谢承书》曰：“宽少学《欧阳尚书》、《京氏易》，尤明《韩诗外传》。星官、风角、算历，皆究极师法，称为通儒。”汉桓帝时，被大将军梁冀辟，“五迁司徒长史”。[⑦] 先后担任太中大夫、侍中、太尉、永乐少府、光禄勋等。

《后汉书·陈忠传》注引《谢承书》，施延“字君子，蕲县人也。少为诸生，明于五经，星官风角，靡有不综”。汉顺帝“征拜太尉”[⑧]。

《后汉书·徐稚传》注引《谢承书》，徐稚“学《严氏春秋》、《京氏易》、《欧阳尚书》，兼综风角、星官、算历、河图、七纬、推步、变易”，

① 《汉书》卷八十八《儒林传》，第3620页。
② 《汉书》卷九《元帝纪》，第284页。
③ 《汉书》卷八十一《张禹传》，第3351页。
④ 《汉书》卷八十五《谷永传》，第3443页。
⑤ 《后汉书》卷四十八《翟酺传》，第1602页。
⑥ 《后汉书》卷五十七《刘瑜传》，第1854页。
⑦ 《后汉书》卷二十五《刘宽传》，第886—887页。
⑧ 《后汉书》卷四十六《陈忠传》，第1558页。

先后“四察孝廉，五辟宰府，三举茂才”①。

《后汉书·方术列传上》，樊英精通“风角、星算、河洛七纬，推步灾异”，“州郡前后礼请不应；公卿举贤良方正、有道，皆不行”。汉安帝初被“征为博士”。永建四年（129 年）三月，汉顺帝专门为樊英“设坛席，令公车令导，尚书奉引，赐几杖，待以师傅之礼”。并拜为五官中郎将，数月之后，又“诏以为光禄大夫，赐告归”②。

《后汉书·方术列传下》，单飏“以孤特清苦自立，善明天官、算术。举孝廉，稍迁太史令，侍中。出为汉中太守，公事免。后拜尚书”③。

《东观汉记·黄香传》，黄香“知古今，记群书无不涉猎，兼好图谶、天官、星气、钟律、历算，穷极道术。……京师贵戚慕其声名，更馈衣物。拜尚书郎”④。

《后汉书·方术列传上》，汉章帝时，司徒第五伦令班固为文举荐钜鹿太守谢夷吾，文曰：

> 见钜鹿太守会稽谢夷吾，……少膺儒雅，韬含六籍，推考星度，综校图录，探赜圣秘，观变历征，占天知地，与神合契，据其道德，以经王务。……宜当拔擢，使登鼎司，上令三辰顺轨于历象，下使五品咸训于嘉时，必致休征克昌之庆，非徒循法奉职而已。⑤

能够“推考星度”，“观变历征，占天知地”是举荐他的重要原因。

对于知名的天文星占学者，皇帝还给予公车特征的优待。《后汉书·张衡传》载，张衡“善机巧，尤致思于天文、阴阳、历算。常耽好玄经”，汉安帝“雅闻衡善术学，公车特征拜郎中，再迁为太史令”⑥。《后汉书·方术列传上》注引《谢承书》，郎宗“善《京氏易》、风角、星算，推步吉凶。常负笈荷担卖卜给食，瘠服闲行，人莫得知。安帝诏公车征”，“对策陈灾异，而为诸儒之表。拜议郎，除吴令”。到任一个月，“时卒暴风，宗占以为京师有大火，定火发时，果如宗言。诸公闻之，表上，博士征。”⑦

---

① 《后汉书》卷五十三《徐稚传》，第 1746 页。

② 《后汉书》卷八十二上《方术列传上》，第 2721—2723 页。

③ 《后汉书》卷八十二下《方术列传下》，第 2733 页。

④ 《东观汉记》卷十七《黄香传》，第 763—764 页。

⑤ 《后汉书》卷八十二上《方术列传上》，第 2713—2714 页。

⑥ 《后汉书》卷五十九《张衡传》，第 1897 页。

⑦ 《后汉书》卷八十二上《方术列传上》，第 2722 页，

除朝廷察举、征聘之外，通晓天文星占的学者亦是三公、地方官吏辟召的对象。《汉书·李寻传》载，李寻“独好《洪范》灾异，又学天文月令阴阳。事丞相翟方进，方进亦善为星历，除寻为吏”。他还劝说主政的大司马王根，“宜急博求幽隐，拔擢天士，任以大职”。“天士”，颜师古注引李奇曰：“知天道者也。”①

东汉开国功臣李通之父李守“初事刘歆，好星历谶记，为王莽宗卿师”②。任文公被州辟为“从事”③。李郃先被县“召署幕门候吏”，后被汉中太守“召署户曹史”，五迁尚书令，又拜太常。汉安帝元初四年（117年），代袁敞为司空。④《后汉书·循吏列传》载，王景“八世祖仲，本琅邪不其人。好道术，明天文”。王景“少学《易》，遂广窥众书，又好天文术数之事，沉深多伎艺。辟司空伏恭府”⑤。谢承《后汉书》卷五《方术传》载，汝南人周获，“善占天文，为郡门下掾”。⑥

三　天人感应思想的泛滥进一步促进了天文星占在民间的发展

不言而喻，一个历史时期主流的思想观念对一门学科的发展起着至关重要的影响和支配作用。天文星占在汉代民间的广泛传播与发展与当时天人感应思想的泛滥紧密相关，也可以说是对这一特定思想背景所作出的有意识的自觉反应。

两汉时期，天人感应思想在社会意识形态中一直占据着主导的地位，即使在汉初黄老思想盛行的氛围下仍有较大的市场。汉武帝之后，经过董仲舒的改造、以天人合一为理论基础的“新儒学”成为官方的指导思想和两汉儒学经师尊崇的圭臬。在此后的学术思想发展过程中，虽然还存在着“师异道，人异论，百家殊方，指意不同”⑦ 的局面，但任何一家的立论准则都无法摆脱天人感应这一宗旨的羁缚与制约。

在董仲舒所构建的神学目的论思想体系中，把天视为“万物之祖”⑧

① 《汉书》卷七十五《李寻传》，第3179—3182页。
② 《后汉书》卷十五《李通传》，第573页。
③ 《后汉书》卷八十二上《方术列传上》，第2707页。
④ 同上书，第2718页。
⑤ 《后汉书》卷七十六《循吏列传》，第2464页。
⑥ 周天游辑注：《八家后汉书辑注·谢承后汉书》，上海古籍出版社1986年版，第182页。
⑦ 《汉书》卷五十六《董仲舒传》，第2523页。
⑧ 《春秋繁露·顺命》，第410页。苏舆撰，钟哲点校：《春秋繁露义证》，中华书局1992年版。下引《春秋繁露》皆出此版本。

“百神之大君”[1]，是天地人三界的最高主宰，通过祥瑞和灾异来评判人间君主施政的得失。圣人必须“视天而行”[2]“法天而立道”。[3] 在董仲舒的倡导下，阴阳灾异思潮迅速泛滥，仅西汉一代，“汉兴，推阴阳言灾异者，孝武时有董仲舒、夏侯始昌，昭、宣则眭孟、夏侯胜，元、成则京房、翼奉、刘向、谷永，哀、平则李寻、田终术。此其纳说时君著明者也”。他们的共同特点是“假经设谊，依托象类”[4]，即以自然现象附会人事，达到神教设道的目的。直至东汉灭亡，这种议政风气和政治氛围都长盛不衰，史不绝书。

《后汉书·天文志上》曰：“星辰之变，表象之应，以显天戒，明王事焉。”[5] 翼奉曰：“天变见于星气日蚀，地变见于奇物震动。”[6] 在各种灾异中，日食星变等异常天象作为严重的“天谴”，“异”之大者，无疑受到从帝王到庶民社会各个阶层的高度关注。

要“推得失，考天心，以言王道之安危”[7]，就须观测、思考异常天象的发生及其所蕴含的吉凶之意，这不仅是官方天文机构和官员的重要职责，也是儒生、术士所精研的重要内容，他们嗜此不疲，时刻勤恳地观察、关注着天空星象的变化，记录观测资料，锐精覃思。如刘向，“专积思于经术，昼诵书传，夜观星宿，或不寐达旦”。[8] 郎顗，“昼研精义，夜占象度，勤心锐思，朝夕无倦”。[9] 朱穆“退处畎亩，以察天象，验应著焉”[10]。

两汉之际及其以后，阴阳灾异思想的泛滥直接导致谶纬神学的盛行。金春峰先生认为：“谶纬内容庞杂，从残存篇籍看，主要是对天文星历、灾异感应、谶语符命，也有对经学的发展和解释。”[11] 纬书《春秋元命苞》曰：“天人同度，正法相授。天垂文象，人行其事，谓之教。”[12] 从现存的谶纬资料来看，内容包罗万象，但篇篇可以说都是“天书”，无不涉及天象问题，

---

① 《春秋繁露·郊语》，第 398 页。
② 《春秋繁露·天容》，第 333 页。
③ 《汉书》卷五十六《董仲舒传》，第 2515 页。
④ 《汉书》卷七十五《眭两夏侯京翼李传·赞曰》，第 3194—3195 页。
⑤ 《后汉书》志十《天文志上》，第 3215 页。
⑥ 《汉书》卷七十五《翼奉传》，第 3173 页。
⑦ 同上书，第 3172 页。
⑧ 《汉书》卷三十六《刘向传》，第 1963 页。
⑨ 《后汉书》卷三十下《郎顗传》，第 1053 页。
⑩ （清）严可均辑：《全上古三代秦汉三国六朝文·全后汉文》，第 877 页。
⑪ 金春峰：《汉代思想史》（增补第三版），中国社会科学出版社 2006 年版，第 305 页。
⑫ （清）赵在翰辑，钟肇鹏、萧文郁点校：《七纬》，第 401 页。

天文星占占有极大比例。因此，谶纬“有时就被称作‘天文’”[①]。尤其在“预决吉凶”方面绝大多数是以天人感应为基点，以星占为依据的，“往往与天文占候相结合，故又称‘纬候’”。[②]“是在图谶、杂占、天文星占、民间方术的基础上，经过儒生、方士的加工而逐渐形成的。”[③]以致有些学者将其称之为“占星术的变形”[④]。

从西汉末年至东汉的各代帝王，对谶纬都笃信不疑，奉若神明。中元元年（56年），光武帝正式“宣布图谶于天下”[⑤]。使谶纬由学术而上升为国宪，在东汉一朝一直居于思想意识形态的统治地位。《后汉书·方术列传上》曰：

> 汉自武帝颇好方术，天下怀协道艺之士，莫不负策抵掌，顺风而届焉。后王莽矫用符命，及光武尤信谶言，士之赴趣时宜者，皆骋驰穿凿，争谈之也。……自是习为内学，尚奇文，贵异数，不乏于时矣。[⑥]

《后汉书·张衡传》载：“初，光武善谶，及显宗、肃宗因祖述焉。自中兴之后，儒者争学图纬，兼复附以訞言。”[⑦]谶纬成为儒者争相学习、研究的“内学”“秘经”，“以纬解经”之风甚为深厚，成为经学家们习惯性的思维模式，甚至“五经之义，皆以谶决”[⑧]，以增强儒家经典的神圣性与权威性。这又进一步促进天文星占民间私习的兴盛与发展。

西汉末期至东汉的经学在一定程度上可以说是天文星占与谶纬相互掺和的产物，由东汉章帝主持、班固整理撰集的《白虎通义》就是以谶纬来正经学，将经学神学化的典型。清人庄述祖在《白虎通义考》中指出：“傅以谶记，援纬证经，自光武以赤伏符即位，其后灵台郊祀，皆以谶决之，风尚所趋然也。故是书论郊祀、社稷、灵台、明堂、封禅，悉隐括纬候，兼综图

① 陈苏镇：《〈春秋〉与“汉道”：两汉政治与政治文化研究》，中华书局2011年版，第420页。又《后汉书》卷二十三《窦融传》载，智者皆曰：“今皇帝姓号见于图书。”（第798页）此语中的图书指谶纬之书。袁宏在《后汉纪》中则记为“上之姓号具见于天文”。（袁宏著，张烈点校：《两汉纪》（下册），中华书局2002年版，第78页。）

② （清）赵在翰辑，钟肇鹏、萧文郁点校：《七纬·前言》，第5页。

③ 庞天佑：《秦汉历史哲学思想研究》，中国社会科学出版社2002年版，第64页。

④ 马晓宏：《天·神·人》，国际文化出版公司1988年版，第180页。

⑤ 《后汉书》卷一下《光武帝纪下》，第84页。

⑥ 《后汉书》卷八十二上《方术列传上》，第2705页。

⑦ 《后汉书》卷五十九《张衡传》，第1911页。

⑧ （清）皮锡瑞：《经学历史》，中华书局1959年版，第109页。

书，附世主之好，以绲道真，违失六艺之本。”① 可以说，在谶纬神学的迷雾之下，儒学方术化，儒生方士化，当时的儒家经师既精通儒家经典，又是天文星占方面的专家，不精通天文星占就无法占测天道，更不可能成为博闻通洽的“通儒”而享誉士林。

西汉末年的谷永为一代大儒，也是一位神学家，《汉书·谷永传》载，他“博学经书”，“于经书，泛为疏达”，“其于天官、《京氏易》最密，故善言灾异”。②

《后汉书·郅恽传》载，郅恽“汝南西平人也。及长，理《韩诗》、《严氏春秋》，明天文历数”③。

《后汉书·崔骃列传》载，著名学者崔瑗“年十八，至京师，从侍中贾逵质正大义，逵善待之，瑗因留游学，遂明天官、历数、《京房易传》、六日七分。诸儒宗之”④。

《后汉书·李固传》注引《谢承书》，东汉名士李固“负笈追师三辅，学五经，积十余年。博览古今，明于风角、星算、河图、谶纬，仰察俯占，穷神知变”⑤。

被称之为“纯儒”的东汉经学大师郑玄，先师事京兆第五元先，“始通《京氏易》、《公羊春秋》、《三统历》、《九章算术》。又从东郡张恭祖受《周官》、《礼记》、《左氏春秋》、《韩诗》、《古文尚书》”。⑥ 后又受业于经学大家马融，一生遍注群经，达百余万言。不仅有《周易》《尚书》《毛诗》《仪礼》《礼记》《论语》《孝经》等正宗的儒家经典，还包括《易纬》《礼纬》《尚书中候》之类的纬书。《隋书·经籍志》收录郑玄注的纬书有：《易纬》八卷、《尚书纬》三卷、《尚书中候》五卷、《礼纬》三卷，同时又载，“汉末，郎中郗萌，集图纬谶杂占为五十篇，谓之《春秋灾异》。宋均、郑玄，并为谶律之注”。⑦ 此外，郑玄还著有《干象历》《天文七政论》等类的天文星占、历法方面的著作，开创“郑氏学”。

与郑玄同时代的经学大家蔡邕，“少博学，师事太傅胡广。好辞章、数

---

① （清）庄述祖：《白虎通义考》。参见陈立《白虎通疏证》附录二，第609页。

② 《汉书》卷八十五《谷永传》，第3472—3473页。

③ 《后汉书》卷二十九《郅恽传》，第1023页。

④ 《后汉书》卷五十二《崔骃列传》，第1722页。

⑤ 《后汉书》卷六十三《李固传》，第2073页。

⑥ 《后汉书》卷三十五《郑玄传》，第1207页。

⑦ 《隋书》卷三十二《经籍志》，第940—941页。（唐）魏征等：《隋书》，中华书局1973年版。

术、天文，妙操音律”。[①] 他“先治律历，以筹算为本，天文为验，请太（师）［史］旧注，考校连年”[②]。从邓安生注《蔡邕集》所辑录的文章来看，涉及经学、史学、文学、天文、历法、术数等诸多门类，广引纬书，充斥着天人感应、符瑞灾异之词。《后汉书·天文志上》注引《谢沈书》曰：蔡邕还“撰建武已后，星验著明，以续《前志》”[③]。这成为司马彪撰写《续汉书·天文志》的基础。[④]

总之，由于天人感应思想的影响和官府选官制度的刺激，促进了汉代私学、私习天文星占之风的昌盛与繁荣，并与经学、谶纬相互交织，成为汉代特有的文化思想形态，对当时的学术流变产生了较为广泛的影响。此后虽被历代朝廷禁毁和垄断，但对中国文化的发展仍起着潜移默化的浸润作用。

---

① 《后汉书》卷六十下《蔡邕传》，第1980页。

② 《后汉书》志三《律历志下》，第3083页。

③ 《后汉书》志十《天文志上》，第3215页。

④ 《晋书》卷十一《天文志上》载，“而蔡邕、谯周各有撰录，司马彪采之，以继前志”。（第278页）

第二章　汉代星占学的基本理论及其在政治中的运用

在天人感应大的思想背景之下，星占学的基本理论主要包括两个方面，即星土对应的分野学说和星人对应的星官学说。在两汉时期，这两大基本理论都得到进一步的发展并基本成熟，成为当时星占占测所依据的基本方法，在当时的政治运作中发挥着相当突出的作用。

第一节　十二次及二十八宿分野模式在汉代的发展及其在政治中的运用

分野学说是中国古代星占学中的重要理论，“占星家把天上的某一部分星宿只与地上的某一地区相应，那个部分星宿中发生的某种变异，只使他相应的区域内发生某件大事，这种把天上的星宿对应于地上的区域的分配法，就是所谓分野”。[①]分野学说早在先秦时期就已出现，至两汉时期基本定型。虽不具科学性，甚至是荒谬的，但较为典型地反映了古代中国人的宇宙观和对天地关系的朴素认知，对中国古代文化尤其是古代天文学的发展产生了极为重要的影响。

目前有关汉代星土分野说的研究成果多集中在对星土分野说的起源及分野模式的考证等方面[②]，而对于其政治作用极少论及。江晓原先生指出，中

① 陈遵妫：《中国天文学史》（第二册），上海人民出版社 1982 年版，第 419 页。

② 该方面的研究成果主要有：陈遵妫：《中国天文学史》（第二册）第十二章“分野”，上海人民出版社 1982 年版，第 419—425 页；李勇：《对中国古代恒星分野和分野式盘研究》，《自然科学史研究》1992 年第 1 期；崔振法：《分野说探源》，参见陈美东等主编《中国科学技术史国际学术讨论会论文集》，中国科学技术出版社 1992 年版，第 22—26 页；李智君：《分野的虚实之辨》，《中国历史地理论丛》2005 年第 1 期；［美］班大为著：《中国上古史实揭秘：天文考古学研究》中

国古代的天文学其实就是一种“政治天文学”，在天人感应思想极其流行的汉代社会，以十二次及二十八宿分野为核心内容的星土分野学说首要目的是根据天象变异来占测、比附所对应区域的吉凶祸福，即通过“表象之应”以“显天戒，明王事”[①]，具有鲜明的政治色彩。认真分析十二次及二十八宿分野模式在汉代的发展及其政治功能，对于更好地认识汉代社会的特质具有重要的积极意义和学术价值。

一　十二次及二十八宿分野模式在汉代的发展与定型

《周易·系辞上》曰：“在天成象，在地成形，变化见矣。”[②]分野观念在古代中国来源已久，“可以说是起源于原始时代”[③]。李勇先生将中国古代的分野模式概括为三种学说八种模式。即干支说，包括十干分野、十二支分野和十二月分野；九宫说，即九宫分野；星土说，包括单星分野、五星分野、北斗分野和十二次及二十八宿分野[④]。在这八种分野模式中，十二次及二十八宿分野是分野体系的核心，对社会政治生活的影响尤为显著。

《后汉书·郡国志一》刘昭注引皇甫谧《帝王世记》云：“及黄帝受命，始作舟车，以济不通。乃推分星次，以定律度。……凡天有十二次，日月之所躔也；地有十二分，王侯之所国也。”[⑤]当然，所谓黄帝之时就“推分星次”只能属于传说，十二次分野来源于中国古代的岁星纪年。岁星纪年是“中国古代以木星（即岁星）在十二次中的位置记年的方法。木星约 12 年行一周天，古人划周天分十二次，将木星每年行经的星次记下，便成了自然的记年资料”。[⑥]木星是太阳系中最大最亮的一颗行星，较早地为人们所认知，经过长期观测，发现它约 12 年（现代测定为 11.86 年）运行一周天，

（接上页注）《中国早期分野星占学的特征》，徐凤先译，上海古籍出版社 2008 年版，第 287—307 页；李维宝、陈久金：《论中国十二星次名称的含义和来历》，《天文研究与技术》2009 年第 1 期；卢央：《中国古代星占学》第三章“恒星与分野”，中国科学技术出版社 2013 年版，第 218—224 页；陈久金：《中国十二星次、二十八宿星名含义的系统解释》，《自然科学史研究》2012 年第 4 期；李勇：《中国古书中的“分野”占星》，《文史知识》2017 年第 10 期。

① 《后汉书》志十《天文志上》，第 3215 页。

② 《周易·系辞上》，第 229 页。

③ 陈遵妫：《中国天文学史》（第二册），上海人民出版社 1982 年版，第 421 页。

④ 李勇：《对中国古代恒星分野和分野式盘研究》，《自然科学史研究》1992 年第 1 期。

⑤ 《后汉书》志十九《郡国志一》，第 3385—3386 页。

⑥ 徐振韬主编：《中国古代天文学词典》，中国科学技术出版社 2013 年版，第 220 页。

古人将木星运动的周天路线分为十二等分，即十二次，自西向东依次为星纪、玄枵、娵訾、降娄、大梁、实沈、鹑首、鹑火、鹑尾、寿星、大火和析木，一年行过一“次”，以此来记年，故木星又称岁星。

《周礼·春官宗伯·保章氏》载：“以星土辨九州之地所封，封域皆有分星，以观妖祥。”“星土”，郑玄注：“星所主土也。封，犹界也。”“‘大界则曰九州，州中诸国中之封域于星亦有分焉。’其书亡矣，……今其存可信者，十二次也。星纪，吴越也。玄枵，齐也。娵訾，卫也。降娄，鲁也。大梁，赵也。实沈，晋也。鹑首，秦也。鹑火，周也。鹑尾，楚也。寿星，郑也。大火，宋也。析木，燕也。”[①]“分星”，就是地域分野所主之星。从前文所引“利簋”铭文来看，十二次分野说在商周之际最迟在春秋时期就已出现，有关该方面的书籍虽然在郑玄时代已经亡佚，但仍可从有关文献中得到印证。《左传》《国语》等先秦文献都是用十二次分野来划分的。

《国语·周语下》载周景王二十三年（公元前522年）伶州鸠论律时说：“昔武王伐殷，岁在鹑火，月在天驷，日在析木之津，辰在斗柄，星在天鼋。星与日辰之位，皆在北维。……岁之所在，则我有周之分野也。”“岁在鹑火”，韦昭注：“岁，岁星也。鹑火，次名，周分野也。从柳九度至张十七度为鹑火。”“岁之所在”，韦昭注：“岁星所在，利以伐之也。”[②]多数学者认为伶州鸠这段话是根据岁星纪年法推算而得的。

钱宝琮先生指出：“除鹑首、鹑尾、寿星、析木四次外，其八次之名俱见《左氏传》，确系春秋时代之天文家言，其名义及分野可得而详也。”[③]其实，析木之次曾出现在《左传·昭公八年》，史赵对晋平公曰：“陈，颛顼之族也。岁在鹑火，是以卒灭，陈将如之。今在析木之津，犹将复由。”[④]鹑尾、寿星二次虽未见于《左传》，但在《国语》中亦有提及。《国语·晋语四》载子犯曰：“岁在寿星及鹑尾，其有此土乎？天以命矣，复于寿星，必获诸侯。天之道也，由是始之。”[⑤]

---

① 《周礼·春官宗伯·保章氏》，第819页。

② 《国语·周语下》，第138—140页。

③ 钱宝琮：《论二十八宿之来历》，载《钱宝琮科学史论文集》，科学出版社1983年版，第337页。

④ 《左传·昭公八年》，第1305页。

⑤ 《国语·晋语四》，第339页。

秦汉大一统之后，二十八宿分野成为秦汉时期及其以后较为流行和占主导地位的分野模式。《银雀山汉墓竹简·占书》《淮南子·天文训》《史记·天官书》和《汉书·天文志》都是以二十八宿配封国和州，而不用十二次名目。在《汉书·地理志》中将二者部分地融合在一起。纬书《洛书》和东汉末年蔡邕在《月令章句》中将二者完全整合。不过，所对应的地区略有出入。

二十八宿，或称二十八舍、二十八星，是“古天文学家将太阳和月亮所经天区（黄道）的恒星分成的二十八个星座，用作观测日月五星运行之座标，并据以定四时事农耩”①。名称在文献中始见于《周礼·春官宗伯》“冯相氏”一职：“掌十有二岁，十有二月，十有二辰，十日。二十有八星之位，辨其叙事，以会天位。”②《周礼·秋官司寇》“硩蔟氏”亦载：“硩蔟氏：掌覆夭鸟之巢。以方书十日之号、十有二辰之号、十有二月之号、十有二岁之号、二十有八星之号。县其巢上，则去之。”③《周礼·考工记》“辀人”又云：“盖弓二十有八。以象星也。”④《吕氏春秋·圆道》云：“月躔二十八宿，轸与角属，圆道也。”⑤

1977 年在湖北随县曾侯乙墓（公元前 433 年）出土的圆拱形漆盖上，“盖顶中央绘有一个篆书大斗字，象征北斗。绕斗字篆书二十八宿全部名称，两边并配画青龙、白虎图像。这是迄今世界上所见最早的写有二十八宿全部名称的天文文物，是二十八宿起源于中国的实物例证。”⑥这也说明二十八宿体系最迟在公元前 5 世纪中叶就已形成。⑦在《吕氏春秋·有始览》中亦列出二十八宿的全部名称，并按九野方位进行排列和划分：

中央曰钧天，其星角、亢、氐；

① 华夫主编：《中国古代名物大典》，济南出版社 1993 年版，第 53 页。

② 《周礼·春官宗伯·冯相氏》，第 818 页。

③ 《周礼·秋官司寇·硩蔟氏》，第 889 页。

④ 《周礼·考工记·辀人》，第 914 页。

⑤ 《吕氏春秋·圆道》，第 172 页。

⑥ 谭维四：《曾侯乙墓》，生活·读书·新知三联书店 2003 年版，第 66 页。

⑦ 王健民等学者认为：“如果考虑到曾国在战国初期只是一个小国，并且二十八宿是被描绘在箱盖上作为装饰图案的，就不难想象，二十八宿体系在当时已经是一种相当普及的天文知识，它的形成时代还要比这件文物入葬的年代早得多。”参见王健民、梁柱、王胜利《曾侯乙墓出土的二十八宿青龙白虎图象》，《文物》1979 年第 7 期。

东方曰苍天，其星房、心、尾；
东北曰变天，其星箕、斗、牵牛；
北方曰玄天，其星婺女、虚、危、营室；
西北曰幽天，其星东壁、奎、娄；
西方曰颢天，其星胃、昴、毕；
西南曰朱天，其星觜巂、参、东井；
南方曰炎天，其星舆鬼、柳、七星；
东南曰阳天，其星张、翼、轸。①

《银雀山汉墓竹简·占书》和《淮南子·天文训》是将二十八宿与先秦时期的封国相对应：

《占书》：

角、亢、抵（氐）：郑
房、心、尾：巍（魏）
箕、斗：□
牵牛、婺女：□
虚、危：□
营室、东壁：□
奎、娄女、胃：鲁
昴、毕、觜巂、参：□
东井、舆鬼：秦
柳、七星、□：周
翼、轸：楚②

《淮南子·天文训》：

角、亢：郑
氐、房、心：宋
尾、箕：燕

① 《吕氏春秋·有始览》，第657—658页。
② 银雀山汉墓竹简整理小组：《银雀山汉墓竹简》（贰），文物出版社2010年版，第242页。

斗、牵牛：越

须女：吴

虚、危：齐

营室、东壁：卫

奎、娄：鲁

胃、昴、毕：魏

觜巂、参：赵

东井、舆鬼：秦

柳、七星、张：周

翼、轸：楚①

将二十八宿与封国相对应，在战国时期就已出现。《吕氏春秋·制乐》篇载，宋景公时，出现“荧惑守心”这一极凶天象。宋景公甚为恐惧，就咨询当时著名的星占家子韦：“荧惑在心，何也?”子韦回答说：“荧惑者，天罚也，心者，宋之分野也。祸当于君，虽然，可移于宰相。”② 已将心宿视为宋国的分星。《占书》残简只能看到6个古国的分野，从上下文来看，当是11国的分野，这应是战国时期最初的分野模式。《淮南子·天文训》的13国分野与《占书》略有参差，显然是对这一分野模式的进一步系统化、规范化，同时也反映出西汉初年，去战国不久，先秦时期的封国畛域观念仍然浸润于人们的头脑之中。

《史记·天官书》曰：“二十八舍主十二州。”③《史记·天官书》和《汉书·天文志》是将二十八宿与州相对应，这是对先秦时期九州说的继承和发展，“是秦皇、汉武拓地开疆的反映”④。反映出以“郡县制”取代“分封制”的行政区划，可以说是秦汉“大一统”政治局面在地理格局上的体现。

其对应模式是：

角、亢、氐，兖州。

---

① 赵宗乙：《淮南子译注》，黑龙江人民出版社2003年版，第166页。

② 《吕氏春秋·制乐》，第347—348页。

③ 《史记》卷二十七《天官书》，第1603页。

④ 顾颉刚：《州与岳的演变》。参见刘梦溪主编《中国现代学术经典·顾颉刚卷》，河北教育出版社1996年版，第573页。

房、心，豫州。
尾、箕，幽州。
斗，江、湖。
牵牛、婺女，杨州。
虚、危，青州。
营室至东壁，并州。
奎、娄、胃，徐州。
昴、毕，冀州。
觜觿、参，益州。
东井、舆鬼，雍州。
柳、七星、张，三河。
翼、轸，荆州。①

《汉书·地理志》将十二次与二十八宿分野模式进行部分的整合。该部分是辑录刘向的《域（地）分》和朱干的《风俗》，说明在西汉后期已将二者合而为一。但该篇只列出四个具体地区的分星、度数与对应的次分，分别是：

“秦地，于天官东井、舆鬼之分野也。……自井十度至柳三度，谓之鹑首之次，秦之分也。”

“周地，柳、七星、张之分野也。……自柳三度至张十二度，谓之鹑火之次，周之分也。”

“韩地，角、亢、氐之分野也。……自东井六度至亢六度，谓之寿星之次，郑之分野，与韩同分。”

“燕地，尾、箕分野也。……自危四度至斗六度，谓之析木之次，燕之分也。”②

纬书《洛书》将二者进行大致的整合：

从南斗十二度，至须女七度，为星纪，在丑，扬州；
须女八度，至危十五度，为玄枵，在子，青州，齐也；
危十六度，至奎四度，为娵訾，在亥，并州，卫也；

① 《史记》卷二十七《天官书》，第1586页。《汉书》卷二十六《天文志》，第1288页。
② 《汉书》卷二十八下《地理志下》，第1641—1659页。

奎五度，至胃六度，为降娄，在戌，徐州，鲁也；
胃七度，至毕十一度，为大梁，在酉，冀州，赵也；
毕十二度，至井十五度，为实沈，在申，益州，晋、魏也；
井十六度，至柳八度，为鹑首，在未，雍州，秦也；
柳九度，至张十七度，为鹑火，在午，周、三河也；
张十八度，至轸十一度，为鹑尾，在巳，荆州，楚也；
轸十二度，至亖四度，为寿星，在辰，兖州，郑、韩也；
亖五度，至尾九度，为大火，在卯，豫州，宋也；
尾十度，至斗十一度，为析木，在寅，幽州，燕也。①

东汉末年蔡邕在《月令章句》也提出一个较为完整的、精确的分野体系。其对应模式为：

自危十度至壁（八）［九］度，谓之豕韦之次，卫之分野。
自壁（八）［九］度至胃一度，谓之降娄之次，鲁之分野。
自胃一度至毕六度，谓之大梁之次，赵之分野。
自毕六度至井十度，谓之实沈之次，晋之分野。
自井十度至柳三度，谓之鹑首之次，秦之分野。
自柳三度至张十二度，谓之鹑火之次，周之分野。
自张十二度至轸六度，谓之鹑尾之次，楚之分野。
自轸六度至亢八度，谓之寿星之次，郑之分野。
自亢八度至尾四度，谓之大火之次，宋之分野。
自尾四度至斗六度，谓之析木之次，燕之分野。
自斗六度至须女二度，谓之星纪之次，越之分野。
自须女二度至危十度，谓之玄枵之次，齐之分野。②

① ［日］安居香山、中村璋八辑：《纬书集成》，第1286—1287页。《晋书·天文志上》“十二次度数”与《洛书》基本一致，只不过更加细致。“星纪”分野《洛书》只是简单地说：“从南斗十二度，至须女七度，为星纪，在丑，扬州。”《晋书·天文志上》“十二次度数”为：“从南斗十二度至须女七度为星纪，于辰在丑，吴越之分野，属扬州。”参见《晋书·天文志上》，第308—309页。

② 《后汉书》志三《律历志下》，第3080—3081页。

蔡邕的分星次度数与皇甫谧的《帝王世记》度数又有所不同[①]。《帝王世记》成书于魏晋之时，在此不作讨论。

二 汉代的分野占验与事应

《后汉书·苏竟传》载苏竟曰："盖灾不徒设，皆应之分野，各有所主。"[②] 分野理论完全是因为占星术的需要而产生的，其主要目的和作用是根据天象变异来占测所对应地域的吉凶祸福。汉代的分野占验主要保存在《史记·天官书》和《汉书》《后汉书》的"天文志"中，在一定程度上保留了当时天文星占家的占卜和预言，又以诸侯国兴亡及国君死亡、战乱、少数民族反叛等重大的历史事件作为"事应"，不仅直接提供了汉代分野占测的资料和讯息，同时也反映出汉代社会"天人合一"的思想观念。

（一）诸侯国兴灭或国君死亡

这是分野占测最主要的目的，也是星占家最为关注的内容。

汉景帝元年（公元前156年）正月癸酉，金星、水星相合于婺女。占辞曰："为变谋，为兵忧。婺女，粤也，又为齐。"七月乙丑，金、木、水三星又合于张宿，占辞曰："外内有兵与丧，改立王公。张，周地，今之河

---

① 皇甫谧在《帝王世记》中的分星次度数详见《后汉书》志十九《郡国志一》，第3385—3386页。分别是：

自斗十一度至婺女七度，一名须女，曰星纪之次，于辰在丑，谓之赤奋若，于律为黄钟，斗建在子，今吴、越分野。

自婺女八度至危十六度，曰玄枵之次，一名天鼋，于辰在子，谓之困敦，于律为大吕，斗建在丑，今齐分野。

自危十七度至奎四度，曰豕韦之次，一名娵訾，于辰在亥，谓之大渊献，于律为太蔟，斗建在寅，今卫分野。

自奎五度至胃六度，曰降娄之次，于辰在戌，谓之阉茂，于律为夹钟，斗建在卯，今鲁分野。

自胃七度至毕十一度，曰大梁之次，于辰在酉，谓之作噩，于律为姑洗，斗建在辰，今赵分野。

自毕十二度至东井十五度，曰实沈之次，于辰在申，谓之涒滩，于律为中吕，斗建在巳，今晋、魏分野。

自井十六度至柳八度，曰鹑首之次，于辰在未，谓之叶洽，于律为蕤宾，斗建在午，今秦分野。

自柳九度至张十七度，曰鹑火之次，于辰在午，谓之敦牂，一名大律，于律为林钟，斗建在未，今周分野。

自张十八度至轸十一度，曰鹑尾之次，于辰在巳，谓之大荒落，于律为夷则，斗建在申，今楚分野。

自轸十二度至氐四度，曰寿星之次，于辰在辰，谓之执徐，于律为南吕，斗建在酉，今韩分野。

自氐五度至尾九度，曰大火之次，于辰在卯，谓之单阏，于律为无射，斗建在戌，今宋分野。

自尾十度至斗十度百三十五分而终，曰析木之次，于辰在寅，谓之摄提格，于律为应钟，斗建在亥，今燕分野。

② 《后汉书》卷三十上《苏竟传》，第1044页。

南也，又为楚。”次年七月丙子，“火与水晨出东方，因守斗”。占辞曰：“其国绝祀。”根据星土分野，斗宿所对应的地区为吴，“又为粤”。[①] 这一系列的天象变化预示着汉景帝前元三年（公元前 154 年）吴、楚、胶西、胶东、淄川、济南、赵等七国叛乱，后被大将军周亚夫率军平定。吴王刘濞败逃至越，为越人所杀。楚王、赵王、胶西王皆自杀。胶东、淄川、济南三王被诛。齐王一度与叛兵议和，在七国之乱平定后，亦畏罪惧诛自杀。中元五年（公元前 145 年）四月乙巳，水、火二星合于参宿，占辞曰：“国不吉。参，梁也。”[②] 次年四月，梁孝王死，五月，城阳王、济阴王死。

汉武帝元鼎中，“荧惑守南斗”。荧惑（火星）是一颗著名的灾星，其占辞多与叛乱、残贼、疾、丧、饥荒、战争相连。[③] 古代占星家认为，荧惑守哪一颗星宿，就会对该星宿所主的分野地区或该星宿所对应的人不利。对于此次天象，占辞曰：“荧惑所守，为乱贼丧兵；守之久，其国绝祀。南斗，越分也。”南斗为越之分野，其后南越国丞相吕嘉发动叛乱，攻杀南越王、太后及汉使，元鼎五年（公元前 112 年），汉武帝任命卫尉路博德为伏波将军，分兵四路进攻南越，杀掉吕嘉，“灭其国”[④]。

汉成帝阳朔元年（公元前 24 年）七月壬子，月犯心宿，占辞曰：“其国有忧，若有大丧。房、心为宋，今楚地。”[⑤] 该年十一月，楚王刘友薨。

光武帝建武三十一年（55 年）十月，在七星出现客星，“炎二尺所，西南行，至明年二月二十二日，在舆鬼东北六尺所灭，凡见百一十三日”。“七星”于分野为周地，时指东汉都城洛阳，“客星居之为死丧”[⑥]。后二年，光武帝去世。

汉明帝永平九年（66 年）正月戊申，“客星出牵牛，长八尺，历建星至房南，灭见至五十日”。牵牛的分野为吴、越，房、心的分野为宋，“后广陵王荆与沈凉，楚王英与颜忠各谋逆，事觉，皆自杀”。[⑦] 刘荆的封地广陵属吴，楚王刘英的封地在彭城，先秦时期属宋国。永平十八年（75 年）六月己未，“彗星出张，长三尺，转在郎将，南入太微，皆属张”。张宿于分野为周，时为东都洛阳，“太微，天子廷。彗星犯之为兵丧”。该年八月，

① 《汉书》卷二十六《天文志》，第 1303 页。
② 同上书，第 1305 页。
③ 《史记》卷二十七《天官书》曰：“荧惑为勃乱，残贼、疾、丧、饥、兵。”第 1572 页。
④ 《汉书》卷二十六《天文志》，第 1306 页。
⑤ 同上书，第 1310 页。
⑥ 《后汉书》志十《天文志上》，第 3223 页。
⑦ 《后汉书》志十一《天文志中》，第 3230 页。

“孝明帝崩”。①

汉安帝永初三年（109 年）正月，“月犯心后星”。“心为宋。五月丁酉，沛王（牙）［正］薨。”②

汉灵帝光和五年（182 年）十月，岁星、荧惑、太白三星合于虚，“岁星、荧惑、太白三合于虚为丧。虚，齐（也）［地］”。③ 次年，琅琊王刘据薨。

分野说在占测方面以凶居多。只有极个别事应是关于立国的。如汉景帝前元三年（公元前 154 年），填星在娄宿，还居奎宿。奎宿的分野为鲁，占辞曰：“其国得地为得填。”④ 该年鲁国国立。《汉书·景十三王传》载，鲁恭王刘馀于汉景帝前元二年（公元前 155 年）被封为淮阳王，在七国之乱被平定之后，徙封为鲁王。

（二）战争和地方造反

光武帝建武十年（34 年）十二月己亥，“大流星如缶，出柳西南行入轸。且灭时，分为十余，如遗火状”。柳宿于分野为周，轸宿为秦和蜀，“大流星出柳入轸者，是大使从周入蜀”。该星象预示的是此时光武帝派大司马吴汉率兵三万从南阳乘船溯江而上，讨伐割据蜀地的公孙述。同时“又命将军马武、刘尚、郭霸、岑彭、冯骏平武都、巴郡”⑤。

汉顺帝永建六年（131 年）十二月壬申，“客星芒气长二尺余，西南指，色苍白，在牵牛六度”。据汉代星占理论，“客星芒气白为兵”。牵牛于分野主吴、越，预示着该地区将要发生战乱。后一年，“会稽海贼曾于等千余人烧句章，杀长吏，又杀鄞、鄮长，取官兵，拘杀吏民，攻东部都尉；扬州六郡逆贼章何等称将军，犯四十九县，大攻略吏民”。⑥ 永和二年（137 年）八月庚子，“荧惑犯南斗”。南斗于分野为吴，次年五月，“吴郡太守行丞事羊珍与越兵弟叶、吏民吴铜等二百余人起兵反，杀吏民，烧官亭民舍，攻太守府”。太守王衡拒守并杀掉羊珍等人。同时，九江蔡伯流等数百人攻打广陵、九江，杀死江都长。永和四年（139 年）七月壬午，“荧惑入南斗犯第三星”。南斗于分野为扬州，“荧惑犯入之为兵丧”。永和六年（141 年），

① 《后汉书》志十一《天文志中》，第 3231 页。

② 同上书，第 3239 页。

③ 《后汉书》志十二《天文志下》，第 3259 页。

④ 《汉书》卷二十六《天文志》，第 1304 页。

⑤ 《后汉书》志十《天文志上》，第 3220 页。

⑥ 《后汉书》志十一《天文志中》，第 3244 页。

九江、丹阳周生、马勉等起义，“攻没郡县”①。

汉灵帝熹平元年（172 年）十月，荧惑入犯南斗中，占辞曰：“荧惑所守为兵乱。”南斗分野为吴，十一月，会稽人许昭聚众起义，自称大将军，“攻破郡县”②。光和三年（180 年）冬，“彗星出狼、弧，东行至于张乃去”。张于分野为周地，时指东汉的都城洛阳，后四年，黄巾起义爆发，“京都大发兵击黄巾贼”③。

汉献帝建安五年（200 年）十月，“有星孛于大梁”，“大梁”的分野于先秦为赵国，时为冀州。十一月，曹操在官渡之战中打败袁绍，于建安七年（202 年）夺取冀州。十二年（207 年）十月辛卯，“有星孛于鹑尾”④。鹑尾的分野于先秦为楚国，时为荆州。次年秋，荆州刺史刘表卒，其子刘琮继立，曹操征伐荆州，刘琮投降。

（三）少数民族反叛或讨伐四夷

汉高祖七年（公元前 200 年），“月晕，围参、毕七重”。占辞曰：“毕、昴间，天街也；街北，胡也；街南，中国也。昴为匈奴，参为赵，毕为边兵。”⑤ 该年汉高祖刘邦亲自带兵三十二万迎击匈奴，结果在平城白登山（今山西省大同市东北马铺山）陷入冒顿单于的重围，受困七天，后采用陈平计谋，通过贿赂匈奴阏氏乃得以突围脱险。平城位于先秦赵国。

按分野说本来只限于传统的华夏区域，并不含周边少数民族。《史记·天官书》曰：“昴曰髦头，胡星也。”为西、北方少数民族之星。又曰：“昴、毕间为天街。”正义曰：“天街二星，在毕、昴间，主国界也。街南为华夏之国，街北为夷狄之国。”⑥ 为北方少数民族和华夏民族在天上的分界线，故在此占测为匈奴。

汉元帝元初五年（公元前 44 年）四月，彗星出现在西北，“赤黄色，长八尺所，后数日长丈余，东北指，在参分”。参宿于分野主益州，后二年，“西羌反”⑦。西羌当时主要分布在现在的四川、青海、甘肃一带。

光武帝建武二十五年（49 年）三月，“日有蚀之，在毕十五度”。根据

① 《后汉书》志十一《天文志中》，第 3246 页。

② 《后汉书》志十二《天文志下》，第 3258 页。

③ 同上书，第 3259 页。

④ 同上书，第 3261 页。

⑤ 《汉书》卷二十六《天文志》，第 1304 页。

⑥ 《史记》卷二十七《天官书》，第 1558 页。

⑦ 《汉书》卷二十六《天文志》，第 1309 页。

占测，“毕为边兵”，该年十月，“以武溪蛮夷为寇害，伏波将军马援将兵击之”。①

汉明帝永平四年（61年）正月，“客星出昴，六十日，在轩辕右角稍灭”。“昴主边兵”，又主匈奴，后一年，东汉王朝派奉车都尉显亲侯窦固、驸马都尉耿秉、骑都尉耿忠、开阳城门候秦彭、太仆祭肜等率兵攻打匈奴。永平十六年（73年）四月，“太白犯毕。毕为边兵”。毕宿于分野为冀州地区，后北匈奴侵犯边境，进入云中，直至渔阳。“使者高弘发三郡兵追讨，无所得。”②

汉章帝建初元年（76年）正月丁巳，“太白在昴西一尺”。八月庚寅，“彗星出天市，长二尺所，稍行入牵牛三度，积四十日稍灭”。③ 太白（金星）在星占学上是一颗伐星，其占辞以兵事和杀伐为主，太白在昴“为边兵”。彗星也是一颗著名的灾星、妖星，其出现多与战乱相连。《荆州占》曰：“彗星出，必有反者，兵大起，必有乱亡。”④ 彗星出现在天市垣“为外兵”，牵牛于分野为吴、越，“是时蛮夷陈纵等及哀牢王类［牢］反，攻（蕉）［嶲］唐城。永昌太守王寻走奔楪榆，安夷长宋延为羌所杀”。⑤《史记·大宛列传》张守节正义：“其西南滇越、越巂则通号越，细分而有巂、滇等名也。”⑥

汉和帝元兴元年（105年）四月，“有流星起斗，东北行到须女”。须女，于分野为燕地，该年，“辽东貊人反，钞六县，发上谷、渔阳、右北平、辽西乌桓讨之”。⑦

汉安帝永初元年（107年）八月，“客星在东井、弧星西南”。“东井、弧皆秦地。是时羌反，断陇道，汉遣骘将左右羽林、北军五校及诸郡兵征之。”⑧ 弧星虽不在二十八宿之内，但《史记·天官书》云：“秦之疆也，候在太白，占于狼、弧。”正义曰：“太白、狼、弧，皆西方之星，故秦占

① 《后汉书》志十八《五行志六》，第3359页。

② 《后汉书》志十一《天文志中》，第3231页。

③ 同上书，第3231—3232页。

④ （唐）瞿昙悉达：《开元占经》，第882页。九州出版社2012年版。下引《开元占经》皆出此版本。

⑤ 《后汉书》志十一《天文志中》，第3232页。

⑥ 《史记》卷一百二十三《大宛列传》，第3845页。

⑦ 《后汉书》志十一《天文志中》，第3237—3238页。

⑧ 同上书，第3238页。

候也。”① 所以也是占测秦地吉凶的重要星宿。

《后汉书·马融传》载，汉顺帝阳嘉二年（133 年），时任武都太守的马融在上疏中根据星象观测指出：“星孛参、毕，参西方之宿，毕为边兵，至于分野，并州是也。西戎北狄，殆将起乎！”建议朝廷及早加强西北地区的边防军备。不久，“陇西羌反，乌桓寇上郡，皆卒如融言”。②

此外，还预测分野地区的自然灾害。汉景帝后元元年（公元前 143 年）五月壬午，火星、金星“合于舆鬼之东北，不至柳，出舆鬼北可五寸”。占辞曰：“为铄，有丧。舆鬼，秦也。”丙戌日，“地大动，铃铃然，民大疫死，棺贵，至秋止”。③ 虽然没有指出具体的地域，但《史记·孝景本纪》载：“五月丙戌，地动，其蚤食时复动。上庸地动二十二日，坏城垣。”④ 据《汉书·地理志上》，上庸属汉中郡，为先秦秦国的分野范围。

三　十二次及二十八宿分野模式在汉代政治中的运用

按照天人感应学说，帝王（尤其是开国帝王）都是应运而生的真命天子，拥有“受命之符”，非人力所能强求。班彪在《王命论》中曰：“神器有命，不可以智力求也。”⑤“受命之符”包括各种所谓的祯祥嘉瑞。分野学说是为占卜服务的，而预测军国大事尤其是王朝更迭则是其最为重要也是最受关注的内容。

为帝王提供受命于天的天象依据和证明，增强皇权的神圣性、权威性和合法性，以此来主导舆论、凝聚人心、巩固统治，是包括分野学说在内的星占学的首要目的，也是受到统治者和社会各个阶层高度重视的重要原因。

在两汉时期改朝换代的重大历史进程中，十二次及二十八宿分野模式的政治功能被得以充分的发挥，成为各派政治势力都争相使用的神学工具。

（一）“五星聚于东井”与刘邦建立汉朝

《汉书·高帝纪上》载，汉高祖“元年冬十月，五星聚于东井。沛公至霸上”⑥。班固之父班彪在《王命论》中亦曰：“始受命则白蛇分，西入关则五星聚。”⑦《汉书·天文志》又详载：

① 《史记》卷二十七《天官书》，第 1603—1604 页。
② 《后汉书》卷六十上《马融传》，第 1971 页。
③ 《汉书》卷二十六《天文志》，第 1305 页。
④ 《史记》卷十一《孝景本纪》，第 568 页。
⑤ 《汉书》卷一百上《叙传上》，第 4209 页。
⑥ 《汉书》卷一上《高祖纪上》，第 22 页。
⑦ 《汉书》卷一百上《叙传上》，第 4212 页。

> 汉元年十月，五星聚于东井，以历推之，从岁星也。此高皇帝受命之符也。……秦王子婴降于枳道，汉王以属吏，宝器妇女亡所取，闭宫封门，还军次于霸上，以候诸侯。与秦民约法三章，民亡不归心者，可谓能行义矣，天之所予也。五年遂定天下，即帝位。此明岁星之崇义，东井为秦之地明效也。①

对于此次“五星聚于东井”天象，台湾学者黄一农先生经过回推当时的天象，“发现在高祖元年冬十月，五星根本不聚在一块。而在高祖二年四、五月间（公元前205年5月11日至6月15日），则确曾发生一次颇为接近该叙述的天象：5月15日左右，五星全在井宿，相距约31°”。② 张健先生经过用现代天文计算也表明，在天气条件都具备的情况下，肉眼能看到这一天象只有在“公元前205年5到6月间（即汉高祖二年四月前后）”，“汉高祖元年十月（公元前207年11月14日至12月13日）并没有五星会聚的天象，只有土星逆行在井宿中”。③

对于此次天象，《史记·天官书》只是含糊其辞地记为“汉之兴，五星聚于东井”④。刘向在上封事时也只是说：“汉之入秦，五星聚于东井，得天下之象也。”⑤ 都没有指出具体的时间。那么，班彪、班固和续写《汉书·天文志》的马续为什么都刻意将这一罕见的天文奇观记在汉高祖元年（公元前207年）十月西入咸阳之时并特别加以强调呢？其用意是非常明显的，就是为秦灭汉兴提供来自天象的依据，是刘邦这个布衣匹夫获得天下的“天命之符”。

第一，“五星会聚”是“中国星占学上最吉的天象”⑥，是难得的天文祥瑞，具有圣人降世、改朝换代等重大的星占意义。《史记·天官书》曰：“五星合，是为易行，有德，受庆，改立大人，掩有四方，子孙蕃昌。”⑦《海中占》的占辞与《天官书》同：“五星若合，是谓易行。有德受庆，改立天子，乃奄有四方，子孙蕃昌。”《荆州占》亦曰：“五星合于一舍，其国

① 《汉书》卷二十六《天文志》，第1301—1302页。
② 黄一农：《社会天文学史十讲》，复旦大学出版社2004年版，第64页。
③ 张健：《中国汉代记载的五星运动精度考察》，《天文学报》2010年第2期。
④ 《史记》卷二十七《天官书》，第1606页。
⑤ 《汉书》卷三十六《刘向传》，第1964页。
⑥ 黄一农：《社会天文学史十讲》，复旦大学出版社2004年版，第49页。
⑦ 《史记》卷二十七《天官书》，第1575页。

主应缩，有德者昌。"①

第二，《汉书·天文志》又专门强调："以历推之，从岁星也。"即其他四星皆从岁星（木星），以进一步加强汉高祖刘邦获取天下的正当性。岁星在星占学中是一颗吉祥之星、仁义之星。1973 年在长沙马王堆三号汉墓出土的帛书《五星占》载："岁星所久处者有卿（庆）。"②《史记·天官书》曰："岁星赢缩，以其舍命国。所在国不可伐，可以罚人。……五星皆从而聚于一舍，其下之国可以义致天下。"③《春秋合诚图》曰："岁星主含德。"④五星会聚本已是难得的吉兆，今又皆从岁星，更是吉中之吉，说明汉高祖刘邦非徒靠武力而是凭借仁德和义举取得百姓的支持，最终获得天下。《宋书·符瑞志》在记载此事时指出："高帝为沛公，入秦，五星聚于东井，岁星先至，而四星从之。占曰：'以义取天下。'"⑤

第三，五星会聚的星宿为东井。东井是秦国分野的主星。汉高祖元年（公元前 207 年）十月，刘邦率军先入关中，驻军霸上，秦王子婴投降，这一重大的吉兆只能是应验到刘邦身上。所以《史记·张耳传》记甘公曰："汉王之入关，五星聚东井。东井者，秦分也。先至必霸。楚虽强，后必属汉。"⑥

（二）"镇、岁、荧惑并在汉分翼、轸之域"与光武中兴

《后汉书·郅恽传》载，地皇元年（20 年），各地反莽起义不断爆发，精通天文历数的郅恽根据星际分野学说对友人说："方今镇、岁、荧惑并在汉分翼、轸之域，去而复来，汉必再受命，福归有德。如有顺天发策者，必成大功。"⑦

司马彪在《后汉书·天文志上》中亦有一则关于星象的史料：

> 王莽地皇三年（22 年）十一月，"有星孛于张，东南行五日不见。……张为周地。星孛于张，东南行即翼、轸之分。翼、轸为楚，

① （唐）瞿昙悉达：《开元占经》，第 199 页。

② 席泽宗：《〈五星占〉释文和注解》。参见席泽宗《古新星新表与科学史探索》，陕西师范大学出版社 2002 年版，第 177 页。

③ 《史记》卷二十七《天官书》，第 1565 页。

④ （唐）瞿昙悉达：《开元占经》，第 223 页。

⑤ 《宋书》卷二十七《符瑞志上》，第 767 页。（南朝梁）沈约：《宋书》，中华书局 1974 年版。下引《宋书》皆出此版本。

⑥ 《史记》卷八十九《张耳传》，第 3132 页。

⑦ 《后汉书》卷二十九《郅恽传》，第 1024 页。

是周、楚地将有兵乱。[①]

这两则有关星象的材料虽然时间、内容各不相同，但目的是一致的，都是从天文星象的角度来论证光武帝刘秀光复汉祚是天命所归，天象早有兆示。

第一，这两次星象都是发生在翼、轸之域，而翼、轸二宿的地理分野是楚。后刘秀起兵舂陵，转战南阳，都属楚地，与星象契合，说明刘秀起兵是顺天应人的举动，从而为刘秀集团自一开始就笼罩上一层神圣的光环。

第二，郅恽指出："方今镇、岁、荧惑并在汉分翼、轸之域。"《史记·天官书》曰："三星若合，其宿地国外内有兵与丧，改立公王。"[②]《汉书·天文志》曰："三星若合，是谓惊立绝行，其国外内有兵与丧，民人乏饥，改立王公。"[③] 五大行星三三组合，有八种组合方式，其占辞都是兵丧和"改立王公"。如《汉书·天文志》载：

> 汉文帝后元六年（公元前157年）四月乙巳，"水、木、火三合于东井。占曰：'外内有兵与丧，改立王公。东井，秦也。'……是岁诛反者周殷长安市。"[④]
>
> 汉成帝河平二年（公元前27年），"岁星、荧惑西去填星，皆西北逆行。占曰：'三星若合，是谓警位，是谓绝行，内外有兵丧，改立王公。'其十一月丁巳，夜郎王歆大逆不道，牂柯太守立捕杀歆。"[⑤]

对于地皇元年（20年）这次三星相合的星象，兵丧是针对王莽而言，后郅恽还西至长安，劝说王莽还政刘氏，"汉历久长，孔为赤制……上天垂戒，欲悟陛下，令就臣位，转祸为福，刘氏享天永命，陛下顺节盛衰，取之以天，还之以天，可谓知命矣"。[⑥]

"改立王公"指刘秀而言，此当引申为改立天子。《荆州占》曰："三星合于一舍，其国可复，修德者强，无德者受殃。"[⑦] 据此占辞，三星合于

① 《后汉书》志十《天文志上》，第3218页。
② 《史记》卷二十七《天官书》，第1575页。
③ 《汉书》卷二十六《天文志》，第1287页。
④ 同上书，第1303页。
⑤ 同上书，第1310页。
⑥ 《后汉书》卷二十九《郅恽传》，第1025页。
⑦ （唐）瞿昙悉达：《开元占经》，第203页。

“汉分”，则预示着汉朝将再次复兴，即“必再受命”。刘秀出生、起兵皆在南阳，即“汉分”，当然是应验此次星象的不二人选。

第三，“星孛于张，东南行即翼、轸之分”。星孛（即彗星）在中国古代星占学中为除旧布新的象征。汉文帝前元八年（公元前 172 年），“有长星出于东方”。注引文颖曰：“大法，孛、彗星多为除旧布新。”① 同时也是改朝换代和战乱的征兆。刘向《鸿范传》曰：“彗星者，天所以去无道而建有德也。”《黄帝占》曰：“彗扫同形，长短有差，殃灾如一，见则扫除凶秽，必有灭国，臣弑其君，大兵起，国易政，无道之君当之。”② 预示着旧王朝灭亡和新王朝的建立。

此次彗星先出现在张宿，又东南行至翼、轸之分。张于分野为周，即周、楚地区将发生战乱，为光武帝起兵南阳、定都洛阳的天象预兆。“光武兴于河北，复都洛阳，居周地，除秽布新之象。”③ 洛阳，于分野属于周之分域。

《后汉书·光武帝纪》“论曰”指出：“其王者受命，信有符乎？不然，何以能乘时龙而御天哉！”④ 这两则天象资料，都集中于光武帝刘秀一身，这就进一步加深对刘秀“灵庆既启，人谋咸赞”、“于赫有命”、受命中兴的神化色彩。

（三）“岁星在大梁”与魏文帝曹丕受禅

《三国志·魏书·文帝纪》裴松之注引《献帝传》载，太史丞许芝为劝进曹丕废汉称帝，在罗列一系列的祥瑞、谶语符命之后，又说：

> 夫得岁星者，道始兴。昔武王伐殷，岁在鹑火，有周之分野也。高祖入秦，五星聚东井，有汉之分野也。今兹岁星在大梁，有魏之分野也。而天之瑞应，并集来臻，四方归附，襁负而至，兆民欣戴，咸乐嘉庆。⑤

这是从分野说的角度说明“皇天将舍旧而命新”，汉室气数已尽，曹魏当获天命。按此时曹丕尚未称帝，许芝还是东汉献帝时的太史丞。该论所据

---

① 《汉书》卷四《文帝纪》，第 122 页。

② （唐）瞿昙悉达：《开元占经》，第 879—881 页。

③ 《后汉书》志十《天文志上》，第 3218 页。

④ 《后汉书》卷一下《光武帝纪下》，第 86 页。

⑤ 《三国志》卷二《魏书·文帝纪》，第 65 页。

的是汉代的十二次分野说。

许芝说："今兹岁星在大梁，有魏之分野也。"但是通过查看汉代的分野资料，多数天文星占学家是将大梁星次的分野划为赵地，且十二次分野所对应的封国中也没有提到魏国。但《淮南子·天文训》提到："胃、昴、毕，魏。"[1]《尔雅·释天》曰："大梁，昴也。"[2] 而且一提到大梁星次，人们首先就会联想到战国时期魏国的都城大梁，"很显然，大梁星次之名源于胃昴毕配属魏的分野观念"。[3]

随后给事中博士苏林、董巴在上表中又详细阐述道：

> 天有十二次以为分野，王公之国，各有所属，周在鹑火，魏在大梁。岁星行历十二次国，天子受命，诸侯以封。周文王始受命，岁在鹑火，至武王伐纣十三年，岁星复在鹑火，故《春秋传》曰："武王伐纣，岁在鹑火；岁之所在，即我有周之分野也。"昔光和七年，岁在大梁，武王始受命，（为）［于］时将讨黄巾。是岁改年为中平元年。建安元年，岁复在大梁，始拜大将军。十三年复在大梁，始拜丞相。今二十五年，岁复在大梁，陛下受命。此魏得岁与周文王受命相应。[4]

苏林、董巴先后四次提到岁在"大梁"，将此作为天命弃汉移魏的证据。所用的分野理论及星象与许芝完全相相同，主旨都是为曹丕受禅制造舆论，论证曹魏代汉"符瑞著明"，是"应天受禅"，与文王受命、武王伐纣一样有"受命易姓之符"，必须遵守皇天之意，万民所望，切不可"上逆天命，下违民望"。

除以上这三则典型的天象事例之外，分野说在汉代政治运作中的事件还有：

汉和帝永元十六年（104 年）十月，"客星从紫宫西行至昴为赵"。后一年，汉和帝驾崩，汉殇帝即位一年又驾崩。邓太后遣使者迎请清河王刘庆之子刘祜为皇帝，即汉安帝。"清河，赵地也。"[5]

---

① 赵宗乙：《淮南子译注》，黑龙江人民出版社 2003 年版，第 166 页。

② 管锡华译注：《尔雅》，中华书局 2014 年版，第 405 页。

③ 李维宝、陈久金：《论中国十二星次名称的含义和来历》，《天文研究与技术》2009 年第 1 期。

④ 《三国志》卷二《魏书·文帝纪》，第 70 页。

⑤ 《后汉书》志十一《天文志中》，第 3237 页。

《后汉书·方术列传·董扶传》载，东汉末年，董扶私下对太常刘焉说："京师将乱，益州分野有天子气。"刘焉信以为真，遂谋求出为益州牧。但最后却应验到刘备身上。"后刘备称天子于蜀，皆如扶言。"[①]

总之，十二次与二十八宿分野模式及其理论体系在汉代已基本成熟和定型，成为当时社会普遍的价值认同。其后西晋时期的"陈卓分野"、北周庾季才的《灵台秘苑》、唐代天文学家李淳风撰写《晋书·天文志》《乙巳占》提到的"十二次度数"和"州郡躔次"及瞿昙悉达编辑的《开元占经》卷六十四《分野略例》等都是对汉代分野模式的沿承、增补和进一步完善。不仅在当时的政治生活中起到极其特殊的作用，而且渗透到中国古代政治思想文化的深处，在其后王朝嬗替、争夺正统和权力角逐的过程中被不断拿出来运用，成为皇权政治不可或缺的重要天文因素。

第二节　汉代的星官体系及其政治作用

星官体系是中国古代天文星占学的一大特色。"为了辨认恒星、观测及记录天象的方便，古人把恒星多寡不等地组合起来，每个组合有一个特定的名字。这种组合统称为星官。"[②] 出于恒星观测、星占和社会政治的需要，星官命名、体系划分及其理论建构在汉代得到长足的发展和完善，不仅反映了当时的社会文化背景和群体心理，对当时及其后政治生活的各个方面都产生了极为重要的影响。

一　汉代的星官体系及其等级特征

（一）汉代星官体系的发展及演变

对星官的观察、划分及命名，在我国由来已久，仅对先秦文献的统计："战国以前出现的星座，包括二十八宿、北辰、北斗及其他九个著名的星座，大约三十八个"[③]，恒星有200多颗。

现存最早系统描述星官体系的著作为《史记·天官书》，司马迁在继承先秦时期星官划分的基础上，巧妙地将各个星官编排成一个统一的、有机的整体，从而建立了我国第一个完整的星官体系。他将"中原地区可见的全

① 《后汉书》卷八十二下《方术列传下》，第2734页。

② 白寿彝、廖德清、施丁主编：《中国通史》（第四卷）《中古时代：秦汉时期》，上海人民出版社2013年版，第1018页。

③ 薄树人主编，石云里等执笔：《中国天文学史》，文津出版社（台北）1996年版，第63页。

部星空划分成五个天区，称为五宫。在北极周围的称为中宫，有星官十四官；其他地区则划分东宫，十六官；南宫，十九官；北宫，十九官。合共八十八个星官”①。经统计，实际记载星官有91个，包括恒星550多颗。

马续在《汉书·天文志》中将星官发展到118个，恒星783颗，“凡天文在图籍昭昭可知者，经星常宿中外官凡百一十八名，积数七百八十三星，皆有州国官宫物类之象”。②

东汉天文学家张衡在《灵宪》中又将星官发展到124个，恒星2500多颗。“中外之官，常明者百有二十四，可名者三百二十，为星二千五百，而海人之占未存焉。微星之数，盖万一千五百二十。”③ 考虑到张衡作为著名的天文学家，又制作过浑天仪，且长期对星空进行观测，他的观测记录是较为可信的。“为星二千五百”，“这与现代天文学认为，在同一时间，同一地点，人们能看到六等以上的亮星在二千五百到三千颗之间是大体相同的。”④ 陈遵妫先生认为：“‘为星二千五百’是他由实测而得出的比较准确的星数。”至于“‘微星之数，盖万一千五百二十。’显然不是实际观察的结果”⑤。乃是一个概括性的说法，更多的是一个哲学上的概念，应当是来自《易·系辞上》中“二篇之策万有一千五百二十，当万物之数也”⑥。

张衡指出：“星也者，体生于地，精成于天，列居错跱，各有逌

---

① 白寿彝、廖德清、施丁主编：《中国通史》（第四卷）《中古时代：秦汉时期》，上海人民出版社2013年版，第1018页。

② 《汉书》卷二十六《天文志》，第1273页。

③ 《后汉书》志十《天文志上》，第3217页。

④ 刘永平主编：《张衡研究》，西苑出版社1999年版，第285页。

⑤ 陈遵妫：《中国天文学史》（第二册），上海人民出版社1982年版，第401—402页。

⑥ 周振甫译注：《周易译注》，中华书局1991年版，第241页。《汉书·律历志》亦多次提到“万一千五百二十”。“量者，龠、合、升、斗、斛也，所以量多少也。……其圜象规，其重二钧，备气物之数，合万有一千五百二十。” “权者，铢、两、斤、钧、石也，所以称物平施，知轻重也。……权与物均，重万一千五百二十铢，当万物之象也。”“四万六千八十铢者，万一千五百二十物，历四时之象也。”“九章岁而六之为法，太极上元为实，实如法得一，阴阳各万一千五百二十，当万物气体之数，天下之能事毕矣。” “合太阴太阳之岁数而中分之，各万一千五百二十。阳施其气，阴成其物。”（第967、969、970、986、997页）岑仲勉先生认为：“ 如果借用合期的说法，将每一对卦的等数作为三百六十即九十之四倍，则乾卦54×4＝216，坤卦36×4＝144，又三二对的总和＝11520。”“万有一千五百二十，当万物之数也”就是这样计算得来的。参见岑仲勉《易卦爻表现着上古的数学知识》，《中山大学学报》1986年第1期。华同旭经综合、考证有关文献后认为，“11520是一个特殊的数，它是古代中国人认为的世界上的万物之数”。“它是中国古人的哲学思辨而不是实际观测的结果。”参见华同旭《关于张衡的“微星之数”》，《自然科学史研究》1999年第3期。

属。……在野象物，在朝象官，在人象事，于是备矣。”[①] 这就概括出汉代乃至整个中国古代社会星官命名的基本原则。在天人感应思想的影响下，“在命名星官时，就把人间的社会模式搬到天上，建立了天地对应的基本框架。可以说，中国古代星官体系是封建帝国社会的缩影。这一点正是中国星官命名中最突出的一个特点”。[②] 从先秦到司马迁著《史记·天官书》及马续的《汉书·天文志》，都是通过模拟人间社会组织的形式来给星官命名的。“简直把天上的星写成了一个国家：人的方面有天王、太子、庶子、正妃、后宫、藩臣、诸侯、骑官、羽林天军；屋的方面有端门、掖门、阁道、明堂、清庙、天市、车舍、天仓、天库楼；物的方面又有帝车、天驷、枪棓、矛盾、旌旗之属。”[③] 由此构成一个完备的天上人间世界。

（二）星官的等级色彩

德国哲学家卡西尔在《人论》中引用法国社会学家杜尔克姆的话说：“不是自然，而是社会才是神话的原型。神话所有基本主旨都是人的社会生活的投影。”[④] 等级制度是社会管理所必须的体制手段，在天国亦是如此，中国古代的星官体系具有鲜明的天人合一特点。《史记·天官书》司马贞索隐曰：“天文有五官。官者，星官也。星座有尊卑，若人之官曹列位，故曰天官 。”[⑤] 李约瑟指出：“中国星座的命名有一种明显的特点，……由于农业封建性质在中国古代文明中占压倒优势，因而产生了一整套以人间的统治等级制为蓝本的星名。”[⑥] 和人间社会一样，天上的星官体系也是比附汉帝国以帝王为中心的官僚体制，职责分明，尊卑有序，具有鲜明的等级色彩，这其实就是当时社会组织制度在天文上的反映。

根据《史记·天官书》，中宫为五宫之首，是帝廷，是天上政治权力的中枢。“中宫天极星，其一明者，太一常居也；旁三星三公，或曰子属。后句四星，末大星正妃，三星后宫之属也。环之匡卫十二星，藩臣。皆曰紫

---

① 《后汉书》志十《天文志上》，第3216页。

② 薄树人主编，石云里等执笔：《中国天文学史》，文津出版社（台北）1996年版，第67页。

③ 顾颉刚：《秦汉的方士与儒生》，上海古籍出版社2005年版，第18—19页。冯时也认为：“恒星世界模拟人类社会的组织，被赋予了帝王、百官、人物、土地、建筑、器物、动物、植物等不同的名称，可以说将人间以王庭为中心的各种组织统统搬到了天上。”参见《中国古代物质文化史·天文历法》，开明出版社2013年版，第77页。

④ ［德］卡西尔：《人论》，上海译文出版社1985年版，第101页。

⑤ 《史记》卷二十七《天官书》，第1539页。

⑥ ［英］李约瑟著：《中国科学技术史》（第四卷）·《天学》（第一分册），《中国科学技术史》翻译小组译，科学出版社1975年版，第231—232页。

宫。"[①] 此即后来紫微垣的雏形。

"中宫天极星"，即北极星座，由五颗星组成。《春秋合诚图》："北辰其星五，在紫微中。"[②]《晋书·天文志上》："北极五星，钩陈六星，皆在紫宫中。"[③]"太一"，又称"泰一"，《史记·天官书》张守节正义曰："泰一，天帝之别名也。"又引刘伯庄云："泰一，天神之最尊贵者也。"[④]《汉书·郊祀志上》："天神贵者泰一，泰一佐曰五帝。"[⑤] 为西汉时期最高、最尊贵的天神，居住在中宫天极星，凌驾于五帝之上，并专门设有泰畤，为大型祭祀时首祭之神。这种安排，正是统一的中央集权制度在天文星占上的反映。

"旁三星"，是"子属"，陈遵妫先生认为："在它近旁的三星是太子、庶子、后，绝不是紫微垣或太微垣的三公。"[⑥]《晋书·天文志上》："第一星主月，太子也。第二星主日，帝王也；亦太乙之坐，谓最赤明者也。第三星主五星，庶子也。"[⑦]

"后句四星"，为天帝正妃、后宫之属。

"藩臣"，陈遵妫先生认为："十二星藩臣是指西藩的右枢、少尉、上辅、少辅、少卫、上丞和东藩的左枢、上宰、少宰、上弼、少弼、少卫。"[⑧] 负责环卫中央。

中宫为天帝的居住之所，在其他星区还有行宫，为天帝施政的地方。东宫苍龙的心宿，"心为明堂"[⑨]，《春秋说题辞》："房心为明堂，天子布政之宫。""心为天明堂，以布政教。"[⑩] 大角星，"天王帝廷"[⑪]。南宫朱鸟有太微星座，"三光之廷"。《史记·天官书》索隐引宋均曰："太微，天帝南宫也。"[⑫]《春秋元命苞》："紫微为大帝，太微为天庭。"[⑬]"太微，权政所

---

① 《史记》卷二十七《天官书》，第1539页。
② （清）赵在翰辑，钟肇鹏、萧文郁点校：《七纬》，第542页。
③ 《晋书》卷十一《天文志上》，第289页。
④ 《史记》卷二十七《天官书》，第1540页。
⑤ 《汉书》卷二十五上《郊祀志上》，第1218页。
⑥ 陈遵妫：《中国天文学史》（第二册），上海人民出版社1982年版，第267页。
⑦ 《晋书》卷十一《天文志上》，第289页。
⑧ 陈遵妫：《中国天文学史》（第二册），上海人民出版社1982年版，第267页。
⑨ 《史记》卷二十七《天官书》，第1546页。
⑩ （清）赵在翰辑，钟肇鹏、萧文郁点校：《七纬》，第627页。
⑪ 《史记》卷二十七《天官书》，第1548页。
⑫ 同上书，第1550页。
⑬ （清）赵在翰辑，钟肇鹏、萧文郁点校：《七纬》，第404页。

在。"①《淮南子·天文训》亦曰："太微者，太一之庭也。紫宫者，太一之居也。"② 这些星宿也都成为天帝权力的象征。

天帝之下，为天之三公九卿。《春秋元命苞》曰："立三台以为三公。北斗九星为九卿。"③ 《春秋汉含孳》曰： "三公在天为三台，九卿为北斗。"④

"三台"，或称为"三能"，"三台常写成三能，能亦音台"。⑤ 汉代认为是三公的象征。《尚书刑德放》："三公象三能。"⑥《后汉书·刘玄传》中李淑曰："夫三公上应台宿。"⑦《后汉书·安帝纪》，"推咎台衡，以答天眚。"李贤注："台谓三台，三公象也。"⑧《后汉书·天文志中》，"炎及三台，为三公。"⑨

三台星在太微垣，斗魁之下。《史记·天官书》："魁下六星，两两相比者，名曰三能。"索隐引孟康曰："泰阶，三台也，台星凡六星。"又引《黄帝泰阶六符经》曰："泰阶者，天子之三阶：上阶，上星为男主，下星为女主；中阶，上星为诸侯三公，下星为卿大夫；下阶，上星为士，下星为庶人。"⑩《泰阶六符》最早为汉武帝时东方朔提出，《汉书·东方朔传》："愿陈《泰阶六符》，以观天变，不可不省。" "是日因奏《泰阶》之事，上乃拜朔为太中大夫给事中，赐黄金百斤。"⑪《汉书·艺文志》所列古天文二十一家中有《泰阶六符》一卷。⑫ 《晋书·天文志上》："三台六星，两两而居，起文昌，列抵太微。一曰天柱，三公之位也。在人曰三公，在天曰三台，主开德宣符也。"⑬

北斗在《史记·天官书》中被描述为"帝车"，"斗为帝车，运于中央，

---

① （清）赵在翰辑，钟肇鹏、萧文郁点校：《七纬》，第433页。

② 赵宗乙：《淮南子译注》，黑龙江人民出版社2003年版，第116页。

③ （清）赵在翰辑，钟肇鹏、萧文郁点校：《七纬》，第395页。

④ 同上书，第590页。

⑤ 卢央：《中国古代星占学》，中国科学技术出版社2007年版，第240页。《汉书·郊祀志上》，元封元年（公元前110年），"有星孛于三能"。颜师古注："能读曰台。"第1236页。

⑥ （清）赵在翰辑，钟肇鹏、萧文郁点校：《七纬》，第217页。

⑦ 《后汉书》卷十一《刘玄传》，第472页。

⑧ 《后汉书》卷五《安帝纪》，243页。

⑨ 《后汉书》卷十一《天文志中》，第3246页。

⑩ 《史记》卷二十七《天官书》，第1545页。

⑪ 《汉书》卷六十五《东方朔传》，第2851页。

⑫ 《汉书》卷三十《艺文志》，第1764页。

⑬ 《晋书》卷十一《天文志上》，第293页。

临制四乡。分阴阳，建四时，均五行，移节度，定诸纪，皆系于斗”。[①]《春秋运斗枢》始详列北斗七星之名，“北斗七星，第一天枢，第二旋，第三玑，第四权，第五玉衡，第六开阳，第七摇光。第一至第四为魁，第五至第七为杓，合为斗。居阴布阳，故称北斗”。[②] 除北斗七星之外，还有北斗九星之说，《后汉书·天文志上》刘昭补注引《星经》曰：“玉衡者，斗九星也。”[③] 汉代纬书将其视为天之九卿，被广泛应用于星占之中。《春秋合诚图》曰：“故北斗九星，以为九卿。”[④]

北斗九星是一个非常古老的概念。章鸿钊先生认为：“北斗先有九星说，而后易为七星说。”[⑤] 陈久金先生认为：“通过文献考证，确认中国上古以北斗定时节的斗柄指向，有北斗七星和北斗九星两个标准，均作为初昏斗柄下指为冬至的依据，上指为夏至的依据。北斗九星的斗柄指向，由第五、七、八、九诸星的连线，通过招摇、天锋，指向大火星，创建于4000年以前的原始社会。”[⑥] 除七星之外，其他二星所指在文献记述中相当混乱，《史记·天官书》索隐引徐整《长历》云：“北斗七星，星间相去九千里。其二阴星不见者，相去八千里也。”[⑦] 此即为宋代道藏《云笈七签·日月星辰部》所说的：“北斗九星，七现二隐。”[⑧]

《春秋繁露》卷七《官制象天》曰：“王者制官：三公、九卿、二十七大夫、八十一元士，凡百二十人，而列臣备矣。”[⑨]《论衡·纪妖篇》曰：“天官百二十，与地之王者无以异也。地之王者，官属备具，法象天官，禀取制度。天地之官同，则其使者亦宜钧。”[⑩] 除三公九卿之外，二十七大夫、八十一元士等，皆有相对应的星宿。《春秋元命苞》曰：“立三台以为三公，北斗九星为九卿。二十七大夫，内宿部卫之列，八十一纪以为元土。凡百二十官焉，下应十二子。”[⑪]《春秋合诚图》曰：“天不独立，阴阳俱动，扶佐

---

① 《史记》卷二十七《天官书》，第1542页

② （清）赵在翰辑，钟肇鹏、萧文郁点校：《七纬》，第485—486页。

③ 《后汉书》志十《天文志上》，第3213页。

④ （清）赵在翰辑，钟肇鹏、萧文郁点校：《七纬》，第549页。

⑤ 章鸿钊：《殷人祀北斗考》。参见《中国古历析疑》，科学出版社1958年版，第56页。

⑥ 陈久金：《中国少数民族天文学史》，中国科学技术出版社2013年版，第89页。

⑦ 《史记》卷二十七《天官书》，第1542页。

⑧ （宋）张君房纂辑，蒋力生等注：《云笈七签》，华夏出版社1996年版，第136页。

⑨ 《春秋繁露·官制象天》，第214页。

⑩ （东汉）王充：《论衡》，上海人民出版社1974年版，第336页。下引《论衡》无特别说明者皆出此版本。

⑪ （清）赵在翰辑，钟肇鹏、萧文郁点校：《七纬》，第395页。

立绪，合于二六，以三为举。故三能六星，两两而比，以为三公，三三而九，故北斗九星，以为九卿。三九二十七，故有摄提、少微、司空、执法、五诸侯，其星二十七，以为大夫。九九八十一，故内列倍卫阁道郎位，扶匡天子之类八十一星，以为元士。凡有百二十官，下应十二月数之经纬，皆五精流气，以立宫廷。"[①]《后汉书·天文志上》总结道："三阶九列，二十七大夫，八十一元士，斗、衡、太微、摄提之属百二十官，二十八宿各布列，下应十二子。天地设位，星辰之象备矣。"[②]

二　星官占辞、含义及事应

《汉书·叙传下》曰："炫炫上天，县象著明，日月周辉，星辰垂精。百官立法，宫室混成，降应王政，景以烛形。"注引张晏曰："星辰有宫室百官，各应其象以见咎征也。""王政失于此，星辰变于彼犹景之象形。"[③]《春秋元命苞》曰："天人同度，正法相授，天垂文象，人行其事。"[④]星占学操作的方式是观星象而知人事，以天占人，以星观德，天上众星各有所主，分管和对应人间的人与事，"把天上的星辰组成了一个系统，又把天与人的关系组织为一个系统，使得天人之间发生了密切的感应"。[⑤]从先秦沿至两汉，经过一代又一代星占学家们的观测、附会、解读和总结，中国古代星官占辞不断充实和完善，在《史记·天官书》《汉书》和《续汉书》的"天文志""五行志"中还附有具体的占例，这在一定程度上也反映出时人对社会政治现实的认识。

（一）帝王德行表现、生命安危及王朝存亡

《淮南子·泰族训》曰："天之与人有以相通也。故国危亡而天文变。"[⑥]何丙郁先生指出，中国古代天文星占学"是一种具有官僚性和地域性的占候，不能用来推算老百姓个人的命运，也是中国古代'天文'的特色"。"大部分的天文家都是向朝廷服务"。[⑦]中国古代天文星占学从它诞生的那一天起就是为帝王统治服务的，军国大事是占测的重点，也是星占家占测、关注的主要方向。帝王的安危、国家治乱和王朝的存亡自然而然就成为

---

① （清）赵在翰辑，钟肇鹏、萧文郁点校：《七纬》，第549—550页。

② 《后汉书》志十《天文志上》，第3213页。

③ 《汉书》卷一百下《叙传下》，第4243页。

④ （清）赵在翰辑，钟肇鹏、萧文郁点校：《七纬》，第401页。

⑤ 顾颉刚：《秦汉的方士与儒生》，上海古籍出版社2005年版，第19页。

⑥ 赵宗乙：《淮南子译注》，黑龙江人民出版社2003年版，第1043页。

⑦ 何丙郁：《何丙郁中国科技史论集》，辽宁教育出版社2001年版，第240页。

其关注的首要目标。从董仲舒、司马迁到谶纬神学都是将此方面作为星占理论的重中之重。

紫宫为天帝居住之所，心宿为布政的明堂，大角星为“天王帝廷”，太微为“权政所在”，这几个星宿出现任何异常变化，都会验证在人间的帝王身上。

张衡在《灵宪》中曰：“紫宫为皇极之居。”① 如有彗星、客星、流星等妖星犯、入紫宫，则是对帝王的直接侵犯。《汉书·天文志》，汉昭帝元平元年（公元前74年）三月，“流星出翼、轸东北，干太微，入紫宫。始出小，且入大，有光”。占曰：“流星入紫宫，天下大凶。”该年四月，“宫车晏驾”②。汉宣帝黄龙元年（公元前49年）三月，“客星居王梁东北可九尺，长丈余，西指，出阁道间，至紫宫”。该年十二月，“宫车晏驾”③。《后汉书·天文志中》：“元和（元）［二］年四月丁巳，客星晨出东方，在胃八度，长三尺，历阁道入紫宫，留四十日灭。阁道、紫宫，天子之宫也。客星犯入留久为大丧。后四年，孝章帝崩。”④《后汉书·天文志下》：汉灵帝中平五年（188年）二月，“彗星出奎，逆行入紫宫，后三出，六十余日乃消”。占曰：“彗除紫宫，天下易主。”第二年四月，“宫车晏驾”⑤。

《史记·天官书》：“心为明堂，大星为天王，前后星子属。不欲直，直则天王失计。”⑥ 心宿由三颗星组成，其中心宿二为帝星，这三颗星不能在一条直线上，如果连成一条直线，则预示着皇帝大权旁落。《石氏星经》：“心三星，帝座。大星者，天子也。”“心三星，星当曲，天下安，直则天子失计。”⑦

《史记正义》：“大角一星，在两摄提间，人君之象也。占：其明盛黄润，则天下大同也。”⑧ 大角星作为帝座之象，“在星占上当然要求其明大，以象征帝王力量强大，帝座动摇，则象征王位不稳。不明则王者失天心，或

① 《后汉书》志十《天文志上》，第3216页。
② 《汉书》卷二十六《天文志》，第1308页。
③ 同上书，第1309页。
④ 《后汉书》志十一《天文志中》，第3232页。
⑤ 《后汉书》志十二《天文志下》，第3260页。
⑥ 《史记》卷二十七《天官书》，第1546页。
⑦ （唐）瞿昙悉达：《开元占经》，第580页。
⑧ 《史记》卷二十七《天官书》，第1548页。

臣欺主”。[①]《礼含文嘉》：“王者敬诸父有差，则大角光明以扬。”[②]《春秋纬》：“大角不见，苍帝失势。”[③]《开元占经》卷六十五引石氏曰：“大角，天栋也，明则天子威行”。“大角不明，王者失天心，强臣凌主，天下有忧。”[④] 另外，如果帝王不行仁政，彗星就会侵犯大角星座。《考经钩命诀》：“天子失仁，则彗守大角。”[⑤]

太微七星的明亮也与帝王的德行王道紧密相关。《礼含文嘉》：“天子崇有德，彰有道，显有功，褒有行，则太微七星明。”[⑥]

（二）君臣关系是否和洽，大臣是否称职

《史记·天官书》：“三能色齐，君臣和；不齐，为乖戾。辅星明近，辅臣亲强；斥小，疏弱。”“辅星明近”，正义曰：“大臣之象也。占：欲其小而明；若大而明，则臣夺君政；小而不明，则臣不任职；明大与斗合，国兵暴起；暗而远斗，臣不死则夺；若近臣专赏，排贤用佞，则辅生角；近臣擅国符印，将谋社稷，则辅生翼；不然，则死也。”[⑦]《礼含文嘉》曰：“王者得礼之制，不伤财，不害民，君臣和辑，草木昆虫各蒙正性，则三台为齐明，不阔不狭如其度。”[⑧]

三公作为百官之尊，天子的辅弼股肱之臣，与皇帝的关系最为密切，作为三公象征的三台星，若星光整齐划一，色彩一致，则预示着君臣关系和谐，政通人和；色彩不齐，则表示君臣不睦，勾心斗角。

《春秋感精符》：“三公非其人则山崩，三能移。九卿非其人则江河溃，辅星角。”[⑨] 北斗七星的明暗变化也预示着有关大臣是否称职、尽职。《开元占经》卷六十七引《荆州占》云：

> 北斗第一星不明，御史大夫非其人也；第二星不明，大司农非其人也；第三星不明，少府非其人也；第四星不明，光禄非其人也；第五星不明，鸿胪非其人也；第六星不明，廷尉非其人也；第七星不明，执金

① 陈久金：《帝王的星占——中国星占揭秘》，群言出版社2007年版，第29页。
② （清）赵在翰辑，钟肇鹏、萧文郁点校：《七纬》，第269页。
③ （唐）瞿昙悉达：《开元占经》，第618页。
④ 同上书，第618页。
⑤ （清）赵在翰辑，钟肇鹏、萧文郁点校：《七纬》，第734页。
⑥ 同上书，第284页。
⑦ 《史记》卷二十七《天官书》，第1544页。
⑧ （清）赵在翰辑，钟肇鹏、萧文郁点校：《七纬》，第283页。
⑨ 同上书，第535页。

吾非其人也。[①]

（三）农业丰歉和自然灾害的发生

在以农立国的两汉时期，风调雨顺、五谷丰登是各个阶层人们的共同期望，同时也是政治是否昌明的表现，故在星占上给以特别的关注。

《史记·天官书》：西宫咸池“曰天五潢。五潢，五帝车舍”。因车可以载谷，在星占学上成为主宰五谷的星神，明亮则预示着农业丰收，人民无饥馑之苦。索隐引《春秋元命苞》曰：“咸池主五谷，有星五者各有所职。咸池，言谷生于水，含秀含实，主秋垂，故一名‘五帝车舍’，以车载谷而贩也。”正义引占辞曰：“五车均明，柱皆见，则仓库实；不见，其国绝食，兵见起。”[②]《孝经内事》曰：“五车星主五谷，明则无饥寒之困。”[③]

三台为“天子之三阶”。《史记·天官书》集解引《黄帝泰阶六符经》曰：“三阶平，则阴阳和，风雨时；不平，则稼穑不成，冬雷夏霜，天行暴令，好兴甲兵。”[④]

耕织是汉代社会的两大经济支柱，蚕丝和布帛皆有主星。《春秋文耀钩》：“七星为天都，衣裳文绣之所也。”宋均注：“七星主蚕，不明则丝不见也。”[⑤]《春秋元命苞》：“须女四星，十二度，主布帛。”[⑥]《开元占经》卷六十一《须女占三》引《黄帝》曰：“须女星欲明，明则士女有绪，国富民殷。”又引郗萌曰：“须女星明大，则女工昌。”《玄冥》曰：“须女星明，天下大丰，女工有储，国充富；星不明，天下虚，藏不足。”[⑦] 星明则国家物产丰盈，府藏充裕，丰衣足食；星暗则意味着财源匮乏。

《春秋元命苞》：“织女星，主瓜。”“织女星，主果。”[⑧]《史记·天官书》：“牵牛为牺牲。”[⑨]《春秋元命苞》：“黄姑色明，天下大丰。黄姑色黑，谷无颗粒。”注曰：“黄姑，牵牛也。”[⑩]《开元占经》卷六十一《牵牛占二》

---

① （唐）瞿昙悉达：《开元占经》，第660页。
② 《史记》卷二十七《天官书》，第1557页。
③ ［日］安居香山、中村璋八辑：《纬书集成》，第1019页。
④ 《史记》卷二十七《天官书》，第1545页。
⑤ ［日］安居香山、中村璋八辑：《纬书集成》，第672页。
⑥ （清）赵在翰辑，钟肇鹏、萧文郁点校：《七纬》，第407页。
⑦ （唐）瞿昙悉达：《开元占经》，第585页。
⑧ ［日］安居香山、中村璋八辑：《纬书集成》，第657页。
⑨ 《史记》卷二十七《天官书》，第1564页。
⑩ ［日］安居香山、中村璋八辑：《纬书集成》，第659页。

引《石氏》曰："牵牛六星，天府也，日月七政所王者。即察政，视牛星明大，次弟相承，王道大昌，天下安宁；牛星不明其常色，其岁五谷不成，牛多灾，凶。"又引《黄帝占》曰："牵牛大星亡，大牛死；小星亡，小牛死，疫。中央大星不明者，天下刍大贵十倍。牵牛星直，粂平；曲，粂贵。""牵牛不与织女星直者，天下阴阳不和。"[①]

织女星为瓜果主星，牵牛星为牛之主星，此外还主大豆，"牵牛主大豆，始出色黄，豆贱也；赤，豆虫也；色青，豆贵"。[②] 都与农作物的丰歉有关。尤其是牵牛星，其色明，预示着耕牛无恙，利于农业生产，天下安宁。如其色暗黑，则可能发生牛灾，耕牛大量死亡，导致五谷不成，粮价飞涨。

（四）战争的胜败

战争是统治者最为关注的军国大事之一，通过星象判断是否会出现战乱及战争的胜负，是星占学的重要内容和职责。

两汉时期，预兆战争及战争胜败的星宿主要有：

《史记·天官书》："天一、枪、棓、矛、盾动摇，角大，兵起"。[③] 在北宫玄武有河鼓三星，"河鼓大星，上将；左右，左右将。"正义曰："河鼓三星，在牵牛北，主军鼓。盖天子三将军，中央大星大将军，其南左星左将军，其北右星右将军，所以备关梁而拒难也。占：明大光润，将军吉；动摇差戾，乱兵起；直，将有功；曲，则将失计也。"[④]

《春秋元命苞》："奎、娄俱主兵事，色赤为善，大将军得切加秩；色白为恶，将军兵败战死。"[⑤]

《史记·天官书》：在虚、危之南"有众星，曰羽林天军。军西为垒，或曰钺。旁有一大星为北落。北落若微亡，军星动角益希，及五星犯北落，入军，军起。火、金、水尤甚：火，军忧；水，［水］患；木、土，军吉"。正义曰："羽林四十五星，三三而聚，散在垒壁南，天军也。亦天宿卫之兵革出。不见，则天下乱；金、火、水入，军起也。""汉中四星，曰天驷。旁一星，曰王良。王良策马，车骑满野。"索隐引《春秋合诚图》："王良主天马也。"正义曰："策一星，在王良前，主天子仆也。占以动摇移在王良

---

① （唐）瞿昙悉达：《开元占经》，第584页。

② 同上书，第585页。

③ 《史记》卷二十七《天官书》，第1546页。

④ 同上书，第1564页。

⑤ ［日］安居香山、中村璋八辑：《纬书集成》，第658页。

前，或居马后，别为策马，策马而兵动也。”① 如果王良星与天马四星之间的策星闪动，即“王良策马”，为兵起之兆，预示着刀兵四起，将有战争的发生。《开元占经》卷六十五《王良星占三十》引《河图》曰：“王良策马，此皆兵候，圣雄并起，期不出九年，天下之兵扰。”又引《石氏》曰：“王良策马，车骑满野，天下大乱，兵大起，明君出，期不出三年。”②

老人星，《史记·天官书》记为南极老人，“狼比地有大星，曰南极老人。老人见，则安；不见，兵起。”既是长寿之星，又是太平之星。正义曰：“老人一星，在弧南，一曰南极，为人主占寿命延长之应。常以秋分之曙见于景，春分之夕见于丁。见，国长命，故谓之寿昌，天下安宁；不见，人主忧也。”③《春秋文耀钩》，“老人星见，则主安；不见，则兵起。王者安静，则老人星见”。④

老人星出现与否关乎着人主的夭寿和国祚的长短，《史记·封禅书》称之为“寿星”，索隐曰：“盖南极老人星也，见则天下理安，故祠之以祈福寿。”⑤ 与王朝政治命数紧密相关，《春秋运斗枢》：“王政和平，则老人星临，其国万民寿。”⑥《春秋元命苞》：“老人星者，治平则见。见则主寿，帝以秋分，候之南郊。”⑦ 故自先秦以来一直专祠奉祀。

三　汉代星官体系的政治功能

《盐铁论·论灾》曰：“星列于天，而人象其行。”⑧《春秋元命苞》曰：“天人同度，正法相授，天垂文象，人行其事。”⑨ 王充在《论衡·命义篇》中曰：“国命系于众星，列宿吉凶，国有祸福，众星推移，人有盛衰。”“众星在天，天有其象，得富贵象则富贵，得贫贱象则贫贱。……贵或秩有高下，富或资有多少，皆星位尊卑小大之所授也。”⑩ 上天的列宿决定着国家、君主和众人的命运。相反，人间的所做所为亦能引起天象发生某种变化。中

---

① 《史记》卷二十七《天官书》，第1562—1563页。
② （唐）瞿昙悉达：《开元占经》，第635页。
③ 《史记》卷二十七《天官书》，第1559—1561页。
④ （清）赵在翰辑，钟肇鹏、萧文郁点校：《七纬》，第454页。
⑤ 《史记》卷二十八《封禅书》，第1655页。
⑥ （清）赵在翰辑，钟肇鹏、萧文郁点校：《七纬》，第505页。
⑦ 同上书，第409页。
⑧ 王利器校注：《盐铁论校注》，中华书局1992年版，第556页。
⑨ （清）赵在翰辑，钟肇鹏、萧文郁点校：《七纬》，第40页。
⑩ （东汉）王充：《论衡》，第18页。

国古人设立星官及星官体系，主要目的首先是出于政治需要。尤其是在天人感应思想极其泛滥的文化氛围和社会条件下，“尊天重象”的观念深入人心，星象的变异对社会各个阶层都产生重要的影响，根据天象预测帝王、太子、后妃及大臣的吉凶祸福甚至是军国大事成为星占家、经学家、大臣和儒生们的重要职责。

（一）法天置官，参象建官

《尚书·说命中》曰：“明王奉若天道，建邦设都。”孔颖达疏曰：“人君法天以设官，顺天以致治也。”[①]《汉书·艺文志》亦曰：“法天地，立百官。”[②] 关增建先生指出：“星官名称本来是人们按地上官制命名的，它一旦定型，反过来又会对古代职官制度产生影响。”[③] 本着人事与天道一致的原则，汉代在职官设置方面特别讲究效法天道，“法天以设官”，主要目的是使人们相信“地上的尊卑是法天象而来的，是以神的意志为根据的，所有的人都要维护它，不然就要受到神的惩罚”。[④]

王充曰：

> 天官百二十，与地之王者无以异也。地之王者，官属备具，法象天官，禀取制度。天地之官同，则其使者亦宜钧。官同人异者，未可然也。[⑤]

王符在《潜夫论·忠贵》中曰：

> 王者法天而建官，自公卿以下，至于小司，辄非天官也？是故明主不敢以私爱，忠臣不敢以诬能。[⑥]

为强调“顺天”，上至公卿，下至小司，皆是法天而设。

汉武帝太初元年（公元前 104 年）置建章营骑，后更名为羽林，“以天

---

① 《尚书·说命中》，第 175 页。

② 《汉书》卷三十《艺文志》，第 1725 页。

③ 关增建：《中国古代星官命名与社会》，《自然辩证法通讯》1992 年第 6 期。

④ 朱天顺：《中国古代宗教初探》，上海人民出版社 1982 年版，第 32 页。

⑤ （东汉）王充：《论衡》，第 336 页。

⑥ 《潜夫论·忠贵》，第 108 页。（东汉）王符著，（清）汪继培笺，彭铎校正：《潜夫论笺校正》，中华书局 1985 年版。下引《潜夫论》皆出此版本。《忠贵》篇，《后汉书·王符传》作《贵忠》，引文稍有出入，“王者法天而建官，故明主不敢以私授，忠臣不敢以虚受”。（第 1631 页）

有羽林之星，故取名焉”。[①] 《后汉书·百官志二》：“羽林郎，比三百石。本注曰：无员。掌宿卫侍从。”[②] 为宫廷宿卫之官。

羽林郎之设，取名上天星宿。前引《史记·天官书》，天上有“羽林天军”，汉武帝以天上星宿作为保卫宫廷的军队之名，反映出汉武帝欲求助于星神保佑，以增加安全感的心理状态。

太微宫“后聚一十五星，蔚然，曰郎位”[③]。汉明帝就因郎官“上应列宿”而拒绝馆陶公主任命其子为郎的请求，《后汉书·明帝纪》载：

> 馆陶公主为子求郎，不许，而赐钱千万。谓群臣曰：“郎官上应列宿，出宰百里，有非其人，则民受其殃，是以难之。”[④]

董仲舒认为，官职设置应以天为法。他在《春秋繁露·官制象天》中说：

> 王者制官：三公、九卿、二十七大夫、八十一元士，凡百二十人，而列臣备矣。吾闻圣王所取，仪法天之大经，三起而成，四转而终，官制亦然者，此其仪与！……备天数以参事，治谨于道之意也。……尽人之变，合之天，唯圣人者能之，所以立王事也。[⑤]

《春秋合诚图》又进一步解释曰：

> 天不独立，阴阳俱动，扶佐立绪，合于二六，以三为举。故三能六星，两两而比，以为三公。三三而九，阳精起，故北斗九星，以为九卿。三九二十七，故有摄提、少微、司空、执法、五诸侯，其星二十七，以为大夫。九九八十一，故内列倍卫、阁道、郎位，扶匡天子之类八十一星，以为元士。凡有百二十官，下应十二月数之经纬，皆五精流气，以立官廷。[⑥]

---

① 《后汉书》卷六《顺帝纪》，第250页。
② 《后汉书》志二十五《百官志二》，第3576页。
③ 《史记》卷二十七《天官书》，第1550页。
④ 《后汉书》卷二《明帝纪》，第124页。
⑤ 《春秋繁露·官制象天》，第214页。
⑥ （清）赵在翰辑，钟肇鹏、萧文郁点校：《七纬》，第551页。

王莽代汉之后，于始建国元年（9 年）完全按照此模式设置百官，“与三公司卿凡九卿，分属三公。每一卿置大夫三人，一大夫置元士三人，凡二十七大夫，八十一元士，分主中都官诸职”。①

《尚书·说命中》孔颖达疏曰：“天象皆有尊卑相正之法，言明王奉顺天道以立国设都也。”② 本着“法天”的原则，在营建都城、宫殿时也要上参天象，以求消灾除厄，趋吉避凶。西汉都城长安就是依斗而建。《三辅黄图》卷一载：

> 惠帝元年正月，初城长安城。三年春，发长安六百里内男女十四万六千人，三十日罢。城高三丈五尺，下阔一丈五尺，六月发徒隶二万人常役。至五年，复发十四万五千人，三十日乃罢。九月城成，高三丈五尺，下阔一丈五尺，上阔九尺，雉高三坂，周回六十五里。城南为南斗形，北为北斗形，至今人呼汉京城为斗城是也。③

《后汉书·霍谞传》载，霍谞在给大将军梁商的奏记中曰：“呼嗟紫宫之门，泣血两观之下。”李贤注：“天有紫微宫，是上帝之所居也，王者立宫，象而为之。”④ 这一观念也影响着两汉时期宫苑的营建。

班固在《两都赋》中曾说西汉宫室：“体象乎天地，经纬乎阴阳，据坤灵之正位，放（泰）［太］、紫之圆方。”“徇以离殿别寝，承以崇台闲馆，焕若列星，紫宫是环。”注曰：“放，象也。太、紫谓太微、紫宫也。”注引刘向《七略》曰：“明堂之制：内有太室，象紫宫；南出明堂，象太微。”⑤ 未央宫有白虎殿，《汉书·王商传》：“河平四年，单于来朝，引见白虎殿。”颜师古注：“在未央宫中。”⑥ 又有朱鸟堂，《汉书·王莽传中》：“定诸国邑采之处，使侍中讲礼大夫孔秉等与州部众郡晓知地理图籍者，共校治于寿成朱鸟堂。”⑦ 朱鸟堂，又名朱雀殿。何清谷先生认为：“朱鸟堂当在未央宫前殿台上南面。”他的依据是：“《史记·天官书》：‘南宫朱鸟’。朱鸟是南方

---

① 《汉书》卷九十九中《王莽传中》，第 4103 页。

② 《尚书·说命中》，第 175 页。

③ 何清谷校注：《三辅黄图校注》，第 58 页。

④ 《后汉书》卷四十八《霍谞传》，第 1616—1617 页。

⑤ 《后汉书》卷四十上《班固传上》，第 1340—1342 页。

⑥ 《汉书》卷八十二《王商传》，第 3370—3371

⑦ 《汉书》卷九十九中《王莽传中》，第 4129 页。

七星的总名，又是代表南方之神。”另外还有“玄武、苍龙二阙”[1]，皆是依照天之四宫而建，“苍龙、白虎、朱雀、玄武，天之四灵，以正四方，王者制宫阙殿阁取法焉”。[2]

《两都赋》又曰：“集乎豫章之宇，临乎昆明之池。左牵牛而右织女，似云汉之无崖。”[3]《三辅黄图》卷四：在建章宫昆明池中“有二石人，立牵牛、织女于池东西，以象天河”。这也“体现了统治阶级在池沼规划中的象天思想”[4]。

（二）利用星变排挤大臣，打击异己力量

在君主与大臣的权力博弈中，借助星象异常来排挤、罢黜、打击对自己有威胁或自己不喜欢的大臣，消除异己势力，维护帝王的专制权威。不仅名正言顺，而且也显得无懈可击，让上上下下都易于接受。

霍光死后，汉宣帝始“躬亲朝政”[5]，才真正掌握大权。而霍光之子霍禹为右将军，侄孙霍山为乐平侯、奉车都尉领尚书事，“光两女婿为东西宫卫尉，昆弟诸婿外孙皆奉朝请，为诸曹大夫，骑都尉，给事中”。霍氏家族“党亲连体，根据于朝廷”[6]。对皇权构成严重威胁，时汉宣帝已有清除霍氏集团之意。霍光中女婿、散骑骑都尉、光禄大夫赵平的门客石夏通晓天文星占之学，对赵平说：“荧惑守御星，御星，太仆奉车都尉也，不黜则死。”赵平听后“内忧山等”[7]。对于“荧惑守御星”，赵平的门客都能观察得到，朝廷的太史令更不必说。《汉书·天文志》：“其后荧惑守房之钩钤。钩钤，天子之御也。”即石夏所说的御星，占辞曰：“不太仆，则奉车，不黜即死也。”本始四年（公元前70年）七月甲辰，“荧惑入舆鬼天质”。占曰：“大臣有诛者，名曰天贼在大人之侧。”地节元年（公元前69年）正月辛酉，“荧惑入氐中。氐，天子之宫，荧惑入之，有贼臣”。[8]一连串的星变，“天贼”“贼臣”等都指向霍氏外戚，成为汉宣帝除掉霍氏集团的重要借口和天象凭证。

汉宣帝地节三年（公元前67）七月，京兆尹赵广汉因惩腐治恶得罪权

---

① 何清谷校注：《三辅黄图校注》，第119—120页。

② 同上书，第160页。

③ 《后汉书》卷四十上《班固传上》，第1348页。

④ 何清谷校注：《三辅黄图校注》，第254页。

⑤ 《汉书》卷六十八《霍光传》，第2951页。

⑥ 同上书，第2948页。

⑦ 同上书，第2955页。

⑧ 《汉书》卷二十六《天文志》，第1308页。

贵，欲告发丞相魏相，之前先问“太史知星者”，在得到“今年当有戮死大臣”的预测后，“即上书告丞相罪”，引起汉宣帝的不满，结果他自己“竟坐腰斩”①。

汉成帝废掉许皇后，重要借口之一就是所谓的星变示警，他在指责许皇后的诏书中说：

> 至其九月，流星如瓜，出于文昌，贯紫宫，尾委曲如龙，临于钩陈，此又章显前尤，著在内也。
>
> 四月己亥，日蚀东井，转旋且索，与既无异。己犹戊也，亥复水也，明阴盛，咎在内。于戊己，亏君体，著绝世于皇极，显祸败及京都。于东井，变怪众备，末重益大，来数益甚。成形之祸月以迫切，不救之患日寖娄深，咎败灼灼若此，岂可以忽哉！②

“钩陈”，《乐叶图征》：“后宫也。”③《春秋合诚图》：“钩陈，大帝之正妃也，大帝之常居也。”④ 这些不祥的天象都指向后宫，让许皇后无言以驳。

《汉书·天文志》载，绥和二年（公元前7年）春，“荧惑守心。二月乙丑，丞相翟方进欲塞灾异，自杀”。⑤ 按《春秋元命苞》：“心为天王。”⑥《春秋说题辞》：“心为明堂，天王布政之宫。”⑦ 所以，“荧惑守心”对应的是天子，而非丞相。翟方进本人亦精通“天文星历”，不可能不知道其中的缘故，但先有议曹李寻劝他“尽节转凶”。后又有善为星历的郎官贲丽上书，“言大臣宜当之”。汉成帝遂赐册明示翟方进代替自己承担灾异的责任，“方进即日自杀”。汉成帝还“亲临吊者数至，礼赐异于它相故事”⑧。无奈汉成帝在劫难逃，翟方进自杀后不久，“（二）［三］月丙戌，宫车晏驾”。⑨ 据黄一农先生推算：“绥和二年春天根本未发生‘荧惑守心’的天象，显然是有人为了某种政治目的而故意假造的。”而从当时的社会政治背景来看，

---

① 《汉书》卷七十六《赵广汉传》，第3205页。

② 《汉书》卷九十七下《外戚传下》，第3978—3979页。

③ （清）赵在翰辑，钟肇鹏、萧文郁点校：《七纬》，第358页。

④ 同上书，第551页。

⑤ 《汉书》卷二十六《天文志》，第1311页。

⑥ （清）赵在翰辑，钟肇鹏、萧文郁点校：《七纬》，第406页。

⑦ 同上书，第627页。

⑧ 《汉书》卷八十四《翟方进传》，第3421—3422页。

⑨ 《汉书》卷二十六《天文志》，第1311页。

“翟氏与王莽之间的嫌隙与权力斗争，很可能是促使翟氏自杀的重要原因。”①

汉顺帝永建年间，中常侍张防利用权势，贪赃枉法，被司隶校尉虞诩告发，因张防的谄言陷害，反被下狱。曾支持顺帝登基的宦官孙程、张贤等人挺身而出，指虞诩是“以忠获罪”，张防“臧罪明正，反构忠良”，并借反常天象证明张防的奸邪，“今客星守羽林，其占宫中有奸臣”。劝说顺帝立即将张防急收送狱，“以塞天变”，并“下诏出诩，还假印绶”。由于天意的威力，汉顺帝接受孙程等人的建议，将张防“徙边，贾朗等六人或死或黜，即日赦出诩”。“复征拜议郎。数日，迁尚书仆射。”②

（三）借星变上书建言，抨击时政

在天人感应思想的氛围下，星变作为最重要的灾异之一，成为官吏、儒生术士褒贬政治得失、阐述自己政治改革诉求的凭借。通过言星变灾异以匡时事渐成一种潮流。因是代天言事，挟“天意”之威，论之有据，故而理直气壮，冠冕堂皇，言辞激烈，所承担的政治风险也相对较轻。故清人赵翼曰：“是汉儒之言天者，实有验于人，故诸上疏者皆言之深切著明，无复忌讳。”③ 在两汉时期，很少有人因灾异和星变上书而获罪受刑。

汉成帝时，中垒校尉刘向借“星孛东井，摄提炎及紫宫”④，指斥大将军王凤“假甥舅之亲，以为威重”，朋党比周，把持朝政，几有危及刘氏江山之虞。

阳嘉二年（133 年），郎顗对状尚书，“便宜七事”，其中第四事是以天象和星变作论，剖析根由，力谏汉顺帝简放宫人。他说：

> 臣窃见皇子未立，储宫无主，仰观天文，太子不明。荧惑以去年春分后十六日在娄五度，推步三统，荧惑今当在翼九度，今反在柳三度，则不及五十余度。去年八月二十四日戊辰，荧惑历舆鬼东入轩辕，出后星北，东去四度，北旋复还。轩辕者，后宫也。荧惑者，至阳之精也，天之使也，而出入轩辕，绕还往来。易曰：“天垂象，见吉凶。”其意昭然可见矣。礼，天子一娶九女，嫡媵毕具。今宫人侍御，动以千计，

---

① 黄一农：《社会天文学史十讲》，复旦大学出版社 2004 年版，第 20—21 页。

② 《后汉书》卷五十八《虞诩传》，第 1871 页。

③ （清）赵翼著，曹光甫点校：《廿二史札记》卷二《汉儒言灾异》，上海古籍出版社 2011 年版，第 34 页。下引《廿二史札记》皆出此版本。

④ 《汉书》卷三十六《刘向传》，第 1965 页。

或生而幽隔，人道不通，郁积之气，上感皇天，故遣荧惑入轩辕，理人伦，垂象见异，以悟主上。……今陛下多积宫人，以违天意，故皇胤多夭，嗣体莫寄。

因此劝顺帝"简出宫女，恣其姻嫁，则天自降福，子孙千亿"①。

《后汉书·襄楷传》载，延熹九年（166 年），襄楷借星象上书，指责汉桓帝重用宦官，致使政刑暴滥，"天官宦者星不在紫宫而在天市，明当给使主市里也。今乃反处常伯之位，实非天意"。注引《山阳公载记》："市垣二十二星而帝座居其中，宦者四星，唯供市买之事也。"被尚书奏以"借星宿，伪托神灵，造合私意，诬上罔事"，要求"请下司隶，正楷罪法，收送洛阳狱"。但因解读的是上天的意志，桓帝以"楷言虽激切，然皆天文恒象之数，故不诛"②。

"宦者四星"，在《史记·天官书》和《汉书·天文志》中都未见记述。至此始见提及。盖自梁冀外戚集团覆灭之后，宦官单超、徐璜等五人因诛灭梁氏有功而同日封侯，自此，"权归宦官，朝廷日乱"③。东汉王朝进入宦官专权的阶段，这四星开始受到人们的关注，频频见于史乘。《后汉书·宦者列传》："宦者四星，在皇位之侧，故周礼置官，亦备其数。"④《续汉书·天文志下》："中平中夏，流星赤如火，长三丈，起河鼓，入天市，抵触宦者星，色白，长二三丈，后尾再屈，食顷乃灭，状似枉矢。"⑤

延熹七年（164 年），汉桓帝巡视南阳祖陵，左右宦官乘机谋利营私，让桓帝不断下诏封多人为郎。随从的太尉杨秉上书谏诤曰："臣闻先王建国，顺天制官。太微积星，名为郎位，入奉宿卫，出牧百姓。……顷者道路拜除，恩加竖隶，爵以货成，化由此败，所以俗夫巷议，白驹远逝，穆穆清朝，远近莫观。宜割不忍之恩，以断求欲之路。"⑥ 桓帝由此不再下任命为郎的诏书。

延熹八年（165 年），刘瑜在上书陈事中以诸侯"上法四七"而反对滥封宦官。他说：

---

① 《后汉书》卷三十下《郎顗传》，第 1061—1062 页。

② 《后汉书》卷三十下《襄楷传》，第 1082—1083 页。

③ 《后汉书》卷七十八《宦者列传》，第 2520 页。

④ 同上书，第 2507 页。

⑤ 《后汉书》志十二下《天文志下》，第 3260 页。

⑥ 《后汉书》卷五十四《杨震传》，第 1773 页

> 盖诸侯之位，上法四七，垂文炳耀，关之盛衰者也。今中官邪孽，比肩裂土，皆竞立胤嗣，继体传爵，或乞于疏属，或买儿市道，殆乖开国承家之义。

“四七”，李贤注：“四七，二十八宿也。诸侯为天子守四方，犹天之有二十八宿。《汉官仪》曰‘天子建侯，上法四七’也。”①

费尔巴哈指出：“人关于上帝的讲话，其实就是人关于自己的讲话。”②汉代的星官体系是在承继先秦时期的基础上，按照当时人间社会的模式创造出来的，是统一的中央集权封建社会制度在天文学上的反映，又通过星占学的面目呈现在人们的面前，传达上天的旨意，成为社会群体意识中人间社会的绝对主宰。但中国古代的星官体系又不是一种纯粹的、抽象的、神道设教式的向壁虚构，而是一种实用的、功利性的文化建构和理性思考。每次星变灾异都成为改良政治的借口和依据，在当时的社会政治生活中发挥着实实在在的作用。

---

① 《后汉书》卷五十七《刘瑜传》，第1855页。

② ［德］费尔巴哈：《基督教的本质》，商务印书馆1984年版，第62页。

第三章　汉代的日食及其政治、社会影响

在中国古代社会，包括日食在内的各种天文现象历来都和王权政治紧密相联。尤其是在天文知识不甚发达和天人感应思想极其泛滥的汉代社会，日食作为最严重的灾异而受到帝王及整个统治阶层的高度关注，并渗透到社会的中下层，成为一种普遍而特殊的社会现象。

第一节　汉代的日食观测及占辞

汉成帝曰："变异为众，莫若日蚀大。"①《后汉书·五行志六》引司空李郃上书曰："夫至尊莫过乎天，天之变莫大乎日蚀，地之戒莫重乎震动。"② 在星占学中，日食是最严重的"天谴"，最大的不祥之兆，预示着将有重大灾难的发生。出于对日食的高度关注，汉代从官府到民间对日食观测及占验都极为重视。

一　汉代的日食观测与记录

由于日食有着深刻、严肃的灾异意义，在汉代，基本上是逢食必录，对日食的观测和记录相当的完整和系统。

史籍对日食记载甚详，《汉书·五行志下之下》载，"凡汉著纪十二世，二百一十二年，日食五十三，朔十四，晦三十六，先晦一日三。"③《后汉书·五行志六》，"凡汉中兴十二世，百九十六年，日蚀七十二，朔三十二，

---

① 《汉书》卷九十七下《外戚传下》，第3978页。

② 《后汉书》志十八《五行志六》，第3365页。

③ 《汉书》卷二十七下之下《五行志下之下》，第1506页。

晦三十七，月二日三。”[①] 合计125次（《汉书·五行志》实记载日食54次，合计实为126次）。由于当时观测水平的限制、自然因素、文献传抄中的错误及其他人为的原因，《汉书》和《后汉书》“五行志”的记载多有遗漏之处。

经朱文鑫先生考证，“两汉四百二十五年，日食之见于史者，凡一百四十有二”。并列有详细的《两汉日食表》[②]。不过，朱氏仅是根据文献记载对汉代日食发生的次数进行了考证。刘次沅、马莉萍利用现代天文计算方法对汉代日食进行了科学的测算，除去文献记载错误和相互重复的部分，两汉时期共发生日食137次[③]。《中国古代天象记录总集》中共收录汉代日食文献记录188条（含最末“不确定类”7条）[④]。邢钢、石云里结合现代日食计算程序又对这188次日食记录的可靠性进行了系统的分析和校验，大体上将它们分为三类：“即正确的记录（115条），略有舛误但可以分析出错误原因并予以修正的记录（40条），以及分析后可以判断为错误的记录（33条）。”[⑤] 李勇借助于其本人所建立的“中国历史时期的日期转换平台”处理《汉书》《后汉书》的《五行志》中的126次日食的历日数据，所得结论为：“两汉《五行志》记日食126次，经研究其中无食21次，首都不见7次，日出前9次，日没后1次，见食凡88次，占70%，说明日食记录的观测地为首都基本可信。”[⑥]

为便于说明问题，现将文献记载中两汉时期日食发生的状况列表二。

表二　　汉代日食简表

序号	时间	日食发生状况	文献出处[⑦]
1	汉高祖三年十月甲戌晦	日有食之，在斗二十度，燕地也	《汉书·五行志下之下》

① 《后汉书》志十八《五行志六》，第3372页。

② 朱文鑫：《历代日食考》，商务印书馆（上海）1934年版，第27、28—38页。

③ 刘次沅、马莉萍：《中国历史日食典》，世界图书出版公司2006年版，第38页。

④ 北京天文台主编：《中国古代天象记录总集》，江苏科学技术出版社1988年版，第128—143、259页。

⑤ 邢钢、石云里：《汉代日食记录的可靠性分析——兼用日食对汉代历法的精度进行校验》，《中国科技史杂志》2005年第2期。

⑥ 李勇：《两汉〈五行志〉中的日食记录研究》，《天文学报》2015年第5期。

⑦ 因《五行志》的记载更为详细，故凡《本纪》与《五行志》所记载的同一次日食在此只列《五行志》。

续表

序号	时间	日食发生状况	文献出处
2	汉高祖三年十一月癸卯晦	日有食之，在虚三度，齐地也	《汉书·五行志下之下》
3	汉高祖九年六月乙未晦	日有食之，既，在张十三度	《汉书·五行志下之下》
4	汉惠帝七年正月辛丑朔	日有食之，在危十三度	《汉书·五行志下之下》
5	汉惠帝七年五月丁卯，先晦一日	日有食之，几尽，在七星初	《汉书·五行志下之下》
6	汉高后二年六月丙戌晦	日有食之	《汉书·五行志下之下》
7	汉高后七年正月己丑晦	日有食之，既，在营室九度	《汉书·五行志下之下》
8	汉文帝二年十一月癸卯晦	日有食之，在婺女一度	《汉书·五行志下之下》
9	汉文帝二年十二月望	日又食①	《史记·文帝本纪》
10	汉文帝三年十月丁酉晦	日有食之，在斗二十（三）［二］度	《汉书·五行志下之下》
11	汉文帝三年十一月丁卯晦	日有食之，在虚八度	《汉书·五行志下之下》
12	汉文帝后元四年四月丙辰晦	日有食之，在东井十三度	《汉书·五行志下之下》
13	汉文帝后元七年正月辛未朔	日有食之	《汉书·五行志下之下》
14	汉景帝三年二月壬午晦	日有食之，在胃二度	《汉书·五行志下之下》
15	汉景帝四年十月戊戌晦	日有蚀之	《汉书·景帝纪》
16	汉景帝七年十一月庚寅晦	日有食之，在虚九度	《汉书·五行志下之下》
17	汉景帝中元年十二月甲寅晦	日有食之	《汉书·五行志下之下》
18	汉景帝中元二年九月甲戌晦	日有食之	《汉书·五行志下之下》
19	汉景帝中元三年九月戊戌晦	日有食之，几尽，在尾九度	《汉书·五行志下之下》
20	汉景帝中元四年十月戊午	日有蚀之	《汉书·景帝纪》
21	汉景帝中元六年七月辛亥晦	日有食之，在轸七度	《汉书·五行志下之下》
22	汉景帝后元元年七月乙巳	日有食之，在翼十七度	《汉书·五行志下之下》
23	汉景帝后元三年十月	日月皆（食）赤五日②	《史记·景帝本纪》
24	汉武帝建元二年二月丙戌朔	日有食之，在奎十四度	《汉书·五行志下之下》
25	汉武帝建元三年九月丙子晦	日有食之，在尾二度	《汉书·五行志下之下》
26	汉武帝建元五年正月己巳朔	日有食之	《汉书·五行志下之下》
27	汉武帝元光元年二月丙辰晦	日有食之	《汉书·五行志下之下》

① 此次日食疑为月食。《史记·文帝本纪》裴骃集解引徐广曰："此云望日又食。按：《汉书》及《五行志》无此日食文也。一本作'月食'，然史书不记月食。"第536页。

② 《古今图书集成·历象汇编·庶征典·日异部》记为："日、月皆食，赤五日。"第25卷38册63页。中华书局影印本1934年版。

续表

序号	时间	日食发生状况	文献出处
28	汉武帝元光元年七月癸未	日有食之，在翼八度。……日中时食从东北，过半，晡时复	《汉书·五行志下之下》
29	汉武帝元朔二年二月乙巳晦	日有食之，在胃三度	《汉书·五行志下之下》
30	汉武帝元朔二年三月乙亥	日有食之	《汉书·武帝纪》
31	汉武帝元朔六年十一月癸丑晦	日有食之	《汉书·五行志下之下》
32	汉武帝元狩元年五月乙巳晦	日有食之，在柳六度	《汉书·五行志下之下》
33	汉武帝元鼎五年四月丁丑晦	日有食之，在东井二十三度	《汉书·五行志下之下》
34	汉武帝元封四年六月己酉朔	日有食之	《汉书·五行志下之下》
35	汉武帝太始元年正月乙巳晦	日有食之	《汉书·五行志下之下》
36	汉武帝太始四年十月甲寅晦	日有食之，在斗十九度	《汉书·五行志下之下》
37	汉武帝征和四年八月辛酉晦	日有食之，不尽如钩，在亢二度。晡时食从西北，日下晡时复	《汉书·五行志下之下》
38	汉昭帝始元三年十一月壬辰朔	日有食之，在斗九度	《汉书·五行志下之下》
39	汉昭帝元凤元年七月己亥晦	日有食之，几尽，在张十二度	《汉书·五行志下之下》
40	汉宣帝地节元年十二月癸亥晦	日有食之，在营室十五度	《汉书·五行志下之下》
41	汉宣帝五凤元年十二月乙酉朔	日有食之，在婺女十度	《汉书·五行志下之下》
42	汉宣帝五凤四年四月辛丑朔	日有食之，在毕十九度	《汉书·五行志下之下》
43	汉元帝初元二年十月	日食	《汉书·律历志下》
44	汉元帝永光二年三月壬戌朔	日有食之，在娄八度	《汉书·五行志下之下》
45	汉元帝永光四年六月戊寅晦	日有食之，在张七度	《汉书·五行志下之下》
46	汉元帝建昭五年六月壬申晦	日有食之，不尽如钩，因入	《汉书·五行志下之下》
47	汉成帝建始三年十二月戊申朔	日有食之。在婺女九度。日以戊申食，时加未	《汉书·五行志下之下》《汉书·杜周传》
48	汉成帝河平元年四月己亥晦	日有食之，不尽如钩，在东井六度	《汉书·五行志下之下》
49	汉成帝河平三年八月乙卯晦	日有食之，在房	《汉书·五行志下之下》

续表

序号	时间	日食发生状况	文献出处
50	汉成帝河平四年三月癸丑朔	日有食之，在昴	《汉书·五行志下之下》
51	汉成帝阳朔元年二月丁未晦	日有食之，在胃	《汉书·五行志下之下》
52	汉成帝鸿嘉四月乙亥朔	日有蚀之，于东井	《前汉纪·成帝纪》
53	汉成帝永始元年九月丁巳晦	日有食之	《汉书·五行志下之下》
54	汉成帝永始二年二月乙酉晦	日有食之	《汉书·五行志下之下》
55	汉成帝永始三年正月己卯晦	日有食之	《汉书·五行志下之下》
56	汉成帝永始四年七月辛未晦	日有食之	《汉书·五行志下之下》
57	汉成帝元延元年正月己亥朔	日有食之	《汉书·五行志下之下》
58	汉哀帝元寿元年正月辛丑朔	日有食之，不尽如钩，在营室十度	《汉书·五行志下之下》
59	汉哀帝元寿二年三月壬辰晦	日有食之	《汉书·五行志下之下》
60	汉平帝元始元年五月丁巳朔	日有食之，在东井	《汉书·五行志下之下》
61	汉平帝元始二年九月戊申晦	日有食之，既	《汉书·五行志下之下》
62	汉孺子婴居摄元年十月丙辰朔	日有食之	《汉书·王莽传上》
63	王莽始建国六年三月壬申晦	日有蚀之	《前汉纪·平帝纪》
64	王莽天凤元年三月壬申晦	日有食之	《汉书·王莽传中》
65	王莽天凤三年七月戊子晦	日有食之	《汉书·王莽传中》
66	光武帝建武二年正月甲子朔	日有蚀之，在危八度	《后汉书·五行志六》
67	光武帝建武三年五月乙卯晦	日有蚀之，在柳十四度	《后汉书·五行志六》
68	光武帝建武六年九月丙寅晦	日有蚀之。史官不见，郡以闻。在尾八度	《后汉书·五行志六》
69	光武帝建武七年三月癸亥晦	日有蚀之，在毕五度	《后汉书·五行志六》
70	光武帝建武十六年三月辛丑晦	日有蚀之，在昴七度	《后汉书·五行志六》
71	光武帝建武十七年二月乙未晦	日有蚀之，在胃九度	《后汉书·五行志六》
72	光武帝建武二十二年五月乙未晦	日有蚀之，在柳七度	《后汉书·五行志六》
73	光武帝建武二十五年三月戊申晦	日有蚀之，在毕十五度	《后汉书·五行志六》
74	光武帝建武二十九年二月丁巳朔	日有蚀之，在东壁五度	《后汉书·五行志六》

续表

序号	时间	日食发生状况	文献出处
75	光武帝建武三十一年五月癸酉晦	日有蚀之，在柳五度	《后汉书·五行志六》
76	光武帝中元元年十一月甲子晦	日有蚀之，在斗二十度	《后汉书·五行志六》
77	汉明帝永平三年八月壬申晦	日有蚀之，在氐二度	《后汉书·五行志六》
78	汉明帝永平八年十月壬寅晦	日有蚀之，既，在斗十一度	《后汉书·五行志六》
79	汉明帝永平十三年十月甲辰晦	日有蚀之，在尾十七度	《后汉书·五行志六》
80	汉明帝永平十六年五月戊午晦	日有蚀之，在柳十五度	《后汉书·五行志六》
81	汉明帝永平十八年十一月甲辰晦	日有蚀之，在斗二十一度	《后汉书·五行志六》
82	汉章帝建初五年二月庚辰朔	日有蚀之，在东壁八度	《后汉书·五行志六》
83	汉章帝建初六年六月辛未晦	日有蚀之，在翼六度	《后汉书·五行志六》
84	汉章帝章和元年八月乙未晦①	日有蚀之。史官不见，他官以闻。日在氐四度	《后汉书·五行志六》
85	汉和帝永元二年二月壬午	日有蚀之。史官不见，涿郡以闻。日在奎八度	《后汉书·五行志六》
86	汉和帝永元四年六月戊戌朔	日有蚀之，在七星二度	《后汉书·五行志六》
87	汉和帝永元七年四月辛亥朔	日有蚀之，在觜觿	《后汉书·五行志六》
88	汉和帝永元十二年秋七月辛亥朔	日有蚀之，在翼八度	《后汉书·五行志六》
89	汉和帝永元十五年四月甲子晦	日有蚀之，在东井二十二度	《后汉书·五行志六》
90	汉安帝永初元年三月二日癸酉	日有蚀之，在胃二度	《后汉书·五行志六》
91	汉安帝永初五年正月庚辰朔	日有蚀之，在虚八度	《后汉书·五行志六》
92	汉安帝永初七年四月丙申晦	日有蚀之，在东井一度	《后汉书·五行志六》

① 此次日食时间，《后汉书》志十八《五行志六》记为：“（元）[章] 和元年八月乙未晦。”（第3332页）而据《后汉书·章帝纪》，章和元年八月乙未晦，“日有食之”。（第158页）而元和元年未见有日食记载，故在此列在章和元年（87年）。

续表

序号	时间	日食发生状况	文献出处
93	汉安帝元初元年三月癸酉①	日有食之	《后汉书·安帝纪》
94	汉安帝元初元年十月戊子朔	日有蚀之，在尾十度	《后汉书·五行志六》
95	汉安帝元初二年九月壬午晦	日有蚀之，在心四度	《后汉书·五行志六》
96	汉安帝元初三年三月二日辛亥	日有蚀之，在娄五度。史官不见，辽东以闻	《后汉书·五行志六》
97	汉安帝元初四年二月乙(亥)[巳]朔	日有蚀之，在奎九度。史官不见，七郡以闻	《后汉书·五行志六》
98	汉安帝元初五年八月丙申朔	日有蚀之，在翼十八度。史官不见，张掖以闻	《后汉书·五行志六》
99	汉安帝元初六年十二月戊午朔	日有蚀之，几尽，地如昏状。在须女十一度	《后汉书·五行志六》
100	汉安帝永宁元年七月乙酉朔	日有蚀之，在张十五度。史官不见，酒泉以闻	《后汉书·五行志六》
101	汉安帝延光三年九月庚(寅)[申]晦	日有食之，在氐十五度	《后汉书·五行志六》
102	汉安帝延光四年三月戊午朔	日有蚀之，在胃十二度。陇西、酒泉、朔方各以状上，史官不觉	《后汉书·五行志六》
103	汉顺帝永建二年七月甲戌朔	日有蚀之，在翼九度	《后汉书·五行志六》
104	汉顺帝阳嘉四年闰月丁亥朔	日有蚀之，在角五度。史官不见，零陵以闻	《后汉书·五行志六》
105	汉顺帝永和三年十二月戊戌朔	日有蚀之，在须女十一度。史官不见，会稽以闻	《后汉书·五行志六》
106	汉顺帝永和五年五月己丑晦	日有蚀之，在东井三十三度	《后汉书·五行志六》
107	汉顺帝永和六年九月辛亥晦	日有蚀之，在尾十一度	《后汉书·五行志六》
108	汉桓帝建和元年正月辛亥朔	日有蚀之，在营室三度。史官不见，郡国以闻	《后汉书·五行志六》
109	汉桓帝建和三年四月丁卯晦	日有蚀之，在东井二十三度	《后汉书·五行志六》

① 对于此次日食时间，《中国古代天象记录总集》认为："癸酉系十二日，疑系永初元年误。"（第138页）邢钢等认为："记录所记应是'永初'元年三月癸酉（公元107年4月11日）日食，《总集》所作判断无误。"参见邢钢、石云里《汉代日食记录的可靠性分析——兼用日食对汉代历法的精度进行校验》，《中国科技史杂志》2005年第2期。

续表

序号	时间	日食发生状况	文献出处
110	汉桓帝元嘉二年七月二日庚辰	日有蚀之，在翼四度。史官不见，广陵以闻	《后汉书·五行志六》
111	汉桓帝永兴二年九月丁卯朔	日有蚀之，在角五度	《后汉书·五行志六》
112	汉桓帝永寿三年闰月庚辰晦	日有蚀之，在七星二度。史官不见，郡国以闻	《后汉书·五行志六》
113	汉桓帝延熹元年五月甲戌晦	日有蚀之，在柳七度	《后汉书·五行志六》
114	汉桓帝延熹八年正月丙申晦	日有蚀之，在营室十三度	《后汉书·五行志六》
115	汉桓帝延熹九年正月辛卯朔	日有蚀之，在营室三度。史官不见，郡国以闻	《后汉书·五行志六》
116	汉桓帝永康元年五月壬子晦	日有蚀之，在舆鬼一度	《后汉书·五行志六》
117	汉灵帝建宁元年五月丁未朔	日有蚀之	《后汉书·五行志六》
118	汉灵帝建宁元年十月甲辰晦	日有蚀之	《后汉书·五行志六》
119	汉灵帝建宁二年十月戊戌晦	日有蚀之。右扶风以闻	《后汉书·五行志六》
120	汉灵帝建宁三年三月丙寅晦	日有蚀之。梁相以闻	《后汉书·五行志六》
121	汉灵帝建宁四年三月辛酉朔	日有蚀之	《后汉书·五行志六》
122	汉灵帝熹平二年十二月癸酉晦	日有蚀之，在虚二度	《后汉书·五行志六》
123	汉灵帝熹平六年十月癸丑朔	日有蚀之，赵相以闻	《后汉书·五行志六》
124	汉灵帝光和元年二月辛亥朔	日有蚀之	《后汉书·五行志六》
125	汉灵帝光和元年十月丙子晦	日有蚀之，在箕四度	《后汉书·五行志六》
126	汉灵帝光和二年四月甲戌朔	日有蚀之	《后汉书·五行志六》
127	汉灵帝光和三年九月辛酉	日有食之	《后汉纪·桓帝纪》
128	汉灵帝光和四年九月庚寅朔	日有蚀之，在角六度	《后汉书·五行志六》
129	汉灵帝中平三年五月壬辰晦	日有蚀之	《后汉书·五行志六》
130	汉灵帝中平六年四月丙午朔	日有蚀之	《后汉书·五行志六》
131	汉献帝初平四年正月甲寅朔	日有蚀之，在营室四度	《后汉书·五行志六》
132	汉献帝兴平元年六月乙巳晦	日有蚀之	《后汉书·五行志六》
133	汉献帝建安五年九月庚午朔	日有蚀之	《后汉书·五行志六》
134	汉献帝建安六年（三）［二］月丁卯朔	日有食之	《后汉书·献帝纪》
135	汉献帝建安六年（十月癸未）［二月丁卯］朔	日有蚀之	《后汉书·五行志六》
136	汉献帝建安十三年十月癸未朔	日有蚀之，在尾十二度	《后汉书·五行志六》

续表

序号	时间	日食发生状况	文献出处
137	汉献帝建安十四年十月晦	日有食之	《后汉纪·献帝纪》
138	汉献帝建安十五年二月乙巳朔	日有蚀之	《后汉书·五行志六》
139	汉献帝建安十七年六月庚寅晦	日有蚀之	《后汉书·五行志六》
140	汉献帝建安二十一年五月己亥朔	日有蚀之	《后汉书·五行志六》
141	汉献帝建安二十四年二月壬子晦	日有蚀之	《后汉书·五行志六》
142	汉献帝建安二十五年二月丁未朔	日有食之	《后汉书·献帝纪》

汉代对日食的观测、记录不仅认真、详细，而且开始从自然科学的角度理性地探讨日食形成的机理，认识到日食是月掩的结果。《开元占经》卷九《日占五》引《五经通义》曰："日蚀者，月往蔽之。"①《五经通义》据说为西汉刘向所撰，《全汉文》卷三十五《刘向一》提到刘向曾著《尚书洪范五行传论》十一卷、《五经通义》九卷、《五经要义》五卷、《世说》二卷、《七略别录》二十卷、《列女传》十五卷、《列仙传》三卷、《新序》三十卷、《说苑》二十卷等②。

王充在《论衡·说日》篇中亦保存有类似说法。

> 或说："日食者，月掩之也。日在上，月在下，障于日（月）之形也。日月合相袭，月在上，日在下者，不能掩日。日在上，月在日下，障于日，月光掩日光，故谓之食也。障于月也，若阴云蔽日月不见矣。其端合者，相食是也。其合相当如袭（辟）［璧］者，日既是也。"③

在《论衡·治期》篇中又说："食有常数，不在政治。百变千灾，皆同一状，未必人君政教所致。"④

---

① （唐）瞿昙悉达：《开元占经》，第90页。

② （清）严可均辑：《全上古三代秦汉三国六朝文·全汉文》，第321页。

③ （东汉）王充：《论衡》，第173页。

④ 同上书，第275页。

不过，这只是极个别学者的观点。就整体而言，当时的人们主要是从灾异、星占等宗教性的角度去认识日食的，故《五经通义》紧接着说：“君臣反，不以道，故蚀。”①

二 日食占测及事应

从先秦开始，中国人就将日食等灾异与社会政治联系起来阐释，但真正兴起和大规模运用则是在汉代，不管是阴阳灾异学说还是谶纬神学都一致认为太阳出现任何不正常状况都表征着人间社会政治的变化，“其异虽微，其事甚重”。② 而太阳变异又以日食最为严重。

关增建先生认为：“中国古代日食占测理论形形色色，出发点各不相同，但着眼点却十分一致，都落足于对影响到国家前途命运的重大事件的预测上。日食占测从未以平民百姓为服务对象，即使涉及对个人命运的解说，也是那些足以影响到国家大局的重要人物。日食占测是一种国家占卜术，这是它的重要特点。”③ 结合文献记载，日食所预示的重大政治、社会灾难主要有以下几个方面。

（一）帝王死亡或政权垮台

汉代人认为，太阳是君主的象征。汉成帝在诏书中说：“夫日者众阳之宗，天光之贵，王者之象，人君之位也。”④ 李寻曰：“夫日者，众阳之长，辉光所烛，万里同晷，人君之表也。”⑤ 孔光曰：“日者，众阳之宗，人君之表，至尊之象。”⑥ 朱浮曰：“臣闻日者众阳之所宗，君上之位也。”⑦ 郎顗曰：“日者太阳，以象人君。政变于下，日应于天。”⑧ 《后汉书·五行志六》引《日蚀说》曰：“日者，太阳之精，人君之象。”⑨《春秋潜谭巴》亦曰：“日者，天子之象，君父夫兄之类，中国之应也。”⑩

如果发生日食（尤其是日全食），预示着将有危及帝王生命和王朝灭亡

---

① （唐）瞿昙悉达：《开元占经》，第90页。

② 《后汉书》卷三十下《郎顗传》，第1071页。

③ 关增建：《日食观测与中国传统社会》。参见王渝生主编《第七届国际中国科学史会议文集》，大象出版社1996年版，第270页。

④ 《汉书》卷九十七下《外戚传下》，第3977页。

⑤ 《汉书》卷七十五《李寻传》，第3184页。

⑥ 《汉书》卷八十一《孔光传》，第3359页。

⑦ 《后汉书》卷三十三《朱浮传》，第1141页。

⑧ 《后汉书》卷三十下《郎顗传》，第1071页。

⑨ 《后汉书》志十八《五行志六》，第3357页。

⑩ （清）赵在翰辑，钟肇鹏、萧文郁点校：《七纬》，第613页。

的危险。

《春秋感精符》曰："日之蚀，国绝也。"[①]

《诗含神雾》曰："日之食，帝消。"[②]

《诗推度灾》曰："日蚀，君伤。"[③]

《春秋潜谭巴》曰："日蚀之后，必有亡国杀君，奔走乖离相诛，……天下昏乱，邦不宁。"[④]

《荆州占》曰："日蚀当其国，君王死。"又曰："日蚀尽光，此谓帝之殃。三年之间，有国必亡。"[⑤]

《汉书》《后汉书》"五行志"也多次记载日食验证帝王死亡的事应。

汉惠帝七年（公元前188年）正月辛丑朔，"日有食之"，五月丁卯，先晦一日，"日有食之，几尽"。"至其八月，宫车晏驾。"

汉高后七年（公元前181年）正月己丑晦，"日有食之，既，在营室九度，为宫室中"。高后极其厌恶，说："此为我也！"次年汉高后去世。[⑥]

汉昭帝元凤元年（公元前80年）七月己亥晦，"日有食之，几尽，在张十二度"。刘向认为："己亥而既，其占重。"六年后（公元前74年）"宫车晏驾，卒以亡嗣"[⑦]。

光武帝建武三十一年（55年）五月癸酉晦，"日有蚀之，在柳五度，京都宿也"。两年后"宫车晏驾"[⑧]。

汉明帝永平十六年（73年）五月戊午晦，"日有蚀之，在柳十五度。儒说五月戊午，犹十一月甲子也，又宿在京都，其占重。后二岁，宫车晏驾"。[⑨]

汉桓帝延熹九年（166年）正月辛卯朔，"日有蚀之，……其明年，宫车晏驾"。[⑩]

汉灵帝中平六年（189年）四月丙午朔，"日有蚀之，其月浃辰，宫车

---

① （清）赵在翰辑，钟肇鹏、萧文郁点校：《七纬》，第531页。

② 同上书，第261页。

③ 同上书，第241页。

④ 同上书，第615页。

⑤ （唐）瞿昙悉达：《开元占经》，第95、99页。

⑥ 《汉书》卷二十七下之下《五行志下之下》，第1500、1501页。

⑦ 同上书，第1503页。

⑧ 《后汉书》志十八《五行志六》，第3360页。

⑨ 同上书，第3361页。

⑩ 同上书，第3369页。

晏驾。”①

（二）君主失德，朝政混乱

早在春秋时期，人们就认为日食主要是由于君主失德，施政有亏，举措失当，朝政混乱所致。前文所引《左传·昭公七年》曰：“国无政，不用善，则自取谪于日月之灾。”这种观点直接为两汉时期的政治家、思想家们所沿袭。

京房在《妖占》中说：“日蚀，无道之君当之。”②

《后汉书·五行志六》引《日蚀说》曰：“君道有亏，为阴所乘，故蚀。蚀者，阳不克也。”刘昭补注引《孝经钩命决》曰：“失义不德，白虎不出禁，或逆枉矢射，山崩日蚀。”③

《春秋潜潭巴》曰：“癸未日蚀，仁义不明。”“乙酉日蚀，仁义不明，贤人消。”④

《礼斗威仪》曰：“君喜怒无常，轻杀不辜，戮无罪，慢天地，忽鬼神，则日蚀。”⑤

《春秋运斗枢》曰：“人主自恣不循古，逆天暴物。祸起则日蚀。”⑥

建始三年（公元前30年）十二月日食，汉成帝在诏书中说：“人君不德，谪见天地，灾异娄发，以告不治。朕涉道日寡，举错不中，乃戊申日蚀地震，朕甚惧焉。”⑦ 永元七年（95年）四月日食，汉和帝在诏书中也说：“元首不明，化流无良，政失于民，谪见于天。”⑧

（三）强臣擅权，以下犯上

按阴阳灾异学说的观点，君为阳，臣为阴，出现日食，则是阴侵阳、下犯上、臣凌君之象，昭示着主弱臣强，臣僭君权，甚至有造反篡权之忧。

董仲舒认为：“大水者，阴灭阳也。阴灭阳者，卑胜尊也。日食亦然，皆下犯上，以贱伤贵者，逆节也。”⑨ 杜钦在对策中说：“臣闻日蚀、地震，阳微阴盛也。臣者，君之阴也；……《春秋》日蚀三十六，地震五，或夷

---

① 《后汉书》志十八《五行志六》，第3371页。
② （唐）瞿昙悉达：《开元占经》，第94页。
③ 《后汉书》志十八《五行志六》，第3357—3358页。
④ （清）赵在翰辑，钟肇鹏、萧文郁点校：《七纬》，第607页。
⑤ （唐）瞿昙悉达：《开元占经》，第91页。
⑥ （清）赵在翰辑，钟肇鹏、萧文郁点校：《七纬》，第503页。
⑦ 《汉书》卷十《成帝纪》，第307页。
⑧ 《后汉书》卷四《和帝纪》，第180页。
⑨ 《春秋繁露·精华》，第86—87页。

狄侵中国，或政权在臣下，或妇乘夫，或臣子背君父，事虽不同，其类一也。”[①] 刘向《洪范传》曰：“日蚀者，下凌上、臣侵君之象也。”[②] 汉和帝时，司徒丁鸿借日食上书曰：“故日食者，臣乘君，阴陵阳；……昔周室衰季，皇甫之属专权于外，党类强盛，侵夺主势，则日月薄食。”[③]

《诗推度灾》曰：“及其食也，君弱臣强，故天垂象以见征。”[④]

《春秋汉含孳》曰：“臣子谋，日乃蚀。”[⑤]

京房在《易说》中曰：“下侵上则日蚀。”[⑥]

《春秋潜潭巴》曰：“乙丑日蚀，臣伐其主，天下皆亡。”“丁酉日蚀，诸侯侵王。”“辛卯日蚀，臣伐其主。”“壬寅日蚀，天下苦兵，大臣横。”[⑦]

《春秋感精符》曰：“臣下大恣横，则日月薄食于晦。”[⑧]

《后汉书·五行志六》注引京房占曰：“三公与诸侯相贼，弱其君王，天应而日蚀。”[⑨]

《汉书·五行志下之下》载，汉高祖三年（公元前 204 年）十月甲戌晦，“日有食之，在斗二十度，燕地也。后二年，燕王臧荼反，诛。立卢绾为燕王，后又反，败”。十一月癸卯晦，“日有食之，在虚三度，齐地也。后二年，齐王韩信徙为楚王，明年废为列侯，后又反，诛”。[⑩]

《史记·天官书》载：“诸吕作乱，日蚀，昼晦。”[⑪]

汉武帝元光元年（公元前 134 年）七月癸未，“先晦一日，日有食之，在翼八度。……江都、淮南、衡山王谋反，诛”。[⑫] 汉昭帝始元三年（公元前 84 年）十一月壬辰朔，“日有食之，在斗九度，燕地也。后四年，燕刺王谋反，诛”。[⑬]

汉明帝永平八年（65 年）十月寅晦，“日有蚀之，既，在斗十一度。

---

① 《汉书》卷六十《杜周传》，第 2671 页。
② （唐）瞿昙悉达：《开元占经》，第 95 页。
③ 《后汉书》卷三十七《丁鸿传》，第 1265 页。
④ （清）赵在翰辑，钟肇鹏、萧文郁点校：《七纬》，第 239 页。
⑤ 同上书，第 591 页。
⑥ （唐）瞿昙悉达：《开元占经》，第 91 页。
⑦ （清）赵在翰辑，钟肇鹏、萧文郁点校：《七纬》，第 607—608 页。
⑧ 同上书，第 534 页。
⑨ 《后汉书》志十八《五行志六》，第 3362 页。
⑩ 《汉书》卷二十七下之下《五行志下之下》，第 1500 页。
⑪ 《史记》卷二十七《天官书》，第 1606 页。
⑫ 《汉书》卷二十七下之下《五行志下之下》，第 1502 页。
⑬ 同上书，第 1503 页。

斗，吴也。广陵于天文属吴。后二年，广陵王荆坐谋反自杀。”①

汉灵帝熹平二年（173 年）十二月癸酉晦，“日有蚀之，在虚二度。是时中常侍曹节、王甫等专权”。②

汉献帝初平四年（193 年）正月甲寅朔，“日有蚀之，在营室四度。是时李傕、郭汜专政”。③

（四）后宫干政，外戚专权

男为阳，女为阴，如太后（或皇后）干政、乱政，外戚专权，即“阴侵阳，妇乘夫”，则有日食之应。

《春秋感精符》提到“日食有三法”，其中第一项就是“妃党恣，邪臣在侧，日黄无泽，则日以晦蚀”④。

《春秋潜潭巴》曰：“戊子日食，宫室内淫，雌必惑雄。”“壬子日蚀，妃后专恣，女谋主。”“二月朔日日蚀，妻后杀主。”“三月晦日日蚀，天子以色，后妃党横。”⑤

汉哀帝建平四年（公元前 3 年），谏议大夫鲍宣在上书中指出：“窃见孝成皇帝时，外亲持权，人人牵引所私以充塞朝廷，妨贤人路，浊乱天下，奢泰亡度，穷困百姓，是以日蚀且十，彗星四起。”⑥ 元寿元年（公元前 2 年）正月朔，“日有蚀之”，汉哀帝询问有关事项，孔光回答说：“君德衰微，阴道盛强，侵蔽阳明，则日蚀应之。”⑦借日食暗示傅太后的骄横行为。

东汉中后期，皇帝多幼年继位，“权归女主”，先后“临朝者六后”，“莫不定策帷帟，委事父兄，贪孩童以久其政，抑明贤以专其威。”⑧ 按《后汉书·五行志六》所载，期间多有日食之应。

汉明帝永平十八年（75 年）十一月甲辰晦，“日有蚀之，在斗二十一度。是时明帝既崩，马太后制爵禄，故阳不胜”。⑨

汉安帝永初元年（107 年）三月二日癸酉，日有蚀之，“是时，邓太后专政”。五年（111 年）正月庚辰朔，再次发生日食，在虚八度。司马彪解

---

① 《后汉书》志十八《五行志六》，第 3361 页。

② 同上书，第 3370 页。

③ 同上书，第 3371 页。

④ （清）赵在翰辑，钟肇鹏、萧文郁点校：《七纬》，第 531 页。

⑤ 同上书，第 607、608、614 页。

⑥ 《汉书》卷七十二《鲍宣传》，第 3087 页。

⑦ 《汉书》卷八十一《孔光传》，第 3359 页。

⑧ 《后汉书》卷十上《皇后纪上》，第 401 页。

⑨ 《后汉书》志十八《五行志六》，第 3361 页。

释曰："正月，王者统事之正日也。虚，空名也。是时邓太后摄政，安帝不得行事，俱不得其正，若王者位虚，故于正月阳不克，示象也。"[①]

汉桓帝建和元年（147 年）正月日食，"是时梁太后摄政"。三年四月丁卯晦，日有蚀之，"梁太后又听兄冀枉杀公卿，犯天法也"。[②]

（五）大臣罢黜或死亡

如发生日偏食，则为大臣死亡或罢黜之象。

京房《易传》中说："凡日蚀从上，失臣。"《河图》曰："日蚀尽者，王位也。不尽者，大臣位也。近期三月，远期三年。"[③]

《春秋潜潭巴》曰："丁丑日蚀，诛三公。"[④]

《汉书·五行志下之下》载，汉武帝元狩元年（公元前 116 年）五月乙巳晦，"日有食之，在柳六度"。京房《易传》认为："是时日食从旁右，法曰君失臣。""日食从旁左者，亦君失臣。"次年，"丞相公孙弘薨"。[⑤]

《后汉书·五行志六》载：汉章帝建初六年（81 年）六月辛未晦，"日有蚀之。……冬，东平王苍等来朝，明年正月，苍薨"。[⑥]

汉顺帝永和三年（138 年）十二月戊戌朔，"日有蚀之，在须女十一度"。次年，"中常侍张逵等谋谮皇后父梁商欲作乱，推考，逵等伏诛也"。[⑦]

（六）自然灾害

现代科学研究表明，日食的确能够引发地震、水旱等自然灾害[⑧]。不过，汉代人并没有这样的科学认知水平，主要还是以日食为大凶之兆的角度将日食视为某种重大自然灾害的前兆。

《礼斗威仪》曰："日蚀无光，地动雷降。"[⑨]《春秋潜潭巴》曰："乙丑日蚀，大旱。""丙寅日蚀，虫，久旱，多水征。""丁卯日食，旱。""戊辰

---

① 《后汉书》志十八《五行志六》，第 3363 页。

② 同上书，第 3367—3368 页。

③ （唐）瞿昙悉达：《开元占经》，第 96—98 页。

④ （清）赵在翰辑，钟肇鹏、萧文郁点校：《七纬》，第 606 页。

⑤ 《汉书》卷二十七下之下《五行志下之下》，第 1502 页。

⑥ 《后汉书》志十八《五行志六》，第 3362 页。

⑦ 同上书，第 3367 页。

⑧ 赵得秀认为："地震是由日食引起的。"参见赵得秀《日食与自然灾害》第五章"地震是由日食引起的"，西北工业大学出版社 2015 年版，第 50—90 页。日食还决定大气环流发生反常变化，形成日食效应，而日食效应又是引发水旱灾害的主要原因。参见赵得秀、赵文桐编著《论日食与水旱灾害的关系》第二章"日食是形成水旱灾害的主要原因——日食效应"，西北工业大学出版社 1992 年版，第 7—21 页。

⑨ ［日］安居香山、中村璋八辑：《纬书集成》，第 526 页。

日蚀，地动，阴强。”“己巳日蚀，地动，火灾数降。”“癸酉日食，连阴不解，淫雨数出，有兵。”“庚寅日蚀，诛相，大水，多死伤。”“壬辰日蚀，河决，海溢，久霜，连阴。”“甲午日蚀，大虫螟蝗兴，主贪暴，民流亡。”“戊午日蚀，久旱，谷不伤。”“壬戌日蚀，群山崩。”[①]《开元占经》卷九《日占五》引京房曰：“日蚀地震，一曰震裂。”[②]

汉和帝永元十五年（103年）四月日食，“是年水，雨伤稼。”[③]

汉桓帝永康元年（167年）五月壬子晦，“日有蚀之，在舆鬼一度。”按阴阳灾异学者的推断，“壬子淳水日，而阳不克，将有水害”。该年八月，“六州大水，勃海（盗贼）[海溢]”。[④]

第二节　日食发生后汉代帝王的修德、修政措施及禳救礼仪

司马迁在《史记·天官书》中提出：“太上修德，其次修政，其次修救，其次修禳，正下无之。”[⑤] 这也是两汉帝王应对日食最常用的措施。

一　日食与汉代帝王修德制度

天人感应思想之所以流行，主要是来源于人们的忧患心理。由于日食特殊的政治含义和暗示作用，引起两汉帝王的高度惊惧，心理反应异常强烈。清人赵翼指出：不仅汉文帝、汉宣帝、汉明帝、汉章帝这样的有道之君对日食等灾异都极为恐惧，“虽庸主亦以灾异为忧”[⑥]。从前元二年（公元前178年）十一月汉文帝首次因日食而下罪己诏开始，一旦发生日食等灾异就下诏罪已成为汉代帝王应对日食一种固定的运作模式。据笔者详查，两汉帝王因灾异所下的罪己诏书有75道，其中事关日食的有24次，几乎占到总数的三分之一，其次数之多超过历史上的任何一个朝代，也超过其他灾异，由此可见对日食的惶恐程度，已成为汉代帝王一种本能的反应。

《汉书·天文志》引《星传》曰：“日者德也，月者刑也，故曰日食修

---

① （清）赵在翰辑，钟肇鹏、萧文郁点校：《七纬》，第606—609页。
② （唐）瞿昙悉达：《开元占经》，第103页。
③ 《后汉书》志十八《五行志六》，第3363页。
④ 同上书，第3369页。
⑤ 《史记》卷二十七《天官书》，第1608页。
⑥ （清）赵翼著，曹光甫校点：《廿二史札记》，第36页。

德，月食修刑。"[①] 在日食所昭示的征兆中，其中之一是"君主失德"。在这些罪己诏书中，共同特征都是首先深自克责，虔诚地检讨自己的失德行为和施政过失，将所有罪责都归咎于自身，积极主动地承担"天谴"的责任，以示自己悔改的诚意。并认真查找、思考导致天谴的原因，反躬自省，修身养德，改过迁善，希望以此来赢得上天的谅解与眷顾，消灾弭祸。尽管可能只是一种姿态，但在客观上具有取悦民众、稳定人心的作用。

前元二年（公元前178年）汉文帝在诏中就首先承认是因为"人主不德"。汉成帝在建始三年（公元前30年）、河平元年（公元前28年）、永始二年（公元前15年）、永始三年（公元前14年）、元延元年（公元前12年）都因日食而下罪己诏书。建始三年（公元前30年）十二月，在诏书中说：

> 盖闻天生众民，不能相治，为之立君以统理之。君道得，则草木昆虫咸得其所；人君不德，谪见天地，灾异娄发，以告不治。朕涉道日寡，举错不中，乃戊申日蚀地震，朕甚惧焉。[②]

河平元年（公元前28年），又因日食下诏说：

> 朕获保宗庙，战战栗栗，未能奉称。传曰："男教不修，阳事不得，则日为之蚀。"天着厥异，辜在朕躬。公卿大夫其勉悉心，以辅不逮。[③]

建武七年（公元31年）三月日食，光武帝诏：

> 吾德薄致灾，谪见日月，战栗恐惧，夫何言哉！今方念愆，庶消厥咎。[④]

永平八年（65年）十月，汉明帝诏：

---

① 《汉书》卷二十六《天文志》，第1291页。
② 《汉书》卷十《成帝纪》，第307页。
③ 《汉书》卷十《成帝纪》，第309页。
④ 《后汉书》卷一下《光武帝纪下》，第53页。

朕以无德，奉承大业，而下贻人怨，上动三光。日食之变，其灾尤大，《春秋》图谶所为至谴。永思厥咎，在予一人。①

建和三年（149年）四月，日食。汉桓帝诏：

盖闻天生蒸民，不能相理，为之立君，使司牧之。君道得于下，则休祥著乎上；庶事失其序，则咎征见乎象。间者，日食毁缺，阳光晦暗，朕祗惧潜思，匪遑启处。《传》不云乎："日食修德，月食修刑。"昔孝章帝愍前世禁徙，故建初之元，并蒙恩泽，流徙者使还故郡，没入者免为庶民。先皇德政，可不务乎！②

就是在发生日食而京城未见时，皇帝也要下诏自谴。《后汉书·顺帝纪》引《东观汉纪》，阳嘉四年（135年）闰八月，汉顺帝下诏："朕以不德，谪见于天。零陵言日食，京师不觉。"③

从汉代政治家、思想家们的言述来看，都把君主修德作为应对日食最重要的措施。司马迁提出"日变修德"，并把"太上修德"④放在四项补救日食措施的首位。汉成帝建始三年（公元前30年）十二月，杜钦在对策中也明确指出："人事失于下，变象见于上。能应之（司）［以］德，则咎异消；忽而不戒，则祸败至。应之，非诚为立，非信不行。"⑤《春秋感精符》曰："王者修身，则日蚀不为灾。"⑥《后汉书·五行志六》亦曰："诸象附从，则多为王者事。人君改修其德，则咎害除。"⑦

二 日食发生后的修政举措

上天对帝王不仅会听其言，更要观其行。要应对上天的警告，不仅要悔过，更要自新，及时改正错误。关键是改革吏治，实行仁政、良政，实现清明政治，这才是解决问题的根本。《春秋保乾图》曰："日蚀，主行蔽明，

① 《后汉书》卷二《明帝纪》，第111页。
② 《后汉书》卷七《桓帝纪》，第293页。
③ 《后汉书》卷六《顺帝纪》，第265页。
④ 《史记》卷二十七《天官书》，第1608页。
⑤ 《汉书》卷二十七下之下《五行志下之下》，第1504页。
⑥ （清）赵在翰辑，钟肇鹏、萧文郁点校：《七纬》，第533页。
⑦ 《后汉书》志十八《五行志六》，第3357页。

雍塞。改身修政，乃黜不法。又曰：日蚀治乱。”① 谷永曰：“修政以应之，灾变自除。”② 元延年间，致仕丞相张禹在因日蚀地震回答汉成帝咨询时指出：“陛下宜修政事，以善应之，与下同其福喜，此经义意也。”③ 如何“修政”，元寿元年（公元前 2 年），孔光在日食对策中说：“敕躬自约，总正万事，放远谗说之党，援纳断断之介，退去贪残之徒，进用贤良之吏，平刑罚，薄赋敛，恩泽加于百姓，诚为政之大本，应变之至务也。”“承顺天道在于崇德博施，加精至诚，孳孳而已。俗之祈禳小数，终无益于应天塞异，销祸兴福。”④

（一）诏举贤良，广开言路

日食发生之后，两汉帝王常诏举“贤良方正”等“能直言极谏者”，广开言路，鼓励臣民针对日食大胆提出自己的想法和心得，陈说天子的过失，帮助帝王反思执政得失，提出针对日食的应变之策。前元二年（公元前 178 年），汉文帝在诏书中首次提出：“举贤良方正能直言极谏者，以匡朕之不逮。”⑤ 此后，“贤良方正”成为汉代察举中最主要的特科，也是日食之后朝廷最常用的诏举科目。

永光二年（公元前 42 年）三月日食，汉元帝诏：“其令内郡国举茂材异等贤良直言之士各一人。”⑥ 建始三年（公元前 30 年）十二月日食，汉成帝诏：“公卿其各思朕过失，明白陈之。……丞相、御史与将军、列侯、中二千石及内郡国举贤良方正能直言极谏之士，诣公车，朕将览焉。”⑦

建武六年（30 年）九月日食，十月，光武帝诏：“其敕公卿举贤良、方正各一人；百僚并上封事，无有隐讳。”次年四月，再次因日食下诏：“公、卿、司隶、州牧举贤良、方正各一人，遣诣公车，朕将览试焉。”⑧

建初五年（80 年）二月日食，汉章帝诏：“公卿已下，其举直言极谏、能指朕过失者各一人，遣诣公车，将亲览问焉。其以岩穴为先，勿取浮华。”⑨ 永初元年（107 年）三月日食，汉安帝诏“公卿内外众官、郡国守

① （清）赵在翰辑，钟肇鹏、萧文郁点校：《七纬》，第 588 页。
② 《汉书》卷二十九《沟洫志》，第 1691 页。
③ 《汉书》卷八十一《张禹传》，第 3351 页。
④ 《汉书》卷八十一《孔光传》，第 3360 页。
⑤ 《汉书》卷四《文帝纪》，第 116 页。
⑥ 《汉书》卷九《元帝纪》，第 289 页。
⑦ 《汉书》卷十《成帝纪》，第 307 页。
⑧ 《后汉书》卷一下《光武帝纪下》，第 50、52 页。
⑨ 《后汉书》卷三《章帝纪》，第 139 页。

相，举贤良方正、有道术之士，明政术、达古今、能直言极谏者，各一人。"[①] 汉桓帝延熹九年（166 年）正月日食，"诏公、卿、校尉举贤良方正。"[②] 建宁元年（168 年）五月日食，汉灵帝诏："公卿以下各上封事，及郡国守、相举有道之士各一人；又故刺史、二千石清高有遗惠、为众所归者，皆诣公车。"[③] 建安五年（200 年）九月庚午朔日食，汉献帝诏："诏三公举至孝二人，九卿、校尉、郡国守相各一人。皆上封事，靡有所讳。"[④]

（二）整顿吏治，进贤退奸

吏贤则民安。日食与国家管理不善有关，这不仅仅只是皇帝的责任，与各级官吏的政令不善、行为不端、违法失职、贪婪成风、残虐百姓也有很大关系。

永光二年（公元前 42 年）三月发生日食，汉元帝诏曰：

> 朕战战栗栗，夙夜思过失，不敢荒宁。惟阴阳不调，未烛其咎。娄敕公卿，日望有效。至今有司执政，未得其中，施与禁切，未合民心。暴猛之俗弥长，和睦之道日衰，百姓愁苦，靡所错躬。是以氛邪岁增，侵犯太阳，正气湛掩，日久夺光。乃壬戌，日有蚀之。天见大异，以戒朕躬，朕甚悼焉。[⑤]

元寿元年（公元前 2 年）正月，汉哀帝在因日食所下的诏书中也提到：

> 惟阴阳不调，元元不赡，未睹厥咎。娄敕公卿，庶几有望。至今有司执法，未得其中，或上暴虐，假势获名，温良宽柔，陷于亡灭。是故残贼弥长，和睦日衰，百姓愁怨。[⑥]

都明确指出有司执政未得其中，不合民心，导致百姓愁苦是日食发生的原因。

汉明帝永平三年（60 年），钟离意在上疏中云：

---

① 《后汉书》卷五《安帝纪》，第 206 页。

② 《后汉书》卷七《桓帝纪》，第 314 页。

③ 《后汉书》卷八《灵帝纪》，第 329 页。

④ 《后汉书》卷九《献帝纪》，第 381 页。

⑤ 《汉书》卷九《元帝纪》，第 289 页。

⑥ 《汉书》卷十《哀帝纪》，第 343 页。

陛下躬行孝道，修明经术，郊祀天地，畏敬鬼神，忧恤黎元，劳心不怠。而天气未知，日月不明，水泉涌溢，寒暑违节者，咎在群臣不能宣化理职，而以苛刻为俗。吏杀良人，继踵不绝。百官无相亲之心，吏人无雍雍之志。至于骨肉相残，毒害弥深，感逆和气，以致天灾。①

这虽有为汉明帝开脱之嫌，但也说明“群臣不能宣化理职”是导致日食等灾异发生的重要原因之一。

在日食发生后，帝王都强烈要求各级官吏遵守法度，忠于职守，效力朝廷，勤政爱民。

永光四年（公元前40年）六月日食，汉元帝在诏书中首先对官员进行严厉的批评：“公卿大夫好恶不同，或缘奸作邪，侵削细民，元元安所归命哉!”要求自今以后，“公卿大夫其勉思天戒，慎身修永，以辅朕之不逮。”颜师古注：“《虞书·咎繇谟》云‘慎厥身修思永’，言当慎修其身，思为长久之道。故此诏云慎身修永也。”②

河平元年（公元前28年），汉成帝诏：“公卿大夫其勉悉心，以辅不逮。百僚各修其职，惇任仁人，退远残贼。”③

元寿元年（公元前2年）日食，汉哀帝在诏书中要求“公卿大夫其各悉心勉帅百僚，敦任仁人，黜远残贼，期于安民”④。并重新启用德高望重的大臣孔光、彭宣等，《汉书·彭宣传》，“会元寿元年正月朔日蚀，鲍宣复（上言）[言，上]乃召宣为光禄大夫，迁御史大夫，转为大司空，封长平侯。”⑤ 罢免其宠臣孙宠、息夫躬及“侍中诸曹黄门郎数十人”⑥。

建武七年（31年）三月日食，光武帝要求：“有司各修职任，奉遵法度，惠兹元元。”⑦ 永元七年（95年）四月，汉和帝下《日食选郎官诏》：“元首不明，化流无良，政失于民，谪见于天。深惟庶事，五教在宽，是以旧典因孝廉之举，以求其人。有司详选郎官宽博有谋、才任典城者三十人。”⑧并将所选任的郎官悉补充为县长、侯相。

---

① 《后汉书》卷四十一《钟离意传》，第1409页。

② 《汉书》卷九《元帝纪》，第291—292页。

③ 《汉书》卷十《成帝纪》，第309页。

④ 《汉书》卷十一《哀帝纪》，第343页。

⑤ 《汉书》卷七十一《彭宣传》，第3052页。

⑥ 《汉书》卷七十二《鲍宣传》，第3091页。

⑦ 《后汉书》卷一下《光武帝纪下》，第52页。

⑧ 《后汉书》卷四《和帝纪》，第180页。

永平十八年（75年）八月，汉章帝即位，十一月，发生日食。马严在上封事中指出，“日者众阳之长，食者阴侵之征。……故考绩黜陟，以明褒贬。无功不黜，则阴盛陵阳”。并专门点名揭发益州刺史朱酺、扬州刺史倪说、凉州刺史尹业等人“每行考事，辄有物故，又选举不实，曾无贬坐，是使臣下得作威福也”，要求给以严加惩处。章帝采纳其建议“而免酺等官”[①]。汉桓帝延熹三年（160年），河南尹杨秉因中常侍单超之弟、济阴太守单匡诬陷而“坐输作左校，以久旱赦出”。恰好发生日食，山太守皇甫规等“讼秉忠正，不宜久抑不用”。桓帝下诏“公车征秉及处士韦著，……乃到，拜太常”。[②]

（三）策免三公，推咎大臣

《史记·天官书》曰：“日蚀，国君；月蚀，将相当之。”[③] 太阳作为君主的象征，日食直接对应的是国君，本与大臣无涉。但汉人又认为，日食是“阴侵阳”，阴阳严重失调的突出表现，而丞相等三公作为朝廷重臣，负有“调和阴阳”[④] 之责，“上佐天子理阴阳，顺四时，下遂万物之宜。外填抚四夷诸侯，内亲附百姓，使卿大夫各得任其职也”。[⑤] 当然也不能置身事外，理当为皇帝分忧，代天子引咎受过，担负起相应的责任。《春秋纬》指出，发生日全食，除“君行无常”外，“公辅不修德”[⑥] 也是重要原因。汉哀帝在策免丞相孔光时说：

> 丞相者，朕之股肱，所与共承宗庙，统理海内，辅朕之不逮以治天下也。朕既不明，灾异重仍，日月无光，山崩河决，五星失行，是章朕之不德而股肱之不良也。[⑦]

因此，在日食等重大灾异出现之后，策免三公不仅是名正言顺，也是理所当然。

前元二年（公元前178年），汉文帝在诏书中强调“天下治乱，在予一

① 《后汉书》卷二十四《马严传》，第860页。

② 《后汉书》卷五十四《杨秉传》，第1771—1772页。

③ 《史记》卷二十七《天官书》，第1588页。

④ 《汉书》卷七十四《丙吉传》，第3147页。

⑤ 《汉书》卷四十《陈平传》，第2049页。

⑥ ［日］安居香山、中村璋八辑：《纬书集成》，第910页。

⑦ 《汉书》卷八十一《孔光传》，第3357页。

人”的同时，又特别提到“唯二三执政犹吾股肱也”[①]，顺便也把朝廷重臣捎带上。前元三年（公元前177年），借日食将丞相周勃免职。《史记·文帝本纪》载，前元三年（公元前177年）十月丁酉晦，日有食之。十一月，汉文帝下诏：“‘前日（计）［诏］遣列侯之国，或辞未行。丞相朕之所重，其为朕率列侯之国。’绛侯勃免丞相就国，以太尉颍阴侯婴为丞相。罢太尉官，属丞相。”[②] 五凤四年（公元前54年），汉宣帝在诏书中提出：“皇天见异，以戒朕躬，是朕之不逮，吏之不称也。”[③] 也不忘让大臣一同来陪罪。

汉明帝永平十三年（70）年十月日食之后，“三公免冠自劾”。不过，这次汉明帝是把所有责任都揽到自己身上，“冠履勿劾。灾异屡见，咎在朕躬。”[④]

《后汉书·徐防传》载，汉安帝永初元年（107年），太尉徐防因“灾异寇贼策免，就国。凡三公以灾异策免，始自防也”[⑤]。范晔认为，因灾异而策免三公始自徐防。其实，在西汉后期就有因灾异策免三公的事例，如汉元帝时丞相于定国，汉成帝时丞相薛宣，汉哀帝时丞相孔光、司空师丹，王莽时期的大司马陈茂等多名三公因灾异被免职。在东汉时期，亦有光武帝时期大司空朱浮、汉明帝时太尉赵熹等。但作为一种正常的惯例和制度，确实是自徐防开始的。

在因灾异所策免的三公中，第一个直接因日食而被策免的三公为汉安帝永初年间的太尉张禹。《后汉书·安帝纪》载，永初五年（111年）正月庚辰朔，“日有食之，丙戌，郡国十地震”。己丑，“太尉张禹免”[⑥]。

据笔者统计，从汉安帝永初五年（111年），到汉献帝兴平元年（194）年，因日食被策免的三公有16人次，其中下狱死者1人。说见表三。

---

① 《汉书》卷四《文帝纪》，第116页。

② 《史记》卷十《文帝本纪》，第538页。

③ 《汉书》卷八《宣帝纪》，第268页。

④ 《后汉书》卷二《明帝纪》，第117页。

⑤ 《后汉书》卷四十四《徐防传》，第1502页。注引《东观汉记》曰：“郡国被水灾，比州淹没，死者以千数。灾异数降。西羌反畔，杀略人吏。京师淫雨，蠡贼伤稼穑。防比上书自陈过咎，遂策免。”又见《东观汉记》卷一十六《徐防传》，第709页。

⑥ 《后汉书》卷五《安帝纪》，第216页。

表三　　东汉因日食策免三公简表

序号	时间	策免三公	文献出处
1	汉安帝永初五年	太尉张禹免	《后汉书·安帝纪》
2	汉顺帝永建二年	太尉朱宠、司徒朱伥罢	《后汉书·顺帝纪》
3	汉顺帝汉安元年	太尉桓焉免	《后汉书·桓荣传》
4	汉桓帝永兴二年	太尉胡广免	《后汉书·桓帝纪》
5	汉桓帝延熹元年	太尉黄琼免	《后汉书·桓帝纪》
6	汉灵帝建宁元年	太尉刘矩免	《后汉书·灵帝纪》
7	汉灵帝建宁二年	太尉刘宠免	《后汉书·灵帝纪》
8	汉灵帝建宁三年	太尉郭禧罢	《后汉书·灵帝纪》
9	汉灵帝建宁四年	太尉闻人袭免	《后汉书·灵帝纪》
10	汉灵帝熹平六年	太尉刘宽免	《后汉书·灵帝纪》
11	汉灵帝光和元年	太尉陈球免	《后汉书·灵帝纪》
12	汉灵帝光和二年	太尉段颎下狱死	《后汉书·灵帝纪》
13	汉灵帝光和四年	太尉刘宽免	《后汉书·灵帝纪》
14	汉灵帝中平六年	太尉马日磾免	《后汉书·灵帝纪》
15	汉献帝兴平元年	太尉朱俊免	《后汉书·献帝纪》

在这被策免的16人次当中，15人次官职为太尉。

《汉书·百官公卿表》上：

太尉，秦官，金印紫绶，掌武事。武帝建元二年省。元狩四年初置大司马，以冠将军之号。宣帝地节三年置大司马，不冠将军，亦无印绶官属。成帝绥和元年赐大司马金印紫绶，置官属，禄比丞相，去将军。哀帝建平二年复去大司马印绶、官属，冠将军如故。元寿二年复赐大司马印绶，置官属，去将军，位在司徒上。有长史，秩千石。①

《后汉书·百官志一》：

太尉，公一人。本注曰：掌四方兵事功课，岁尽即奏其殿最而行赏罚。凡郊祀之事，掌亚献；大丧则告谥南郊。凡国有大造大疑，则与司徒、司空通而论之。国有过事，则与二公通谏争之。世祖即位，为大司

① 《汉书》卷十九上《百官公卿表上》，第725页。

马。建武二十七年，改为太尉。

太尉本是秦官，与丞相、御史大夫并列为“三公”。汉武帝时罢太尉而置大司马[1]，至光武帝建武二十七年（51年）复改为太尉，为三公之首。刘昭补注曰：“太尉官实司天。”[2]《韩诗外传》卷八云：“三公者何？曰：司空、司马、司徒也。司马主天，司空主土，司徒主人。故阴阳不和，四时不节，星辰失度，灾变异常，则责之司马。”[3]《白虎通义》卷四又引《别名记》曰：“司徒典民，司空主地，司马顺天。”[4] 司马负责主天、顺天，职掌天事，故凡出现日食等天象变异就要策免太尉[5]。

黄一农先生指出：“汉代的皇帝虽自觉的负起调理天地阴阳的责任，但却仅止于下诏罪己、求贤良极谏之士、厚赏赐、赈灾救伤等措施，至于最终的行政责任往往由三公来承担。”[6] 策免三公的目的，从表面上看是让三公与皇帝共同承担“天谴”的罪责，其实质是借此转移焦点，将日食产生的责任转嫁给执政大臣，“推咎台衡，以答天眚。”[7] 让三公代为受过，成为君主的替罪羊，以掩饰君主的用人不当和施政过失，维护其统治的神圣性、正统性和合法性，增强百姓对君主的信心。

此外，还借日食打击大臣，清除异己，加强皇权。汉宣帝五凤四年（公元前54年），司马迁的外孙、免官在家的前光禄勋杨恽，在与友人孙会宗的书信中有讥刺朝政之语，恰逢日食，被驺马猥佐成告发，诬称他“骄奢不悔过，日食之咎，此人所致”。汉宣帝以大逆无道之罪名将杨恽腰斩，其妻子被流放。“诸在位与恽厚善者，未央卫尉韦玄成、京兆尹张敞及孙会宗等，皆免官”。[8] 建光元年（121年），在邓太后去世之后，汉安帝也以日

---

① 《后汉书》志二十四《百官志一》引《汉官仪》曰：“元狩六年罢太尉，法周制置司马。时议者以为汉军有官候、千人、司马，故加‘大’为大司马，所以别异大小司马之号。”第3558页。

② 《后汉书》志二十四《百官志一》，第3557页。

③ （汉）韩婴撰，许维遹校释：《韩诗外传集释》，中华书局1980年版，第290—291页。

④ 《白虎通·封公侯》，第132页。

⑤ 《通典》卷二十《职官二》曰：“后汉本制：日食、星流及大雨雹等灾变者，惟免太尉。自徐防为太尉，凡灭地灾变，三公皆免。”参见（唐）杜佑著《通典》，岳麓书社1995年版，第263页。

⑥ 黄一农：《社会天文学史十讲》，复旦大学出版社2004年版，第5页。

⑦ 《后汉书》卷五《安帝纪》，第243页。

⑧ 《汉书》卷六十六《杨恽传》，第2898页。

食为借口，“收考中人赵任等”[①]。汉桓帝延熹年间，中常侍单超、左悺、徐璜、具瑗、唐衡等因诛梁冀有功而同日封侯，“在帝左右，纵其奸慝”。延熹八年（165 年），汉桓帝因日食之变，“乃拜故司徒韩寅为司隶校尉，以次诛锄，京都正清。”[②]

（四）推行仁政，施惠于民

根据阴阳灾异学说，统治者因横征暴敛而引发民怨是导致日食出现的重要原因。汉成帝永始二年（公元前 15 年）二月日食，谷永以京房《易占》对曰：“今年二月日食，赋敛不得度，民愁怨之所致也。所以使四方皆见，京师阴蔽者，若曰：人君好治宫室，大营坟墓，赋敛兹重，而百姓屈竭，祸在外也。”[③]《后汉书·五行志六》又引谷永上书曰：“赋敛滋重，不顾黎民，百姓虚竭，则日蚀。”[④] 所以，要应对日食，就须实行仁政，关心民瘼，加强对社会弱势群体的救助，施惠于百姓。

日食之后，汉代帝王都要推出一系列的惠民政策和措施，包括赐民爵，减免赋役，宽刑理冤，救助鳏寡孤独疾和灾民、贫民等，以表示对上天谴告的领受与反应。前元二年（公元前 178 年），汉文帝在因日食所下的诏书中就提出：“务省繇费以便民。”[⑤] 永始二年（公元前 15 年）二月日食，汉成帝诏：“公卿申敕百寮，深思天诫，有可省减便安百姓者，条奏。所振贷贫民，勿收。”[⑥]

光武帝建武二十九年（53 年）二月，因日食“遣使者举冤狱，出系囚”，“赐天下男子爵，人二级；鳏、寡、孤、独、笃癃、贫不能自存者粟，人五斛”。四月，又“诏令天下系囚自殊死已下及徒各减本罪一等，其余赎罪输作各有差”。[⑦] 永平十三年（70）年十月日食，汉明帝要求“刺史、太守详刑理冤，存恤鳏孤”[⑧]。建和元年（147 年）正月日食，汉桓帝大赦天下并下诏：“赐吏更劳一岁；男子爵，人二级，为父后及三老、孝悌、力田人三级；鳏、寡、孤、独、笃癃、贫不能自存者粟，人五斛；贞妇帛，人三匹。灾害所伤什四以上，勿收田租；其不满者，以实除之。”建和三年

---

① 《后汉书》志十八《五行志六》，第 3365 页。
② 《后汉书》志十三《五行志一》，第 3271 页。
③ 《汉书》卷二十七下之下《五行志下之下》，第 1505 页。
④ 《后汉书》志十八《五行志六》，第 3370 页。
⑤ 《汉书》卷四《文帝纪》，第 116 页。
⑥ 《汉书》卷十《成帝纪》，第 321 页。
⑦ 《后汉书》卷一下《光武帝纪下》，第 80 页。
⑧ 《后汉书》卷二《明帝纪》，第 117 页。

（149年）四月，又因日食而下诏："其自永建元年迄乎今岁，凡诸妖恶，支亲从坐，及吏民减死徙边者，悉归本郡；唯没入者不从此令。"[①] 延熹九年（166年）正月又诏："灾异日食，谴告累至。政乱在予，仍获咎征。其令大司农绝今岁调度征求，及前年所调未毕者，勿复收责。其灾旱盗贼之郡，勿收租，馀郡悉半入。"[②] 汉灵帝光和二年（179年）四月，日有食之，"大赦天下，诸党人禁锢小功以下皆除之"[③]。

此外还遣使巡视，一方面是访民疾苦，另一方面是监督国家惠民政策的落实情况。五凤四年（公元前54年）日食之后，汉宣帝先"使使者问民所疾苦"，又"遣丞相、御史掾二十四人循行天下，举冤狱，察擅为苛禁深刻不改者"。[④] 河平四年（公元前25年）三月日食，汉成帝"遣光禄大夫博士嘉等十一人行举濒河之郡水所毁伤困乏不能自存者，财振贷。其为水所流压死，不能自葬，令郡国给槥椟葬埋。已葬者与钱，人二千。避水它郡国，在所冗食之，谨遇以文理，无令失职"。[⑤] 永始三年（公元前14年）正月，又诏："天灾仍重，朕甚惧焉。惟民之失职，临遣大中大夫嘉等循行天下，存问耆老，民所疾苦。"[⑥]

三　针对日食的禳救礼仪

日食关乎帝王安危、国家治乱和王朝存亡，自古以来，禳救日食都受到统治者和社会各阶层的格外重视，成为帝王和国家政治生活中的重要内容。

春秋时期，我国就形成禳救日食的程序化礼仪模式。《左传·文公十五年》载，当年六月，发生日食，"天子不举，伐鼓于社；诸侯用币于社，伐鼓于朝，以昭事神、训民、事君，示有等威，古之道也"。[⑦] 昭公十七年（公元前525年）六月，日食，"祝史请所用币"。昭子曰："日有食之，天子不举，伐鼓于社。诸侯用币于社，伐鼓于朝。礼也。"[⑧]

这套仪式和规则到汉代进一步复杂化，并对细节进行改进。"避正殿""寝兵""不听事五日"等成为汉代帝王救护日食的常规性做法，以示"承

---

① 《后汉书》卷七《桓帝纪》，第289、293页。

② 同上书，第317页。

③ 《后汉书》卷八《灵帝纪》，第343页。

④ 《汉书》卷八《宣帝纪》，第268页。

⑤ 《汉书》卷十《成帝纪》，第310—311页。

⑥ 同上书，第323页。

⑦ 《左传·文公十五年》，第612页。

⑧ 《左传·昭公十七年》，第1384页。

顺天戒，敬畏变异”。[①]

元寿元年（公元前2年），汉哀帝因日食“避正殿”[②]。建武七年（31年），光武帝因日食“避正殿、寝兵、不听事五日”。[③] 建武十七年（41年），又因日食“避正殿，读图谶多，御坐庑下浅露”[④]，还因此患上中风。永平十八年（75年）十一月日食，刚刚即位的汉章帝“于是避正殿，寝兵，不听事五日”[⑤]。汉献帝兴平元年（194年），“日有食之，帝避正殿，寝兵，不听事五日”。[⑥]

国家按惯例也要举行隆重、盛大、虔诚、庄严的日食救护活动，希望以此将讯息传达到天廷。《后汉书·礼仪志上》记载了汉代的相关礼仪和程序：

> 日有变，割羊以祠社，用救日变。执事者冠长冠，衣皂单衣，绛领袖缘中衣，绛裤袜，以行礼，如故事。

关于“如故事”，刘昭在补注中引挚虞《决疑要注》曰：

> 凡救日食者，著赤帻，以助阳也。日将蚀，天子素服避正殿，内外严。日有变，伐鼓闻音，侍臣著赤帻，带剑入侍。三台令史以上皆各持剑立其户前，卫尉卿驱驰绕宫，察巡守备。周而复始。日复常，乃皆罢(之)。[⑦]

挚虞虽为西晋时人，这段文字记载的其实就是汉代的救护礼仪。《白虎通·灾变》曰：“日食者必救之何？阴侵阳也。鼓用牲于社。社者，众阴之主，以朱丝萦之，鸣鼓攻之，以阳责阴也。故《春秋传》曰：‘日有食之，鼓用牲于社。’所以必用牲者，社，地别神也，尊之，故不敢虚责也。日食，大水则鼓于用牲于社，大旱则雩祭求雨，非苟虚也。助阳责下求阴之道

① 《汉书》卷八十一《孔光传》，第3360页。
② 《汉书》卷七十二《鲍宣传》，第3091页。
③ 《后汉书》卷一下《光武帝纪下》，第52页。
④ （东汉）刘珍等撰，吴树平校注：《东观汉记校注》，第12页。
⑤ 《后汉书》卷三《章帝纪》，第130页。
⑥ 《后汉书》卷九《献帝纪》，第376页。
⑦ 《后汉书》志四《礼仪志上》，第3101—3102页。

也。"[①]《春秋感精符》曰："救日蚀，天子南面禀图书，察九野。……故日蚀大水，则鼓用牲于社。社者，阴之主，朱丝萦社，鸣鼓协之也。"[②]

按天文星占学说，日食是阴侵阳，之所以用"赤帻""朱丝"，这代表火色，包括伐鼓，都是为了以阳驱阴以救日。《后汉书·礼仪志中》注引干宝曰："朱丝萦社。社，太阴也。朱，火色也。丝，(维)［离］属。天子伐鼓于社，责群阴也；……伐鼓于朝，退自攻也。此圣人之厌胜之法也。"[③]《后汉书·五行志六》记载：汉灵帝熹平二年（173年）十二月日食，注引蔡邕上书曰："（建宁）四年正月朔，日体微伤，群臣服赤帻，赴宫门，无救，乃各罢归。"[④] 这次日食救护虽未成功，但相关礼仪在汉代一直是被遵守的。

第三节　日食与汉代的权力博弈

由于日食的特殊政治含义，不仅成为两汉帝王清除异己、整顿吏治的借口，同时也是各派政治势力之间相互博弈、打击对方、维护自身利益的重要工具。

一　日食与汉成帝时期的权力斗争

汉成帝即位之后，尊元后王政君为皇太后，以母舅王凤为"大司马大将军，领尚书事"[⑤]。此后，在成帝一朝，大司马一职一直由王氏家族所把持。河平二年（公元前27年），诸舅王谭、商、立、根、逢时等五人又同日封为列侯，时人称之为"五侯"。王氏一门"家凡十侯，五大司马，外戚莫盛焉"。[⑥]"王氏子弟皆卿大夫侍中诸曹，分据势官满朝廷。"[⑦] 政坛几乎为王氏外戚所垄断。

汉成帝将朝政大权完全委托给王凤，"大将军凤用事，上遂谦让无所颛"。[⑧] 为维护本集团的利益，王氏外戚与反对势力之间皆以日食为工具，

---

① 《白虎通·灾变》，第272—273页。
② （清）赵在翰辑，钟肇鹏、萧文郁点校：《七纬》，第533页。
③ 《后汉书》志五《礼仪志中》，第3120页。
④ 《后汉书》志十八《五行志六》，第3370页。
⑤ 《汉书》卷十《成帝纪》，第302页。
⑥ 《汉书》卷九十七下《外戚传下》，第3973页。
⑦ 《汉书》卷九十八《元后传》，第4008页。
⑧ 同上书，第4018页。

攻讦对方，党同伐异，上演了一幕幕争权夺利的政治闹剧。

汉成帝在位的26年间（公元前33年—公元前7年），先后发生日食10次，超过西汉日食总数的六分之一，平均每2.6年即发生一次，其频率之繁超过两汉时期的任何一个帝王。在王氏外戚集团掌权之初，权力基础并不稳固，还存在着和潜在着不少强有力的竞争对手，王凤及其继任者以日食为借口将他们一个个排挤出政坛。

首先是打击丞相王商。此王商之父王武系汉宣帝之舅，也是外戚，但与王凤不属一脉。在汉元帝时任右将军、光禄大夫，其为人“肃敬敦厚”。因护佑汉成帝继位有功，于建始四年（公元前29年）代匡衡为丞相，“天子甚尊任之”。因不满大将军王凤专权，由是结怨。河平四年（公元前25年）发生日食，时任太中大夫的蜀郡人张匡为讨好王凤，借日食劾奏王商，上书诬称王商“不尽忠纳善以辅至德，……执左道以乱政，诬罔悖大臣节，故应是而日蚀”。要求“宜诛讨不忠，以遏未然”。汉成帝一向敬重、信赖王商，也知道张匡佞巧奸诈，上书别有用心，本不想查处治罪，但王凤“固争之”①。迫不得已免去其丞相职务，致使其三日后发病吐血而死。

汉成帝即位数年，一直没有子嗣，身体也不太好。阳朔元年（公元前24年），汉成帝的弟弟定陶王刘康来朝，刘康从小就深受汉元帝的喜爱和器重，还曾打算传位于他。成帝继位之后，一直厚待刘康，“赏赐十倍于它王，不以往事为纤介”。定陶王朝见之后，成帝将其留在长安，“旦夕侍上，上甚亲重”。并暗示一旦自己驾崩，将由他继位。但王凤却视刘康为自己专权的严重威胁，“心不便共王在京师”。这时恰好发生日食，王凤借机上言说：“日蚀，阴盛之象，为非常异。定陶王虽亲，于礼当奉藩在国。今留侍京师，诡正非常，故天见戒。宜遣王之国。”汉成帝只好同意，“共王辞去，上与相对［涕］泣而决”。②

在搬倒丞相王商，挤走定陶王刘康之后，王凤又将矛头指向皇后许氏。许皇后为汉宣帝皇后许平君的侄女，据《汉书·外戚传》载：“后聪慧，善史书，自为妃至即位，常宠于上，后宫希得进见。”“是时，大将军凤用事，威权尤盛。其后，比三年日蚀，言事者颇归咎于凤矣。”③ 为转移舆论攻击的目标，王凤的党羽谷永等人却将责任嫁祸给许皇后，认为“日食地震，

---

① 《汉书》卷八十二《王商传》，第3372—3374页。

② 《汉书》卷九十八《元后传》，第4019页。

③ 《汉书》卷九十七下《外戚传下》，第3974、3982页。

皇后贵妾专宠所致”[①]。即皇后“失德”造成的。又具体分析说：

乃十二月朔戊申，日食婺女之分，地震萧墙之内，二者同日俱发，以丁宁陛下，厥咎不远，宜厚求诸身。意岂陛下志在闺门，未恤政事，不慎举错，娄失中与？内宠大盛，女不遵道，嫉妒专上，妨继嗣与？[②]

谷永为当时之名儒，精通《京氏易》，善言灾异，党附王氏外戚，在攻击许皇后方面不遗余力，“前后所上四十余事，略相反覆，专攻上身与后宫而已。”[③] 汉成帝依据谷永之言责备许皇后曰：“夫以阴而侵阳，亏其正体，是非下陵上，妻乘夫，贱逾贵之变与？”“方外内向，百蛮宾服，殊俗慕义，八州怀德，虽使其怀挟邪意，犹不足忧，又况其无乎？求于夷狄无有，求于臣下无有，微后宫也当，何以塞之？”[④] 先是裁减许皇后的开支用度，后于鸿嘉三年（公元前18年）将其废黜。

王氏外戚集团大权独揽，把持朝政，排斥异己的行为引起一些深受儒家正统思想影响的官员的强烈不满，他们也借日食上书汉成帝，要求抵制王氏外戚，使政权回归到以皇帝为中心的政治架构。

丞相王商被免而死，定陶王离京归藩之后，日食地震仍连年发生。以刚直敢言著称的京兆尹王章“乃奏封事言日蚀之咎”。直言王凤不可重用，应更选忠贤。他指出：

灾异之发，为大臣专政者也。今闻大将军猥归日蚀之咎于定陶王，建遣之国，苟欲使天子孤立于上，专擅朝事以便其私，非忠臣也。且日蚀，阴侵阳、臣专君之咎，今政事大小皆自凤出，天子曾不一举手，凤不内省责，反归咎善人，推远定陶王。且凤诬罔不忠，非一事也。前丞相乐昌侯商本以先帝外属，内行笃，有威重，位历将相，国家柱石臣也，其人守正，不肯诎节随凤委曲，卒用闺门之事为凤所罢，身以忧死，众庶愍之。……凤不可令久典事，宜退使就第，选忠贤以代之。

并推荐琅琊太守冯野王代之。在严重灾异的威慑下，汉成帝亦有所

---

① 《汉书》卷八十五《谷永传》，第3451页。
② 同上书，第3444页。
③ 同上书，第3473页。
④ 《汉书》卷九十七下《外戚传下》，第3977—3978页。

“感寤”。但王凤闻讯后，以辞职相要挟，“称病出就第，上疏乞骸骨”。太后王政君也“闻之为垂涕，不御食”，迫使汉成帝让尚书弹劾王章，“廷尉致其大逆罪”，使其冤死狱中。此后“公卿见凤，侧目而视，郡国守相刺史皆出其门”①，使王氏外戚的权力进一步巩固。

王章死后，又有梅福、刘向等人也借日食向汉成帝上书，揭露、讥讽王氏外戚的专横跋扈。梅福指责王氏外戚集团“势陵于君，权隆于主”，“方今君命犯而主威夺，外戚之权日以益隆，陛下不见其形，愿察其景。建始以来，日食地震，以率言之，三倍春秋，水灾亡与比数。阴盛阳微，……此何景也?”②

刘向作为汉室宗亲，对王氏外戚独断朝纲，挟持皇帝，危及刘氏政权的行为深为担忧。他在奏折中指出：“自建始以来，二十岁间而八食，率二岁六月而一发，古今罕有。”③ 日食发生如此之频繁，主要是因为“外戚贵盛，(王) 凤兄弟用事之咎”④。“大将军秉事用权，五侯骄奢僭盛，并作威福，击断自恣，行污而寄治，身私而托公，依东宫之尊，假甥舅之亲，以为威重。尚书、九卿、州牧、郡守皆出其门，管执枢机，朋党比周。……兄弟据重，宗族磐互。历上古至秦汉，外戚僭贵未有如王氏者也。”⑤

永始、元延年间，日食地震连年发生，“吏民多上书言灾异之应，讥切王氏专政所致”。这在一定程度上也引起了汉成帝的戒心，“上惧变异数见，意颇然之”。⑥ 但王氏集团的支持者、献媚者却极力为王氏开脱。谷永认为：“不可归咎诸舅，及欲以政事过差丞相父子，……槛塞大异，皆瞽说欺天者也。”⑦ 已致仕在家的前丞相张禹为讨好王氏外戚，在回答汉成帝的询问时也认为这些说法都是鄙儒之言，并劝汉成帝“修政事以善应之，与下同福喜，此经义意也。新学小生，乱道误人，宜无信用，以经术断之”。由于张禹是汉成帝的老师，当世大儒，深得成帝的信任，“上雅信爱禹，由此不疑王氏”。⑧ 因此打消了汉成帝的疑虑。

许皇后失宠被废之后，汉成帝又宠幸卫婕妤李平、赵飞燕姐妹。谷永故

---

① 《汉书》卷九十八《元后传》，第4020—4021页。
② 《汉书》卷六十七《梅福传》，第2922页。
③ 《汉书》卷三十六《刘向传》，第1963页。
④ 同上书，第1950页。
⑤ 同上书，第1960页。
⑥ 《汉书》卷八十一《张禹传》，第3351页。
⑦ 《汉书》卷八十五《谷永传》，第3451页。
⑧ 《汉书》卷八十一《张禹传》，第3351页。

技重施，又借日食等天象变异攻击李氏、赵氏。《汉书·谷永传》载，汉成帝“性宽而好文辞，又久无继嗣，数为微行，多近幸小臣，赵、李从微贱专宠，皆皇太后与诸舅夙夜所常忧。至亲难数言，故推永等使因天变而切谏，劝上纳用之”。谷永在上书中曰：

> 又以掖庭狱大为乱阱，榜棰憯于炮格，绝灭人命，主为赵、李报德复怨，反除白罪，建治正吏，多系无辜，掠立迫恐，至为人起责，分利受谢。生入死出者，不可胜数。是以日食再既，以昭其辜。[①]

清人赵翼指出：“成帝柔仁，专任王氏，而国祚遂移。”[②] 由于汉成帝的懦弱无能和姑息纵容，使王氏外戚势力不断坐大，权倾朝野，从王凤、王音、王商到王根，接替辅政，“群弟世权，更持国柄，五将十侯，卒成新都”。[③] 最终为王莽篡汉铺平了道路。

二　日食与王莽重新回朝执政

王莽（公元前45年—公元23年），系汉元帝皇后王政君之侄，但因父亲早逝，最初未得封侯。因此极力讨好、献媚叔父王凤等，“内事诸父，曲有礼意”。在王凤生病时，“莽侍疾，亲尝药，乱首垢面，不解衣带连月”。由此取得王凤的信任，王凤临死前将王莽托付给太后及汉成帝，“拜为黄门郎，迁射声校尉”。[④] 此后步步高升，先被封为新都侯，又迁骑都尉、光禄大夫、侍中，“爵位益尊”。绥和元年（公元前8年），在王莽38岁时，由王根推荐接替自己担任大司马，“拔出同列，继四父而辅政”，从此掌握朝廷的实权。

在汉哀帝继位之后，由哀帝祖母家傅氏和母家丁氏辅政。在傅、丁外戚集团的排挤下，被赶出朝廷，被迫“就国”蛰居6年。但因王莽之前极善伪装，表面上严于律己，躬行节俭，疏财好义，又极力结交当时名士，为自己捞取政治资本。“爵位益尊，节操愈谦。散舆马衣裘，振施宾客，家无所余。收赡名士，交结将相卿大夫甚众。故在位更推荐之，游者为之谈说，虚誉隆洽。”就是当上大司马之后，仍“欲令名誉过前人，遂克己不倦，聘诸

---

① 《汉书》卷八十五《谷永传》，第3465、3460页。

② （清）赵翼著，曹光甫校点：《廿二史札记》，第60页。

③ 《汉书》卷九十八《元后传》，第4035页。

④ 《汉书》卷九十九上《王莽传上》，第4039页。

贤良以为掾史，赏赐邑钱悉以享士，愈为俭约”。[①] 由此得到时人的“赞誉”，落得个“忠直”之名，“公卿大夫多称之者”，在当时拥有极高的社会声望。即使在封地期间，仍有不少官吏替他鸣冤叫屈，“在国三岁，吏上书冤讼莽者以百数”。

朝政在傅、丁外戚及大司马董贤把持下，一片混乱。元寿元年（公元前2年），发生日食，“贤良周护、宋崇等对策深颂莽功德”。在舆论的强大压力下，汉哀帝“于是征莽”[②]。《汉书·元后传》亦载：“贤良对策多讼新都侯莽者，上于是征莽及平阿侯仁还京师侍太后。”[③] 又被重新召回京师。

不久，汉哀帝去世，无子，元后王政君临朝称制，“太皇太后即日驾之未央宫收取玺绶，遣使者驰召莽。诏尚书，诸发兵符节，百官奏事，中黄门、期门兵皆属莽”。迎立年仅九岁的平帝继位，再次任命王莽为大司马，将朝政悉“委政于莽”[④]，又重新掌握刘汉皇朝的实权。

三　日食与东汉时期反对外戚、宦官专权的斗争

东汉和帝之后，外戚、宦官交替专政，为非作歹，荼毒人民，“辜较百姓，与盗贼无异”。[⑤] 东汉政治日益颓败，引起天怒人怨，日食等灾异不断发生。仲长统曾愤恨地指出：

> 权移外戚之家，宠被近习之竖，亲其党类，用其私人，内充京师，外布列郡，颠倒贤愚，贸易选举，疲驽守境，贪残牧民，挠扰百姓，忿怒四夷，招致乖叛，乱离斯瘼。怨气并作，阴阳失和，三光亏缺，怪异数至，虫螟食稼，水旱为灾，此皆戚宦之臣所致然也。[⑥]

外戚、宦官的腐朽黑暗统治导致社会危机不断加深，引起一些正直开明的官僚士大夫们的强烈不满。在天人感应极其浓厚的氛围下，他们以日食为借口和工具，对外戚、宦官集团专权所造成的政治腐败、民不聊生的局面进行猛烈的批评和坚持不懈的抗争。

---

① 《汉书》卷九十九上《王莽传上》，第4040—4041页。
② 同上书，第4043页。
③ 《汉书》卷九十八《元后传》，第4029页。
④ 《汉书》卷九十九上《王莽传上》，第4044页。
⑤ 《后汉书》卷七十八《宦者列传》，第2521页。
⑥ 《后汉书》卷四十九《仲长统传》，第1657页。

年仅十岁的汉和帝即位之初，养母窦太后临朝称制，由母舅窦宪总揽朝政，窦氏外戚集团广树党羽，独霸朝纲，“窦氏父子兄弟并居列位，充满朝廷”。“刺史、守令多出其门。”其弟窦景的奴客都敢仗势“侵陵小人，强夺财货，篡取罪人，妻略妇女”。慑于窦氏外戚的淫威，“有司畏懦，莫敢举奏”。“由是朝臣震慑，望风承旨。”甚至密谋废掉和帝，“遂共图为杀害”。汉和帝随着年龄的增长，对窦氏外戚专权非常不满，又得知窦宪等废立阴谋，“乃与近幸中常侍郑众定议诛之”①。

永元四年（92 年），司徒丁鸿因日食上封事，指责窦宪兄弟的擅权行为：

> 臣闻日者阳精，守实不亏，君之象也；月者阴精，盈毁有常，臣之表也。故日食者，臣乘君，阴陵阳；月满不亏，下骄盈也。昔周室衰季，皇甫之属专权于外，党类强盛，侵夺主势，则日月薄食，故《诗》曰：“十月之交，朔月辛卯，日有食之，亦孔之丑。”《春秋》日食三十六，弑君三十二。变不空生，各以类应。夫威柄不以放下，利器不可假人。览观往古，近察汉兴，倾危之祸，靡不由之。是以三桓专鲁，田氏擅齐，六卿分晋；诸吕握权，统嗣几移；哀、平之末，庙不血食。故虽有周公之亲，而无其德，不得行其势也。

而此次日食，是窦氏兄弟“骄溢背君，专功独行”所致，“背王室，向私门，此乃上威损，下权盛也”。“人道悖于下，效验见于天”，上天已“垂象见戒，以告人君”。因此要求汉和帝“诚宜畏惧，以防其祸”。“宜因大变，改政匡失，以塞天意。”书奏十余日后，汉和帝即以丁鸿“行太尉兼卫尉，屯南、北宫”，并在宦官郑众等人的帮助下，“收窦宪大将军印绶”②。窦宪兄弟被迫自杀，“宪、笃、景到国，皆迫令自杀，宗族、宾客以宪为官者皆免归本郡”。③

汉桓帝即位之初，梁太后临朝，朝廷大权掌握在大将军梁冀手中，梁氏一门“前后七封侯，三皇后，六贵人，二大将军，夫人、女食邑称君者七人，尚公主者三人，其余卿、将、尹、校五十七人”。威权倾朝，“专擅威

① 《后汉书》卷二十三《窦宪传》，第 819 页。

② 《后汉书》卷三十七《丁鸿传》，第 1265—1267 页。

③ 《后汉书》卷二十三《窦宪传》，第 820 页。

柄，凶恣日积，机事大小，莫不咨决之。宫卫近侍，并所亲树，禁省起居，纤微必知。百官迁召，皆先到冀门笺檄谢恩，然后敢诣尚书”。“穷极满盛，威行内外，百僚侧目，莫敢违命，天子恭己而不得有所亲豫。”① 桓帝权力几被架空。时有日食地震之变，诏公卿举贤良方正。荀淑在对策时就“讥刺贵幸”②。延熹元年（158 年），日食，太史令陈授通过小黄门徐璜“陈灾异日食之变”③，将灾变责任归咎于大将军梁冀。

公元 167 年，汉桓帝去世，无子，皇后窦氏定策禁中，迎立章帝玄孙、十二岁的解渎亭侯刘宏即位，是为汉灵帝。桓帝皇后窦太后临朝称制，其父窦武任大将军，封闻喜侯。窦武为窦氏家族中另一支脉，在掌握大权之后苦于宦官势力猖獗，欲联合太傅陈蕃等人密谋剪除宦官，“以清朝廷”。适逢该年五月发生日食，陈蕃对窦武说：“昔萧望之困一石显，近者李、杜诸公祸及妻子，况今石显数十辈乎！蕃以八十之年，欲为将军除害，今可且因日食，斥罢宦官，以塞天变。”窦武入宫禀报窦太后说：“故事，黄门、常侍但当给事省内，典门户，主近署财物耳。今乃使与政事而任权重，子弟布列，专为贪暴。天下匈匈，正以此故。宜悉诛废，以清朝廷。”④ 但因窦太后犹豫不决，坐失良机，致使宦官曹节、王甫、朱瑀等先发动政变，窦武、陈蕃等反被杀害。

光和二年（179 年）四月，日食，“中常侍王甫及太尉段颎并下狱死”⑤。关于中常侍王甫和太尉段颎被处死一事，《后汉书·段颎传》载：

> 颎曲意宦官，故得保其富贵，遂党中常侍王甫。
>
> 光和二年，复代桥玄为太尉。在位月余，会日食自劾，有司举奏，诏收印绶，诣廷尉。时司隶校尉阳球奏诛王甫，并及颎，就狱中诘责之，遂饮鸩死，家属徙边。⑥

《后汉纪·灵帝纪中》又载：

---

① 《后汉书》卷三十四《梁冀传》，第 1183、1185 页。

② 《后汉书》卷六十二《荀淑传》，第 2049 页。

③ 《后汉书》卷三十四《梁冀传》，第 1185 页。

④ 《后汉书》卷六十九《窦武传》，第 2242 页。

⑤ 《后汉书》卷八《灵帝纪》，第 343 页。

⑥ 《后汉书》卷六十五《段颎传》，第 2153—2154 页。

夏四月丙戌，日有蚀之。辛巳，太尉段颎有罪下狱诛。

初，黄门令王甫、大长秋曹节专权任势，颎阿附甫等，尚书令阳球抚髀叹曰："使球为司隶，此等何得尔！"俄而球为司隶，既拜，明日诣阙谢恩，会甫沐下舍，球因奏曰："中常侍、冠军将军王甫奉职多邪，奸以事上，其所弹纠，皆由睚眦。勃海之诛，宋后之废，甫之罪也。太尉段颎以征伐微功，位极人臣，不能竭忠报国，而谄佞幸，宜并诛戮，以示海内。"于是收颎、甫下狱，球亲考之。甫子萌先为司隶，迁永乐少府，亦并见收。……于是球操棰杖之，甫、萌皆前死杖下。①

窦、陈被诛之后，宦官朱瑀先被封为都乡侯，后又更封为华容侯。从光和元年到光和三年（178—180 年），连年发生日食。郎中审忠认为是宦官朱瑀等罪恶所致，遂上书弹劾②：

太傅陈蕃、大将军窦武考其党与，志清朝政。华容侯朱瑀知事觉露，祸及其身，遂兴造逆谋，作乱王室，撞蹋省闼，执夺玺绶，迫胁陛下，聚会群臣，离间骨肉母子之恩，遂诛蕃、武及尹勋等。因共割裂城社，自相封赏。父子兄弟被蒙尊荣，素所亲厚布在州郡，或登九列，或据三司。不惟禄重位尊之责，而苟营私门，多蓄财货，缮修第舍，连里竟巷。盗取御水以作鱼钓，车马服玩拟于天家。群公卿士杜口吞声，莫敢有言。州牧郡守承顺风旨，辟召选举，释贤取愚。故虫蝗为之生，夷寇为之起。天意愤盈，积十余年。故频岁日食于上，地震于下，所以谴戒人主，欲令觉悟，诛锄无状。……瑀之所为，诚皇天所不复赦。

要求汉灵帝"留漏刻之听，裁省臣表，扫灭丑类，以答天怒"，并表示愿意与朱瑀考验，"有不如言，愿受汤镬之诛，妻子并徙，以绝妄言之路"。③

四　借日食提出政治见解和改革建议

在日食发生之后，朝廷常下诏求言，举荐贤良方正及直言极谏者，一些

---

① （东晋）袁宏撰，张烈点校：《两汉纪》（下册），中华书局 2002 年版，第 469 页。

② 《后汉纪 · 灵帝纪中》载："光和三年九月辛酉，日有蚀之。诏群臣上封事，靡有所讳。郎中审忠上书，曰云云。"（东晋）袁宏撰，张烈点校：《两汉纪》（下册），第 471 页。

③ 《后汉书》卷七十八《宦者列传》，第 2526—2527 页。

官吏儒生常借机上书，阐发自己对日食的理解和改良政治的主张。

汉元帝刚即位，就发生日食地震之变，“上问以政治得失”，时任给事中的匡衡上疏认为：“此皆生于赋敛多，民所共者大，而吏安集之不称之效也。”要求汉元帝“宜遂减宫室之度，省靡丽之饰，考制度，修外内，近忠正，远巧佞，放郑卫，进雅颂，举异材，开直言，任温良之人，退刻薄之吏，显絜白之士，昭无欲之路，览六艺之意，察上世之务，明自然之道，博和睦之化，以崇至仁，匡失俗，易民视，令海内昭然咸见本朝之所贵，道德弘于京师，淑问扬乎疆外，然后大化可成，礼让可兴也。”①

汉成帝建始三年（公元前30年），有日食地震之变，杜钦在对策中认为此次日食是因为后宫争宠，其实是讽刺汉成帝荒淫好色，“何以言之？日以戊申蚀，时加未。戊（夫）［未］，土也。土者，中宫之部也。……此必适妾将有争宠相害而为患者，唯陛下深戒之”。建议汉成帝“正后妾，抑女宠，防奢泰，去佚游，躬节俭，亲万事，数御安车，由辇道，亲二宫之饔膳，致晨昏之定省。如此，即尧舜不足与比隆，咎异何足消灭”②。河平元年（公元前28年）四月己亥晦，“日有食之，不尽如钩，在东井六度”。刘向在对策中说：“四月交于五月，月同孝惠，日同孝昭。东井，京师地，且既，其占恐害继嗣。”③

东汉建立之初，光武帝“以二千石长吏多不胜任，时有纤微之过者，必见斥罢，交易纷扰，百姓不宁”。建武六年（30年），有日食之异，执金吾、父城侯朱浮上疏曰：

> 二千石及长吏迫于举劾，惧于刺讥，故争饰诈伪，以希虚誉。斯皆群阳骚动，日月失行之应。夫物暴长者必夭折，功卒成者必亟坏，如摧长久之业，而造速成之功，非陛下之福也。天下非一时之用也，海内非一旦之功也。愿陛下游意于经年之外，望化于一世之后。天下幸甚。

朱浮的建议为光武帝所接受，“自是牧守易代颇简”④。

曲阳令冯衍也因此次日食上书提出八条对策，“其一曰显文德，二曰褒武烈，三曰修旧功，四曰招俊杰，五曰明好恶，六曰简法令，七曰差秩禄，

① 《汉书》卷八十一《匡衡传》，第3337页。

② 《汉书》卷六十《杜钦传》，第2671—2672页。

③ 《汉书》卷二十七下之下《五行志下之下》，第1504页。

④ 《后汉书》卷三十三《朱浮传》，第1141—1142页。

八曰抚边境”。①

永平十八年（75 年）十一月日食，御史中丞马严在上封事中指出此次日食主要是因为“选举不实”、索取贿赂所造成的。“臣闻日者众阳之长，食者阴侵之征。《书》曰：‘无旷庶官，天工人其代之。’言王者代天官人也。故考绩黜陟，以明褒贬。无功不黜，则阴盛陵阳。臣伏见方今刺史太守专州典郡，不务奉事尽心为国，而司察偏阿，取与自己，同则举为尤异，异则中以刑法，不即垂头塞耳，采求财赂。”要求加强对州郡选举制度的管理和监督，“宜敕正百司，各责以事，州郡所举，必得其人。若不如言，裁以法令。……如此，绥御有体，灾眚消矣”。②

汉灵帝光和元年（178 年），有日食之异。尚书卢植在上封事中认为，“间者日食自巳过午，既食之后，云雾晻暧。比年地震，彗孛互见。臣闻汉以火德，化当宽明。近色信谗，忌之甚者，如火畏水故也。案今年之变，皆阳失阴侵，消御灾凶，宜有其道”。并略陈八条应对之策，“一曰用良，二曰原禁，三曰御疠，四曰备寇，五曰修礼，六曰遵尧，七曰御下，八曰散利”。具体来说是指：

用良者，宜使州郡核举贤良，随方委用，责求选举。

原禁者，凡诸党锢，多非其罪，可加赦恕，申宥回枉。

御疠者，宋后家属，并以无辜委骸横尸，不得收葬，疫疠之来，皆由于此。宜敕收拾，以安游魂。

备寇者，侯王之家，赋税减削，愁穷思乱，必致非常，宜使给足，以防未然。

修礼者，应征有道之人，若郑玄之徒，陈明《洪范》，攘服灾咎。

遵尧者，今郡守刺史一月数迁，宜依黜陟，以章能否，纵不九载，可满三岁。

御下者，谓谒希爵，一宜禁塞，迁举之事，责成主者。

散利者，天子之体，理无私积，宜弘大务，蠲略细微。③

清人赵翼在《汉重日食》中认为，汉代学者有关日食的论述，“盖皆圣

① 《后汉书》卷二十八上《冯衍传》，第 977 页。

② 《后汉书》卷二十四《马严传》，第 860 页。

③ 《后汉书》卷六十四《卢植传》，第 2117 页。

贤绪论，期于修德弥灾”。[1] 总的来说，日食占测及其应用与其他灾异理论都是一致的。即“观影以谴形”[2]，通过日食这一最严重的灾异来谴告人君，约束皇权，迫使帝王修德律己，推行仁政，整饬吏治，以缓和社会矛盾，维护社会的稳定。

① （清）赵翼著，曹光甫校点：《廿二史札记》，第37页。

② 《汉书》卷三十《艺文志》，第1765页。

第四章　汉代彗星、流星星占及其政治影响

彗星与流星作为两种较为奇特的星体，在汉代被称为妖星、灾星，在星占学上皆属不祥天象，备受人们的高度关注。其星占占辞以凶兆居多，在汉代的政治生活中也发挥着一定的影响。

第一节　汉代彗星星占及其政治影响

彗星是环绕太阳运行的一种天体，由彗核、彗发和彗尾三部分组成，其构成物质主要为冰和尘埃等。于今而言不过是一种寻常的奇异天象，虽然在民间还存在有将克妨丈夫、于家不利的女子诬称为“扫帚星”的陋俗，与人事没有必然的内在联系。在天人感应和阴阳灾异思想极其盛行的汉代社会，彗星与日食、地震一起被并列为三大最严重的灾异①，在汉代的社会政治运作中发挥着极其重要的作用。国内外学者虽对此问题或是从自然科学的角度②，或是从扫帚星信仰习俗及占卜的角度③进行了一定程度的探究，但

---

① 《后汉书·光武帝纪》李贤注引范晔《序例》云：“帝纪略依《春秋》，唯孛彗、日食、地震书，余悉备于志。”《后汉书》卷一上《光武帝纪上》，第 39 页。

② 有关这方面的研究成果主要有：周晓陆：《汉代彗星图象简论——为迎接“哈雷彗星”而作》，《东南文化》1985 年第 1 期；［法］戴明德：《关于中国史料中某些“奇异”天象的解释——彗星的记录》，参见杜石然主编《第三届国际中国科学史讨论会论文集》，科学出版社 1990 年版，第 80—86 页；邓可卉：《对中国古代关于彗星认识的研究》，《内蒙古师范大学学报》（自然科学版）1996 年第 1 期；卢仙文：《中国古代彗星记录的证认》，《天文学进展》2000 年第 1 期。

③ 有关这方面的研究成果主要有：Michale Loewe（中文译名：鲁惟一）：《*The Han view of comets*》（《汉代的彗星观》），*Bulletin of the Museum of Far Eastern Antiquities*，52，1 - 31，1980；杨琳：《中国古代的扫帚星信仰》，参见［日］石塚晴通编，唐炜译：《敦煌学·日本学》（续编），上海辞书出版社 2013 年版，第 219—237 页；陈敏学：《秦汉时期的彗星占卜探析》，《唐都学刊》2017 年第 1 期。

对彗星及其星占占辞对汉代政治的特殊影响尚缺乏专门的考论。

西汉后期著名的星占家谷永指出："彗星，极异也。"[①] 彗星星占是汉代星占学的重要组成部分，在特殊的时代背景和思想氛围下，彗星的出现与当时的社会政治神秘地联系在一起，在个别重大政治事件中甚至还起着支配性作用，是研究汉代思想史和天文星占学无法回避的一个问题，因此非常有必要进行专门的探讨。

一 汉代彗星出现的状况及时人的认知

中国是世界上最早观测、记录彗星的国家。据考证，在甲骨文中就有关于彗星的记载[②]。在两汉时期，由于天人感应和阴阳灾异思想的影响，对彗星的观测和记录极其重视，给我们留下了丰富而完整的彗星记录资料。当时的人们还探索总结出"候彗星之法"。《开元占经》卷八十八《彗星占上》引《黄帝占》曰：

> 候彗星之法，当以五寅之日视瓮水中，见两方气在日旁，则彗将出矣。其与北斗之星各有所主，乃视气之五色相象而定之。其彗星之出，以寅日见日旁，有青方气在日旁，此岁星之精，将欲为彗。以寅日见赤方气在日旁，此荧惑之精将为彗。各以五色气候之，是则五星将欲为彗之变。先见其气，后见其彗。[③]

（一）汉代彗星出现的状况

关于两汉时期彗星出现的状况，陈遵妫先生在其《中国天文学史》（第三册）《中国古彗星表》中的统计为74次[④]，其中收录有汉吕后三年（公元前185年）秋和六年（公元前182年）春的两次"星昼见"，不能确定就是彗星[⑤]。北京天文台主编的《中国古代天象记录总集》收录两汉文献中关于

---

① 《汉书》卷八十五《谷永传》，第3468页。

② 详见平心《商代彗星的发现》，《文汇报》（上海）1962年8月7日；徐振韬、蒋窈窕：《殷商彗星记事考》，《自然科学史研究》1993年第3期；雷春辉、蒋媛媛：《甲骨文"彗星"异名考辨》，《宁夏大学学报》（人文社会科学版）2015年第2期。

③ （唐）瞿昙悉达：《开元占经》，第877页。

④ 陈遵妫：《中国天文学史》（第三册），上海人民出版社1984年版，第1102—1109页。

⑤ 北京天文台主编的《中国古代天象记录总集》就未将这两次"星昼见"收录。

彗星的记载共85条①，但多有重复收录部分。经笔者结合两汉文献的仔细统计与核实，两汉时期共出现彗星76次，其中前汉39次（含新莽时期2次），后汉时期37次。详见表四。

彗星因形状奇特较早地为人们所关注并进行长期认真的观测和记录。1973年，在长沙马王堆三号汉墓出土的帛书中绘有各式彗星图29幅，席泽宗先生称之为“世界上关于彗星形态的最早著作”。除去名称相同者之外，共出现彗星名称19个，分别是赤灌、白灌、天箾、毚、彗星、蒲彗、秆彗、厉彗、帚彗、竹彗、蒿彗、苫彗、苫发彗、甚（椹）星、廧（牆）星、抐（内）星、蚩尤旗和翟星②，其中与《晋书·天文志中》所引京房《风角书·集星章》中所列35种妖星名称相同的有8个，分别是白雚、天欃、帚星、竹彗、天蒿、牆星、蚩尤旗和天翟③。

图一　长沙马王堆汉墓帛书彗星图（摹本）④

按马王堆汉墓为西汉初期长沙国丞相、轪侯利仓及其家属的墓葬，三号墓下葬的时间据考证在汉文帝前元十二年（公元前168年），这些名称、形状繁多的彗星当然不可能是同一时期人们的观测和记录，所以冯时先生认

① 北京天文台主编：《中国古代天象记录总集》，江苏科学技术出版社1988年版，第384—392页。

② 席泽宗：《马王堆汉墓帛书中的彗星图》，《文物》1978年第2期。

③ 《晋书》卷十二《天文志中》第327页。

④ 取自席泽宗《马王堆汉墓帛书中的彗星图》，《文物》1978年第2期（其中3天箾图不清，21图文均不清没有列出）。

为，这幅彗星图“无疑应是古人一代代地对彗星观测记录的总结”，是“千百年来人们对于彗星的探索成果。”①

（二）两汉文献所见的主要彗星

马王堆三号汉墓帛书彗星图所录的彗星名称大部分并不见于两汉文献，从《史记》《汉书》《后汉书》等汉代文献的记载来看，常见且对汉代政治影响较大的彗星名称主要有：星孛、彗星、长星、蓬星、蚩尤旗、星茀、客星及天欃等。

《汉书·文帝纪》载：汉文帝前元八年（公元前172年），“有长星出于东方”。颜师古注引文颖曰：“孛、彗、长三星，其占略同，然其形象小异。孛星光芒短，其光四出蓬蓬孛孛也。彗星光芒长，参参如埽彗。长星光芒有一直指，或竟天，或十丈，或三丈，或二丈，无常也。”②

孛星（或星孛）与彗星本是同星而异名，只是在光芒长短方面稍有差异，故在先秦两汉文献中常常是二名互用。《春秋》载，鲁文公十四年（公元前613年）七月，“有星孛入于北斗”。《公羊传》解释曰：“孛者何？彗星也。”③ 昭公十七年（公元前525年）冬，“有星孛于大辰”，哀公十三年（公元前482年）十一月，“有星孛于东方”，解释完全相同。《开元占经》卷八十八《彗星占上》引董仲舒曰：“孛星者，彗星之属也。偏指曰彗，芒气四出曰孛。”④ 在《后汉书》中，《天文志》有12次记载为彗星，而在《帝纪》中则记为“星孛”。

长星，也是彗星的别称。戴明德指出，长星和彗星的区别“有如我们今天所说的‘长虫’和‘蛇’”⑤。汉武帝建元六年（公元前135年）八月的一次彗星，《汉书·武帝纪》记为：“有星孛于东方，长竟天。”⑥《五行志》记为：“长星出于东方，长终天，三十日去。”⑦

蓬星，仅在《汉书·天文志》中有两条记载，一次发生在汉景帝中元三年（公元前147年）六月，“蓬星见西南，在房南，去房可二丈，大如二

① 冯时：《星汉流年——中国天文考古录》，四川教育出版社1996年版，第106页。

② 《汉书》卷四《文帝纪》，第122页。

③ （东汉）何休解诂，（唐）徐彦疏：《春秋公羊传注疏》，上海古籍出版社2014年版，第527页。

④ （唐）瞿昙悉达：《开元占经》，第879页。

⑤ ［法］戴明德：《关于中国史料中某些“奇异”天象的解释——彗星的记录》。参见杜石然主编《第三届国际中国科学史讨论会论文集》，科学出版社1990年版，第84页。

⑥ 《汉书》卷六《武帝纪》，第160页。

⑦ 《汉书》卷二十七下之下《五行志下之下》，第1517页。

斗器，色白；癸亥，在心东北，可长丈所；甲子，在尾北，可六丈；丁卯，在箕北，近汉，稍小，且去时，大如桃。壬申去，凡十日”。一次发生在汉昭帝始元年间，“蓬星出西方天市东门，行过河鼓，入营室中”。[①]《晋书·天文志中》将其列为二十一颗“妖星”之一，“十八曰蓬星，大如二斗器，色白，一名王星。状如夜火之光，多至四五，少一二”。[②]

蚩尤旗，名称最早见于《吕氏春秋·明理篇》：“有其状若众植华以长，黄上白下，其名蚩尤之旗。”[③]《史记·天官书》描述为“蚩尤之旗，类彗而后曲，象旗”[④]。在两汉文献中，蚩尤旗共出现三次。《汉书·武五子传》：汉武帝建元六年（公元前135年），“蚩尤之旗见，其长竟天”。[⑤] 元光、元狩年间，“蚩尤之旗再见，长则半天”。[⑥] 汉献帝初平二年（191年）九月，“蚩尤旗见于角、亢”。[⑦]《后汉书·天文志下》又载：“孝献初平（三）[二] 年九月，蚩尤旗见，长十余丈，色白，出角、亢之南。”[⑧]

星茀，与星孛仅是书写上的不同，意义并无差别。在华夫主编的《中国古代名物大典》“星茀”条解释道：“即孛星，茀同‘孛’。”[⑨] 故在文献中有时彗茀连用。《汉书·李寻传》：“政急则出蚤，政缓则出晚，政绝不行则伏不见而为彗茀。”颜师古注：“茀与孛同。”[⑩] 又《史记·天官书》载：“朝鲜之拔，星茀于河戍；兵征大宛，星茀招摇。”司马贞索隐曰：“即孛星也。”[⑪]

客星，首见于《汉书·天文志》，汉武帝元光元年（公元前134年）六月，“客星见于房”[⑫]。客星是中国古代对天空中新出现星的统称，主要包括新星、超新星及彗星等。在晋之前，由于对彗星的记录较为简略，客星与彗星常常相混，唐代天文学家李淳风在撰写《晋书》和《隋书》“天文志”时才将客星单独另立一类。根据《汉书》和《后汉书》，两汉时期共有37个年份出现客星，其中有16次被《中国古代天象记录总集》记录在“彗

---

① 《汉书》卷二十六《天文志》，第1304—1306页。
② 《晋书》卷十二《天文志中》，第325页。
③ 《吕氏春秋·明理》，第358页。
④ 《史记》卷二十七《天官书》，第1592页。
⑤ 《汉书》卷六十三《武五子传》，第2770页。
⑥ 《史记》卷二十七《天官书》，第1606页。
⑦ 《后汉书》卷九《献帝纪》，第371页。
⑧ 《后汉书》志十二《天文志下》，第3260页。
⑨ 华夫主编：《中国名物大典》，济南出版社1993年版，第92页。
⑩ 《汉书》卷七十五《李寻传》，第3187页。
⑪ 《史记》卷二十七《天官书》，第1606—1607页。
⑫ 《汉书》卷二十六《天文志》，第1305页。

星”条目之中。一般而言，“记录中述及移动、有尾巴的是彗星，没有这样特征的疑为新星超新星”。①

天欃，其名称亦首见于《吕氏春秋·明理篇》，“其星有荧惑，有彗星，有天棓，有天欃，……”陈奇猷先生在注释中引范耕研曰：“彗星、天棓、天欃……皆彗星也。以形状不同，各赋以异名也。”②《尔雅·释天》曰：“彗星为欃枪。”③ 在马王堆汉墓帛书彗星图中，亦有“毚出，邦亡”④。天欃在两汉文献中仅出现一次，《汉书·天文志》载，汉文帝后元二年（公元前162年）正月壬寅，“天欃夕出西南”⑤。《史记·天官书》在叙述岁星（即木星）运行时说：“其失次舍以下，……三月生天欃，长四丈，末兑。”张守节正义曰：“天欃者，在西南，长四丈，锐。”⑥

基于天人感应理论和阴阳灾异学说，汉代的星占家们认真地观察彗星，详细地记录其出现的时日、方位、颜色、运行轨迹及首尾指向，更多地是关注其星占意义而非科学价值。

表四 **汉代彗星表**

序号	出现时间	出现状况	文献出处
1	汉高祖三年七月	有星孛大角，旬余乃入	《汉书·五行志下之下》⑦
2	汉文帝八年	有长星出于东方	《汉书·文帝纪》
3	汉文帝后元七年九月	有星孛于西方，其本直尾、箕，末指虚、危，长丈余，及天汉，十六日不见	《汉书·五行志下之下》
4	汉景帝二年八月	彗星出东北	《史记·景帝本纪》
5	汉景帝二年冬十二月	有星孛于西南	《汉书·景帝纪》
6	汉景帝三年正月乙巳	长星出西方	《史记·景帝本纪》
7	汉景帝中元（三）［二］年三月丁酉	彗星夜见西北，色白，长丈，在觜觿，且去益小，十五日不见	《汉书·天文志》
8	汉景帝中元二年四月	有星孛于西北	《汉书·景帝纪》

① 刘次沅：《两汉魏晋天象记录统计分析》，《时间频率学报》2015年第3期。

② 《吕氏春秋·明理》，第358、367页。

③ 管锡华译注：《尔雅》，中华书局2014年版，第407页。

④ 席泽宗：《马王堆汉墓帛书中的彗星图》，《文物》1978年第2期。

⑤ 《汉书》卷二十六《天文志》，第1303页。

⑥ 《史记》卷二十七《天官书》，第1571页。

⑦ 凡《帝纪》与《五行志》《天文志》记载同一彗星者，皆以《五行志》《天文志》为主。

续表

序号	出现时间	出现状况	文献出处
9	汉景帝中元（三）［二］年六月壬戌	蓬星见西南，在房南，去房可二丈，大如二斗器，色白；癸亥，在心东北，可长丈所；甲子，在尾北，可六丈；丁卯，在箕北，近汉，稍小，且去时，大如桃	《汉书·天文志》
10	汉景帝中元三年三月	彗星出西北	《史记·景帝本纪》
11	汉景帝中元三年九月	有星孛于西北	《汉书·景帝纪》
12	汉武帝建元三年三月	有星孛于注、张，历太微，干紫宫，至于天汉	《汉书·天文志》
13	汉武帝建元三年四月	有星孛于天纪，至织女	《汉书·天文志》
14	汉武帝建元三年七月	有星孛于西北	《汉书·武帝纪》
15	汉武帝建元四年九月	有星孛于东北	《汉书·武帝纪》
16	汉武帝建元六年六月	有星孛于北方	《汉书·五行志下之下》
17	汉武帝建元六年八月	长星出于东方，长终天，三十日去	《汉书·五行志下之下》
18	汉武帝元狩三年春	有星孛于东方	《汉书·武帝纪》
19	汉武帝元狩四年春	有星孛于东北	《汉书·武帝纪》
20	汉武帝元狩四年四月	长星又出西北	《汉书·五行志下之下》
21	汉武帝元封元年五月	有星孛于东井，又孛于三台	《汉书·五行志下之下》
22	汉武帝元封中	星孛于河戍	《汉书·天文志》
23	汉武帝太初中	星孛于招摇	《汉书·天文志》
24	汉昭帝后元二年七月	有星孛于东方	《汉书·昭帝纪》
25	汉昭帝始元三年二月	有星孛于西北	《汉书·昭帝纪》
26	汉昭帝始元中	蓬星出西方天市东门，行过河鼓，入营室中	《汉书·天文志》
27	汉宣帝地节元年正月	有星孛于西方，去太白二丈所	《汉书·五行志下之下》
28	汉宣帝地节元年六月戊戌甲夜	客星又居左右角间，东南指，长可二尺，色白	《汉书·天文志》
29	汉宣帝地节元年六月丙寅	又有客星见贯索东北，南行，至七月癸酉夜入天市，芒炎东南指，其色白	《汉书·天文志》

续表

序号	出现时间	出现状况	文献出处
30	汉宣帝神爵元年六月	有星孛于东方	《汉书·宣帝纪》
31	汉宣帝黄龙元年三月	客星居王梁东北可九尺，长丈余，西指，出阁道间，至紫宫	《汉书·天文志》
32	汉元帝初元二年五月	客星见昴分，居卷舌东可五尺，青白色，炎长三寸	《汉书·天文志》
33	汉元帝初元五年四月	彗星出西北，赤黄色，长八尺所，后数日长丈余，东北指，在参分	《汉书·天文志》
34	汉成帝建始元年正月	有星孛于营室，青白色，长六七丈，广尺余	《汉书·五行志下之下》
35	汉成帝元延元年七月辛未	有星孛于东井，践五诸侯，出河戍北率行轩辕、太微，后日六度有余，晨出东方。十三日夕见西方，犯次妃、长秋、斗、填，蠭炎再贯紫宫中。大火当后，达天河，除于妃后之域。南逝度犯大角、摄提，至天市而按节徐行，炎入市，中旬而后西去，五十六日与仓龙俱伏	《汉书·五行志下之下》
36	汉哀帝建平二年二月	彗星出牵牛七十余日	《汉书·天文志》
37	汉哀帝建平三年三月	有星孛于河鼓	《汉书·哀帝纪》
38	王莽始建国五年十一月	彗星出，二十余日，不见	《汉书·王莽传中》
39	王莽地皇三年十一月	有星孛于张，东南行五日不见	《后汉书·天文志上》
40	光武帝建武十五年正月丁未	彗星见昴，稍西北行入营室，犯离宫，三月乙未，至东壁灭，见四十九日	《后汉书·天文志上》
41	光武帝建武三十年闰四月甲午	水在东井二十度，生白气，东南指，炎长五尺，为彗，东北行，至紫宫西藩止，五月甲子不见，凡见三十一日	《后汉书·天文志上》

续表

序号	出现时间	出现状况	文献出处
42	光武帝建武三十一年十月己亥	又七（日）［星］间有客星，炎二尺所，西南行，至明年二月二十二日，在舆鬼东北六尺所灭，凡见百一十三日	《后汉书·天文志上》
43	汉明永平三年六月丁卯	彗星出天船北，长二尺所，稍北行至亢南，（百）［见］三十五日去	《后汉书·天文志中》
44	汉明永平四年八月辛酉	客星出梗河，西北指贯索，七十日去	《后汉书·天文志中》
45	汉明永平八年六月壬午	长星出柳、张三十七度，犯轩辕，刺天船，陵太微，气至上陛，凡见五十六日去	《后汉书·天文志中》
46	汉明永平九年正月戊申	客星出牵牛，长八尺，历建星至房南，灭见至五十日	《后汉书·天文志中》
47	汉明永平十四年正月戊子	客星出昴，六十日，在轩辕右角稍灭	《后汉书·天文志中》
48	汉明永平十八年六月己未	彗星出张，长三尺，转在郎将，南入太微，皆属张	《后汉书·天文志中》
49	汉章帝建初元年八月庚寅	彗星出天市，长二尺所，稍行入牵牛三度，积四十日稍灭	《后汉书·天文志中》
50	汉章帝建初二年十二月戊寅	彗星出娄三度，长八九尺，稍入紫宫中，百六日稍灭	《后汉书·天文志中》
51	汉章帝元和（元）［二］年四月丁巳	客星晨出东方，在胃八度，长三尺，历阁道入紫宫，留四十日灭	《后汉书·天文志中》
52	汉和帝永元十二年十一月癸酉	夜有苍白气，长三丈，起天园，东北指军市，见积十日	《后汉书·天文志中》
53	汉和帝永元十六年四月丁未	紫宫中生白气如粉絮。戊午，客星出紫宫西行至昴，五月壬申灭	《后汉书·天文志中》
54	汉安帝永初三年十二月	彗星起天菀南，东北指，长六七尺，色苍白	《后汉书·天文志中》

续表

序号	出现时间	出现状况	文献出处
55	汉安帝永初四年六月甲子	客星大如李，苍白，芒气长二尺，西南指上阶星	《后汉书·天文志中》
56	汉安帝元初三年十一月甲午	客星见西方，己亥在虚、危，南至胃、昴	《后汉书·天文志中》
57	汉顺帝永建元年二月甲午	有客星气象彗孛，历天市、梗河、招摇、枪、棓，十六日入紫宫，迫北辰，十七日复过文昌、泰陵，至天船、积水间，稍微不见	《后汉书·天文志中》注引《李氏家书》
58	汉顺帝永建六年十二月壬申	客星芒气长二尺余，西南指，色苍白，在牵牛六度	《后汉书·天文志中》
59	汉顺帝阳嘉元年闰月戊子	客星气白，广二尺，长五丈，起天菀西南	《后汉书·天文志中》
60	汉顺帝永和六年二月丁巳	彗星见东方，长六七尺，色青白，西南指营室及坟墓星。丁丑，彗星在奎一度，长六尺，癸未昏见，西北历昴、毕，甲申，在东井，遂历舆鬼、柳、七星、张，光炎及三台，至轩辕中灭	《后汉书·天文志中》
61	汉桓帝建和三年八月乙丑	彗星芒长五尺，见天市中，东南指，色黄白，九月戊辰不见	《后汉书·天文志下》
62	汉桓帝延熹四年五月辛酉	客星在营室，稍顺行，生芒长五尺所，至心一度，转为彗	《后汉书·天文志下》
63	汉灵帝光和元年八月	彗星出亢北，入天市中，长数尺，稍长至五六丈，赤色，经历十余宿，八十余日，乃消于天菀中	《后汉书·天文志下》
64	汉灵帝光和三年冬	彗星出狼、弧，东行至于张乃去	《后汉书·天文志下》

续表

序号	出现时间	出现状况	文献出处
65	汉灵帝光和五年七月	彗星出三台下，东行入太微，至太子、幸臣，二十余日而消	《后汉书·天文志下》
66	汉灵帝中平五年二月	彗星出奎，逆行入紫宫，后三出，六十余日乃消	《后汉书·天文志下》
67	汉灵帝中平五年六月丁卯	客星如三升椀，出贯索，西南行入天市，至尾而消	《后汉书·天文志下》
68	汉献帝初平（三）［二］年九月	蚩尤旗见，长十余丈，色白，出角、亢之南	《后汉书·天文志下》
69	汉献帝初平四年十月	孛星出两角间，东北行入天市中而灭	《后汉书·天文志下》
70	汉献帝建安五年十月辛亥	有星孛于大梁，冀州分也	《后汉书·天文志下》
71	汉献帝建安九年十一月	有星孛于东井舆鬼，入轩辕太微	《后汉书·天文志下》
72	汉献帝建安十一年正月	星孛于北斗，首在斗中，尾贯紫宫，及北辰	《后汉书·天文志下》
73	汉献帝建安十二年十月辛卯	有星孛于鹑尾	《后汉书·天文志下》
74	汉献帝建安十七年十二月	有星孛于五诸侯	《后汉书·天文志下》
75	汉献帝建安二十二年冬	有星孛于东北	《后汉书·献帝纪》
76	汉献帝建安二十三年三月	孛星晨见东方二十余日，夕出西方，犯历五车、东井、五诸侯、文昌、轩辕、后妃、太微，锋炎指帝坐	《后汉书·天文志下》

二　汉代彗星星占的内涵及象征意义

彗星在古人眼中是一种极其反常的天文现象，神出鬼没，变幻莫测，形状多变，毫无规律可循，因此，无论世界的东方或是西方，都把彗星的出现视为大凶之兆。两汉时期，对彗星占辞的阐释及其象征意义在继承先秦的基础上，随着天人感应思想的泛滥和星占学的发展而不断地丰富与完善，并以重大的政治、社会事件作为“事应”，由此奠定其后关于彗星星占理论的基本架构。

彗星在星占学上为妖星[①]。董仲舒认为："孛者恶气之所生也。谓之孛者，言其孛孛有所防蔽，闇乱不明之貌也。"[②]

刘向在《鸿范传》中亦曰：

> 孛星者，非孛星，恶气之所生也。内不有大乱，则外有大兵。其所以孛孛暖暖者，乱之象也。不明之表，又参然孛焉，兵之类也。故圣人名曰孛。孛者，犹有所妨蔽，有所伤害也。[③]

《春秋元命苞》曰："凡天象之变异，皆本于人事之所感，故逆气成象，妖星见焉。"[④] 汉代人认为，彗星是由恶气所生成的一种气体，不是内有大乱，就是外有大兵。所以，凡彗星所占，基本上皆为凶事。当然，不同的彗星所兆示的灾变也是不同的，就是同一颗彗星有时也可能预示着几种灾变。

综合两汉文献，关于彗星的星占占辞及象征意义主要有以下六个方面。

（一）除旧布新的象征

这是自先秦以来就极其盛行的传统观点，也是中国古代星占学对彗星象征意义最基本的解释。

《左传·昭公十七年》载："冬，有星孛于大辰，西及汉。"鲁国大夫申须曰："彗所以除旧布新也。天事恒象，今除于火，火出必布焉，诸侯其有火灾乎？"[⑤]《左传·昭公二十六年》载："齐有彗星，齐侯使禳之。"晏子反对这种做法，他说："无益也，只取诬焉。天道不谄，不贰其命，若之何禳之？且天之有彗也，以除秽也。君无秽德，又何禳焉？若德之秽，禳之何损？"[⑥]"除秽"，在意思上接近除旧。

彗星之所以具有除旧布新的象征意义，当然是从其形状附会、引申而来。彗，即扫帚，《说文》曰："扫竹也。"[⑦] 所以民间又将彗星俗称之为扫帚星。《黄帝占》曰："彗星者，所以除旧布新，扫灭凶秽，其象若竹彗树

---

① 《汉书》卷一上《高帝纪上》注引李奇曰："孛，彗类也，是谓妖星。"第42页。

② 《汉书》卷二十七下之下《五行志下之下》，第1511页。

③ （唐）瞿昙悉达：《开元占经》，第879页。

④ ［日］安居香山、中村璋八辑：《纬书集成》，第654页。

⑤ 《左传·昭公十七年》，第1390页。

⑥ 《左传·昭公二十六年》，第1479页。

⑦ （东汉）许慎：《说文解字》，中华书局1963年版，第64页。

木枝条。”[①]《释名·释天》曰：“彗星，光梢似彗也。”[②] 扫帚为除尘、清扫垃圾之工具，故在星占学上彗星成为除旧布新的象征。

该观点亦为汉代星占家所广泛采用。在《史记》《汉书》《后汉书》中多次提到彗星“除旧布新”的占辞。如汉哀帝建平二年（公元前 5 年）二月，“彗星出牵牛七十余日”。《汉书·天文志》引传曰：“彗所以除旧布新也。牵牛、日、月、五星所从起，历数之元，三正之始。彗而出之，改更之象也。其出久者，为其事大也。”[③] 汉献帝建安二十三年（218 年）三月，“孛星晨见东方二十余日，夕出西方，犯历五车、东井、五诸侯、文昌、轩辕、后妃、太微，锋炎指帝坐”。《后汉书·天文志下》引占辞曰：“除旧布新之象也。”[④] 都没有指明具体的占书，说明这是汉代星占学一致的观点。

（二）改朝换代的征兆

这是彗星“除旧布新”象征意义在政治上的延伸。汉代星占学著作尤其是纬书都直接把彗星的出现与天命转移、改朝换代、江山易主相联系。

文颖注《汉书》曰：“大法：孛、彗星，多为除旧布新，改易君上。”[⑤]

《河图帝览嬉》曰：“彗星出帝座，大臣为乱。守之不去，贵人有变更政令。”[⑥]

《春秋演孔图》曰：“彗星东出，长八丈，天下更政。”“彗星守北斗，天帝谋易王。”“彗星贼起入大辰，天帝谋易王。”[⑦]

《开元占经》卷八十八《彗星占上》引刘向《鸿范传》曰：“彗星者，天所以去无道而建有德也。”又引郗萌曰：“彗星出东方，长八九丈，名勉功。勉功出，天下更政。”卷八十九《彗星占中》引《黄帝占》曰：“彗星出参伐，天子更政。”[⑧]

汉高祖三年（公元前 204 年）七月，“有星孛于大角，旬余乃入”。刘向认为这是汉兴楚亡的征兆。“是时项羽为楚王，伯诸侯，而汉已定三秦，

---

① （唐）瞿昙悉达：《开元占经》，第 880 页。

② （东汉）刘熙撰，（清）毕沅疏证，王先谦补：《释名疏证补》，中华书局 2008 年版，第 21 页。

③ 《汉书》卷二十六《天文志》，第 1312 页。

④ 《后汉书》志十二《天文志下》，第 3262 页。

⑤ 《汉书》卷四《文帝纪》所引文颖注无“改易君上”四字，在此以《开元占经》卷八十八《彗星占上》补。参见《开元占经》，第 878 页。

⑥ ［日］安居香山、中村璋八辑：《纬书集成》，第 1142 页。

⑦ 赵在翰辑，钟肇鹏、萧文郁点校：《七纬》，第 385 页。

⑧ （唐）瞿昙悉达：《开元占经》，第 881、884、898 页。

与羽相距荥阳，天下归心于汉，楚将灭，故彗除王位也。”[①] 大角星为二十八宿之首，《史记·天官书》：“大角者，天王帝廷。”[②] 在人间为君主或皇位的象征，故在汉代文献中多次提到此次星象，以增强刘汉政权的神圣性与合法性。建平二年（公元前5年），“彗星出牵牛七十余日”，汉哀帝接受夏贺良等人的建议：“改元易号，增漏刻。”将建平二年改为“太初元年，号曰陈圣刘太平皇帝，漏刻以百二十为度”。但仍难挽救西汉灭亡的命运，“其后卒有王莽篡国之祸”[③]。

汉献帝建安九年（204年）十一月，“有星孛于东井舆鬼，入轩辕太微”。建安十一年（206年）正月，又有“星孛于北斗，首在斗中，尾贯紫宫，及北辰”。因太微是“权政所在”，为天子与大臣处理朝政之所，彗星犯太微，也意味着朝代更迭。司马彪引占辞曰：“彗星扫太微宫，人主易位。”[④] 及前文所引建安二十三年（218年）“孛星晨见东方二十余日”等都被视为魏文帝受禅的预兆。所以，太史丞许芝等在劝谏曹丕称帝时亦用“建安十年，彗星先除紫微，二十三年，复扫太微”这两次星象论证这是曹魏代汉的“受命易姓之符”[⑤]。

（三）帝王死亡

当彗星侵犯紫宫、太微、北斗、房、心等与帝王有关的星宿时，都是犯人君之象，预示着帝王的死亡。

在先秦时期，就已将彗星的出现与君主死亡相联系。鲁文公十四年（公元前613年），“有星孛入于北斗”。周内史叔服曰：“不出七年，宋、齐、晋之君，皆将死乱。”杜预注：“后三年宋弑昭公，五年齐弑懿公，七年晋弑灵公。”[⑥]

在此，叔服只是说出事应并未阐述二者之间的内在关系。汉儒则从不同的角度对此次彗星出现进行深度的分析和解读。董仲舒认为：“北斗，大国象。后齐、宋、鲁、莒、晋皆弑君。”刘向认为：“君臣乱于朝，政令亏于外，则上浊三光之精，五星赢缩，变色逆行，甚则为孛。北斗，人君象；孛星，乱臣类，篡杀之表也。”刘歆则认为：“北斗有环域，四星入其中也。

① 《汉书》卷二十七下之下《五行志下之下》，第1516页。

② 《史记》卷二十七《天官书》，第1548页。

③ 《汉书》卷二十六《天文志》，第1312页。

④ 《后汉书》志十二《天文志下》，第3261页。

⑤ 《三国志》卷二《魏书·文帝纪》裴松之注，第64页。

⑥ 《左传·文公十四年》，第604页。

斗，天之三辰，纲纪星也。宋、齐、晋，天子方伯，中国纲纪。彗所以除旧布新也。斗七星，故曰不出七年。至十六年，宋人弑昭公；十八年，齐人弑懿公；宣公二年，晋赵穿弑灵公。”①

汉代彗星星占占辞中，多有与帝王死亡相关的内容。

《易纬》曰：“彗星守大辰，东方之疫，天子亡。”②

《春秋纬》曰：“彗星入枢，期八年，五伯起，帝王亡。”③

《荆州占》曰：“五彗俱出，天下兵起，人主亡。”“彗星孛大角，人主亡。”④

《洛书甄曜度》曰：“彗星守房，天下有丧，戴麻锵锵，天子亡，不出三年。”⑤

《春秋演孔图》曰：“彗星守房心，天下有丧。一曰天子亡，一曰大人忧。”⑥

《春秋运斗枢》曰：“彗孛出，若干太微，法式灭，帝死于野。”“孛星守心，主位分，大臣谋上，天子凶。”⑦

《汉书》和《后汉书》的“天文志”中记载有多个彗星出现预示帝王死亡的事例。

《汉书·天文志》载，汉宣帝黄龙元年（公元前49年）三月，“客星居王梁（良）东北可九尺，长丈余，西指，出阁道间，至紫宫”。当年十二月，“宫车晏驾”⑧。

光武帝建武三十年（54年）闰月甲午，“水在东井二十度，生白气，东南指，炎长五尺，为彗，东北行，至紫宫西藩止，五月甲子不见，凡见三十一日”。根据占书，“白气为丧，有炎作彗，彗所以除秽。紫宫，天子之宫，彗加其藩，除宫之象”。后三年，“光武帝崩”。⑨

汉明帝永平十八年（75年）六月，“彗星出张，长三尺，转在郎将，

① 《汉书》卷二十七下之下《五行志下之下》，第1511—1512页。

② ［日］安居香山、中村璋八辑：《纬书集成》，第335页。

③ （清）赵在翰辑，钟肇鹏、萧文郁点校：《七纬》，第670页。

④ （唐）瞿昙悉达：《开元占经》，第886、903页。

⑤ ［日］安居香山、中村璋八辑：《纬书集成》，第1268页。

⑥ （清）赵在翰辑，钟肇鹏、萧文郁点校：《七纬》，第385页。

⑦ 同上书，第507页。

⑧ 《汉书》卷二十六《天文志》，第1309页。此次“客星”，《汉书·宣帝纪》记为：“三月，有星孛于王良、阁道，入紫宫。”（第247页）

⑨ 《后汉书》志十《天文志上》，第3223页。

南入太微，皆属张”。张宿于分野为周地，即都城洛阳，太微为“天子廷”，“彗星犯之为兵丧”。该年八月，“孝明帝崩”①。

汉顺帝永和六年（141 年）二月丁巳，“彗星见东方，长六七尺，色青白，西南指营室及坟墓星。丁丑，彗星在奎一度，长六尺，癸未昏见，西北历昴、毕，甲申，在东井，遂历舆鬼、柳、七星、张，光炎及三台，至轩辕中灭”。根据星占占辞，营室为天子之常宫，坟墓星主死，“彗星起而在营室、坟墓，不出五年，天下有大丧”。后四年，“孝顺帝崩”②。

汉灵帝中平五年（188 年）二月，“彗星出奎，逆行入紫宫，后三出，六十余日乃消”。六月丁卯，又有“客星如三升椀，出贯索，西南行入天市，至尾而消。”占辞曰：“彗除紫宫，天下易主。客星入天市，为贵人丧。”次年四月，“宫车晏驾”③。

（四）战争和社会大乱之象

一般而言，朝代更迭必然伴随着战争和社会混乱等现象，即使通过禅让实现的也难以避免。所以，彗星的出现也成为战争和天下大乱的前兆，在汉代这是从星占家到一般民众的共识。

《管子·轻重丁》说：“国有彗星，必有流血。畜丘之战，彗之所出，必服天下之仇。”④ 在马王堆汉墓帛书 29 幅彗星图的占文中，有 19 条都与战乱有关。⑤《荆州占》曰：“彗星见，则敌国兵起，得人者胜。”

《春秋考异邮》曰：“彗星贯房，王室大乱。”⑥

《黄帝占》曰：“彗扫同形，长短有差，殃灾如一，见则扫除凶秽，必有灭国，臣弑其君，大兵起，国易政，无道之君当之，期三年，中五年，远九年。”刘向《鸿范传》亦曰：“孛星者，非孛星，恶气之所生也，内不有大乱，则外有大兵。”⑦

《史记·天官书》载：“秦始皇之时，十五年彗星四见，久者八十日，

① 《后汉书》志十一《天文志中》，第 3231 页。

② 同上书，第 3246 页。

③ 《后汉书》志十二《天文志下》，第 3260 页。

④ 刘柯、李克和：《管子译注》，黑龙江人民出版社 2003 年版，第 544 页。

⑤ 如“赤灌，兵兴，将军死”。“赤灌，大将军有死者。”“耗彗，兵起有年。”“帚彗，有内兵。”“厉彗，有小兵。”“蒿彗，军起，兵几（饥）。”“苫彗，天下兵起，军在外罢。”“苫发彗，兵起几（饥）。”“甚（椹）星，致兵灾，多恐败而衣战果。”“廧（墙）星，小战三，大战七”等。参见席泽宗《马王堆汉墓帛书中的彗星图》，《文物》1978 年第 2 期。

⑥ （清）赵在翰辑，钟肇鹏、萧文郁点校：《七纬》，第 576 页。

⑦ （唐）瞿昙悉达：《开元占经》，第 879—882 页。

长或竟天。”根据《秦始皇本纪》，这四次分别发生在秦王嬴政七年（公元前240年），“彗星先出东方，见北方，五月见西方”。“彗星复见西方［九］十六日。”九年（公元前238年），“彗星见，或竟天”。“彗星见西方，又见北方，从斗以南八十日。”十三年（公元前234年）正月，“彗星见东方”①。《天官书》接着说：“其后秦遂以兵灭六王，并中国，外攘四夷，死人如乱麻，因以张楚并起，三十年之间兵相骀藉，不可胜数。自蚩尤以来，未尝若斯也。”② 司马迁特别强调“十五年彗星四见”与“兵相骀藉”之间的内在因果关系，其彗星为兵灾之兆的意图十分明显。

当然，战争并不一定仅仅发生在改朝换代之时，诸侯或地方叛乱，大臣阴谋篡权，少数民族入侵中原、朝廷讨伐四夷等都会引发战争。

《荆州占》曰：“彗星出，必有反者，兵大起，其国乱亡。”③

《春秋纬》曰：“彗扫星出北方，诸侯起伯。”④

《春秋运斗枢》曰：“彗星见，委曲象旗，王者征四方。”“星孛东方，将军谋王。星孛西方，羌胡叛中国。星孛南方，天下兵起。星孛北方，夷狄内侵。”⑤

《春秋考异邮》曰：“蚩尤旗见，则王者伐枉逆。”⑥

《史记·天官书》载，吴楚七国之乱时，“彗星数丈，天狗过梁野；及兵起，遂伏尸流血其下”。⑦ 汉武帝建元三年（公元前138年）三月，“有星孛于注、张，历太微，干紫宫，至于天汉”。《汉书·天文志》引《春秋》“星孛于北斗，齐、（鲁）［宋］、晋之君皆将死乱”一例为证说：“今星孛历五宿，其后济东、胶西、江都王皆坐法削黜自杀，淮阳、衡山谋反而诛。”⑧ “星孛历五宿”预示着将有五个诸侯国被灭。建元六年（公元前135年），“长星出于东方，长终天，三十日去”。《汉书·五行志下之下》引占辞曰：“是为蚩尤旗，见则王者征伐四方。”预示着其后“兵诛四夷，连数十年”。元狩四年（公元前119年）四月，“长星又出西北，是时伐胡尤

---

① 《史记》卷六《秦始皇本纪》，第291—299页。

② 《史记》卷二十七《天官书》，第1606页。

③ （唐）瞿昙悉达：《开元占经》，第882页。

④ （清）赵在翰辑，钟肇鹏、萧文郁点校：《七纬》，第669页。

⑤ 同上书，第493—494页。

⑥ 同上书，第575页。

⑦ 《史记》卷二十七《天官书》，第1606页。

⑧ 《汉书》卷二十六《天文志》，第1305页。

甚”。[①]

汉元帝初元五年（公元前44年）四月，“彗星出西北，赤黄色，长八尺所，后数日长丈余，东北指，在参分。后二岁余，西羌反”。[②] 汉安帝永初三年（109年）十二月，“彗星起天菀南，东北指，长六七尺，色苍白”。司马彪根据星占学理论分析后认为：“天菀为外军，彗星出其南为外兵。是后使羌、氐讨贼李贵，又使乌桓击鲜卑，又使中郎将任尚、护羌校尉马贤击羌，皆降。”[③]《后汉书·天文志下》，汉献帝初平（三）［二］年九月，“蚩尤旗见，长十余丈，色白，出角、亢之南”，司马彪引占辞曰：“蚩尤旗见，则王征伐四方。”这预示着其后“丞相曹公征讨天下且三十年”[④]。

（五）君主失德的表现

不管是改朝换代还是社会出现大乱，多是因为君主失德、治国无方、不施仁政所引起的。因此，先秦两汉时期的星占家将彗星出现的原因直接归咎到封建帝王的身上，是上天对君主不行德政的谴告。《管子·四时》篇指出：“彗星见，则失和之国恶之。”[⑤] 已把彗星的出现与社会不和谐相联系，而究其根源，则与帝王失德有很大的关系。

《春秋文曜钩》曰：“彗为不吉之星，其见无期，其出行无度，遇圣主则伏而不见，遇暴君则出而助虐，故又名天贼，亦名天狗。”[⑥] 按此说法，彗星只有在无德的暴君统治时才会出现，并助长其残虐行为。《开元占经》卷八十八《彗星占上》引京房曰：“君为祸，则彗星出。”又引《荆州占》曰：“彗星者，君臣失政，浊乱三光，五逆错变气之所生也。”[⑦]《孝经钩命决》曰：“天子失仁，则彗守大角。”“天子失礼，则孛于翼。”[⑧]

对于汉高祖三年（公元前204年）七月“星孛大角”这一天象，《汉书·五行志下之下》另一条解释是：“项羽坑秦卒，烧宫室，弑义帝，乱王位，故彗加之也。”[⑨] 项羽不行王道也是这次彗星出现的重要原因之一。

（六）水旱灾害与农业歉收

星占学认为，凡彗星侵犯与水和农业有关的星宿，则预示着将发生水旱

---

① 《汉书》卷二十七下之下《五行志下之下》，第1517页。
② 《汉书》卷二十六《天文志》，第1309页。
③ 《后汉书》志十一《天文志中》，第3239页。
④ 《后汉书》志十二《天文志下》，第3260—3261页。
⑤ 刘柯、李克和：《管子译注》，黑龙江人民出版社2003年版，第282页。
⑥ ［日］安居香山、中村璋八辑：《纬书集成》，第707页。
⑦ （唐）瞿昙悉达：《开元占经》，第878页。
⑧ （清）赵在翰辑，钟肇鹏、萧文郁点校：《七纬》，第734页。
⑨ 《汉书》卷二十七下之下《五行志下之下》，第1516页。

等自然灾害，五谷不成，农业歉收并引发饥荒。

《河图圣洽符》曰："彗星出营室，有大水。""彗星出入箕，天下大旱，谷贵，人民饥，十有五死。"[①]

《河图帝览嬉》曰："彗星出天廪，其国大饥，粟出廪，人饥死。"[②]

《海中占》曰："彗星出娄，国有大兵，四时绝祠，有亡国。先旱后水，人民饥死，五谷大贵，籴无价，期一年，远二年。""彗星出天仓，天下粟出；若守之久，国无储粮，人民饥，期三年。"又曰："彗星出天稷，岁大饥，五谷不成，人民流亡，社稷不安。"[③]

《汉书·天文志》载，汉武帝建元三年（公元前138年）四月，"有星孛于天纪，至织女。"占书曰："天纪为地震。"[④] 次年十月则发生地震。《开元占经》卷八十九《彗星占中》引韦昭《洞纪》曰："汉成帝建始元年正月，有星孛于营室，三年秋，关内大水也。"[⑤]《后汉书·天文志中》，汉明帝永平三年（60年）六月，"彗星出天船北，长二尺所，稍北行至亢南，(百)［见］三十五日去。"按星占占辞："天船为水，彗出之为大水。"这一年"伊、洛水溢，到津城门，坏伊桥；郡七县三十二皆大水"。永平八年（65年）六月，"长星出柳、张三十七度，犯轩辕，刺天船，陵太微，气至上陛，凡见五十六日去"。该年"多雨水，郡十四伤稼"[⑥]。

这些关于彗星象征意义的附会和解说，经过一代又一代人反复的论证、阐述和灌输，再加上有众多的"事应"来证明占验的"正确性"和准确性，这自然成为自天子、诸侯大臣、儒生术士到庶民百姓都笃信不疑的"天文常识"和根深蒂固的思维定式，在两汉时期的政治生态中发挥着极其重要的作用。

三　彗星对汉代政治的影响

马克思在《〈黑格尔法哲学批判〉导言》中指出，宗教"只是仰仗统治者的恩典才活着的东西。甚至他们还要承认自己被支配、被统治、被占有的

---

① ［日］安居香山、中村璋八辑：《纬书集成》，第1209页。
② 同上书，第1142页。
③ （唐）瞿昙悉达：《开元占经》，第896、922、924页。
④ 《汉书》卷二十六《天文志》，第1305页。
⑤ （唐）瞿昙悉达：《开元占经》，第894页。
⑥ 《后汉书》志十一《天文志中》，第3229—3230页。

事实，而且要把这说成是上天的恩典"[①]。星占学及其理论体系本是儒生、术士以神道设教的方式创造出来的一种宗教式、巫术式的文化设计，既为统治者统治万民的合法性、神圣性提供"君权神授"的法理依据，实现神权与皇权的高度融合统一，同时又借助上天的权威来约束统治者的行为，并在统治者的倡导与支持下得以发扬光大。但一旦成为全民共识和共同遵守的社会道德规范，统治者和社会各个阶层都会"被支配、被统治"，都不能游离于这种思想体系、社会法则之外。

（一）彗星出现后封建帝王的"修德""修政"等措施

彗星作为最严重的灾异之一，关乎着王朝存续、社会治乱甚至帝王的命数，首当其冲的就是帝王本人，其强烈的警讯作用引起帝王的高度惊惧、焦虑和不安，为挽回天心，必须及时对"天戒"予以回应。

首先是反思自己的失德、失政等行为。综观两汉文献，帝王直接或间接因彗星出现而下的罪己诏书有 4 次，分别发生在汉元帝初元五年（公元前 44 年）、汉成帝建始元年（公元前 32 年）、元延元年（公元前 12 年）和汉明帝永平三年（60 年）。在这些诏书中，都对自己的失德、用人不当等行为进行深刻的自责和反省。

初元五年（公元前 44 年）四月，"有星孛于参"，引起汉元帝的戒惧，遂颁诏书说："朕之不逮，序位不明，众僚久癙，未得其人。元元失望，上感皇天，阴阳为变，咎流万民，朕甚惧之。"[②] 元延元年（公元前 12 年）七月，"有星孛于东井"，汉成帝在诏书中斥责大臣们说："谪见于天，大异重仍。在位默然，罕有忠言"[③]。永平三年（60 年）八月，汉明帝在诏书中说："朕奉承祖业，无有善政。日月薄蚀，彗孛见天，水旱不节，稼穑不成，人无宿储，下生愁垫。"[④]

其次要推行仁政，修明政治。在彗星出现后，两汉帝王实行一系列的恤民、惠民、利民措施，包括减少宫廷开支、躬行俭约，减轻刑罚，赐民帛酒及大赦天下等。

初元五年（公元前 44 年）四月，汉元帝在诏书中规定："其令太官毋日杀，所具各减半。乘舆秣马，无乏正事而已。罢角抵、上林宫馆希御幸

---

① 《马克思恩格斯选集》（第一卷），人民出版社 1972 年版，第 4 页。

② 《汉书》卷九《元帝纪》，第 285 页。

③ 《汉书》卷十《成帝纪》，第 326 页。

④ 《后汉书》卷二《明帝纪》，第 106 页。

者、齐三服官、北假田官、盐铁官、常平仓。”赐“三老、孝者帛，人五匹，弟者、力田三匹，鳏寡孤独二匹，吏民五十户牛酒”，并“省刑罚七十余事”①。建始元年（公元前32年）正月彗星出现之后，汉成帝先“罢上林诏狱”。二月份赐“三老、孝弟力田、鳏寡孤独钱帛，各有差，吏民五十户牛酒”。在诏书中又要求各级官吏“崇宽大，长和睦，凡事恕己，毋行苛刻”，同时又“大赦天下，使得自新”②。

（二）官吏、儒生借彗星上书建言，抨击时政，推销自己的政见

自汉文帝前元二年（公元前178年）因日食而下诏书开始，在日食、地震、星孛等重大灾异发生之后下诏求言，鼓励臣民上书言事，荐举“贤良方正能直言极谏者”以匡正帝王施政的过失，已成为应对灾异常规性的“修政”措施。对此，杜佑在《通典》中指出：“汉诸帝凡日蚀、地震、山崩、川竭，天地大变，皆诏天下郡国举贤良方正极言直谏之士，率以为常。”③

元延元年（公元前12年）七月，汉成帝在诏书中要求“公卿大夫、博士、议郎其各悉心，惟思变意，明以经对，无有所讳；与内郡国举方正能直言极谏者各一人”④，将此作为化解星孛灾异的重要手段。永平三年（60年），汉明帝在诏书中也提出：“今之动变，傥尚可救。有司勉思厥职，以匡无德。古者卿士献诗，百工箴谏。其言事者，靡有所讳。”⑤

在帝王的鼓励下，两汉时期的官吏、儒生积极借彗星上书建言，评议时政，指责时弊，对朝廷的失政、用人不当等行为进行抨击，并提出自己对彗星出现的政治见解、分析和应对灾异的建议及对策。

汉成帝元延元年（公元前12年）七月辛未，出现一次历时长达56天、彗炎冲犯多个星宿的星孛事件。《汉书·五行志》载：

> 有星孛于东井，践五诸侯，出河戍北率行轩辕、太微，后日六度有余，晨出东方。十三日夕见西方，犯次妃、长秋、斗、填，锋炎再贯紫宫中。大火当后，达天河，除于妃后之域。南逝度犯大角、摄提，至天市而按节徐行，炎入市，中旬而后西去，五十六日与仓龙俱伏。

---

①《汉书》卷九《元帝纪》，第285页。

②《汉书》卷十《成帝纪》，第303页。

③（唐）杜佑：《通典》卷十三《选举一》，岳麓书社1995年版，第161页。

④《汉书》卷十《成帝纪》，第326页。

⑤《后汉书》卷二《明帝纪》，第106页。

汉室宗亲、中垒校尉刘向作为当时著名的星占家，自然对此次重大灾异的预示意义极为稔熟，对此深感恐惧和忧虑。当年秦朝、项羽灭亡之时，都曾出现过“星孛大角”[①]，他认为这次星孛灾异是上天对刘汉皇权不满所发出的严重警告。他在《复上奏灾异对》中指出：“星孛大角，大角以亡。观孔子之言，考暴秦之异，天命信可畏也。及项籍之败，亦孛大角。”并详细罗列自西汉王朝建立以来种种祥瑞、灾异现象及其相关人事的对应。出于对刘氏江山安危的考虑，劝谏汉成帝“能思其故”[②]，仿效殷高宗、周成王等古代圣君，顺从天意，疏远王氏外戚，尊崇刘氏，以维护刘汉王朝的长治久安。

汉顺帝永建元年（126 年）二月，“客星入太微”[③]，司空李郃上书谏曰：“乃月十三日，有客星气象彗孛，历天市、梗河、招摇、枪、棓，十六日入紫宫，迫北辰，十七日复过文昌、泰陵，至天船、积水间，稍微不见。”他认为这恐怕是因为“宫庐之内有兵丧之变，千里之外有非常暴逆之忧”。“恐复有如王阿母母子贱妾之欲居帝旁秏乱政事者。”因此他建议“宜当抑远，饶足以财。王者权柄及爵禄，人天所重慎，诚非阿妾所宜干豫”。并说这是“天故挺变，明以示人。如不承慎，祸至变成，悔之靡及也”[④]。

李郃这次上书，是意有所指的。“王阿母”，指的是汉安帝的乳母王圣，因诛灭邓氏外戚势力有功被封为“野王君”，“因保养之勤，缘恩放恣”，其女“伯荣出入宫掖，传通奸赂”[⑤]，负宠骄蹇，干预朝政，以致于“王侯二千石至为伯荣独拜车下，仪体上僭，侔于人主”[⑥]。汉顺帝即位之后，又宠幸和依赖自己的乳母宋娥，因谋立有功而封宋娥为“山阳君，邑五千户”[⑦]，所以李郃才特别提醒防止再出现汉安帝时乳母乱政的局面。

汉顺帝阳嘉二年（133 年），武都太守马融根据彗星星象奏陈，“星孛参、毕，参西方之宿，毕为边兵，至于分野，并州是也。西戎北狄，殆将起乎！宜备二方。”[⑧] 建议朝廷加强对西、北边疆地区的军事防御。

---

① 《汉书》卷二十七下之下《五行志下之下》，第 1518 页。

② 《汉书》卷三十六《刘向传》，第 1964 页。

③ 此次“客星入太微”，陈遵妫先生在《中国天文学史》（下册）第 1107 页和《中国古代天象记录总集》第 390 页均记录为彗星。

④ 《后汉书》卷十一《天文志中》，第 3243 页。

⑤ 《后汉书》卷五十四《杨震传》，第 1761 页。

⑥ 《后汉书》卷四十六《陈忠传》，第 1563 页。

⑦ 《后汉书》卷六十一《左雄传》，第 2021 页。

⑧ 《后汉书》卷六十上《马融传》，第 1971 页。

（三）阴谋家、野心家受彗星出现的刺激而犯上作乱，起兵造反

彗星作为除旧布新的象征和王朝更替的预兆，在一定程度上刺激有政治野心的诸侯、利令智昏的大臣，头脑膨胀，乘机起兵反叛或阴谋发动政变，伺机篡位。

汉景帝前元二年（公元前 155 年），“彗星出西南”[①]，次年便发生吴楚七国之乱。吴王刘濞在起兵之前，派中大夫应高前去游说、拉拢勇悍“好兵”的胶西王刘卬。应高借彗星出现鼓动胶西王说：“御史大夫晁错，荧惑天子，侵夺诸侯，蔽忠塞贤，朝廷疾怨，诸侯皆有倍畔之意，人事极矣。彗星出，蝗虫数起，此万世一时，而愁劳圣人之所以起也。故吴王欲内以晁错为讨，外随大王后车，彷徉天下，所乡者降，所指者下，天下莫敢不服。”[②]终使其下定决心与吴王刘濞结盟，共同反叛。

淮南王刘安早就心怀异志，“阴结宾客，拊循百姓，为畔逆事。”而建元六年（公元前 135 年）彗星的出现则更加坚定其叛逆的决心。《史记·淮南王列传》载：“建元六年，彗星见，淮南王心怪之。”有术士劝说他道：“先吴军起时，彗星出长数尺，然尚流血千里。今彗星长竟天，天下兵当大起。”刘安于是“愈益治器械攻战具，积金钱賂遗郡国诸侯游士奇材。……而谋反滋甚”[③]。

王莽地皇三年（22 年）十一月，“有星孛于张，东南行，五日不见”。卫将军王涉所养的道士西门君惠精通天文谶记，对王涉说：“星孛扫宫室，刘氏当复兴，国师公姓名是也。”[④] 国师刘歆于汉哀帝建平元年（公元前 6 年）改名为刘秀，当时谶语盛传“刘秀当为天子”，而且多数人认为就是“国师公刘秀”[⑤]。王涉据此联络大司马董忠、国师刘歆等密谋发动政变，劫持王莽，但因事泄失败。

（四）彗星与汉代的权力斗争

与日食等灾异一样，彗星也成为各派政治势力争夺权力、打击政敌的重要工具。

汉成帝即位后，以母舅王凤“为大司马大将军领尚书事，益封五千

---

① 《汉书》卷二十六《天文志》，第 1303 页。

② 《史记》卷一百六《吴王濞列传》，第 3420—3421 页。

③ 《史记》卷一百一十八《淮南王列传》，第 3746—3747 页。

④ 《汉书》卷九十九下《王莽传下》，第 4179—4184 页。

⑤ 《后汉书》卷十五《邓晨传》载：“王莽末，光武尝与兄伯升及晨俱之宛，与穰人蔡少公等宴语。少公颇学图谶，言刘秀当为天子。或曰：‘是国师公刘秀乎?’光武戏曰：‘何用知非仆邪?’坐者皆大笑。”参见《后汉书》卷十五《邓晨传》，第 582 页。

户”，又赐王谭等皆为“关内侯”。这时出现星孛、黄雾四塞等灾异，成帝问谏大夫杨兴、博士驷胜等人，他们认为依当年汉高祖之约，“非功臣不侯”，而现在“太后诸弟皆以无功为侯，非高祖之约，外戚未曾有也，故天为见异”，其他“言事者多以为然”，将矛头直接指向王氏外戚。王凤对此极为恐惧，为堵塞舆论，乃以退为进，假装乞骸骨辞职，上书曰：“陛下即位，思慕谅闇，故诏臣凤典领尚书事，上无以明圣德，下无以益政治。今有茀星天地赤黄之异，咎在臣凤，当伏显戮，以谢天下。今谅闇已毕，大义皆举，宜躬亲万机，以承天心。”为汉成帝拒绝。从此之后，王氏外戚羽翼渐丰，“王氏子弟皆卿大夫侍中诸曹，分据势官满朝廷”。而汉成帝“谦让无所颛”[①]，使朝政基本上为王氏外戚所把持。

作为王凤重要党羽的谷永为攻击许皇后，彗星也是其重要借口。他利用汉成帝建始元年（公元前32年）正月“有星孛于营室”这一天象认为，“营室为后宫怀任之象，彗星加之，将有害怀任绝继嗣者”。[②] 汉成帝在报许皇后书中就采用谷永之语[③]：

> 日者，建始元年正月，白气出于营室。营室者，天子之后宫也。正月于尚书为皇极。皇极者，王气之极也。白者西方之气，其于春当废。今正于（王）[皇]极之月，兴废气于后宫，视后妾无能怀任保全者，以著继嗣之微，贱人将起也。[④]

在废掉许皇后之后，汉成帝又专宠赵飞燕、赵合德姐妹。赵氏姐妹恃宠而骄，“倾乱圣朝，亲灭继嗣。”[⑤] 元延元年（公元前12年）七月，谷永又借“有星孛于东井”攻击赵氏姐妹。他在对策中说：

> 上古以来，大乱之极，所希有也。察其驰骋骤步，芒炎或长或短，所历奸犯，内为后宫女妾之害，外为诸夏叛逆之祸。[⑥]

---

① 《汉书》卷九十八《元后传》，第4017—4018页。
② 《汉书》卷二十七下之下《五行志下之下》，第1517页。
③ 《汉书》卷八十五《谷永传》载，“后上尝赐许皇后书，采永言以责之。”（第3454页）
④ 《汉书》卷九十七下《外戚传下》，第3978—3979页。
⑤ 同上书，第3996页。
⑥ 《汉书》卷二十七下之下《五行志下之下》，第1518页。

《汉书·谷永传》又详载谷永对策：

> 七月辛未彗星横天。乘三难之际会，畜众多之灾异，因之以饥馑，接之以不赡。彗星，极异也，土精所生，流陨之应出于饥变之后，兵乱作矣，厥期不久，隆德积善，惧不克济。内则为深宫后庭将有骄臣悍妾醉酒狂悖卒起之败，北宫苑囿街巷之中臣妾之家幽闲之处征舒、崔杼之乱；外则为诸夏下土将有樊并、苏令、陈胜、项梁奋臂之祸。①

谷永在此所说的“内为后宫女妾之害”及“悍妾”都是针对赵飞燕姐妹而言。

公元146年，大将军梁冀鸩杀汉质帝后，太尉李固与司徒胡广、司空赵戒等欲立清河王刘蒜为帝。李固先与梁冀书曰：“且永初以来，政事多谬，地震宫庙，彗星竟天，诚是将军用情之日。”② 想以此劝说梁冀同意，但遭到拒绝，在梁冀的决策下，立蠡吾侯刘志为帝，是为汉桓帝，并将李固免职。

汉献帝初平三年（192年），司徒王允与仆射士孙瑞、尚书杨瓒等密谋除掉权臣董卓，为坚定王允的决心，士孙瑞借彗星等灾异劝他把握天机，及时行动：“自岁末以来，太阳不照，霖雨积时，月犯执法，彗孛仍见，昼阴夜阳，雾气交侵，此期应促尽，内发者胜。几不可后，公其图之。”③ 王允乃暗中结交董卓的部将吕布作为内应，利用董卓上朝入贺汉献帝大病痊愈的机会让吕布将他刺杀。

第二节　汉代流星星占及其政治、军事影响

流星是星体在天空中迅速掠过的天象，“它是流星体进入地球大气层时，因其速度过快而与大气发生剧烈的摩擦燃烧而产生的光迹，人们观察到它而产生星体在天空中飞速移动的假象。光迹特别明亮者被称为火流星。流星体未烧尽有时会落到地面上，就是陨石”。④ 流星因移动速度甚快，在天空中稍纵即逝，故我国民间又将其称之为“贼星”。流星现象极为常见，但

---

① 《汉书》卷八十五《谷永传》，第3468页。

② 《后汉书》卷六十三《李固传》，第2086页。

③ 《后汉书》卷六十六《王允传》，第2175页。

④ 徐振韬主编：《中国古代天文学词典》，中国科学技术出版社2013年版，第139页。

在中国古代星占学上却具有非同寻常的意义。与现代人们认为看到流星会给人带来好运并对之许愿不同，流星在古代星占学上亦属于妖星①，在汉代社会的政治生活中也发挥着一定的影响。

一 汉代的流星观测与记录

汉代对流星观测和记录已相当的认真和细致，有的不仅记载了流星出现的位置、运行轨迹，而且还记载了流星的颜色、亮度及形状等。如汉成帝建始元年（公元前32年）九月戊子的流星：

> 有流星出文昌，色白，光烛地，长可四丈，大一围，动摇如龙蛇形。有顷，长可五六丈，大四围所，诎折委曲，贯紫宫西，在斗西北子亥间。后诎如环，北方不合，留一（合）[刻]所。②

关于汉代流星出现的次数，陈遵妫先生在《中国天文学史》（第三册）《中国流星表》的统计为43次③；《中国古代天象记录总集》“流星”部分辑录从汉高祖三年（公元前204年）至汉献帝初平四年（193年）有关文献中的汉代流星记载共计56条，流星雨记载5条④，但存在有重复、时间错误和不能完全确定就是流星的内容⑤。经笔者核查，汉代文献中实有流星记载49次，其中前汉11次（含更始元年1次），后汉38次。详见表五。

在两汉文献中，绝大多数直接记载为“流星”，但在个别情况下也使用

---

① 《汉书》卷三十六《刘向传》注引李奇曰：“流星也。下堕地为天狗，皆袄星。”（第1965页）

② 《汉书》卷二十六《天文志》，第1309页。

③ 陈遵妫：《中国天文学史》（第三册），上海人民出版社1984年版，第1188—1191页。

④ 北京天文台主编：《中国古代天象记录总集》，江苏科学技术出版社1988年版，第619—623、577页。

⑤ 如《中国古代天象记录总集》第619页：汉高祖三年十有二月，“枉矢西流，如火流星蛇行，若有首尾，广长如一匹布著天”。据《前汉纪·高祖纪》，该次流星星象是发生在“沛公三年”（公元前207年）而非高祖三年（公元前204年）。《史记·天官书》载：“项羽救钜鹿，枉矢西流。”说明是在公元前207年；又如第623页：汉灵帝中平五年六月丁卯，“客星如三斗碗，出贯索，西南行入天市，至尾而消”。对于此次客星，陈遵妫先生认为是“彗星”，而不是流星。参见陈遵妫《中国天文学史》（第三册），上海人民出版社1984年版，第1109页。

其他名称。见诸于汉代文献中流星的别名主要有三个，即枉矢、天狗[①]和飞星。

枉矢：为流星的一种。在我国古代天文星占学上，“记为流星而具有蛇行的常即被称为枉矢。……这正是反映流星行径弯曲的一个很好的说明，就是说枉矢，作为天象，只是路径弯曲的流星”。[②] 吴康主编的《中华神秘文化辞典》亦释曰：“其行不直如蛇，其流则速，故名枉矢。”[③]

枉矢在汉代较为著名，多位天文星占家都曾作过解释，而且看法基本上一致。

《史记·天官书》曰：“枉矢，类大流星，蛇行而仓黑，望之如有毛羽然。”[④]

《周礼·夏官司马·司弓矢》载：“凡矢，枉矢、絜矢利火射，用诸守城、车战。”郑玄注曰：“枉矢者，取名变星，飞行有光，今之飞矛是也，或谓之兵。”[⑤]《周礼·考工记·輈人》又载：“弧旌枉矢，以象弧也。”郑玄又注曰：“妖星有枉矢者，蛇行，有尾。因此云枉矢，盖画之。”[⑥] 郑玄在此是以枉矢星作比喻，但也概括出枉矢外形的典型特征，“蛇行”“有尾”“飞行有光”等。

《春秋考异邮》曰：“枉矢精状如流星，蛇行有尾。”[⑦]

《春秋合诚图》曰：“枉矢者，射星也。水流蛇行含明，故有尾。”[⑧]

《汉书·刘向传》载，刘向在给汉成帝的上书中提到：“枉矢夜光”，注引应劭曰：“流星也，其射如矢，蛇行不正，故曰枉矢流。”[⑨]

刘熙《释名·释天》曰：“枉矢，齐鲁谓光景为枉矢，言其光行若射矢

---

① 曾有日本及国内学者提出枉矢、天狗等是“极光现象”，庄天山先生考证后认为：天狗“其实质都是指火流星或陨石，毫无极光的成分。很可能，天狗名称的由来，就是因其有声而被安上去的。”枉矢“作为天象，只是路径弯曲的流星”。参见庄天山《论天狗、枉矢的实质及其他》，中国天文学史整理研究小组《科技史文集》第十辑（天文学史专辑3），上海科学技术出版社1983年版，第156页。

② 庄天山：《论天狗、枉矢的实质及其他》。参见中国天文学史整理研究小组《科技史文集》第十辑（天文学史专辑3），上海科学技术出版社1983年版，第156页。

③ 吴康主编：《中华神秘文化辞典》，海南出版社1993年版，第547页。

④ 《史记》卷二十七《天官书》，第1592页。

⑤ 《周礼·夏官司马·司弓矢》，第856页。

⑥ 《周礼·考工记·輈人》，第914页。

⑦ （清）赵在翰辑，钟肇鹏、萧文郁点校：《七纬》，第564页。

⑧ 同上书，第554页。

⑨ 《汉书》卷三十六《刘向传》，第1964—1965页。

之所至也。”毕沅认为：“‘光景’二字疑‘流星’之伪。”① 这虽是从齐鲁地区语音的角度来解释“枉矢”，但也认为“光行若射矢”，和郑玄等人的看法基本上是一致的。

天狗：亦是流星的一种。《史记·天官书》曰：“天狗，状如大奔星，有声，其下止地，类狗。所堕及，望之如火光炎炎冲天。其下圜如数顷田处，上兑者则有黄色。”集解引孟康曰：“星有尾，旁有短彗，下有如狗形者，亦太白之精。”②《汉书·天文志》的解释完全相同，只不过将“大奔星”更直接地说成是“大流星”。

《汉书·刘向传》注引苏林曰：“有声为天狗，无声为枉矢也。”③ 这是以是否有声作为枉矢与天狗的区别。

飞星：在汉代文献中仅见一处记载。《汉书·天文志》，汉成帝阳朔四年（公元前21年）闰月庚午，“飞星大如缶，出西南，入斗下”。④飞星是中国古代天文星占学对“地平高度变大的流星的称谓”⑤。《汉书·天文志》提到：“彗孛飞流。”注引孟康曰：“飞，绝迹而去也。”⑥ 纬书《河图》曰：“诸流星皆钩陈之精，天一之御也。流星大如缶，若瓮，行绝迹，名曰飞星。其迹著天，名曰流星。”⑦《晋书·天文志中》又释曰：“流星，天使也。自上而降曰流，自下而升曰飞。”⑧

表五　　汉代流星表

序号	时间	出现状况	文献出处
1	汉文帝后元二年八月庚午	有天狗下梁野，天狗如大流星，有声，在其地类狗，光炎如火，数数顷地	《前汉纪·文帝纪》
2	汉景帝前元三年七月	天狗过梁野	《史记·天官书》

① （东汉）刘熙撰，（清）毕沅疏证，王先谦补：《释名疏证补》，中华书局2008年版，第22页。

② 《史记》卷二十七《天官书》，第1591页。

③ 《汉书》卷三十六《刘向传》，第1965页。

④ 《汉书》卷二十六《天文志》，第1310页。

⑤ 徐振韬主编：《中国古代天文学词典》，中国科学技术出版社2013年版，第60页。

⑥ 《汉书》卷二十六《天文志》，第1273页。

⑦ ［日］安居香山、中村璋八辑：《纬书集成》，第1239页。

⑧ 《晋书》卷十二《天文志中》，第328页。

续表

序号	时间	出现状况	文献出处
3	汉昭帝元凤元年九月①	流星坠地	《前汉纪·昭帝纪》
4	汉昭帝元平元年二月甲申	晨有大星如月，有众星随而西行。乙酉，牂云如狗，赤色，长尾三枚，夹汉西行	《汉书·天文志》
5	汉昭帝元平元年三月丙戌	流星出翼、轸东北，干太微，入紫宫。始出小，且入大，有光。入有顷，声如雷，三鸣止	《汉书·天文志》
6	汉成帝建始元年九月戊子	有流星出文昌，色白，光烛地，长可四丈，大一围，动摇如龙蛇形。有顷，长可五六丈，大四围所，诎折委曲，贯紫宫西，在斗西北子亥间。后诎如环，北方不合，留一（合）［刻］所	《汉书·天文志》
7	汉成帝阳朔四年闰月庚午	飞星大如缶，出西南，入斗下	《汉书·天文志》
8	汉成帝元延元年四月丁酉日铺时	天曜晏，殷殷如雷声，有流星头大如缶，长十余丈，皎然赤白色，从日下东南去。四面或大如盂，或如鸡子，耀耀如雨下，至昏止	《汉书·天文志》
9	汉成帝绥和元年正月辛未	有流星从东南入北斗，长数十丈，二刻所息	《汉书·天文志》
10	汉哀帝建平元年正月丁未日出时	有著天白气，广如一匹布，长十余丈，西南行，欢如雷，西南行一刻而止，名曰天狗	《汉书·天文志》
11	更始帝更始元年五月	夜有流星堕营中	《后汉书·光武帝纪上》

① 对于此次流星，《汉书·天文志》记载在汉昭帝始元中。“后流星下燕万载宫极，东去。”（第1307页）

续表

序号	时间	出现状况	文献出处
12	光武帝建武十年三月癸卯	流星如月，从太微出，入北斗魁第六星，色白。旁有小星射者十余枚，灭则有声如雷，食顷止	《后汉书·天文志上》
13	光武帝建武十年十二月己亥	大流星如缶，出柳西南行入轸。且灭时，分为十余，如遗火状。须臾有声，隐隐如雷	《后汉书·天文志上》
14	光武帝建武十二年六月戊戌晨	小流星百枚以上，四面行	《后汉书·天文志上》
15	光武帝建武十二年十月丁卯	大星流，有光，发东井西行，声隆隆	《后汉书·天文志上》注引《古今注》
16	光武帝中元二年十月戊子	大流星从西南东北行，声如雷	《后汉书·天文志上》
17	汉明永平元年四月丁酉	流星大如斗，起天市楼，西南行，光照地	《后汉书·天文志中》
18	汉明帝永平七年正月戊子	流星大如杯，从织女西行，光照地	《后汉书·天文志中》
19	汉章帝建初二（月）［年］九（日）［月］甲寅	流星过紫宫中，长数丈，散为三，灭	《后汉书·天文志中》
20	汉章帝建初六年七月丁酉	夜有流星起轩辕，大如拳，历文昌，余气正白句曲，西如文昌，久久乃灭	《后汉书·天文志中》注引《古今注》
21	汉和帝永元元年正月辛卯	有流星起参，长四丈，有光，色黄白	《后汉书·天文志中》
22	汉和帝永元元年正月癸亥	又有流星大如桃，色赤，起太微东蕃	《后汉书·天文志中》注引《古今注》
23	汉和帝永元元年二月	流星起天棓，东北行三丈所灭，色青白	《后汉书·天文志中》
24	汉和帝永元元年二月壬申	夜有流星起太微东蕃，长三丈	《后汉书·天文志中》
25	汉和帝永元元年三月丙辰	流星起天津	《后汉书·天文志中》
26	汉和帝永元元年三月壬戌	有流星起天将军，东北行	《后汉书·天文志中》

续表

序号	时间	出现状况	文献出处
27	汉和帝永元二年二月丁酉	有流星大如桃，起紫宫东蕃，西北行五丈稍灭	《后汉书·天文志中》
28	汉和帝永元二年四月丙辰	有流星大如瓜，起文昌东北，西南行至少微西灭	《后汉书·天文志中》
29	汉和帝永元二年八月丁未	有流星如鸡子，起太微西，东南行四丈所消	《后汉书·天文志中》
30	汉和帝永元二年十月癸未	有流星大如桃，起天津，西行六丈所消	《后汉书·天文志中》
31	汉和帝永元二年十一月辛酉	有流星大如拳，起紫宫，西行到胃消	《后汉书·天文志中》
32	汉和帝永元三年九月丁卯	有流星大如鸡子，起紫宫，西南至北斗柄间消	《后汉书·天文志中》
33	汉和帝永元六年闰月己丑	流星大如桃，起参北，西至参肩南，稍有光	《后汉书·天文志中》注引《古今注》
34	汉和帝永元七年正月丁未	有流星起天津，入紫宫中灭。色青黄，有光	《后汉书·天文志中》
35	汉和帝永元七年十二月己卯	有流星起文昌，入紫宫消	《后汉书·天文志中》
36	汉和帝永元八年九月辛丑	夜有流星，大如拳，起娄	《后汉书·天文志中》注引《古今注》
37	汉和帝永元十一年五月丙午	流星大如瓜，起氐，西南行，稍有光，白色	《后汉书·天文志中》
38	汉和帝永元十四年十一月丁丑	有流星大如拳，起北斗魁中，北至阁道，稍有光，色赤黄	《后汉书·天文志中》注引《古今注》
39	汉和帝永元十六年十月辛亥	流星起钩陈，北行三丈，有光，色黄	《后汉书·天文志中》
40	汉和帝元兴元年二月庚辰	有流星起角、亢五丈所	《后汉书·天文志中》
41	汉和帝元兴元年四月辛亥	有流星起斗，东北行到须女	《后汉书·天文志中》
42	汉和帝元兴元年七月己巳	有流星起天市五丈所，光色赤	《后汉书·天文志中》
43	汉顺帝永和三年二月辛丑	有流星大如斗，从西北东行，长八九尺，色赤黄，有声隆隆如雷	《后汉书·天文志中》
44	汉桓帝永寿元年九月己酉	昼有流星长二尺所，色黄白	《后汉书·天文志下》

续表

序号	时间	出现状况	文献出处
45	汉灵帝熹平二年四月	有星出文昌，入紫宫，蛇行，有首尾无身，赤色，有光炤垣墙	《后汉书·天文志下》
46	汉灵帝光和元年四月癸丑	流星犯轩辕第二星，东北行入北斗魁中	《后汉书·天文志下》
47	汉灵帝中平二年十一月	夜有流星如火，光长十余丈，照章、遂营中，驴马尽鸣	《后汉书·董卓传》
48	汉灵帝中平中夏	流星赤如火，长三丈，起河鼓，入天市，抵触宦者星，色白，长二三丈，后尾再屈，食顷乃灭，状似枉矢	《后汉书·天文志下》
49	汉献帝初平四年六月辛丑	天狗西北行	《后汉书·献帝纪》

二　流星星占及事应

流星作为妖星、灾星，也起着告示休咎的功能，不管哪一种流星，其占辞多与兵、丧、社会动乱有关。

（一）战争

《开元占经》卷七十一《流星占一》引孟康曰："流星主兵事。"[①] 所以，流星的出现往往预示着战争的发生。

马王堆汉墓帛书《天文气象杂占》曰："大星奔，出东方。……邦当出师，大将亡。"[②]

《史记·天官书》曰，天狗所坠之地则"千里破军杀将"[③]。

《汉书·天文志》曰："枉矢所触，天下之所伐射，灭亡象也。……凡枉矢之流，以乱伐乱也。"[④]

《春秋文耀钩》曰："流星有光，夜见墙垣而有声者，野鸡尽呴，名天保，所止之野大兵起。""流星出参，象弓矢，兵大起。""流星入参，有兵

---

① （唐）瞿昙悉达：《开元占经》，第711页。

② 国家文物局古文献研究室整理、释文：《西汉帛书〈天文气象杂占〉释文》，《中国文物》1979年第1期。据《晋书·天文志中》，"大者曰奔，奔亦流星也。……奔星所坠，其下有兵。"第328页。

③ 《史记》卷二十七《天官书》，第1591页。

④ 《汉书》卷二十六《天文志》，第1301页。

起，客军破。”“流星入抵七公，有兵起，大将出。”“流星抵相星，大兵起，大将出，辅相有变。”①

《诗推度灾》曰：“奔星所坠，其下有兵。”②

《春秋纬》曰：“大奔星有声，望之如火光，见则破军，四方相射。”③

《河图帝览嬉》曰：“流星夜光，望之有尾，离离如贯珠，名曰天狗。从所下兵大起，王者徙都邑，期三年。”④

《开元占经》卷七十一《流星占一》引《海中占》曰：“流星有声如雷，其音止地，野鸡尽响，名曰天鼓。其所止国，兵大起，必有战，僵尸满野，期三年。”又引《荆州占》曰：“大流星赤光照地，流而东，吴越部兵；流而南，楚宋部兵；流而西，秦郑部兵；流而北，燕赵部兵。”卷八十六《妖星占中》引《海中占》曰：“枉矢类流星，望之有毛目，长可一匹布，皎皎著天，见则大兵起，大将出，弓弩用，期三年。”⑤

在《汉书》和《后汉书》“天文志”中，记载有多个流星昭示战争的事例。

公元前207年，“项羽救钜鹿，枉矢西流。枉矢所触，天下之所伐射，灭亡象也。物莫直于矢，今蛇行不能直而枉者，执矢者亦不正，以象项羽执政乱也。羽遂合从，阬秦人，屠咸阳”。⑥

汉景帝前元三年（公元前154年）七月，“天狗下”，占辞为：“破军杀将。狗又守御类也，天狗所降，以戒守御。”是时吴、楚二国正攻打梁国睢阳，“梁坚城守，遂伏尸流血其下。”⑦

汉明帝永平元年（58年）四月丁酉，“流星大如斗，起天市楼，西南行，光照地”。司马彪认为：“流星为外兵，西南行为西南夷。”是时“益州发兵击姑复蛮夷大牟替灭陵，斩首传诣洛阳。”⑧

汉和帝永元元年（89年）正月至三月，流星先后出现五次，六月，“汉遣车骑将军窦宪、执金吾耿秉，与度辽将军邓鸿出朔方，并进兵临私渠北鞮海，斩虏首万余级，获生口牛马羊百万头。日逐王等八十一部降，凡三

① （清）赵在翰辑，钟肇鹏、萧文郁点校：《七纬》，第475—476页。
② 同上书，第241页。
③ 同上书，第665页。
④ ［日］安居香山、中村璋八辑：《纬书集成》，第1136页。
⑤ （唐）瞿昙悉达：《开元占经》，第712—713、862页。
⑥ 《汉书》卷二十六《天文志》，第1301页。
⑦ 同上书，第1304页。
⑧ 《后汉书》志十一《天文志中》，第3229页。

十余万人。追单于至西海”。[①]

（二）帝王死亡或大臣篡权

《洛书摘六辟》曰：“流星昼行，亡君之诫。”[②] 尤其是当流星出现在或侵犯与君主有关的星宿时，预示着帝王死亡或皇位被篡。

《开元占经》卷七十二《流星占二》引《黄帝占》曰：“流星入心，不出其年，国有大丧。一曰弑主，期不出三年。”卷七十三《流星占三》引《黄帝占》曰：流星“若刺大角过，王者失位，期三年。”卷七十四《流星占四》又引《黄帝占》曰：“流星入太微，抵于帝座，天下乱臣弑主，国易政，期不出三年。”“流星入紫宫，有大丧。”[③]

《汉书·天文志》载，汉昭帝元平元年（公元前74年）三月丙戌，“流星出翼、轸东北，干太微，入紫宫”。占辞曰：“流星入紫宫，天下大凶。”其年四月癸未，“宫车晏驾”。汉昭帝去世后，大将军霍光等先立昌邑王刘贺，但刘贺即位后荒淫无度。元平元年（公元前74年）二月甲申，“晨有大星如月，有众星随而西行。乙酉，牂云如狗，赤色，长尾三枚，夹汉西行。”占辞曰：“太白散为天狗，为卒起。卒起见，祸无时，臣运柄。牂云为乱君。”《汉书·天文志》的作者马续认为：“大星如月，大臣之象，众星随之，众皆随从也。天文以东行为顺，西行为逆，此大臣欲行权以安社稷。”该年四月，在刘贺即位27天后霍光以“昌邑王贺行淫辟”而“白皇太后废贺”。这也是从天象变异的角度说明废掉昌邑王刘贺的正当性和合理性。

汉成帝元延元年（公元前12年）四月丁酉日晡时，“天曜晏，殷殷如雷声，有流星头大如缶，长十余丈，皎然赤白色，从日下东南去。四面或大如盂，或如鸡子，耀耀如雨下，至昏止。郡国皆言星陨”。按《春秋》所载，“星陨如雨为王者失势诸侯起伯之异也”。这兆示着其后“王莽遂颛国柄。王氏之兴萌于成帝［时］，是以有星陨之变。后莽遂篡国”[④]。

（三）女主或大臣有忧

当流星出现在或侵犯与后宫、大臣有关的星宿时，预示着女主（太后、皇后）去世、被废和大臣被诛或被罢黜。

《开元占经》卷七十一《流星占一》引《黄帝占》曰：“流星抵镇星，

① 《后汉书》志十一《天文志中》，第3233页。

② ［日］安居香山、中村璋八辑：《纬书集成》，第1271页。

③ （唐）瞿昙悉达：《开元占经》，第721、731、742、746页。

④ 《汉书》卷二十六《天文志》，第1308—1311页。

后忌之。”卷七十二《流星占二》引《黄帝占》曰：“流星抵角，角不动，臣欲弑其主而戮死。”引《海中占》曰：“流星入亢中，幸臣有自杀者，期一年。”卷七十三《流星占三》又引《海中占》曰：“流星入女床，后宫有忧。”引石氏曰：“流星入织女，贵女有忧，若有白衣女来者。一曰后族当有出者，期不出百八十日，远则一年。”引齐伯曰：“流星入宦者，左右臣不宁，若有忧。一曰当有被黜者，期一年。”引《玉历》曰：“流星入五诸侯，辅臣有忧，若有黜者。”卷七十四《流星占四》引《海中占》曰：“流星入上台司命，人臣有罪，若有死；流星出之，近臣有出者，期二年。”卷七十五《流星占五》引《玉历》曰：“流星入平星，执令臣有忧，若有罪；星若出之，臣有黜者，期百八十日。”①

汉昭帝继位后，引起其兄燕王刘旦的不满，与左将军上官桀、上官桀之子上官安及御史大夫桑弘羊等密谋，欲借盖长公主置酒宴请大将军霍光时将其杀死，然后废掉昭帝，迎立燕王为天子。被发觉后上官桀、上官安、桑弘羊等被灭族，燕王旦、盖长公主自杀。这次事件在天象上亦有反映，《汉书·天文志》载，始元年间，有“流星下燕万载宫极，东去”。按星占占辞，“国恐，有诛。”其后“左将军桀、票骑将军安与长公主、燕剌王谋乱，咸伏其辜”②。

汉成帝建始元年（公元前 32 年）九月戊子，“有流星出文昌，色白，光烛地，长可四丈，大一围，动摇如龙蛇形。”根据星占理论，“文昌为上将贵相”。流星出文昌，大臣有忧。当时汉成帝刚即位，由母舅王凤为大将军，宣帝舅子王商为丞相，王商为人敦厚，极受汉成帝的尊重，遭到王凤的嫉妒，公元前 25 年，被弹劾免相，三日后去世。“是时帝舅王凤为大将军，其后宣帝舅子王商为丞相，皆贵重任政。凤妒商，谮而罢之。商自杀，亲属皆废黜”。③

绥和元年（公元前 8 年）正月辛未，“有流星从东南入北斗，长数十丈，二刻所息”。占辞曰：“大臣有系者。”该年十一月，“定陵侯淳于长坐执左道下狱死”④。

汉明帝永平七年（64 年）正月戊子，“流星大如杯，从织女西行，光照地”。据星占理论，“织女，天之真女，流星出之，女主忧。”该月癸卯，

---

①（唐）瞿昙悉达：《开元占经》，第 718、719、720、732、733、734、739、743、749 页。

②《汉书》卷二十六《天文志》，第 1307 页。

③ 同上书，第 1309 页。

④ 同上书，第 1311 页。

“光烈皇后崩”[①]。汉章帝建初二（月）［年］（77年）九（日）［月］甲寅，“流星过紫宫中，长数丈，散为三，灭”。据星占理论，“流星过，入紫宫，皆大人忌。”后四年六月癸丑，“明德皇后崩”[②]。

汉灵帝中平年间，“流星赤如火，长三丈，起河鼓，入天市，抵触宦者星，色白，长二三丈，后尾再屈，食顷乃灭，状似枉矢”。占辞曰：“枉矢流发，其宫射，所谓矢当直而枉者，操矢者邪枉人也。”中平六年（189年），大将军何进密谋尽诛宦官，结果反被宦官所杀，“于省中杀进。俱两破灭，天下由此遂大坏乱”。[③]

（四）自然灾害或人民流移

《开元占经》卷七十一《流星占一》引石氏曰：“流星纷纷交行，移时不止，天下大饥，兵起，人民流亡，各去其乡，期不出三年。”卷七十二《流星占二》引《黄帝占》曰：“流星入氐，兵起，若国有大水。”引郗萌曰：“流星出入东井，所之国大水。”卷七十三《流星占三》引《玉历》曰：“流星入天船，天下大水。”又引齐伯曰：“流星入水位，天下有水，河海溢流，五谷不成，流民大饥，期三年。”[④]

《后汉书·天文志上》载，光武帝建武十二年（36年）正月己未，“小星流百枚以上，或西北，或正北，或东北，二夜止”。六月戊戌凌晨，又有“小流星百枚以上，四面行”。从记载可以判断，这是两次流星雨。司马彪根据星占理论分析，“小星者，庶民之类。流行者，移徙之象也。或西北，或东北，或四面行，皆小民流移之征”。当时天下尚未统一，战争不断，“是时西北讨公孙述，北征卢芳。匈奴助芳侵边，汉遣将军马武、骑都尉刘纳、阎兴军下曲阳、临平、呼沱，以备胡。匈奴入河东，中国未安，米谷荒贵，民或流散”。以后三年，“吴汉、马武又徙雁门、代郡、上谷、关西县吏民六万余口，置常［山］关、居庸关以东，以避胡寇。是小民流移之应”。[⑤]

汉和帝永元元年（89年），从正月到三月，接连出现五次流星，“是岁七月，又雨水漂人民，是其应”。[⑥]

---

① 《后汉书》志十一《天文志中》，第3230页。

② 同上书，第3232页。

③ 《后汉书》志十二《天文志下》，第3260页。

④ （唐）瞿昙悉达：《开元占经》，第715、720、728、740页。

⑤ 《后汉书》志十《天文志上》，第3221页。

⑥ 《后汉书》志十一《天文志中》，第3233页。

（五）流星为使

《后汉书・天文志上》曰：“流星为贵使，星大者使大，星小者使小。”[①]《春秋文耀钩》曰：“流星前如缶盆，后皎然白，其欲人时施施如金散，此谓使星，其所入宿受福，期一年，远三年。”[②] 因天上星宿多静止不动，而流星却可以在苍穹间穿梭，中国古代星占学认为，流星是上天的使者，故又称“使星”“星使”。《后汉书・方术列传・李郃传》载：

> 和帝即位，分遣使者，皆微服单行，各至州县，观采风谣。使者二人当到益部，投郃候舍。时夏夕露坐，郃因仰观，问曰：“二君发京师时，宁知朝廷遣二使邪？”二人默然，惊相视曰：“不闻也。”问何以知之。郃指星示云：“有二使星向益州分野，故知之耳。”[③]

李郃所谓的“二使星”当是指流星。

流星出现，预示着人间帝王将派使臣出战或出访，也有可能是外使来拜。既然是使者，其占辞及所对应的事例就有祥有妖，有吉有凶，有喜有忧。《开元占经》卷七十一《流星占一》引孟康曰：“流星，光相连也，大如瓜桃，名曰使星、飞星，主谋事。流星主兵事，使星主行事，以所出入宿占之。”又引《荆州占》曰：“大如桃者，为使事也。”“流星之尾长二三丈，耀然有光竟天，其色白者，主使也，其色赤者，将军使也。”[④]

《春秋纬》曰：“使星出入，羽林兵起。”[⑤]

汉成帝阳朔四年（公元前 21 年）闰月庚午，“飞星大如缶，出西南，入斗下”。占曰：“汉使匈奴。”次年，即鸿嘉元年（公元前 20 年）正月，匈奴单于雕陶莫皋死。五月甲午，汉“遣中郎将杨兴使吊”[⑥]。

中元二年（57 年）十月戊子，“大流星从西南东北行，声如雷。”按星占学理论，“大流星为使”。是时“中郎将窦固、扬虚侯马武、扬乡侯王赏将兵征西也”[⑦]。

汉和帝永元十一年（99 年）五月丙午，“流星大如瓜，起氐，西南行，

---

① 《后汉书》志十《天文志上》，第 3220 页。

② （清）赵在翰辑，钟肇鹏、萧文郁点校：《七纬》，第 475 页。

③ 《后汉书》卷八十二《方术列传》，第 2717—2718 页。

④ （唐）瞿昙悉达：《开元占经》，第 711、714 页。

⑤ （清）赵在翰辑，钟肇鹏、萧文郁点校：《七纬》，第 665 页。

⑥ 《汉书》卷二十六《天文志》，第 1310—1311 页。

⑦ 《后汉书》志十《天文志上》，第 3224 页。

稍有光，白色。”占曰：“流星白，为有使客，大为大使，小亦小使。疾期疾，迟亦迟。大如瓜为近小，行稍有光为迟也。又正王日，边方有受王命者也。”次年二月，“蜀郡旄牛徼外夷白狼楼薄种王唐缯等率种人口十七万归义内属，赐金印紫绶钱帛。”永元十六年（104 年）十月辛亥，“流星起钩陈，北行三丈，有光，色黄”。据星占理论，“钩陈为皇后，流星出之为中使”。此后两年当中，汉和帝去世，汉殇帝即位一年又去世，皆无子，“邓太后遣使者迎清河孝王子即位，是为孝安皇帝，是其应也”。①

汉灵帝光和元年（178 年）四月癸丑，“流星犯轩辕第二星，东北行入北斗魁中”。根据星占理论，“流星为贵使，轩辕为内宫，北斗魁主杀。流星从轩辕出抵北斗魁，是天子大使将出，有伐杀也”。中平元年（184 年），黄巾起义爆发，“上遣中郎将皇甫嵩、朱俊等征之，斩首十余万级”。②

三　流星的政治、军事影响

从重要程度来看，流星的影响当然远不及日食和彗星，但在汉代的政治生活和军事决策中也发挥着一定的作用。

在政治影响方面，一方面是流星在权力斗争中发挥一定的作用，大臣、儒生亦借流星上书建言，提出对策。

汉昭帝元凤元年（公元前 80 年），在燕王刘旦等密谋发动武装政变之时，发生“流星下堕，后姬以下皆恐”，燕王本人就“好星历数术倡优射猎之事”，关键时刻出现这样极不吉利的天象，以致“王惊病，使人祠葭水、台水”。其门客吕广等人亦知星，对燕王推断道，“当有兵围城，期在九月十月，汉当有大臣戮死者”，结果使燕王“愈忧恐”。再加上阴谋败露，其在朝中的内应左将军上官桀等皆伏诛，燕王最后被迫自杀，“即以绶自绞。后夫人随旦自杀者二十余人”。③

汉成帝时，中垒校尉刘向上奏中列举从秦始皇之末到汉宣帝时的一系列特异天象，其中就提到，在秦始皇之末至二世时，曾出现“枉矢夜光”，汉昭帝时，出现“大星如月西行，众星随之”，汉宣帝之时，“天狗夹汉而西”，并总结道，“天之去就，岂不昭昭然哉！”④ 以此来警示汉成帝，希望他能够接受教训，反省悔悟。

---

① 《后汉书》志十一《天文志中》，第 3236—3237 页。

② 《后汉书》志十二《天文志下》，第 3258—3259 页。

③ 《汉书》卷六十三《武五子传》，第 2757—2759 页。

④ 《汉书》卷三十六《刘向传》，第 1964 页。

汉成帝在责备许皇后时，流星出现也是其依据之一，“至其九月，流星如瓜，出于文昌，贯紫宫，尾委曲如龙，临于钩陈，此又章显前尤，著在内也”。①

绥和二年（公元前7年）春，出现“荧惑守心”，议曹李寻劝丞相翟方进“尽节转凶”，在建议中提到“提扬眉，矢贯中，狼奋角，弓且张，金历库，土逆度”等异常天象，其中“矢贯中”，注引服虔曰：“矢，枉矢也。”引孟康曰：“绥和元年正月，枉矢从东南入北斗摄提与北斗杓建寅贯摄提中是也。”又引张晏曰：“矢一星。贯中者，谓正直弧中也。”②

另外，也有因流星策免太尉的事例。《后汉书·皇甫嵩传》载，初平三年（192年）秋，皇甫嵩被拜为太尉，“冬，以流星策免”。③

在军事影响方面，主要见于两处。

《东观汉记·光武帝纪》载，地皇四年（23年），王莽派大司空王邑与司徒王寻率大军攻打昆阳，“遂环昆阳城作营，围之数重，云车十余丈，瞰临城中，旗帜蔽野，尘熛连云，金鼓之声数十里。或为地突，或为冲车撞城，积弩射城中，矢下如雨，城中负户而汲。二公自以为功成漏刻”。就在此时，“有流星坠寻营中，正昼有云气如坏山，直营而霣，不及地尺而散，吏士皆压伏”。据星占理论，“星坠”为灾兆，于军不利，马王堆汉墓帛书《天文气象杂占》曰：“有星隋（坠）军中，不战。”④《后汉书·天文志上》引占辞曰：“营头之所堕，其下覆军，流血三千里。”⑤ 故王莽军才“皆压伏”。义军乘机发动进攻，内外夹击，“二公大众遂溃乱，奔赴水溺死者以数万，滍水为之不流”。⑥

《后汉书·董卓传》载，中平元年（184年），凉州地区北宫伯玉与边章、韩遂等发动叛乱，次年，叛军进逼三辅，“将数万骑入寇三辅，侵逼园陵，托诛宦官为名”。东汉朝廷先派左车骑将军皇甫嵩率军镇压，但出师不利。又以“司空张温为车骑将军，假节，执金吾袁滂为副。拜卓破虏将军，与荡寇将军周慎并统于温。并诸郡兵步骑合十余万，屯美阳，以卫园陵”。张温、董卓与边章、韩遂交战，“辄不利”。十一月，“夜有流星如火，光长

---

① 《汉书》卷九十七下《外戚传下》，第3979页。

② 《汉书》卷八十四《翟方进传》，第3421—3422页。

③ 《后汉书》卷七十一《皇甫嵩传》，第2307页。

④ 国家文物局古文献研究室整理、释文：《西汉帛书〈天文气象杂占〉释文》，《中国文物》1979年第1期。

⑤ 《后汉书》志十《天文志上》，第3219页。

⑥ 《东观汉纪》卷一《光武帝纪》，第4—5页。

十余丈，照章、遂营中，驴马尽鸣。贼以为不祥，欲归金城”。因天突降流星，引起凉州军的恐慌，军心出现动摇。董卓闻之大喜，迅速抓住有利战机，次日“乃与右扶风鲍鸿等并兵俱攻，大破之，斩首数千级。章、遂败走榆中，温乃遣周慎将三万人追讨之”①。

章太炎指出：“尽汉一代，其政事皆兼循神道。”② 透过对异常天象的分析、预测吉凶，为统治者提供禳救灾异的方法和途径，及时做好危机预防和处理，这是包括彗星、流星星占在内的汉代星占学的基本运作逻辑和功能。在阴阳灾异思想极其盛行的时代背景之下，彗星、流星作为天命的直接反映，对两汉政治具有重要的参政作用，经过系统的整理和不断充实，不仅进一步丰富孛流灾异学说的内涵，同时也反映出汉代社会思潮的递嬗变迁与人们对“彗孛飞流，日月薄食”等异常天象的认知模式、思想旨趣和信仰意涵。

---

① 《后汉书》卷七十二《董卓传》，第2320页。

② 章太炎：《驳建立孔教议》。参见汤志钧《章太炎政论选集》，中华书局1977年版，第690页。

第五章　汉代的北斗信仰和云气占及其社会功能

北斗因其指示方位和观象授时的功能而备受汉代社会的尊崇，并进一步被神化为掌控众生命运、主宰生杀大权的司命之神和君主的象征。拥有魇胜万物的神奇威力，成为广受社会各个阶层崇拜的重要星宿。云气占亦是一种古老的占星术，起源于古代社会的观象授时，至两汉时期成为星占学的重要组成部分。

第一节　汉代的北斗信仰

北斗信仰是中国最古老的宗教信仰之一，在一个相当长的历史时期内，北斗在中国先民的心目中享有极其崇高的地位。在两汉时期，北斗一直是立庙祭祀的重要星象。《史记·封禅书》载："雍有日、月、参、辰、南北斗、荧惑、太白、岁星、填星、[辰星]、二十八宿、风伯、雨师、四海、九臣、十四臣、诸布、诸严、诸逑之属，百有余庙。"①《汉书·郊祀志下》载，汉平帝元始五年（5年），王莽按《周官》"兆五帝于四郊"的原则，设"中央帝黄灵后土畤及日庙、北辰、北斗、填星、中宿中宫于长安城之未墬兆"②。《后汉书·祭祀志上》载，建武二年（26年），光武帝"初制郊兆于雒阳城南七里，依鄗。采元始中故事"。"日月在中营内南道，日在东，月在西，北斗在北道之西，皆别位，不在群神列中。"③ 在天人感应思想的影响下，北斗被不断赋予神学化的诠释，从原始的、朴素的星辰观测逐步衍化

---

① 《史记》卷二十八《封禅书》，第1653—1654页。

② 《汉书》卷二十五下《郊祀志下》，第1268页。

③ 《后汉书》志七《祭祀志上》，第3157—3158页。

为神秘的、繁琐的宗教崇拜，成为一种对帝王将相、公卿大夫，乃至市井乡野都有广泛影响的社会文化现象。

一 斗转星移，观象授时

北斗之所以成为上古时期中国人关注和崇拜的重要星宿，首先在于其和人们的日常生产生活息息相关，密不可分。北斗最初的功能主要体现在两个方面，一是指示方位；二是确定四季。这是两个对以农耕为主的古代中国社会能够生存发展的重要基础条件，故备受重视。

对北斗七星名字的完整记载最早见于汉代纬书《春秋运斗枢》，“北斗七星，第一天枢，第二旋，第三玑，第四权，第五玉衡，第六开阳，第七摇光。第一至第四为魁，第五至第七为杓，合为斗。居阴布阳，故称北斗”。[①]这七颗星辰排列整齐，形状奇特，酷似人们生活中的饮食器具斗勺，易于辨识，在北方夜空的满天星斗中极为醒目，“而且由于岁差的缘故，它的位置在数千年前较今日更接近北天极，所以终年常显不隐，观察十分容易”。[②]这自然成为夜间指示方向、判断方位的首选，同时也是航海的重要导向。《淮南子·齐俗训》曰：“夫乘舟而惑者，不知东西，见斗极则寤矣。”[③]

《汉书·律历志上》曰：“日至其初为节，至其中斗建下为十二辰。视其建而知其次。”[④]经过长时间的观测与经验总结，人们借北斗七星的旋转规律和斗柄指向来确定四季，厘定时节，即我国古代天文历法所说的“斗建”[⑤]。现存于《大戴礼记》中我国最早的历法《夏小正》载：

> 正月，“斗柄县在下。”
> 六月，“初昏，斗柄正在上。”
> 七月，“斗柄县在下，则旦。”[⑥]

《鹖冠子·环流》载：“斗柄东指，天下皆春；斗柄南指，天下皆夏；斗柄西指，天下皆秋；斗柄北指，天下皆冬。斗柄运于上，事立于下，斗柄

---

① （清）赵在翰辑，钟肇鹏、萧文郁点校：《七纬》，第485—486页。

② 冯时：《中国天文考古学》，社会科学文献出版社2001年版，第89页。

③ 赵宗乙：《淮南子译注》，黑龙江人民出版社2003年版，第527页。

④ 《汉书》卷二十一上《律历志上》，第984页。

⑤ 《史记·历书》集解曰：“随斗杓所指建十二月。”（第1503页）《汉书·律历志上》：“斗建下为十二辰，视其建而知其次。”（第984页）

⑥ （西汉）戴德撰，卢辩注：《大戴礼记》，中华书局1985年版，第15、20、21页。

指一方，四塞俱成。”①《逸周书·周月解》亦载：“惟一月既南至。”“是月斗柄建子，始昏北指，阳气亏，草木萌荡，日月俱起于牵牛之初，右回而行。”②

到了汉代，天文观测和历法编制水平都有了较大的进步，汉武帝时期司马迁、落下闳、邓平等人编制的《太初历》、汉成帝时刘歆在《太初历》的基础上编制的《三统历》以及东汉的《四分历》等都相当精密。但根据北斗来划定时节的传统仍有相当大的影响，发展得更为全面。

《史记·天官书》云：“分阴阳，建四时，均五行，移节度，定诸纪，皆系于斗。”③ 包括阴阳、四时、五行、二十四节气都要依靠北斗来确定。《淮南子·天文训》又“将北斗的授时作用与地平线坐标巧妙地结合起来，从而建立起中国特有的月建小时法则”④，首次完整地根据北斗来确定二十四节气的天文定位。

> 两维之间，九十一度十六分度之五而升，日行一度，十五日为一节，以生二十四时之变。斗指子则冬至，音比黄钟。加十五日指癸则小寒，音比应钟；加十五日指丑则大寒，音比无射；……加十五日指壬则大雪，音比应钟；加十五日指子。
>
> 斗杓为小岁，正月建寅，月从左行十二辰。咸池为太岁，二月建卯，月从右行四仲，终而复始。大时者，咸池也；小时者，月建也。
>
> 帝张四维，运之以斗，月徙一辰，复反其所。正月指寅，十二月指丑，一岁而匝，终而复始。⑤

《淮南子·时则训》又曰：

> 孟春之月，招摇指寅，昏参中，旦尾中。
>
> 仲春之月，招摇指卯，昏弧中，旦建星中。
>
> 季春之月，招摇指辰，昏七星中，旦牵牛中。
>
> 孟夏之月，招摇指巳，昏翼中，旦婺女中。

---

① 黄怀信：《鹖冠子汇校集注》，中华书局2014年版，第76页。

② 黄怀信、张懋镕、田旭东：《逸周书汇校集注》，中华书局2007年版，第573—574页。

③ 《史记》卷二十七《天官书》，第1542页。

④ 冯时：《中国天文考古学》，社会科学文献出版社2001年版，第90页。

⑤ 赵宗乙：《淮南子译注》，黑龙江人民出版社2003年版，第125—126、130、143页。

仲夏之月，招摇指午，昏亢中，旦危中。
季夏之月，招摇指未，昏心中，旦奎中。
孟秋之月，招摇指申，昏斗中，旦毕中。
仲秋之月，招摇指酉，昏牵牛中，旦觜巂中。
季秋之月，招摇指戌，昏虚中，旦柳中。
孟冬之月，招摇指亥，昏危中，旦七星中。
仲冬之月，招摇指子，昏壁中，旦轸中。
季冬之月，招摇指丑，昏娄中，旦氐中。①

《礼记·曲礼上》："招摇在上。"郑玄注："招摇星在北斗杓端，主指者。"孔颖达疏："招摇，北斗七星也。北斗居四方宿之中，以斗末从十二月建而指之，则四方宿不差。"②"招摇"，即北斗杓端第七星"摇光"，其指向十二辰的寅位为正月之始，以下类推。

北斗决定着四时节气，"斟酌元气，运平四时"。③天地万物的春生、夏长、秋收、冬藏和农作物的丰歉皆须受北斗的制约。《淮南子·本经训》曰："瑶光者，资粮万物者也。"高诱注："瑶光，谓北斗杓第七星也。居中而运历指十二辰，槌起阴阳，以杀生万物也。"④《河图帝览嬉》曰："斗主岁时丰歉。⑤

此外，还根据北斗来区分初昏、夜半和平旦。《史记·天官书》："用昏建者杓"，"夜半建者衡"，"平旦建者魁"。⑥

北斗具有调节阴阳，经纬四时之功能。古代中国是以农立国，农业生产不仅要靠地利，更要依赖天时，需要根据季节气候来安排农时。人们在生产生活中处处都要依赖北斗星的指示和指令，由于科技知识发展水平的限制，又不能正确地认识其中的原理，将其附会为超自然的神秘力量而加以崇拜和祭祀，以保障五谷丰稔。

---

① 赵宗乙：《淮南子译注》，黑龙江人民出版社2003年版，第234—272页。

② 《礼记·曲礼上》，第1250页。（东汉）郑玄注，（唐）孔颖达等正义：《礼记正义》。《十三经注疏》本，上海古籍出版社1997年版。

③ 《后汉书》卷六十三《李固传》，第2076页。

④ 赵宗乙：《淮南子译注》，黑龙江人民出版社2003年版，第369、371页。

⑤ ［日］安居香山、中村璋八辑：《纬书集成》，第1135页。

⑥ 《史记》卷二十七《天官书》，第1542页。

二　主宰生杀，持人命籍

随着谶纬神学的兴盛，北斗被不断地神格化，演变为掌管众生命运和握有生杀大权的司命之神。人之寿夭、爵禄福祚、富贵贫贱、前途命运和吉凶祸福皆在其掌控之中。

《尚书纬》曰："七星在人为七瑞。北斗居天之中，当昆仑之上，运转所指，随二十四气，正十二辰，建十二月。又州国分野、年命莫不政之，故为七政。"① 除论述其历法功能之外，重点强调其对社会和人之生命的决定作用。《史记·天官书》曰："北斗七星，所谓'旋、玑、玉衡以齐七政'。"司马贞索隐引《尚书大传》曰："七政，谓春、秋、冬、夏、天文、地理、人道，所以为政也。"包括天、地、人三道都由北斗七星所决定。《河图帝览嬉》又指出："斗七星，富贵之官也。其旁二星，主爵禄；其中一星，主寿夭。"②

东汉时期，"南斗注生，北斗注死"的观念开始形成。《后汉书·文苑列传·赵壹传》："收之于斗极，还之于司命。"③《后汉书·天文志》多次提到："北斗魁主杀。"④ "北斗主杀。"⑤ 形成于东汉的道家典籍《老子中经》曰："璇玑者，北斗君也，天之侯王也。主制万二千神，持人命籍。"⑥《太平经》解释曰："天斗所破乃死，故魁主死亡，乃至危也。故帝王气起少阳，太阳常守斗建。死亡气乃起于少阴，太阴常守斗魁。"⑦

因北斗主杀，在当时的社会上形成了虔诚祈祷北斗以求延寿长生的习俗。《春秋佐助期》曰："七星之名，并是人年命之所属，恒思诵之，以求福也。"⑧《西京杂记》卷三载："八月四日，出雕房北户，竹下围棋。胜者终年有福，负者终年疾病，取丝缕，就北辰星求长命乃免。"⑨ 相同的记载还见于《三辅黄图》卷四，说得更为确切，"八月四日，出雕房北户竹下围

① （清）赵在翰辑，钟肇鹏、萧文郁点校：《七纬》，第234页。

② ［日］安居香山、中村璋八辑：《纬书集成》，第1135页。

③ 《后汉书》卷八十下《文苑列传下》，第2628页。

④ 《后汉书》志十《天文志上》，第3220页。志十二《天文志下》，第3259页。

⑤ 《后汉书》志十一《天文志中》，第3234页。

⑥ 宋崇实主编：《中国文化精华全集·宗教卷》（三），中国国际广播出版社1992年版，第7页。

⑦ 王明编：《太平经合校》，中华书局2014年版，第314页。

⑧ ［日］安居香山、中村璋八辑：《纬书集成》，第821页。

⑨ （晋）葛洪集，成林、程章灿译注：《西京杂记全译》，贵州人民出版社1993年版，第106页。

棋，胜者终年有福，负者终年疾病，取丝缕就北斗星辰求长命乃免。”①《三国志·吴书·吕蒙传》载，东汉末年，吕蒙病重，孙权亲临探视，“命道士于星辰下为之请命”②。

北辰，从严格意义上来说指的是北极星。在先秦两汉时期，通常是把北斗和北极星作为一个统一的天区来认识的，常常是“斗极”并用，北斗与北辰相互替代。《尔雅·释地》云：“北戴斗极为空桐。”邢昺疏：“斗，北斗也。极者，中宫天极星。其一明者，泰一之常居也。以其居天之中，故谓之极。极，中也。北斗拱极，故云斗极。”③《后汉书·天文志上》刘昭补注引《星经》云：“琁、玑者，谓北极星也。”④饶宗颐先生认为：“秦汉以来‘太一’之意屡有变迁”，“天体之太一天极，指北斗”。⑤ 此两则材料中的“北辰星”“星辰”皆是指北斗而言。

东汉后期，已经出现履斗踏罡的宗教仪式。魏伯阳在《周易参同契·是非历藏法章》曾提到：“履行步斗宿。”⑥

《史记·天官书》曰：“二十八舍主十二州，斗秉兼之，所从来久矣。”正义曰：“言北斗所建秉十二辰，兼十二州。”⑦ 星宿分野理论其中之一是北斗分野，司马迁在《史记·天官书》中只是进行简单粗糙的排列，“杓，自华以西南”，“衡，殷中州河、济之间”，“魁，海岱以东北也。”⑧《黄帝占》将北斗七星与有关诸侯国相对应。“北斗第一星主秦，第二星主楚，第三星主梁，第四星主吴，第五星主赵，第六星主燕，第七星主齐。”⑨

《春秋文耀钩》进行更为细致的划分：

> 北斗七星主九州。
>
> 华岐以北，龙门积石，西至三危之野，雍州属魁星。
>
> 大行以东至碣石、王屋、砥柱，冀州属旋星。

---

① 何清谷校注：《三辅黄图校注》，第254页。

② 《三国志》卷五十四《吴书·吕蒙传》，第1280页。

③ （晋）郭璞注、（宋）邢昺疏：《尔雅注疏》，第2616页。《十三经注疏》本，上海古籍出版社1997年版。

④ 《后汉书》志十《天文志上》，第3213页。

⑤ 饶宗颐：《老子想尔注校证》，上海古籍出版社1991年版，第154页。

⑥ 章伟文译注：《周易参同契》，中华书局2014年版，第102页。

⑦ 《史记》卷二十七《天官书》，第1604页。

⑧ 同上书，第1542页。

⑨ （唐）瞿昙悉达：《开元占经》，第655页。

三河、雷泽东至海岱以北，兖州、青州属机星。

蒙山以东至羽山，南至江、会稽、震泽，徐、扬之州属权星。

大别以东至云梦、九江，荆州属衡星。

荆山西南至岷山、北距鸟鼠，梁州属开阳。

外方熊耳以东至泗水、陪尾，豫州属杓星。

此九州属北斗。星有七，州有九，但兖青徐扬并属二州，故七星主九州也。①

北斗七星与九州相对应的目的是为了“布度定纪，分州系象”②。根据北斗七星的明暗、运行状况及魁杓与二十八宿的具体位置关系来占验所对应地区的吉凶灾祥，即刘向《说苑·辨物》中所说的：“以其魁杓之所指二十八宿为吉凶祸福，天文列舍，盈缩之占，各以类为验。”③

三　人君之象，德行所系

《史记·天官书》云：“斗为帝车，运于中央，临制四乡。”④ 北斗七星被视为天帝之车是汉代人的普遍观点，这从文物资料上也得到充分的印证。如山东嘉祥武氏祠的汉画石“天帝巡行图”（见图二），“北斗七星整齐排列，四个星组成车舆，三个星组成辕，车下无轮，有云气托着，云气中伸出一个兽头蛇身怪物，星君坐于车内”。⑤

图二　山东嘉祥武氏祠的“天帝巡行图”

① （清）赵在翰辑，钟肇鹏、萧文郁点校：《七纬》，第454—455页。

② 同上书，第454页。

③ （西汉）刘向撰，向宗鲁校证：《说苑校证》，第442页。

④ 《史记》卷二十七《天官书》，第1542页。

⑤ 朱锡禄：《武氏祠汉画像石》，山东美术出版社1986年版，第117页。

朱锡禄先生将其命名为“北斗星君图”，结合《史记·天官书》《汉书·天文志》的记载，称之为“天帝巡行图”更为贴切，车中坐的不是“北斗星君”，而是宇宙中最高的主宰——天帝。①

“斗为帝车”，北斗七星是天帝活动和发号施令的场所，“斗为帝令，出号布政，授度四方”②，“斗为天喉舌”③，影射到人间，北斗则成为君主的象征。《汉书·五行志下》刘向曰：“北斗，人君象。”④《春秋元命苞》曰：“斗，为人君之象，而号令之主也。”⑤《后汉书·刘瑜传》中刘瑜将帝王喻为“北辰之尊，神器之宝”⑥。

《洛书》曰：“圣人受命，必顺斗极。”⑦《诗含神雾》曰：“圣人受命必顺斗，张握命图。”⑧《论语阴嬉谶》曰：“圣人用极之数，顺七宝。”七宝：注云：“北斗七星。”⑨ 汉代纬书将古代著名的帝王、圣人及西汉王朝的开创者汉高祖刘邦或被附会为北斗之神，或身上具有北斗的神秘标记，以示他们是受命而王，权力来自神授，以增强帝王或圣人的神圣性与权威性。

《河图始开图》：“黄帝名轩辕，北斗神也，以雷精起。”⑩

《河图握矩记》：“黄帝名轩，北斗黄神之精。母地祇之女附宝，之郊野，大电绕斗，枢星耀，感附宝，生轩。胸文曰：黄帝子。”⑪

《河图稽命征》：“附宝见大电绕北斗权星，照郊野，感而孕，二十五月而生黄帝轩辕于寿邱。”⑫

《春秋元命苞》：“有摇光贯月，感女枢，生颛顼。”⑬

《河图》曰：“瑶光之星如蜺，贯月正白，感女枢幽房之宫，生黑帝

---

① 朱锡禄先生亦认为：“再如武氏后石室的北斗星君图，本来北斗七星并本不相连，作者却把它连成一辆车，斗柄三星成为车辕，斗身四星成为车舆，内坐一王者，大约便是天帝了。”参见朱锡禄《武氏祠汉画像石》，山东美术出版社 1986 年版，第 9 页。

② （清）赵在翰辑，钟肇鹏、萧文郁点校：《七纬》，第 434 页。

③ 《后汉书》卷六十三《李固传》，第 2076 页。

④ 《汉书》卷二十七下之下《五行志下之下》，第 1511 页。

⑤ （清）赵在翰辑，钟肇鹏、萧文郁点校：《七纬》，第 434 页。

⑥ 《后汉书》卷五十七《刘瑜传》，第 1856 页。

⑦ （日）安居香山、中村璋八辑：《纬书集成》，第 1285 页。

⑧ （清）赵在翰辑，钟肇鹏、萧文郁点校：《七纬》，第 260 页。

⑨ ［日］安居香山、中村璋八辑：《纬书集成》，第 1082 页。

⑩ 同上书，第 1105 页。

⑪ 同上书，第 1144 页。

⑫ 同上书，第 1179 页。

⑬ （清）赵在翰辑，钟肇鹏、萧文郁点校：《七纬》，第 438 页。

颛顼。”[①]

《孝经援神契》：“舜，龙颜重瞳，大口，手握褒。”注曰：“大口以象斗星。”[②]

《尚书帝命验》：“禹身长九尺有余，虎鼻河目，骈齿鸟喙，耳三漏，戴成钤，怀玉斗，玉骭履已。”[③]

《河图提刘篇》：“帝季，日角，戴胜，斗胸，龟背，龙股，长七尺八寸，明圣宽仁，好任主轸。”[④]

《春秋演孔图》刻画“素王”孔子的形象为：“孔子长十尺，大九围，坐如尊龙，立如牵牛，就之如昂，望之如斗。”[⑤]

基于天人感应思想，北斗七星对应着天子七政，“北斗有七星，天子有七政也。”[⑥]北斗七星的明暗变化被作为祥瑞或灾异反映出君主德行的好坏及上天对君主施政的奖赏与谴告，甚至预示着国家的兴衰治乱。

《白虎通·封禅》：“德至天则斗极明，日月光，甘露降。”[⑦]

《孝经援神契》：“天子刑于四海，德洞沦冥，八方神化，则斗贯精。”[⑧]

《开元占经》卷六十七《北斗星占》引《石氏》曰：“七政星明者，其国昌；不明者，其国有殃。”引巫咸曰：“北斗星明，王者治。”“王者逆道，则北斗不明。”又引《黄帝占》曰：“北斗七星名曰七神，神各主四宿，而卫太一之宫。其星欲明大润泽相类，七政齐明，则天子吉，大臣昌；其星不明，王者弱，大臣有殃。星若摇动，不出百八十日，天下尽兵，多有死者。”[⑨]

《诗含神雾》曰：“七政星不明，各为其政不行。”[⑩]

《孝经援神契》又详细列举道：

天子不事祠名山，不敬鬼神，则斗第一星不明；数起土功，坏决山

---

① ［日］安居香山、中村璋八辑：《纬书集成》，第1222页。
② （清）赵在翰辑，钟肇鹏、萧文郁点校：《七纬》，第695页。
③ ［日］安居香山、中村璋八辑：《纬书集成》，第369页。
④ 同上书，第1185页。
⑤ （清）赵在翰辑，钟肇鹏、萧文郁点校：《七纬》，第371页。
⑥ 同上书，第542页。
⑦ 《白虎通·封禅》，第283页。
⑧ （清）赵在翰辑，钟肇鹏、萧文郁点校：《七纬》，第698页。
⑨ （唐）瞿昙悉达：《开元占经》，第659、656页。
⑩ （清）赵在翰辑，钟肇鹏、萧文郁点校：《七纬》，第261页。

陵，逆地理，不从谏，则第二星不明；天子不爱百姓，则第三星明；发号施令，不从四时，则第四星不明；用乐声淫泆，则第五星不明；用文法深刻，则第六星不明；不省江河淮济之祠，则第七星不明。①

《春秋文耀钩》又曰：

王者失势，偏任，臣下擅任，则衡拨胁柳，失制。拨者阳星戾，戾则日蚀星消，江河为害，期九年。天子无威，王者舒濡，臣并为政，则衡匡移侧不停，匡者阴星进，进则山崩谷满，极星亡，日不见，期八年，中国无君王，天下大乱。王者贪恣，开利门，贾百姓，朝臣货财为荣，无仁义之廉，则机星低，低者枢机星下移，移则山跃参差，天投石，蝗虫为害，奎星息，期九年，主试天下无文法，兵官荣。王者不用仁义为政，则吝臣炽，哲人消，群奸之害，以圆为方，以佞为忠。朝廷闭塞，天下蔽壅，则杓仰，仰者杓星上句移而高则山崩，龙群吟飞，火泉踊，彗入斗，辰守房，天库虚，狼狐张，期八年，五伯起，帝王亡，后党嬉，谗贼兴，群官之政，以私害公，则魁星反而扰衡。②

《春秋汉含孳》曰："三公在天为三台，九卿为北斗。"③ 李固在对策中又曰："陛下之有尚书，犹天之有北斗也。"④ 在占星家眼中，北斗七星的明暗还昭示着辅臣是否贤良称职，朝廷用人是否得当。

《荆州占》曰：

北斗第一星不明，御史大夫非其人也；第二星不明，大司农非其人也；第三星不明，少府非其人也；第四星不明，光禄非其人也；第五星不明，鸿胪非其人也；第六星不明，廷尉非其人也；第七星不明，执金吾非其人也。⑤

① （清）赵在翰辑，钟肇鹏、萧文郁点校：《七纬》，第709—710页。
② 同上书，第474页。
③ 同上书，第590。
④ 《后汉书》卷六十三《李固传》，第2076页。
⑤ （唐）瞿昙悉达：《开元占经》，第660页。

《礼斗威仪》曰："法北斗而为七政。"① 《春秋佐助期》曰："天子法斗，诸侯应宿。"② 天子施政，必须"上法斗极"③，"顺斗机为政"④，"随天斗所指以明事"⑤，与北斗相配合，以天为象。《春秋说题辞》宋均注："斗居天中而有威仪，王者法而备之，是亦得天下之中和也。"⑥ 根据北斗各星的亮度反省自己施政的得失，改革政治，实施德政，从而顺应天道，实现大治，招致太平。"据斗运枢，顺天无忧。所行造德，与乐并居。"⑦ 《尚书·舜典》曰："在旋玑玉衡，以齐七政。"孔颖达疏引马融云："日月星皆以璇玑玉衡度知其盈缩、进退、失政所在。圣人谦让，犹不自安，视璇玑玉衡以验齐日月五星行度，知其政是与否，重审已之事也。"⑧

四　北斗所击，不可与敌

《汉书·律历志上》曰："玉衡杓建，天之纲也。"注引孟康曰："斗在天中，周制四方。"⑨ 在一个相当长的时期内，北斗被视为天极的中心。1978年，在湖北随县发现的战国早期墓葬曾侯乙墓，经考证其年代在公元前433年左右。墓的东室"E·66衣箱盖顶中央有一个大的篆书斗字，象征天极北斗，绕斗字顺时针方向写有二十八宿全部名称。其左右两边绘虎和龙的图形，正好是四象中西方白虎，东方青龙"⑩。（见图三）

陈遵妫先生指出："图像上以'斗'字为中心的布局，突出地反映了北斗七星在在我国古代天文学中的重要地位。"⑪

东汉天文学家张衡在《灵宪》中也说："众星列布，其以神著，有五列焉，是为三十五名。一居中央，谓之北斗。动变挺占，寔司王命。四布于方，为二十八宿。"⑫ 《史记·天官书》司马贞索隐引马融注《尚书》云："北斗七星，各有所主：第一曰主日法天；第二曰主月法地；第三曰命火，

① ［日］安居香山、中村璋八辑：《纬书集成》，第516页。
② （清）赵在翰辑，钟肇鹏、萧文郁点校：《七纬》，第597页。
③ 《白虎通·爵》，第2页。
④ ［日］安居香山、中村璋八辑：《纬书集成》，第421页。
⑤ 王明编：《太平经合校》，中华书局2014年版，第727页。
⑥ （清）赵在翰辑，钟肇鹏、萧文郁点校：《七纬》，第624页。
⑦ 刘黎明：《焦氏易林校注》，巴蜀书社2011年版，第5—6页。
⑧ 《尚书·舜典》，第126页。
⑨ 《汉书》卷二十一上《律历志上》，第965页。
⑩ 谭维四：《曾侯乙墓》，生活·读书·新知三联书店2003年版，第178页。
⑪ 陈遵妫：《中国天文学史》（第二册），上海人民出版社1982年版，第331页。
⑫ 《后汉书》卷十《天文志上》，第3217页。

谓荧惑也；第四曰煞土，谓填星也；第五曰伐水，谓辰星也；第六曰危木，谓岁星也；第七曰剽金；谓太白也。”[①] 这很明显地建构出这样一种宇宙图式：即二十八宿从属于北斗，“以北斗控制全天星官”[②]。这就使得北斗的地位超越一切星宿，成为天之纲、众星之宗。

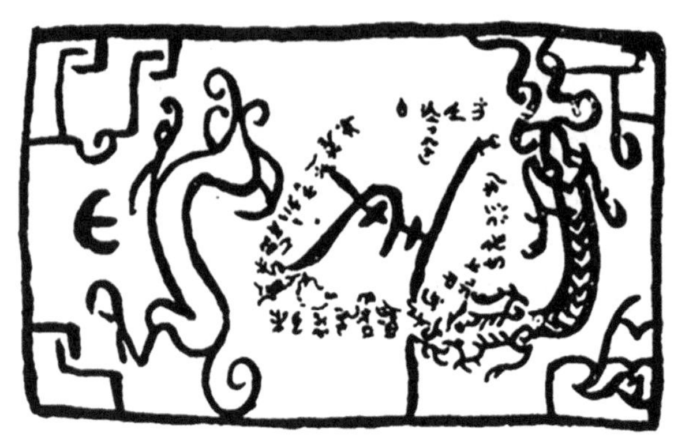

图三　曾侯乙墓漆箱天文星象图[③]

北斗是帝车，是帝之喉舌，是天帝的符号和代表，具有神奇的威力。《尚书帝命验》称之为“神斗”[④]。《淮南子·天文训》曰：“北斗所击，不可与敌。”[⑤] 初昏斗柄所指之处得天之佑，不可抗衡。

两汉时期，军队出征时都要举行隆重的斋醮北斗仪式，祈求借助北斗的神力克敌制胜。扬雄称颂汉高祖说：“于是上帝眷顾高祖，高祖奉命，顺斗极，运天关。”[⑥] 汉武帝讨伐南越时，“以牡荆画幡日月北斗登龙，以象太一三星，为太一锋，命曰‘灵旗’。为兵祷，则太史奉以指所伐国”。[⑦] 建武十八年（42 年），光武帝在巡视西岳时，“推天时，顺斗极，排阊阖，入函谷”。[⑧] “顺斗极”即是顺天而行，如此方能得到上天的眷顾，所向无敌。

王莽借符命篡汉，尤信北斗，几乎达到痴迷的程度。随各地反莽武装起

---

① 《史记》卷二十七《天官书》，第 1542 页。

② 潘鼐：《中国恒星观测史》，学林出版社 1989 年版，第 76 页。

③ 取自谭维四《曾侯乙墓》，生活·读书·新知三联书店 2003 年版，第 177 页。

④ （清）赵在翰辑，钟肇鹏、萧文郁点校：《七纬》，第 221 页。

⑤ 赵宗乙：《淮南子译注》，黑龙江人民出版社 2003 年版，第 171 页。

⑥ 《汉书》卷八十七下《扬雄传》，第 3559 页。

⑦ 《汉书》卷二十五上《郊祀志上》，第 1395 页。

⑧ 《后汉书》卷八十上《文苑列传上》，第 2596 页。

义的不断爆发。天凤四年（17年）八月，“莽亲之南郊，铸作威斗。威斗者，以五石铜为之，若北斗，长二尺五寸，欲以厌胜众兵。既成，令司命负之，莽出在前，入在御旁”。[①]《史记·高祖本纪》载：“秦始皇帝常曰：‘东南有天子气’，于是因东游以厌之。”索隐引《广雅》云：“厌，镇也。”[②] 让司命官抱着威斗，时刻不离左右，希望借此禳灾祛祸，镇压掉各地的反叛势力，帮助自己克敌制胜，“以尊新室之威命”[③]。直到起义军兵临城下，攻入皇宫时，王莽还“绀袀服，带玺韨，持虞帝匕首。天文郎桉栻于前，日时加某，莽旋席随斗柄而坐，曰：‘天生德于予，汉兵其如予何！’”让天文郎操作式盘，推算北斗七星作周日拱极运动的情况，随斗柄指向调整自己座位的方向。被杀前夕，“犹抱持符命、威斗”[④]，渴望能有化凶为吉、遇难呈祥的奇迹出现。这并不是王莽愚昧、“好怪”，而是秦汉社会普遍笃信的观念和群体性意识。

《汉书·息夫躬传》载，息夫躬被免官归国，“未有第宅，寄居丘亭。奸人以为侯家富，常夜守之。躬邑人河内掾贾惠往过躬，教以祝盗方，以桑东南指枝为匕，画北斗七星其上，躬夜自被发，立中庭，向北斗，持匕招指祝盗。”[⑤] 据此，北斗还被赋予防盗护财的职能。

本着“上法斗极”的原则，王朝在建邦设都时也要上参天象，依北斗而建，以求消灾除厄，皇位永固，社稷长存，永享天命。《后汉书·王符传》曰：“王者法天而建官。”注引孔安国云：“天有日、月、北斗、五星二十八宿，皆有尊卑相正之法。言明王奉顺此道，以立国设都也。”[⑥] 西汉都城长安历史上就被称之为“斗城”。《三辅黄图》卷一载：

> 惠帝元年正月，初城长安城。三年春，发长安六百里内男女十四万六千人，三十日罢。城高三丈五尺，下阔一丈五尺，六月发徒隶二万人常役。至五年，复发十四万五千人，三十日乃罢。九月城成，高三丈五尺，下阔一丈五尺，上阔九尺，雉高三坂，周回六十五里。城南为南斗形，北为北斗形，至今人呼汉京城为斗城是也。[⑦]

---

① 《汉书》卷九十九下《王莽传下》，第4151页。
② 《史记》卷八《高祖本纪》，第444页。
③ 《汉书》卷九十九下《王莽传下》，第4153页。
④ 同上书，第4190—4191页。
⑤ 《汉书》卷四十五《息夫躬传》，第2186页。
⑥ 《后汉书》卷四十九《王符传》，第1631页。
⑦ 何清谷校注：《三辅黄图校注》，第58页。

综上所述，北斗以其所具有的厘定时节、主宰生死、厌胜万物的功能以及君主的象征而备受汉代社会的尊崇，成为人们膜拜的重要星象，对中国古代思想文化的发展产生了极其深远的影响。并直接为道教所吸收和承袭，被纳入道教的神仙谱系，成为令人敬畏的司命之神——北斗星君（或称北斗真君、北斗七元星君等），在官方和民间一直拥有广泛的信仰。

第二节　汉代的云气占及其政治功能

云气占是中国古代星占术的重要组成部分，又被称为“望气”或“眡祲”，主要是“根据云气的形态色相判断吉凶”①。云气占在先秦时期就已出现，在汉代相当普及流行，是当时三大天象占卜活动之一②，使寻常的云光气象成为昭示吉凶祸福的天意体现，再加上刻意的人为诠释和操作，使之在当时的社会政治生活中发挥着相当突出的作用。

一　云气的分类

江晓原先生指出：“古代中国人未能清楚地认识到地球大气层的存在，以及由此造成的诸气象现象与天文现象的根本区别，遂习惯于将二者等量齐观。”③ 从今天科学的角度来看，云气属于气象学的范畴，但在中国古代，天文学和气象学并无严格的区分，统统都归诸为天象之学，在文献中常常是“星气”联用，云气及风等也都被记入《天官书》及其后史籍的《天文志》当中。

（一）云的分类

在汉代文献中，从不同的角度对云进行分类。

1. 按诸侯国国名进行分类

按诸侯国国名进行分类是一种较早的做法，首见于长沙马王堆三号汉墓出土的帛书《天文气象杂占》中，该帛书提到十二个诸侯国的云，“楚云如日而白，赵云、中山云、燕云、秦云、戎云、濁（蜀）云、韩云、魏云、卫云、[周云]、齐云、越云”。一些还示有相应的图形。如“楚云图像为一

① 詹鄞鑫：《中国的占星术》，《文史知识》1987年第1期。

② 《史记·天官书》曰：“夫自汉之为天数者，星则唐都，气则王朔，占岁则魏鲜。”（第1607页）

③ 江晓原：《星占学与传统文化》，湖北科学技术出版社2016年版，第114页。

圆圈状的太阳”，赵云图像所绘动物“头部像马，身形像犬”，“中山云的图像如牛”，“燕云的形状如树木”，“秦云如美人或行人”，蜀云的图像为“困仓之形”，韩云的图像为“布形”，魏云的形状像“燕、雀一类飞鸟”，卫云的形状为“犬”，越云的图像为“龙”等①。顾铁符先生认为：“从这许多云的国名来看，这份占书的内容，最早起自战国初年。”② 日本学者安居香山也认为：“云气占提到的是战国的国名，大概在战国时已经形成这种云气占，并且根据不同的云型来占卜相应各国的吉凶。”③

在传世文献中，亦有类似的记载。

《春秋考异邮》载：

> 韩云如布，赵云如牛，楚云如日，宋云如车，鲁云如马，卫云如犬，周云如轮，秦云如行人，魏云如鼠，郑云如绛衣，越云如龙，蜀云如困及车。④

《晋书·天文志中》所载与《春秋考异邮》基本相同，只有两处表述稍异，“周云如车轮”，“蜀云如困。”⑤

2. 按形状分类

《史记·天官书》按形状将云分为七种。

> 稍云⑥精白者，其将悍，其士怯。
>
> 阵云如立垣。
>
> 杼云类杼。
>
> 轴云⑦抟两端兑。
>
> 杓云如绳者，居前亘天，其半半天。其蛪者类阙旗故。
>
> 钩云⑧句曲。

---

① 刘乐贤：《马王堆天文书考释》，中山大学出版社 2004 年版，第 100—102 页。

② 顾铁符：《夕阳刍稿——历史考古述论汇编》，紫禁城出版社 1988 年版，第 213 页。

③ ［日］安居香山著：《纬书与中国神秘思想》，田人隆译，河北人民出版社 1991 年版，第 68 页。

④ ［日］安居香山、中村璋八辑：《纬书集成》，第 800—801 页。

⑤ 《晋书》卷十二《天文志中》，第 335—336 页。

⑥ 《汉书·天文志》作“捎云”。（第 1297 页）

⑦ 《汉书·天文志》作“柚云”。（第 1297 页）

⑧ 《汉书·天文志》作“（锐）钩云”。（第 1297 页）

卿云："若烟非烟，若云非云，郁郁纷纷，萧索轮囷，是谓卿云。"①

另外，《汉书·天文志》《汉书·五行志下之上》又提到：

湃云："如狗，赤色，长尾三枚。"②
蜺云："蜺云者，类斗旗故。"③
蒙云："蒙如尘云。"④

（二）气的分类

与云相比，气是无形的。《释名·释天》曰："气，忾也。忾然有声而无形也。"⑤ 在汉代文献中，气亦分多种种类。

1. 按地域方位分类

《史记·天官书》曰：

自华以南，气下黑上赤。嵩高、三河之郊，气正赤。恒山之北，气下黑下青。勃、碣、海、岱之间，气皆黑。江、淮之间，气皆白。⑥

对于此种分类方法，高平子先生认为："以地域分色，或因其地之上土壤植物而有不同，未必全无根据。然气象因素当居首要。"⑦

《史记·天官书》又提到：

故北夷之气如群畜穹闾，南夷之气类舟船幡旗。……海旁蜃气象楼台；广野气成宫阙然。

---

① 《史记》卷二十七《天官书》，第1594—1595页。"卿云"，《汉书·天文志》记为"庆云"。（第1298页）

② 《汉书》卷二十六《天文志》，第1307页。"湃云"，《晋书·天文志中》作"牂云"："如狗，赤色，长尾；为乱君，为兵丧。"（第330页）

③ 《汉书》卷二十六《天文志》，第1297页。

④ 《汉书》卷二十七下之上《五行志下之上》，第1460页。

⑤ （东汉）刘熙撰，（清）毕沅疏证，王先谦补：《释名疏证补》，中华书局2008年版，第5页。

⑥ 《史记》卷二十七《天官书》，第1593页。

⑦ 高平子：《史记天官书今注》，中华丛书编审委员会（台北），1965年，第67页。

这是将人、地、气进行简单的比附。故张守节正义引《淮南子》曰："土地各以类生人，……皆象其气，皆应其类也。"①

《春秋考异邮》又进一步补充曰：

> 北方之气如牛羊群畜穹闾，南方之气如舟楫，东方之气如树木交柯，西方之气如室屋轩厂幡旗。……东海气如圆簦，汉水河气如引布，江汉气劲如杼柚，泲水气如黑豚，滑水气如狼白尾，淮南气如帛，少室气如白兔青尾，恒山气如黑牛青尾。②

2. 日旁气

由于太阳是君主的象征，太阳本身及其周围云气的变化都与人主有关，故最能引起人们的关注。《史记·天官书》载，当时精于云气占的名家王朔在占候时主要是根据日旁云气占候吉凶，"王朔所候，决于日旁。日旁云气，人主象。皆如其形以占"。③ 从星占学的角度看，星占家对日旁之气的观测及占验极为重视，"古望气之术，占验吉凶，盖以日旁气为尤重"。④

日旁气，顾名思义，就是环绕在太阳周围的气。在汉代文献中，对日旁气又有不同的分类，主要有以下几种。

晕：《史记·天官书》，"日月晕适，云风，此天之客气。""晕"，裴骃集解引孟康曰："日旁气也。"⑤

蜺（霓），《汉书·五行志下之上》引京房《易传》曰，"蜺，日旁气也。"⑥《尚书考灵曜》曰："日旁青赤者为霓。"⑦

霄：《汉书·扬雄传上》，"腾清霄而轶浮景兮。"颜师古注："霄，日旁气也。"⑧

瑕：《汉书·扬雄传上》，"噏清云之流瑕兮，饮若木之露英"。"瑕"，颜师古注："谓日旁赤气也。"⑨

---

① 《史记》卷二十七《天官书》，第1595页。

② ［日］安居香山、中村璋八辑：《纬书集成》，第800页。

③ 《史记》卷二十七《天官书》，第1594页。

④ （清）孙诒让：《周礼正义》卷四十八，中华书局2013年版，第1980页。

⑤ 《史记》卷二十七《天官书》，第1609页。

⑥ 《汉书》卷二十七下之上《五行志下之上》，第1460页。

⑦ ［日］安居香山、中村璋八辑：《纬书集成》，第354页。

⑧ 《汉书》卷八十七上《扬雄传上》，第3524页。

⑨ 同上书，第3530—3531页。

虹：《后汉书·郎顗传》，“凡日傍气色白而纯者名为虹。”[①]《尚书考灵曜》郑玄注曰：“日旁气白者为虹。”[②]《开元占经》卷九十八《虹蜺占》引京房曰：“虹，日旁气也。”[③]

日冠：《开元占经》卷七《日占三》引王朔曰：“冠者，如半晕也。法当在日上。”又引如淳曰：“日气在日上为冠。”[④]

日戴：《开元占经》卷七《日占三》引王朔曰：“日戴者，形如直状，其上微起，在日上为戴。”又引如淳曰：“气在日上为戴。”[⑤]

日珥：《开元占经》卷七《日占三》引如淳曰：“气在日傍直对，为珥。”[⑥]

日抱：《开元占经》卷七《日占三》引王朔曰：“气向日晕状而短则为抱。抱者，苞也。苞者，附也。”引京房曰：“气向日月为抱。”[⑦]《汉书·天文志》，“抱珥虹霓”，颜师古注引孟康曰：“抱，气向日也。”又引如淳曰：“在旁如半环向日为抱。”[⑧]

3. 十煇

《周礼·春官宗伯》设有“眡祲”一职，“掌十煇之法”。

“煇”，郑玄注引郑司农曰：“煇为日光气也。”“十煇”，指的是日旁气的十种形态，贾公彦疏曰：“以下十等，多是日旁之气。言煇亦是日旁煇光，故总以煇言之。”具体而言，“一曰祲，二曰象，三曰鑴，四曰监，五曰闇，六曰瞢，七曰弥，八曰叙，九曰隮，十曰想。”郑玄注引郑司农曰：

> 祲，阴阳气相侵也。
>
> 象者，如赤鸟也。
>
> 鑴，谓日旁气四面反乡，如煇状也。
>
> 监，云气临日也。
>
> 闇，日月食也。
>
> 瞢，日月瞢瞢无光也。

① 《后汉书》卷三十下《郎顗传》，第1064页。

② ［日］安居香山、中村璋八辑：《纬书集成》，第354页。

③ （唐）瞿昙悉达：《开元占经》，第977页。

④ 同上书，第69页。

⑤ 同上。

⑥ 同上书，第70页。

⑦ 同上书，第71页。

⑧ 《汉书》卷二十六《天文志》，第1274页。

弥者，白虹弥天也。

叙者，云有次序也，如山在日上也。

隮者，升气也。

想者，煇光也。

郑玄对其中的四种“煇”又提出自己的见解，“鑴，谓日旁气刺日也。监，冠珥也。弥，气贯日也。隮，虹也。”①

郑众和郑玄的解释未必符合春秋时期人们的观念，但却反映出汉代人们的看法。

二　云气占辞与事应

汉代在继承先秦的基础上，对云气占辞做了进一步补充和扩展，《汉书·艺文志》中收录有《黄帝杂子气》33 篇、《常从日月星气》21 卷、《国章观霓云雨》34 卷、《汉日旁气行事占验》3 卷、《汉日旁气行占验》13 卷②等占气著作。并将云气变幻与人事吉凶、政治清浊等军国大事相联系，占卜出云气的种种预兆。

1. 云的占辞与事应

对于云而言，主要是从颜色和形态两个方面进行占断。

从颜色来说，将云分为赤、黄、青、白、黑五种，其中黄云为吉兆，其他四种多为凶兆。

《周礼·春官宗伯》“保章氏”的职责之一是“以五云之物，辨吉凶、水旱降、丰荒之祲象”。郑玄注：“物，色也。视日旁云气之色。”又引郑司农云：“以二至二分观云色，青为虫，白为丧，赤为兵荒，黑为水，黄为丰。……故曰凡此五物，以诏救政。”③

黄云作为一种祥云，是丰收之象。《太平御览》卷八《天部八》引《京房易飞候》曰：“黄云如覆车，大丰也。”引《东方朔传》：“凡占，长吏东耕，当视天有黄云来覆车，五谷大熟。青云致兵，白云致盗，乌云多水，赤云多火。”④ 同时还是圣人、贵人出生、将兴的征兆。《春秋演孔图》曰：

---

① 《周礼·春官宗伯·眡祲》，第 808 页。

② 《汉书》卷三十《艺文志》，第 1763—1764 页。

③ 《周礼·春官宗伯·保章氏》，第 819 页。

④ 《太平御览》卷八《天部八·云》，第 67、69 页。参见（北宋）李昉编纂，夏剑钦、王巽斋校点《太平御览》，河北教育出版社 1994 年版。下引《太平御览》皆出此版本。

“黄帝之将兴，黄云升于堂。”①《春秋合诚图》曰：“尧母庆都，有名于世，盖大帝之女，生于斗维之野，常在三河东南。天大雷电，有血流润大石之中，生庆都，长大形象天帝。常有黄云覆盖之。”②

从形状上来说，更多的是用于占卜战争胜负。

稍云，《史记·天官书》曰：“其大根而前绝远者，当战。青白，其前低者，战胜；其前赤而仰者，战不胜。”③

马王堆汉墓帛书“虽是云气占，实质上却是兵书”④。《天文气象杂占》有多种以云占测战争及其胜负的占辞。

云如牛，十介，入人野，五日亡地。

军（晕）之所在，军败，败其邦分。

云如此，战得方者胜。

云在幕前，得□［方］者胜。

枸云桓□□在，从以□见兵之。

青云如弓，攻城人胜。

如杼，万人［死下］。［如］杼三，三万人死下。如杼五，五万人死下。⑤

赤云如此，属月，有兵。

有云如戟，临之，其邦有兵。

衡云⑥穿之，有命兵。

气云所出作必有大乱，兵也。

黑云裹日，兵兴。

有赤云如雉，属日，不出三月，邦有兵。⑦

---

① （清）赵在翰辑，钟肇鹏、萧文郁点校：《七纬》，第379页。

② 同上书，第546页。

③ 《史记》卷二十七《天官书》，第1594页。

④ ［日］安居香山著：《纬书与中国神秘思想》，田人隆译，河北人民出版社1991年版，第71页。

⑤ “如杼”，顾铁符先生注：“指云气形状如杼。”参见顾铁符《夕阳刍稿——历史考古述论汇编》，紫禁城出版社1988年版，第224页。

⑥ “衡云”，刘乐贤先生疏证，即“横云”。参见刘乐贤《马王堆天文书考释》，中山大学出版社2004年版，第127页。

⑦ 国家文物局古文献研究室整理、释文：《西汉帛书〈天文气象杂占〉释文》，《中国文物》1979年第1期。

当然，也有个别的云为祥云，因为稀少，尤为人们所关注和渴望。如卿云，又称庆云、景云，为吉庆之云。《太平御览》卷八《天部八·云》引《西京杂记》曰："瑞云曰庆云、曰景云，或曰卿云。"① 《史记·天官书》曰："卿云，喜气也。"② 是帝王品德修养、孝行的体现和天下太平的象征。《孝经援神契》曰："王者德至山陵，则景云出。""天子孝，则景云现。"③《礼斗威仪》曰："人君乘水而王，其政和平，则景云见也。"④

《汉书·天文志》载，汉昭帝元平元年（公元前24年）正月庚子，"日出时有黑云，状如（猋）［焱］风乱鬈，转出西北，东南行，转而西，有顷亡。"占辞曰："有云如众风，是谓风师，法有大兵。"星占家认为这是即将发生战争的征兆，"其后兵起乌孙，五将征匈奴。"二月乙酉，"牂云如狗，赤色，长尾三枚，夹汉西行。"占辞曰："牂云为乱君。"该年四月，"昌邑王贺行淫辟，立二十七日，大将军霍光白皇太后废贺"。⑤

2. 气的占辞及事应

从星占的角度来讲，气的分量要远大于云。如马王堆汉墓帛书《天文气象杂占》，主要是记录云、气、星、彗等天象的占验，其中"以占气的篇幅最大，其次是云，第三是彗，而星的分量最小"⑥。根据气的占辞及事应，其内容主要有以下几个方面。

（1）战争胜负

望气首先用于军事领域，古代军队出征作战，当有懂天文、善望气的人员随行，以根据气象趋吉避凶，选择有利的战机。《汉书·艺文志》"兵家"下"阴阳家"专门收录《别成子望军气》6篇，并有图3卷⑦。为望气以指导军事行动的指导性用书。《北堂书钞》卷九六引《益都耆旧传》云："杨由有《兵云图》，时窦宪将兵在外，太守高安遣工从由写图以进宪，由口授以成图。"⑧

---

① （北宋）李昉等著：《太平御览》卷八《天部八·云》，第70页。

② 《史记》卷二十七《天官书》，第1595页。

③ （清）赵在翰辑，钟肇鹏、萧文郁点校：《七纬》，第699页。

④ 同上书，第307页。

⑤ 《汉书》卷二十六《天文志》，第1307—1308页。

⑥ 顾铁符：《夕阳刍稿——历史考古述论汇编》，紫禁城出版社1988年版，第196页。

⑦ 《汉书》卷三十《艺文志》，第1760页。

⑧ 转引自（晋）常璩撰、刘琳校注《华阳国志校注》（修订版），成都时代出版社2007年版，第395页。《华阳国志》卷十（上）记载为："杨由为太守廉范文学，范称能治。……大将军窦宪从太守索《云气图》，由谏莫与，寻宪受诛。"（第395页）

在先秦文献中，《墨子·迎敌祠》中提到："凡望气，有大将气，有小将气，有往气，有来气，有败气，能得明此者可知成败吉凶。"①《六韬·龙韬·王翼》亦载当时军中配备有"天文三人，主司星历，候风气，推时日，考符验，校灾异，知天心去就之机"②。

《史记·天官书》就有根据气占候战争胜负的总结：

> 两军相当，日晕；晕等，力钧；厚长大，有胜；薄短小，无胜。重抱大破无。抱为和，背［为］不和，为分离相去。直为自立，立侯王；(指晕)［破军］(若曰) 杀将。负且戴，有喜。围在中，中胜；在外，外胜。青外赤中，以和相去；赤外青中，以恶相去。气晕先至而后去，居军胜。先至先去，前利后病；后至后去，前病后利；后至先去，前后皆病，居军不胜。见而去，其发疾，虽胜无功。见半日以上，功大。白虹屈短，上下兑，有者下大流血。日晕制胜，近期三十日，远期六十日。③

汉代占书和纬书中亦有从气的颜色、方位、形状等角度占测战争的占辞。

《开元占经》卷七《日占三》引《荆州占》曰："日交珥象，一方众兵皆起，军在外者罢。"引京氏曰："日出四珥，将军亡。日入四珥，有大兵。""气青外赤内，曲向日月为抱，两军相当，顺抱者胜。"④ 卷九十八《虹蜺占》引《易候》曰："白虹其下有流血。"⑤

《春秋演孔图》曰："天子外苦兵，威内夺，臣无忠，则天投蜺。"⑥

《春秋潜谭巴》曰：虹"五色迭至，照于宫，有兵革之事"。⑦

《洛书摘六辟》曰："日有赤黑珥，夷人起兵，外降附之。""白虹贯日，四夷为祸，主恐见伐。"⑧

---

① 《墨子·迎敌祠》，第 574 页。参见孙诒让撰，孙启治点校《墨子间诂》，中华书局 2001 年版。下引《墨子》无特别说明者皆出此版本。

② 郑利群、郑京：《六韬译注》，陕西人民出版社 1992 年版，第 57 页。

③ 《史记》卷二十七《天官书》，第 1586 页。

④ （唐）瞿昙悉达：《开元占经》，第 70—71 页。

⑤ 同上书，第 980 页。

⑥ （清）赵在翰辑，钟肇鹏、萧文郁点校：《七纬》，第 381 页。

⑦ 同上书，第 617 页。

⑧ ［日］安居香山、中村璋八辑：《纬书集成》，第 1271—1272 页。

《洛书》曰："日出而晕，必有败主，不乃有师破。"①

《汉书·天文志》载，汉成帝永始二年（公元前15年）二月癸未夜，"东方有赤色，大三四围，长二三丈，索索如树。南方有大四五围，下行十余丈，皆不至地灭"。一夜之内两气俱发，占辞曰："东方客之变气，状如树木，以此知四方欲动者。"次年十二月，尉氏人樊并等发动起义，攻入陈留，"贼杀陈留太守严普及吏民，出囚徒，取库兵，劫略令丞，自称将军，皆诛死"。同月，又有山阳铁官亡徒苏令等举行暴动，势力一度发展到四十多个郡国，"杀伤吏民，篡出囚徒，取库兵，聚党数百人为大贼，逾年经历郡国四十余"。②

《后汉书·五行志六》载，光武帝建武七年（31年）四月丙寅，"日有晕抱，白虹贯晕，在毕八度"。根据分野学说占测，"毕为边兵"。该年七月，"隗嚣反，侵安定"。③

《后汉书·天文志中》，汉和帝永元十二年（100年）十一月癸酉，"夜有苍白气，长三丈，起天园，东北指军市，见积十日"。占辞曰："兵起，十日期岁。"来年十一月，"辽东鲜卑二千余骑寇右北平"④。

《后汉书·天文志下》，汉灵帝熹平二年（173年）八月辛未，有"白气如一匹练，冲北斗第四星"。根据星占占辞，"白气冲北斗为大战"。次年冬，"扬州刺史臧旻、丹阳太守陈寅，攻盗贼苴康，斩首数千级"。⑤

（2）帝王身体有恙、死亡或执政无常

气中的白虹和赤虹对君主来说都是极不利的。尤其是白虹贯日，多预示着君主的死亡。因为太阳是君主的象征，白虹贯日，白气冲犯太阳，对于君主来说是极大的凶兆。

马王堆汉墓帛书《天文气象杂占》曰："赤虹冬出，主□□，不利人主。白虹出，邦君死。"⑥

《诗推度灾》曰："为政无常，天下疑，则蜺逆行。"⑦

---

① ［日］安居香山、中村璋八辑：《纬书集成》，第1290页。

② 《汉书》卷二十六《天文志》，第1311页。

③ 《后汉书》志十八《五行志六》，第3372页。

④ 《后汉书》志十一《天文志中》，第3237页。

⑤ 《后汉书》志十二《天文志下》，第3258页。

⑥ 国家文物局古文献研究室整理、释文：《西汉帛书〈天文气象杂占〉释文》，《中国文物》1979年第1期。

⑦ ［日］安居香山、中村璋八辑：《纬书集成》，第469页。

《春秋感精符》曰："白虹贯日，天子有忧。"①

《春秋潜潭巴》曰："五虹俱出，天子诎。"②

《春秋运斗枢》曰："帝老不听政，赤虹填门。"③

《洛书洛罪极》曰："白虹贯日，近臣乱，胜。主人亡。"④

《汉书·天文志》载，汉哀帝建平元年（公元前6年）十二月，"白气出西南，从地上至天，出参下，贯天厕，广如一匹布，长十余丈，十余日去"。占曰："天子有阴病。"⑤《汉书·哀帝纪》载，汉哀帝即位之后就得"痿痹"之症，最后几年更加严重。"痿痹"，颜师古注引如淳曰："病两足不能相过曰痿。"⑥

《后汉书·天文志中》，汉和帝永元十六年（104年）四月丁未，"紫宫中生白气如粉絮"。司马彪据星占理论分析曰："白气生紫宫中为丧。"一年后，汉和帝去世，"殇帝即位一年又崩"⑦。

（3）臣下擅权，后宫乱政

《汉书·五行志下之上》引京房《易传》曰："后妃有专，蜺再重，赤而专，至冲旱。妻不壹顺，黑蜺四背，又白蜺双出日中。妻以贵高夫，兹谓擅阳，蜺四方，日光不阳，解而温。……女不变始，兹谓乘夫，蜺白在日侧，黑蜺果之。气正直。妻不顺正，兹谓擅阳，蜺中窥贯而外专。夫妻不严兹谓媟，蜺与日会。妇人擅国兹谓顷，蜺白贯日中，赤蜺四背。"⑧

《后汉书·五行志六》引《易谶》曰："聪明蔽塞，政在臣下，婚戚干朝，君不觉悟，虹蜺贯日。"⑨

《春秋考异邮》曰："蜺见有邪色，非红非黑，非青非白，后妃有阴谋，若迷诱其主。"⑩

《春秋潜潭巴》曰："虹出，后妃阴胁王者。"又曰："虹蜺，主内淫。"⑪

---

① （清）赵在翰辑，钟肇鹏、萧文郁点校：《七纬》，第535页。
② 同上书，第617页。
③ 同上书，第508页。
④ ［日］安居香山、中村璋八辑：《纬书集成》，第1279页。
⑤ 《汉书》卷二十六《天文志》，第1312页。
⑥ 《汉书》卷十一《哀帝纪》，第345页。
⑦ 《后汉书》志十一《天文志中》，第3237页。
⑧ 《汉书》卷二十七下之上《五行志下之上》，第1460页。
⑨ 《后汉书》志十八《五行志六》，第3374页。
⑩ ［日］安居香山、中村璋八辑：《纬书集成》，第804页。
⑪ 同上书，第847页。

《春秋运斗枢》曰："后族专权，虹贯太微。"①

《诗推度灾》曰："挠弱不立，邪臣蔽主，则白虹刺日。"②

《易通卦验》曰："虹不时见，女谒乱公。"并解释曰："虹者，阴阳交接之气，阳倡阴和之象。今失节不见者，似人君心在房内，不循外事，废礼失义，夫人淫恣而不制。故曰：女谒乱公。"③

《洛书洛罪极》曰："白虹贯日，近臣谋乱，人主危。"④

《开元占经》卷九十八《虹蜺占》引京房《对灾异》说："虹蜺近日则奸臣谋；贯日，客伐主。"⑤

《后汉书·五行志五》载，汉灵帝光和元年（178 年）六月丁丑，"有黑气堕北宫温明殿东庭中，黑如车盖，起奋讯，身五色，有头，体长十余丈，形貌似龙"。蔡邕在对策中曰："所谓天投蜺者也。不见足尾，不得称龙。《易传》曰：'蜺之比无德，以色亲也。'《潜潭巴》曰：'虹出，后妃阴胁王者。'"司马彪分析曰："先是立皇后何氏，皇后每斋，当谒祖庙，辄有变异不得谒。"中平元年（184 年），黄巾起义爆发，东汉朝廷派兵镇压，使皇后二兄何进、何苗"为大将统兵"，当年，汉灵帝去世，"皇后摄政，二兄秉权"。⑥

三　汉代占候云气的机构和方术

在先秦至两汉时期，都设有专门的机构负责云气的观测和占候，并形成公式化的望气之术和迎气礼仪。

（一）占候云气的机构和相关活动

在先秦时期，就设有专门的机构和地点占测云气，根据占测所得出的兆示对将来可能出现的变故进行准备。

据前文所引，在《周礼·春官宗伯》设有"保章氏"一职，其职责之一是"以五云之物，辨吉凶、水旱降丰荒之祲象"。郑玄注曰："物，色也。视日旁云气之色。降，下也，知水旱所下之国。"又引郑司农云：

---

① ［日］安居香山、中村璋八辑：《纬书集成》，第 732 页。

② 同上书，第 469 页。

③ 同上书，第 249 页。

④ 同上书，第 1279 页。

⑤ （唐）瞿昙悉达：《开元占经》，第 980 页。

⑥ 《后汉书》志十七《五行志五》，第 3351—3352 页。

以二至二分观云色，青为虫，白为丧，赤为兵荒，黑为水，黄为丰。故《春秋传》曰："凡分至启闭，必书云物，为备故也。"故曰凡此五物，以诏救政。①

君主于二分二至登台以望天象，重点是观测日旁云气以占吉凶，这是古礼之一。

"《春秋传》曰"，即《左传·僖公五年》曰："春王正月辛亥朔，日南至。公既视朔，遂登观台以望。而书，礼也。凡分、至、启、闭，必书云物，为备故也。"杜预注："云物，气色灾变也。""为备故"，杜注："素察妖祥，逆为之备。"②《太平御览》卷八《天部八》引《左传》旧注曰："云，五云也，风气日月星辰也。"③这里所说的"云物"，主要指的是云气。

又设有"眡祲"，有"中士二人，史二人，徒四人"，"掌十煇之法，以观妖祥，辨吉凶"。④

占测云气的地点，国家叫灵台，各诸侯国称之为观台。《周礼·春官宗伯》贾公彦疏："其天子有灵台，诸侯有观台，皆所以视天文。"⑤

荀子亦把占气列为王者之事，《荀子·王制》曰：序官："相阴阳，占祲兆，钻龟陈卦，主攘择五卜，知其吉凶妖祥，伛巫跛击之事也。""祲"，章诗同注："阴阳相侵之气也。"⑥

占候云气在春秋时期是一种相当流行的方术。

《左传·昭公十五年》载：

春，将禘于武公，戒百官。梓慎曰："禘之日其有咎乎！吾见赤黑之祲，非祭祥也。丧氛也。其在莅事乎！"二月癸酉，禘。叔弓莅事，籥入而卒。

杜预注："祲，妖氛也。盖见于宗庙，故以为非祭祥也。氛，恶气也。"⑦

---

① 《周礼·春官宗伯·保章氏》，第819页。

② 《左传·僖公五年》，第1794页。《十三经注疏》本，上海古籍出版社1997年版。

③ 《太平御览》卷八《天部八·云》，第67页。

④ 《周礼·春官宗伯·眡祲》，第808页。

⑤ 《周礼·春官宗伯》，第755页。

⑥ 章诗同：《荀子简注》，上海人民出版社1974年版，第88页。

⑦ 《左传·昭公十五年》，第2077页。《十三经注疏》本，上海古籍出版社1997年版。

梓慎是当时著名的星占家，《左传》中多次记载有关他望气的活动及占言。此次他是根据赤黑妖气推断可能对主祭者不吉，结果叔弓应言而卒。

《左传·昭公十八年》载：

> 夏，五月，火始昏见。丙子，风。……戊寅，风甚。壬午，大甚。宋、卫、陈、郑皆火。梓慎登大庭氏之库以望之，曰："宋、卫、陈、郑也。"数日，皆来告火。

"大庭氏"，杜预注："大庭氏，古国名，在鲁城内。鲁于其处作库。高显，故登以望气，参近占以审前年之言。……故登以望气，本或作以望氛气。""望之"，即望气，孔颖达疏曰："梓慎所望，望天气耳，非能望见火也。"①

《左传·昭公二十年》又载：

> 春，王二月，己丑，日南至。梓慎望氛，曰："今兹宋有乱，国几亡，三年而后弭。蔡有大丧。"

"氛"，杜预注："氛，气也。"② 在春秋时期常用来代表云气。梓慎亦是通过望气占测出当代宋国的华氏、向氏之乱和蔡平公的去世。

战国时期，战争的需要又促进星占、望气的兴盛。《史记·天官书》曰："争于攻取，兵革更起，城邑数屠，因以饥馑疾疫焦苦，臣主共忧患，其察禨祥候星气尤急。"③ 秦始皇统一天下之后，在朝中仍设有众多的占候星气人员，"星气者至三百人，皆良士"。④

汉代沿用旧制，亦设有灵台作为望云气的专门场所。《后汉书·马融传》载，马融在《广成颂》中曰："偃伯于灵台，或人嘉而称焉。"李贤注："灵台，望气之台也。"⑤ 在灵台下设有"十二人候气"⑥，在人员编制上仅

---

① 《左传·昭公十八年》，第2085页。《十三经注疏》本，上海古籍出版社1997年版。

② 《左传·昭公二十年》，第2090页。《十三经注疏》本，上海古籍出版社1997年版。

③ 《史记》卷二十七《天官书》，第1601页。

④ 《史记》卷六《秦始皇本纪》，第329页。

⑤ 《后汉书》卷六十上《马融传》，第1956—1957页。

⑥ 《后汉书》志二十五《百官志二》，第3572页。

次于候星（14 人）。

而且帝王对望云气相当重视，并亲自身体力行。永平二年（59 年）正月，汉明帝在明堂祭祀完光武帝之后，又“升灵台，望元气，吹时律，观物变”。“元气”，李贤注曰：“天气也。王者承天心，理礼乐，通上下四时之气也，故望之焉。”① 建初三年（78 年）正月，汉章帝在宗祀明堂后“登灵台，望云物”②。永元五年（93 年）正月，汉和帝“宗祀五帝于明堂，遂登灵台，望云物”③。

（二）望云气之术

占候云气，首先要认真观测，如何观测，应掌握一定的方法和技巧。

《史记·天官书》曰：

> 凡望云气，仰而望之，三四百里；平望，在桑榆上，千余（里）二千里；登高而望之，下属地者三千里。云气有兽居上者，胜。
>
> 气来卑而循车通者，不过三四日，去之五六里见。气来高七八尺者，不过五六日，去之十余里见。气来高丈余二丈者，不过三四十日，去之五六十里见。④

《汉书·天文志》的表述基本相同，反映出从不同的角度、距离的远近观测云气的经验。

《晋书·天文志中》进一步补充曰：

> 凡候气之法，气初出时，若云非云，若雾非雾，仿佛若可见。初出森森然，在桑榆上，高五六尺者，是千五百里外。平视则千里，举目望即五百里；仰瞻中天，即百里内。平望，桑榆间二千里；登高而望，下属地者，三千里。敌在东，日出候之；在南，日中候之；在西，日入候之；在北，夜半候之。军上气，高胜下，厚胜薄，实胜虚，长胜短，泽胜枯。气见以知大，占期内有大风雨，久阴，则灾不成。⑤

---

① 《后汉书》卷二《明帝纪》，第 100—101 页。

② 《后汉书》卷三《章帝纪》，第 136 页。

③ 《后汉书》卷四《和帝纪》，第 174 页。

④ 《史记》卷二十七《天官书》，第 1593 页。

⑤ 《晋书》志十二《天文志中》，第 336 页。

《易通卦验下》又总结出在二十四节气观察云的方法及其未按时出现可能引起的灾害。

冬至："阴气去，阳云出，其茎末如树木之状。凡此阴阳之云，天之云，天之便气也。""故其当至不至，则万物大旱，大豆不为。"

小寒："仓阳去云出平，南苍北黑。""当至不至，则先小旱，后小水。"

大寒："黑阳云出心，南黑北黄。""当至不至，则旱后水，麦不成。"

立春："青阳云出房，如积水。""当至不至，则兵起，来年麦不成。"

雨水："黄阳云出亢，南黄北黑。""当至不至，则旱，麦不为。"

惊蛰："赤阳云出翼，南赤北白。""当至不至，则雾，稚禾不为。"

春分："正阳云出张，如积白鹄。""当至不至，先旱后水，岁恶，重来不为。"①

清明："白阳云出，南白北黄。""当至不至，菽豆不为。"

谷雨："太阳云出张上，如车盖，不如薄。""当至不至，水物稻等不为。"

立夏："当阳云出觜，紫如赤珠。""当至不至，则旱，五谷大伤，牛畜病。"

小满："上阳霍七星，赤而饶。""当至不至，多凶言，有大丧。"

芒种："长阳云集赤，如曼曼。""当至不至，多凶言，国有狂令。"

夏至："少阴云出，如水波崇崇。""当至不至，邦有大殃，阴阳并伤。"

小暑："黑阴云出，南黄北黑。""当至不至，前小水，后小旱，有兵。"

大暑："阴云出，南赤北仓。""当至不至，外兵作，来年饥。"

立秋："浊阴云出，上如赤缯列，下黄弊。""当至不至，暴风为灾，年岁不入。"

处暑："赤阴云出，南黄北黑。""当至不至，国有淫令，四方兵起。"

白露："黄阴云出，南黑北黄。""当至不至，六畜多伤。"

秋分："白阳云出，南黄北白。""当至不至，草木复荣。"

寒露："正阳云出，如冠缨。""当至不至，来年谷不成，六畜鸟兽被殃。"

霜降："太阳云出，上如羊，下如磻石。""当至不至，万物大耗，来年多大风。"

立冬："阴云出接。当至不至，地气不藏，立夏反寒，早旱晚水，万物

① 《后汉书》志三《律历志下》刘昭注引为"岁恶，米不成"。(第3079页)

不成。”

小雪：“阴云出而黑。当至不至，来年五谷伤，蚕麦不为。”

很明显，这是参考了《礼记·月令》及《夏小正》，并与卦气说相结合而形成的一套云占测体系，目的是为了“以知阴阳精微所应”。郑玄注曰：“精微，晷及云气也。应者，应人君政之进退。”①

（三）迎气

迎气，或称“迎时气”，即迎四时之气。是中国古代“于立春、立夏、立秋、立冬及先立秋十八日，在都城四郊及中兆分别祭祀五方帝神以迎四季之气”②。

迎气习俗在先秦时期就已形成。《周礼·春官宗伯·小宗伯》载，“兆五帝于四郊，四望、四类亦如之。”郑玄注：“五帝，苍曰灵威仰，太昊食焉；赤曰赤熛怒，炎帝食焉；黄曰含枢纽，黄帝食焉；白曰白招拒，少昊食焉；黑曰汁光纪，颛顼食焉。”又引郑司农曰：“四望，道气出入。”③ 将迎时气与郊祭五色帝联系在一起。在《礼记·月令》中，已将迎时气规范为一套严密的礼仪制度。

> 立春之日，天子亲帅三公、九卿、诸侯、大夫以迎春于东郊。
> 立夏之日，天子亲帅三公、九卿、大夫以迎夏于南郊。
> 立秋之日，天子亲帅三公、九卿、诸侯、大夫以迎秋于西郊。
> 立冬之日，天子亲帅三公、九卿、大夫以迎冬于北郊。④

汉平帝元始五年（5 年），王莽奏请“分群神以类相从为五部，兆天地之别神”⑤。居摄元年（6 年）正月，王莽以“摄皇帝”的身份“祀上帝于南郊，迎春于东郊”⑥。

王莽虽败，但他所设计的元始之制却在东汉得以延续和传承，汉平帝永平年间重新修订的迎气制基本上是以王莽的元始之制为摹本。

《后汉书·祭祀志中》载：

---

① （清）赵在翰辑，钟肇鹏、萧文郁点校：《七纬》，第 145—156 页。

② 何本方等主编：《中国古代生活辞典》，沈阳出版社 2003 年版，第 936 页。

③ 《周礼·春官宗伯·小宗伯》，第 766 页。

④ 杨天宇：《礼记译注》，上海古籍出版社 2004 年版，第 174、186、197、208 页。

⑤ 《汉书》卷二十五下《郊祀志下》，第 1268 页。

⑥ 《汉书》卷九十九上《王莽传上》，第 4082 页。

迎时气，五郊之兆。自永平中，以《礼谶》及《月令》有五郊迎气服色，因采元始中故事，兆五郊于洛阳四方。中兆在未，坛皆三尺，阶无等。

立春之日，迎春于东郊，祭青帝句芒。车旗服饰皆青。歌《青阳》，八佾舞《云翘》之舞。

立夏之日，迎夏于南郊，祭赤帝祝融。车旗服饰皆赤。歌《朱明》，八佾舞《云翘》之舞。

先立秋十八日，迎黄灵于中兆，祭黄帝后土。车旗服饰皆黄。歌《朱明》，八佾舞《云翘》、《育命》之舞。

立秋之日，迎秋于西郊，祭白帝蓐收。车旗服饰皆白。歌《西皓》，八佾舞《育命》之舞。

立冬之日，迎冬于北郊，祭黑帝玄冥。车旗服饰皆黑。歌《玄冥》，八佾舞《育命》之舞。①

《后汉书·礼仪志》又载：

立春之日，夜漏未尽五刻，京师百官皆衣青衣，郡国县道官下至食令史皆服青帻，立青幡。②

立夏之日，夜漏未尽五刻，京都百官皆衣赤，至季夏衣黄，郊。

先立秋十八日，郊黄帝。是日夜漏未尽五刻，京都百官皆衣黄。至立秋，迎气于黄郊，乐奏黄钟之宫，歌《帝临》，冕而执干戚，舞《云翘》、《育命》，所以养时训也。

立秋之日，夜漏未尽五刻，京都百官皆衣白，施皂领缘中衣，迎气［于］白郊。

立冬之日，夜漏未尽五刻，京都百官皆衣皂，迎气于黑郊。③

《礼记·礼器》曰："飨帝于郊，而风雨节、寒暑时。"郑玄注曰："五帝主五行，五行之气和，而庶征得其序也。"④ 迎四时之气与五行、五色、

① 《后汉书》志八《祭祀志中》，第3181—3182页。

② 《后汉书》志四《礼仪志上》，第3102页。

③ 《后汉书》志五《礼仪志中》，第3117、3123、3125页。

④ 《礼记·礼器》，第1440页。（东汉）郑玄注，（唐）孔颖达等正义：《礼记正义》。《十三经注疏》本，上海古籍出版社1997年版。

五帝严格对应，目的是为了阴阳气和，从而达到风调雨顺、政通人和、天下大治。这也充分体现出天人合一、天人相应的理念。

永平二年（59 年），汉明帝“始迎气于五郊”①。“五郊”，《礼含文嘉》释曰：“五礼祀，南郊、北郊、东郊、西郊、中郊。兆正谋。五者，天子公侯伯子男卿大夫士，所以承天也。”注曰：“东郊去都城八里，南郊九里，西郊七里，北郊六里，中郊西南去城五里。”②

此后，迎气成为一项重要的政治礼仪。如果疏于迎气，就会遭到人们的批评。汉灵帝熹平六年（177 年），“时频有雷霆疾风，伤树拔木，地震、陨雹、蝗虫之害”。蔡邕在上封事中谈论天降灾异的原因时指出：“国之大事，实先祀典，天子圣躬所当恭事。臣自在宰府，及备朱衣，迎气五郊，而车驾稀出，四时至敬，屡委有司，虽有解除，犹为疎废。故皇天不悦，显此诸异。”是因为灵帝怠慢迎五气的祀典，才导致皇天不悦。因而提出七条改进措施，其中第一条就是要求“天子以四立及季夏之节，迎五帝于郊，所以导致神气，祈福丰年”。在看到蔡邕的上封事之后，汉灵帝“乃亲迎气北郊，及行辟雍之礼”③。

四　云气占候在汉代社会政治生活中的作用

在天人感应思想的影响下，云气已不再是正常的自然现象，而是被赋予强烈的政治和宗教色彩，是上天用来奖惩帝王政治良否的重要媒介，预示着人间的吉凶祸福，“天地之气，以类相应，谴告人君，甚微而著”④，具有显著的“时政”效应。从帝王、公卿至一般的儒生、术士者云气占候都极为重视，他们时刻“望云省气，推处祥妖，时亦有以效于事也”⑤。所以，云气占候与王朝政治有着紧密的联系。

（一）“天子气”对帝王的神化作用

云气是王朝兴衰的天命之符之一。《易乾凿度》曰：“帝王兴亡，必察八部，观卦之符，物之应动。……物，谓云物也。”⑥《论衡·吉验》篇说：“凡人禀贵命于天，必有吉验见于地，……验见非一，或以人物，或以祯

---

① 《后汉书》卷二《明帝纪》，第 104 页。

② （清）赵在翰辑，钟肇鹏、萧文郁点校：《七纬》，第 272 页。

③ 《后汉书》卷六十下《蔡邕传》，第 1992、1993、1998 页。

④ 《汉书》卷二十七中之下《五行志中之下》，第 1417 页。

⑤ 《后汉书》卷八十二上《方术列传上》，第 2703 页。

⑥ ［日］安居香山、中村璋八辑：《纬书集成》，第 61 页。

祥，或以光气。”① 王充所说的“光气”其实指的就是所谓的“天子气”，或谓之“王气”，是帝王受命于天的象征。这是中国古代用来神化帝王、论证封建政权合法性最有力、最有效的舆论工具。

《史记·高祖本纪》载：

> 秦始皇帝常曰“东南有天子气”，于是因东游以厌之。高祖即自疑，亡匿，隐于芒、砀山泽岩石之间。吕后与人俱求，常得之。高祖怪问之。吕后曰：“季所居上常有云气，故从往常得季。”高祖心喜。沛中子弟或闻之，多欲附者矣。②

汉高祖刘邦以布衣起兵，最终夺得天下。汉代人从多个方面极力神化刘邦，为其制造具有天命之符的神学依据，而“天子气”就是其中之一。

汉代文献对“天子气”有一定的描述和观测标准。

《易通卦验》曰：“天子之气，内赤外黄，正四方所出之处，当有王者起也。天子欲有游适处．其地先发气．如城阙隐隐在云雾中，恒带杀象，森森然如华盖。天子之气，皆多达于天，以王相日见。”③

《洛书灵准听》曰：“有气象人，青衣无手，在日西，天子之气也。”又曰：“有云象人，青衣无孚，在西抚于日，人主之气也。”④

按照云气占候的逻辑，凡命中注定将成为天子的人，就会身负“天子气”。在刘邦还没有当皇帝之前，他的身上就笼罩着五彩绚丽的“天子气”。《史记·项羽本纪》载，在鸿门宴前范增劝说项羽进攻刘邦时说：“吾令人望其气，皆为龙虎，成五采，此天子气也。急击勿失。”⑤ 从不同的人嘴里再三地说出来，这就使人们对刘邦“真龙天子”的身份更加笃信不疑。故班彪在《王命论》中曰：“秦皇东游以厌其气，吕后望云而知所处；始受命则白蛇分，西入关则五星聚。故淮阴、留侯谓之天授，非人力也。”⑥

不仅汉高祖，其他开国帝王或由平民而登基的帝王身上都萦绕着天子气。

---

① （东汉）王充：《论衡》，第 29 页。

② 《史记》卷八《高祖本纪》，第 444 页。

③ ［日］安居香山、中村璋八辑：《纬书集成》，第 260 页。

④ 同上书，第 1257 页。

⑤ 《史记》卷七《项羽本纪》，第 397 页。

⑥ 《汉书》卷一百上《叙传上》，第 4211—4212 页。

汉宣帝刘询虽是皇曾孙，因巫蛊之祸刚出生不久就身陷囹圄，还在监狱时就有望气者断言，“长安狱中有天子气”①。

中兴之主光武帝刘秀在汉哀帝建平元年（公元前6年）十二月甲子夜出生时，就有瑞气降临，“有赤光照室中”。卜者王长卜之曰：“此兆吉不可言。”王莽派望气者苏伯阿行使南阳，遥望见舂陵郭，惊叹曰：“气佳哉！郁郁葱葱然。”②《后汉书·王郎传》载，王郎“素为卜相工，明星历，常以为河北有天子气”③，并据此起兵反莽。这其实是为刘秀后来在河北称帝制造氛围。所以《论衡·吉验》评论说：“盖天命当兴，圣王当出，前后气验，照察明著。……禀天光气，验不足言。创业龙兴，由微贱起于颠沛，若高祖、光武者，曷尝无天人神怪光显之验乎！”④

《后汉书·方术列传下》载，东汉末年，精通图谶的侍中董扶私下对太常刘焉说：“京师将乱，益州分野有天子气。”刘焉信以为真，“遂求出为益州牧”，打算应这个谶语。这也是为刘备后来称帝于蜀提供云气占测的依据，“后刘备称天子于蜀，皆如扶言”。⑤且在刘备称帝时，亦有术士提供来自云气的证明，《宋书·符瑞志上》又载：“先是，术士周群言，西南数有黄气，直立数丈，如此积年，每有景云祥风，从璇玑下来应之。”汉献帝建安二十二年中，“屡有气如旗，从西竟东，中天而行。图书曰：‘必有天子出其方。’……备后称帝于蜀”。⑥

代汉称帝的魏文帝曹丕出生时，亦伴有王气。《三国志·魏书·文帝纪》裴松之注引《魏书》载，“帝生时，有云气青色而圜如车盖当其上，终日，望气者以为至贵之证，非人臣之气。”⑦孙权还为将军时，吴范就言：“江南有王气，亥子之间有大福庆。”⑧赵达亦谓：“东南有王者气。”⑨

（二）望气者直接参与国家军国大事的决策

由于望气者占候的都是天心天意，虽然秩级不高，但在当时的社会政治生活中却扮演着十分重要的角色，甚至直接参与到国家重大事务的决策，极

---

① 《汉书》卷八《宣帝纪》，第236页。

② 《后汉书》卷一下《光武帝纪下》，第86页。

③ 《后汉书》卷十二《王郎传》，第491页。

④ （东汉）王充：《论衡》，第32页。

⑤ 《后汉书》卷八十二下《方术列传下》，第2734页。

⑥ 《宋书》卷二十七《符瑞志上》，第779页。

⑦ 《三国志》卷二《魏书·文帝纪》，第57页。

⑧ 《三国志》卷六十三《吴书·吴范传》，第1422页。

⑨ 同上书，第1424页。

容易得到帝王的宠幸。

汉文帝时，赵谈就“以星气幸，常为文帝参乘”①。另一名望气者赵人新垣平“以望气见，颇言正历服色事，贵幸”②，被汉文帝封为“上大夫，赐累千金。”③ 汉文帝因为他的建议而设立渭阳五帝庙，举行郊祀之礼并改元。

《史记·封禅书》载，汉文帝前元十五年（公元前165年），

> 赵人新垣平以望气见上，言“长安东北有神气，成五采，若人冠絻焉。或曰东北神明之舍，西方神明之墓也。天瑞下，宜立祠上帝，以合符应”。于是作渭阳五帝庙，同宇，帝一殿，面各五门，各如其帝色。祠所用及仪亦如雍五畤。
>
> 夏四月，文帝亲拜霸渭之会，以郊见渭阳五帝。
>
> 其明年，新垣平使人持玉杯，上书阙下献之。平言上曰：“阙下有宝玉气来者。”已视之，果有献玉杯者，刻曰“人主延寿”。平又言“臣候日再中”。居顷之，日却复中。于是始更以十七年为元年，令天下大酺。④

后来新垣平虽因欺诈事泄被诛，但由此也可以看出善望气者是很容易受到帝王重用的。

汉武帝遣人入海求蓬莱，专门派“遣望气佐候其气云”⑤。元光年间，黄河“决于瓠子，东南注钜野，通于淮、泗”。汉武帝派汲黯、郑当时等人负责堵塞决口，但“辄复坏”。丞相、武安侯田蚡的奉邑在鄃，位于黄河以北，“河决而南则鄃无水灾，邑收多”。就对汉武帝说：“江河之决皆天事，未易以人力为强塞，塞之未必应天。”而“望气用数者亦以为然”。于是汉武帝“久之不事复塞也”⑥。在巫蛊事件中，后元二年（公元前87年），因望气者言“长安狱中有天子气”，汉武帝“遣使者分条中都官狱系者，轻重

---

① 《史记》卷一百二十五《佞幸列传》，第3878页。《佞幸列传》作“赵同”，《汉书·佞幸传》作“赵谈”，《史记索隐》曰：“此云‘同’者，避太史公父名也。”（第3878页）

② 《史记》卷二十六《历书》，第1505页。

③ 《史记》卷二十八《封禅书》，第1662页。

④ 同上书，第1661—1663页。

⑤ 同上书，第1673页。

⑥ 《史记》卷二十九《河渠书》，第1699—1700页。

皆杀之"[①]。汉武帝晚年得到钩弋夫人赵婕妤，亦是受到望气者的影响。《汉书·外戚传上》载，"武帝巡狩过河间，望气者言此有奇女，天子亟使使召之。既至，女两手皆拳，上自披之，手即时伸。由是得幸，号曰拳夫人。"[②]后生下汉昭帝。

地皇元年（20 年）七月，"望气为数者多言有土功象"，王莽"见四方盗贼多，欲视为自安能建万世之基者"，于是"遂营长安城南，提封百顷"。在九月，王莽还"立载行视，亲举筑三下"[③]。

不仅如此，望气者亦是诸侯王、大臣笼络、咨询的重要对象。

汉武帝元光六年（公元前 129 年），衡山王刘赐密谋造反时，极力寻求"能为兵法候星气者"[④]。

抗匈名将李广功勋卓著，但久未封侯，就请教著名的望气专家王朔。因李广在任陇西太守时镇压羌人叛乱，曾诱杀"降者八百余人"，王朔对他说："祸莫大于杀已降，此乃将军所以不得侯者也。"[⑤]

（三）大臣、儒生据云气状况而上书，提出自己的见识及对政治改革的建议

由于云气蕴含强烈的政治气息，且云气又分祥云妖云、瑞气妖气，都是政治是否清明的体现。尤其是妖云妖气的出现，在当时都属于重大的灾异。一些官员、儒生及方士利用云气大作文章，成为他们评议政治、臧否大臣及要求进行政治改良的重要借口。

汉成帝一直没有子嗣，建始元年（公元前 32 年）正月，"白气较然起乎东方"，四月，"黄浊四塞，覆冒京师"。谷永认为："白气起东方，贱人将兴之表也；黄浊冒京师，王道微绝之应也。"建议成帝应"惧天地之异，长思宗庙之计，改往反过，抗湛溺之意，解偏驳之爱，奋乾刚之威，平天覆之施，使列妾得人人更进，犹尚未足也，急复益纳宜子妇人，毋择好丑，毋避尝字，毋论年齿。推法言之，陛下得继嗣于微贱之间，乃反为福。得继嗣而已，母非有贱也。后宫女史使令有直意者，广求于微贱之间，以遇天所开右，慰释皇太后之忧愠，解谢上帝之谴怒，则继嗣蕃滋，灾异讫息"。[⑥] 表

---

① 《汉书》卷八《宣帝纪》，第 236 页。
② 《汉书》卷九十七上《外戚传上》，第 3956 页。
③ 《汉书》卷九十九下《王莽传下》，第 4161 页。
④ 《史记》卷一百一十八《衡山王列传》，第 3760 页。
⑤ 《史记》卷一百九《李将军列传》，第 3474 页。
⑥ 《汉书》卷八十五《谷永传》，第 3452—3453 页。

面上是为汉成帝能够得继嗣着想，其实是奉劝成帝不要专宠许皇后，这和他附和大将军王凤，攻击许皇后的目的是一致的。

果然，汉成帝采纳谷永的言论而责备许皇后曰：

> 日者，建始元年正月，白气出于营室。营室者，天子之后宫也。正月于《尚书》为皇极。皇极者，王气之极也。白者西方之气，其于春当废。今正于（王）［皇］极之月，兴废气于后宫，视后妾无能怀任保全者，以著继嗣之微，贱人将起也。①

《后汉书·杨厚传》载，永建四年（129年），侍中杨厚上书认为，“西北二方有兵气，宜备边寇”。② 当时汉顺帝正准备向西巡视，听了杨厚的建议后而停止。

《后汉书·郎顗传》载，阳嘉二年（133年），郎顗对状尚书，条便宜七事，其中第五事和第六事都与气占相关。

五事：“臣窃见去年闰（十）月十七日己丑夜，有白气从西方天苑趋左足，入玉井，数日乃灭。”他分析道：“凡金气为变，发在秋节。臣恐立秋以后，赵、魏、关西将有羌寇畔戾之患。”由此建议，一方面，“宜豫宣告诸郡，使敬授人时，轻徭役，薄赋敛，勿妄缮起，坚仓狱，备守卫，回选贤能，以镇抚之。”另一方面，“宜以五月丙午，遣太尉服干戚，建井旟，书玉板之策，引白气之异，于西郊责躬求愆，谢咎皇天，消灭妖气”。

六事：“臣窃见今月十四日乙卯巳时，白虹贯日。”他根据星占占辞认为：“凡日傍气色白而纯者名为虹。贯日中者，侵太阳也；见于春者，政变常也。方今中官外司，各各考事，其所考者，或非急务。”据此他说，“自司徒居位，阴阳多谬，久无虚己进贤之策，天下兴议，异人同咨。且立春以来，金气再见，金能胜木，必有兵气，宜黜司徒以应天意。陛下不早攘之，将负臣言，遗患百姓”。③

《后汉书·杨赐传》载，光和元年（178年），“有虹蜺昼降于嘉德殿前”。汉灵帝对此极其厌恶，遂召光禄大夫杨赐、议郎蔡邕等入金商门崇德署，使中常侍曹节、王甫召问此次虹蜺所昭示的祥异祸福所在。杨赐认为是

① 《汉书》卷九十七下《外戚传下》，第3978—3979

② 《后汉书》卷三十上《杨厚传》，第1049页。

③ 《后汉书》卷三十下《郎顗传》，第1063—1064页。

上天对当时宦官专权，朝政混乱的垂象谴告，上书对曰：

> 国家休明，则鉴其德；邪辟昏乱，则视其祸。今殿前之气，应为虹蜺，皆妖邪所生，不正之象，诗人所谓蝃蝀者也。……方今内多嬖幸，外任小臣，上下并怨，諠哗盈路，是以灾异屡见，前后丁宁。今复投蜺，可谓孰矣。案《春秋谶》曰："天投蜺，天下怨，海内乱。"加四百之期，亦复垂及。……今妾媵嬖人阉尹之徒，共专国朝，欺罔日月。……殆哉之危，莫过于今。

杨赐借机进谏汉灵帝罢斥邪恶大臣，征用品优身修之士，留心国家大政，"慎经典之诫，图变复之道，斥远佞巧之臣，速征鹤鸣之士，内亲张仲，外任山甫，断绝尺一，抑止槃游，留思庶政，无敢怠遑。冀上天还威，众变可弭"。①

总之，云气占候在汉代进一步系统化、理论化，是天人感应思想和星占学兴盛的产物，并被广泛应用到现实的政治操作当中。不仅进一步丰富了星占学的内涵，同时也反映出汉代人的思想意识和礼仪习俗。而且其望气之术及云气占辞也为后世占书所继承，如唐代天文学家李淳风所作的《乙巳占》卷八中《气候占》《云占》等内容基本上是对汉代云气占候的总结和发展②。

---

① 《后汉书》卷五十四《杨震列传附杨赐传》，第1779—1780页。

② 详见（唐）李淳风《乙巳占》卷八，第251—254页。参见石午主编《丛书集成·术数全书》（中卷）《乙巳占》，中州古籍出版社1994年版。

第六章　五星星占及其政治功能——以荧惑、太白星占为例

五星，又称“五纬”“五曜”，即金、木、水、火、土五大行星，在中国古代天文学上与日、月合称“七曜”（或七政），于今而言已没有特殊的文化内涵。《史记正义》引张衡曰：“文曜丽乎天，其动者有七，日月五星是也。日者，阳精之宗；月者，阴精之宗；五星，五行之精。”① 《开元占经》卷十八《五星占一》引《荆州占》曰：“五星者，五行之精也，五帝之子，天之使者。行于列舍，以司无道之国。”② 在天人感应思想和谶纬神学极其泛滥的汉代社会，五星被视为五行之精、五帝之子和天之使者，经过星占家们穿凿附会的解释，把五星的天象变化与人间政事相联系，被赋予浓厚的政治色彩。尤其是荧惑、太白二星，作为五星中两颗著名的妖星，更为人们所关注。这既是中国古代天文学天人一体文化传统的具体体现，也是当时社会群体心理意识和观念信仰的深层次反映。

第一节　五星星占总论

五星在先秦及两汉时期的名称为岁星、荧惑、镇（填）星、太白、辰星，是夜晚的天空中除月亮之外能够在恒星的背景下进行周期性公转的星球。刘向曰：“察变之动，莫著于五星。”③ 五星之占是中国古代星占学中十分重要的内容，其基本理论在汉代已发展成熟，并被广泛应用到当时的社会政治生活当中。

---

① 《史记》卷二十七《天官书》，第1539页。

② （唐）瞿昙悉达：《开元占经》，第193页。

③ （西汉）刘向撰，向宗鲁校证：《说苑校证》，第443页。

一　五星失行

《史记·天官书》曰："水、火、金、木、填星，此五星者，天之五佐，为纬，见伏有时，所过行赢缩有度。"① "中国古代早期人们认为五星运行都是自西向东的顺行，并且都是匀速运动。当人们观察到五星有自东向西的逆行，而且运行速度也快慢不均时，就认为这是五星失行。"② 其表现形式主要有逆、合、散、犯、守、陵（凌）、斗、盈（赢）、缩等。根据汉代传世文献，这些名目的解释分别是：

逆，"是指五星自东向西运行"③。

合、散、犯、守，陵（凌）、斗，《汉书·天文志》注引孟康曰："合，同舍也。散，五星有变则其精散为祅星也。犯，七寸以内光芒相及也。陵，相冒过也。" 又引韦昭曰："自下往触之曰犯，居其宿曰守，经之为历，突掩为陵，星相击为斗也。"④

盈（赢）、缩，《汉书·天文志》曰："凡五星，早出为赢，赢为客；晚出为缩，缩为主人。"⑤《春秋纬》曰："五星早出，为盈，盈者为客。晚出为缩，缩者为主人。"⑥

最迟至战国时期的甘德、石申就已观察到荧惑、太白有逆行。《史记·天官书》曰："故甘、石历五星法，唯独荧惑有反逆行。"⑦ 《汉书·天文志》曰："古历五星之推，亡逆行者，至甘氏、石氏经，以荧惑、太白为有逆行。"⑧

《汉书·天文志》对五星运行及设占进行了总结：

> 凡五星，岁，缓则不行，急则过分，逆则占。荧惑，缓则不出，急则不入，违道则占。填，缓则不建，急则过舍，逆则占。太白，缓则不出，急则不入，逆则占。辰，缓则不出，急则不入，非时则占。⑨

---

① 《史记》卷二十七《天官书》，第 1608 页。
② 陈美东：《中国古代天文学思想》，中国科学技术出版社 2013 年版，第 445 页。
③ 同上。
④ 《汉书》卷二十六《天文志》，第 1273 页。
⑤ 同上书，第 1289 页。
⑥ ［日］安居香山、中村璋八辑：《纬书集成》，第 922 页。
⑦ 《史记》卷二十七《天官书》，第 1607 页。
⑧ 《汉书》卷二十六《天文志》，第 1290 页。
⑨ 同上书，第 1287 页。

《晋书·天文志中》曰：“凡五星见伏、留行、逆顺、迟速应历度者，为得其行，政合于常；违历错度，而失路盈缩者，为乱行。乱行则为天矢彗孛，而有亡国革政，兵饥丧乱之祸云。”① 在五星星占中，五星顺逆直接关系到世间的治乱祸福，最为星占家所关注。

五星正常运行，为君主品行端正、天下太平、农业丰收的象征。《汉书·天文志》曰：“五星不失行，则年谷丰昌。”又引古人言曰：“天下太平，五星循度，亡有逆行。”②《白虎通·封禅》曰：君主“德至文表，则景星见，五纬顺轨。”③《黄帝占》曰：“有道之国，五星过之不失其行，则人君吉昌，万民安宁。”④《荆州占》曰：“王者施恩布德，正直清虚，则五星顺度，出入应时，天下安宁，祸乱不生。”⑤《春秋感精符》曰：“人主含天光，据玑衡，齐七政，操八极，故君明圣人道得正，则日月光明，五星有度。”⑥《易乾凿度》曰：“五纬顺轨，四时和栗。”宋均注曰：“和栗，气和而严正。”⑦

五星失行，则被视为严重的灾异，象征着政事昏乱、用人不当、战争，甚至是亡国，是上天对帝王的警悟。《淮南子·精神训》曰：“五星失其行，州国受殃。”⑧《泰族训》曰：“逆天暴物，则日月薄蚀，五星失行。”⑨《开元占经》卷十八《五星占一》引董仲舒曰：“五星失行度者，臣非其人，贤不肖并立。”⑩ 引《荆州占》曰：“人君无德，信奸佞，退忠良，远君子，近小人，则五星逆行变色。出入不时，扬芒角怒，变为妖星。……天下大乱，主死国灭，不可救也。”引郗萌曰：“五星并出，皆逆行，不出其年，天下遣五将，期五十日。”⑪《开元占经》卷三十《荧惑占一》引《荆州占》曰：“王者不顺礼遗德，不求贤举隐，骄慢自恣，不顺五常，就于女色，妻

① 《晋书》卷十二《天文志中》，第 322 页。
② 《汉书》卷二十六《天文志》，第 1287、1291 页。
③ 《白虎通·封禅》，第 283 页。
④ （唐）瞿昙悉达：《开元占经》，第 194 页。
⑤ 同上书，第 193 页。
⑥ ［日］安居香山、中村璋八辑：《纬书集成》，第 737 页。
⑦ 同上书，第 4 页。
⑧ 赵宗乙：《淮南子译注》，黑龙江人民出版社 2003 年版，第 324 页。
⑨ 同上书，第 1043 页。
⑩ （唐）瞿昙悉达：《开元占经》，第 195 页。
⑪ 同上书，第 193、194 页。

妾为政，邪臣在位，杀戮无辜，陵弱暴强，星则为之逆行。”①

《后汉书·五行志三》刘昭补注引《梁冀别传》曰：“冀之专政，天为见异，众灾并凑，蝗虫滋生，河水逆流，五星失次，太白经天，人民疾疫，出入六年，羌戎叛戾，盗贼略平［民］，皆冀所致。”② 魏文帝曹丕在废汉称帝的诏书中也曾提到“五纬错行”。

> 汉历世二十有四，践年四百二十有六，四海困穷，三纲不立，五纬错行，灵祥并见，推术数者，虑之古道，咸以为天之历数，运终兹世。③

二 五星色变

五星颜色的变化也被赋予重大的星占意义，预示着人事吉凶。《开元占经》卷十八《五星占一》引巫咸曰：“视其色变，以知吉凶之情。”④ 五星色变有吉有凶，其所预示的灾祥亦各不同。《史记·天官书》曰：

> 五星色白圜，为丧旱；赤圜，则中不平，为兵；青圜，为忧水；黑圜，为疾，多死；黄圜，则吉。赤角犯我城，黄角地之争，白角哭泣之声，青角有兵忧，黑角则水。意，行穷兵之所终。五星同色，天下偃兵，百姓宁昌。春风秋雨，冬寒夏暑，动摇常以此。⑤

《汉书·天文志》所载与《天官书》大致相同：

> 凡五星色：皆圜，白为丧为旱，赤中不平为兵，青为忧为水，黑为疾为多死，黄吉；皆角，赤犯我城，黄地之争，白哭泣之声，青有兵忧，黑水。五星同色，天下匽兵，百姓安宁，歌舞以行，不见灾疾，五谷蕃昌。⑥

---

① （唐）瞿昙悉达：《开元占经》，第301页。
② 《后汉书》志十五《五行志三》，第3311页。
③ 《三国志》卷二《魏书·文帝纪》裴松之注引《献帝传》，第75页。
④ （唐）瞿昙悉达：《开元占经》，第195页。
⑤ 《史记》卷二十七《天官书》，第1576—1577页。
⑥ 《汉书》卷二十六《天文志》，第1287页。

即在五种颜色中，只有黄色为吉，其他皆为凶。《海中占》亦曰："以五色占其吉凶，黄为喜，赤为兵，白为丧，苍为忧，黑为水。"①

而五星同色，是极其罕见天文现象，所以被视为重大的天文祥瑞和吉兆。

三　五星合聚

五星合聚，或称五星会聚、五星连珠、五星聚宿、五星合、五星聚等，"是指五大行星在夜空中会聚在很近的距离内，或如连珠，或如拱璧，异常壮观"。②《易纬坤灵图》曰：王者"至德之萌，五星若连珠，日月如合璧。"③《孝经钩命决》曰："帝王起，纬合宿，嘉瑞贞祥。"④因这样的天象很不容易出现，所以在古代星占学上一向被视为最吉的天象，是有德行者受命得天下的象征。《史记·天官书》曰："五星合，是为易行，有德，受庆，改立大人，掩有四方，子孙蕃昌。"⑤《诗含神雾》曰："五纬合，王更纪。"⑥所以，《汉书·天文志》专门记载曰："汉元年十月，五星聚于东井，以历推之，从岁星也。此高皇帝受命之符也。"⑦

五星合聚，皆有一颗主星，分别具有不同的星占意义。《史记·天官书》曰：

> （岁星）：五星皆从而聚于一舍，其下之国可以义致天下。
>
> （荧惑）：五星皆从而聚于一舍，其下国可以礼致天下。
>
> （填星）：五星皆从而聚于一舍，其下之国，可以重致天下。
>
> （太白）：五星皆从太白而聚乎一舍，其下之国可以兵从天下。
>
> （辰星）：五星皆从辰星而聚于一舍，其所舍之国可以法致天下。⑧

《汉书·天文志》亦载：

---

① （唐）瞿昙悉达：《开元占经》，第195页。

② 徐振韬、蒋窈窕：《五星聚合与夏商周年代研究》，世界图书出版公司2006年版，第21页。

③ ［日］安居香山、中村璋八辑：《纬书集成》，第308页。

④ 同上书，第1007页。

⑤ 《史记》卷二十七《天官书》，第1575页。

⑥ ［日］安居香山、中村璋八辑：《纬书集成》，第465页。

⑦ 《汉书》卷二十六《天文志》，第1301页。

⑧ 《史记》卷二十七《天官书》，第1565、1572、1574、1580、1583页。

> 凡五星所聚宿，其国王天下：从岁以义，从荧惑以礼，从填以重，从太白以兵，从辰以法。①

《史记·天官书》又曰："无德，受殃若亡。"② 五星会聚对于有德者来说，是将要获得天下的天文符命；对于无德者来说，当然意味着政权垮台，王朝灭亡。《春秋纬》曰："五星聚，天子穷。"③《开元占经》卷十九《五星占二》引《荆州占》曰："五星并聚，篡弑成。""五星合于一舍，其国主应缩，有德者昌，无德者亡，受其凶殃。"④

当然，改朝换代免不了战争，所以，五星合聚还预示着战争的爆发。

《春秋考异邮》曰："五星聚于一宿，天下兵起。"⑤

《开元占经》卷十九《五星占二》引郗萌曰："五星俱见，兵布野，期不出三年。"又引《荆州占》曰："五星皆聚于一舍，填星在其中，天下兴兵。"⑥

《史记·天官书》又曰："五星分天之中，积于东方，中国利；积于西方，外国用兵者利。"⑦ 这主要是通过子午位进行分区，用于预测中原王朝的对外战争。《汉书·赵充国传》载，神爵元年（公元前61年），年逾七十的老将赵充国奉命讨伐西羌，坚守金城不出。汉宣帝因"转输并起，百姓烦扰"，军费开支过大等原因催促他出兵开战，并以"五星出东方"于中国有利作为天象根据，"今五星出东方，中国大利，蛮夷大败"⑧。

1995年，中日尼雅遗址学术考察队在对新疆维吾尔自治区和田地区民丰县尼雅遗址进行考古发掘时，发现了"五星出东方利中国"织锦制品⑨，可见，这种星占观念在当时已深入西北少数民族地区。

---

① 《汉书》卷二十六《天文志》，第1286—1287页。

② 《史记》卷二十七《天官书》，第1575页。

③ ［日］安居香山、中村璋八辑：《纬书集成》，第922页。

④ （唐）瞿昙悉达：《开元占经》，第199页。

⑤ ［日］安居香山、中村璋八辑：《纬书集成》，第797页。

⑥ （唐）瞿昙悉达：《开元占经》，第199页。

⑦ 《史记》卷二十七《天官书》，第1583页。《汉书·天文志》所载与之基本相同，"五星分天之中，积于东方，中国大利；积于西方，夷狄用兵者利"。（第1283页）

⑧ 《汉书》卷六十九《赵充国传》，第2981页。

⑨ 辛志勇：《新疆尼雅出土"五星出东方利中国"彩锦织文初析》。参见《新疆通史》编撰委员会编《新疆历史研究论文选编·两汉卷》，新疆人民出版社2008年版，第264—268页。

四　五星失次对汉哀帝即位之初的政治影响

绥和二年（公元前 7 年）三月，汉成帝去世，孔光任丞相。四月，汉哀帝即皇帝位，该年秋天发生“五星失行”这一严重的天象灾异，引起汉哀帝及朝臣的极大关注，从不同的角度分析此次“五星失次”的原因，商讨对策，并引发相关的权力斗争。

汉哀帝在诏书中说：“朕承宗庙之重，战战兢兢，惧失天心。间者日月亡光，五星失行，郡国比比地动。”① 太傅、大司空师丹立即上书谢罪自遣，引咎辞职，“间者郡国多地动，水出流杀人民，日月不明，五星失行，此皆举错失中，号令不定，法度失理，阴阳溷浊之（患）［应］也。……先帝不量臣愚，以为太傅，陛下以臣托师傅，故亡功德而备鼎足，封大国，加赐黄金，位为三公，职在左右，不能尽忠补过，而令庶人窃议，灾异数见，此臣之大罪也。臣不敢言乞骸骨归于海滨，恐嫌于伪。诚惭负重责，义不得不尽死”。②

鉴于一系列严重灾异的发生，汉哀帝还派侍中卫尉傅喜征询精通天文星占、阴阳灾异的黄门待诏李寻的看法。李寻在对策中认为：“臣闻五星者，五行之精，五帝司命，应王者号令为之节度。岁星主岁事，为统首，号令所纪，今失度而盛，此君指意欲有所为，未得其节也。”并提出自己的建议和对策，“宜务崇阳抑阴，以救其咎；固志建威，闭绝私路，拔进英隽，退不任职，以强本朝”。③

在此之前，丞相孔光反对傅太后称尊号，“重忤傅太后指”，又与大司空朱博在汉成帝议立继嗣时意见不一致，遂遭到他们的毁谮。建平二年（公元前 5 年），汉哀帝被迫策免孔光，而所谓的借口之一就是“五星失行”，汉哀帝在策免诏书中曰：

> 丞相者，朕之股肱，所与共承宗庙，统理海内，辅朕之不逮以治天下也。朕既不明，灾异重仍，日月无光，山崩河决，五星失行，是章朕之不德而股肱之不良也。君前为御史大夫，辅翼先帝，出入八年，卒无忠言嘉谋，今相朕，出入三年，忧国之风复无闻焉。……君秉社稷之

① 《汉书》卷十一《哀帝纪》，第 337 页。

② 《汉书》卷八十六《师丹传》，第 3504 页。

③ 《汉书》卷七十五《李寻传》，第 3186、3190 页。

重，总百僚之任，上无以匡朕之阙，下不能绥安百姓。……君其上丞相博山侯印绶，罢归。①

第二节 汉代“荧惑”星占及其政治功能

“荧惑”，即火星。“由于火星呈红色，荧荧像火，亮度常有变化，而且在天空中运行，有时从西向东，有时又从东向西，情况复杂，令人迷惑，所以中国古代称之为‘荧惑’。”② 荧惑自古以来就被人们视为灾星，占断极为凶险，在星占学上备受关注。荧惑入太微、荧惑守心、荧惑守犯舆鬼和南斗以及与其他行星合犯等严重失行天象都被视为重大灾难降临的征兆，成为大臣、儒学经师等劝谏帝王修身养德、推行仁政的重要借口，在两汉时期的政治运作中发挥着极其独特的作用。

一 汉代对“荧惑”的占候与崇拜

在中国古代天文星占学重点观测和记录的金、木、水、火、土五大行星当中，荧惑（火星）无疑是最受人们关注的。《史记·天官书》曰：“荧惑为孛，外则理兵，内则理政。故曰：‘虽有明天子，必视荧惑所在’。”③《太平经》卷六十五曰：“子欲重知其明效，五星荧惑，为变最剧也。”④ 由此可以看出荧惑在星占学中的重要性。

《史记·天官书》对荧惑周期性运行状况进行了简略的描述，“法，出东行十六舍而止；逆行二舍；六旬，复东行，自所止数十舍，十月而入西方；伏行五月，出东方。……东行急，一日行一度半。”⑤ 说明迟至汉代已对其逆行规律有一定的了解。

《广雅·释天》曰：“荧惑谓之罚星，或谓之执法。”⑥ 荧惑因其行踪复杂，顺逆无常，忽东忽西，时隐时现，快慢不均，本身就给人们带来一种不祥之感，自古以来就被星占家和社会大众视为灾星、罚星。

---

① 《汉书》卷八十一《孔光传》，第 3357—3358 页。
② 《辞海》编辑委员会：《辞海》，上海辞书出版社 1990 年版，第 1969 页。
③ 《史记》卷二十七《天官书》，第 1604 页。
④ 王明编：《太平经合校》，中华书局 2014 年版，第 234 页。
⑤ 《史记》卷二十七《天官书》，第 1573 页。
⑥ （清）王念孙：《广雅疏证》，江苏古籍出版社 2000 年版，第 285 页。

荧惑占辞与兵、丧、饥馑、疾疫等灾害紧密相联，和太白（金星）被并称为两大凶星。

《史记·天官书》曰：“察刚气以处荧惑。……出则有兵，入则兵散。以其舍命国。荧惑为勃乱，残贼、疾、丧、饥、兵。”“刚”，集解引徐广曰：“刚，一作‘罚’。”索隐引《天官占》云“荧惑，方伯象，司察妖孽。”正义又引《天官占》云：“荧惑为执法之星，其行无常，以其舍命国：为残贼，为疾，为丧，为饥，为兵。”①

《淮南子·天文训》：“荧惑常以十月入太微，受制而出行列宿，司无道之国，为乱为贼，为疾为丧，为饥为兵，出入无常，辩变其色，时见时匿。”②

《汉书·天文志》：“荧惑为乱为（成）［贼］，为疾为丧，为饥为兵，所居之宿国受殃。”③

《史记·天官书》曰：“凡天变，过度乃占。”④ 此为中国古代星占学理论的基本原则。《汉书·天文志》又总结道：“凡五星，岁，缓则不行，急则过分，逆则占。荧惑，缓则不出，急则不入，违道则占。”⑤

荧惑因其行踪诡秘，飘忽不定，其盈、缩、合、斗、入、犯、留、守等在星占家眼中都属于“违道”、失行，即偏离了按历法预先推算的运行路线或人们心目中理想化的速度和运行的反常状态，都是重大灾难降临的前兆。《史记·天官书》曰：“故甘、石历五星法，唯独荧惑有反逆行；逆行所守，及他星逆行，日月薄蚀，皆以为占。”⑥《汉书·天文志》亦曰：“古历五星之推，亡逆行者，至甘氏、石氏经，以荧惑、太白为有逆行。”⑦ 这说明战国时期的甘德、石申就已认识到荧惑和太白有逆行，属于正常的天象运行，只要不守就勿须占测。

荧惑顺行或是逆行，反映出天子德行、理政的良否及其政令的得失。

《尚书纬》曰：“政失于夏，则荧惑逆行。”⑧

---

① 《史记》卷二十七《天官书》，第1572—1573页。

② 赵宗乙：《淮南子译注》，黑龙江人民出版社2003年版，第110页。

③ 《汉书》卷二十六《天文志》，第1281页。

④ 《史记》卷二十七《天官书》，第1608页。

⑤ 《汉书》卷二十六《天文志》，第1287页。

⑥ 《史记》卷二十七《天官书》，第1607页。

⑦ 《汉书》卷二十六《天文志》，第1290页。

⑧ ［日］安居香山、中村璋八辑：《纬书集成》，第394页。

《孝经钩命决》曰："天子失义不德，则白虎不出，荧惑逆行。"①

《开元占经》卷三十《荧惑占一》引京房《妖占》曰："君多虚饰，则荧惑失道。"引郗萌曰："主行重赋敛、夺民时、大宫室、高台榭事，则荧惑逆行。"引《荆州占》曰："荧惑顺行，而其国有道。又曰：荧惑出东方行顺，即其国吉。""荧惑逆行变色，人君宰相之治，推择不以贤德，圣隐蔽而不肖者进，远忠臣而近谗谀。""存孤老，廪鳏寡，天下亲附，则荧惑顺行。"②

《史记·天官书》曰："天有五星，地有五行。"③ 汉代是阴阳五行学说发展的鼎盛时期，五星也被编织到五行体系当中，相关著作都把天上的五星与地上的五行相配属。《汉书·律历志上》曰："五星之合于五行，水合于辰星，火合于荧惑，金合于太白，木合于岁星，土合于填星。"④

根据五行理论体系，荧惑于五季（春、夏、季夏、秋、冬）主夏，五方主南，五常主礼。

《史记·天官书》，荧惑曰"南方，火，主夏，日丙丁。礼失，罚出荧惑，荧惑失行是也。"⑤

长沙马王堆三号汉墓出土的帛书《五星占》说："［其时］夏，其日丙丁，月立隅中，南方之有之。"⑥

《汉书·天文志》的记述更为详备："荧惑曰南方夏火，礼也，视也。礼亏视失，逆夏令，伤火气，罚见荧惑。"⑦

荧惑主南方，从汉代开始，荧惑就被视为赤帝之下主宰南方的星神。《淮南子·天文训》曰："南方火也，其帝炎帝，其佐朱明，执衡而治夏。其神为荧惑，其兽朱鸟。"⑧ 帛书《五星占》曰："南方火，其帝赤（炎）帝，其丞祝庸（朱明），其神上为［荧惑］。"⑨ 纬书《春秋文耀钩》亦曰：

---

① ［日］安居香山、中村璋八辑：《纬书集成》，第1012页。

② （唐）瞿昙悉达：《开元占经》，第295—301页。

③ 《史记》卷二十七《天官书》，第1599页。

④ 《汉书》卷二十一上《律历志上》，第985页。

⑤ 《史记》卷二十七《天官书》，第1572页。

⑥ 席泽宗：《〈五星占〉释文和注解》。参见席泽宗《古新星新表与科学史探索》，陕西师范大学出版社2002年版，第184页。

⑦ 《汉书》卷二十六《天文志》，第1281页。

⑧ 赵宗乙：《淮南子译注》，黑龙江人民出版社2003年版，第107页。

⑨ 席泽宗：《〈五星占〉释文和注解》。参见席泽宗《古新星新表与科学史探索》，陕西师范大学出版社2002年版，第183—184页。

“赤帝熛怒之神，为荧惑焉，位在南方，礼失则罚出。”①

《春秋纬》曰：“天有五帝，五星为之使。”② 汉代人认为，五星为五帝之子，是五帝的使者。《开元占经》卷十八《五星占一》引《荆州占》曰：“五星者，五行之精也。五帝之子，天之使者。”③ 荧惑当然也是使者之一，故《论衡·变虚》篇曰：“荧惑，天使也。”④

东汉后期，“童谣荧惑说”的观念开始出现，荧惑成为传递灾异信息的工具。谢采筏认为：“童谣荧惑说，最早见于典籍的大概是《三国志·吴书·陆凯传》。”⑤ 其实，此说在东汉王充著的《论衡》中就曾提及，《论衡·订鬼》篇曰：“世谓童谣，荧惑使之，彼言有所见也。”刘盼遂注：“古传荧惑星化为小儿，下教群儿谣谚。”⑥ “世谓”一词充分说明此观点在当时已颇为流行。《史记·天官书》正义引《天官占》云，荧惑“其精为风伯，惑童儿歌谣嬉戏也”⑦，也是此观念和社会风俗的反映。《晋书·天文志中》记述得更为完善具体，“凡五星盈缩失位，其精降于地为人。岁星降为贵臣；荧惑降为童儿，歌谣嬉戏；填星降为老人妇女；太白降为壮夫，处于林麓；辰星降为妇人。吉凶之应，随其象告”。⑧

由于荧惑不同寻常的地位，秦汉时期，荧惑是人们立庙祭祀的主要星神之一，广受从帝王至市井庶民各个阶层的崇拜。《史记·封禅书》载，在秦代，“雍有日、月、参、辰、南北斗、荧惑、太白、岁星、填星、[辰星]、二十八宿、风伯、雨师、四海、九臣、十四臣、诸布、诸严、诸逑之属，百有余庙”。⑨《汉书·郊祀志下》载，汉宣帝时，“又立岁星、辰星、太白、荧惑、南斗祠于长安城旁”。汉平帝元始五年（5 年），大司马王莽奏请，“分群神以类相从为五部，兆天坠之别神”。将群神分为中央、东方、南方、西方、北方五方五帝，其中“南方炎帝赤灵祝融畤及荧惑星、南宿南宫于南郊兆”⑩。至此，包括荧惑庙在内的长安附近诸庙兆畤达到鼎盛时期。

---

① ［日］安居香山、中村璋八辑：《纬书集成》，第 664 页。

② 同上书，第 921 页。

③ （唐）瞿昙悉达：《开元占经》，第 193 页。

④ 刘盼遂：《论衡集解》，古籍出版社 1957 年版，第 96 页。

⑤ 谢采筏：《从梦幻的现实到现实的梦幻——童谣“荧惑说”新探》，《浙江师范大学学报》1994 年第 6 期。

⑥ 刘盼遂：《论衡集解》，古籍出版社 1957 年版，第 453—454 页。

⑦ 《史记》卷二十七《天官书》，第 1573 页。

⑧ 《晋书》卷十二《天文志中》，第 320 页。

⑨ 《史记》卷二十八《封禅书》，第 1653—1654 页。

⑩ 《汉书》卷二十五下《郊祀志下》，第 1250、1268 页。

二　重大“荧惑”失行天象的星占解读

陈美东先生指出：“中国古代一直认为，荧惑守哪颗星，就不利于哪颗星所主的分野国或该星所对应的人，并且人们坚持认为，荧惑确实存在着不符合规律的与人事有关的异常运行。”① 荧惑作为一颗行星，在恒星的背景下自西向东运行，与其他星宿发生入、犯、守、留等是不可避免的。由于天人感应和阴阳五行等思想的影响，荧惑作为一颗最不吉祥的凶星，在人们的思想认识深处已形成一种固化的思维模式，这就使这些原本极其正常的天象变化却与社会治乱、人事吉凶等神秘地联系起来，成为天意的体现和具有特定内涵的文化现象。《论衡·订鬼》篇曰：“荧惑火星，火有毒荧，故当荧惑守宿，国有祸败。”② 其入、犯、守、留哪一星宿，就会对该星宿所对应的人或分野国带来重大的祸患。《史记·天官书》、《汉书·天文志》及《续汉书·天文志》在记述完荧惑星象变异之后都附有相关重大历史事件的实例，即所谓的“事应”，以此来验证预测的准确性。

结合两汉文献，重大的荧惑失行天象主要有以下几种。

（一）荧惑犯太微

前文已述，太微属于南宫朱鸟（雀），位于北斗七星之南，被古人视为天帝之廷，与人间社会的朝廷相对应。从两汉时期的星占学理论来看，荧惑犯太微，即灾星入侵天廷，是强臣专权、以下犯上、祸乱朝廷之象。

《河图帝览嬉》曰：“荧惑入太微而出端门者，臣不臣。”③ 对君主来说当然是极其不祥的。所以《史记·天官书》说荧惑“其入守犯太微、……主命恶之”④。《春秋文耀钩》也说：“荧惑守太微，王者恶之。”⑤《春秋合诚图》曰：“荧惑入华阙门，臣杀之候也。荧惑入庭中，臣多逆不轨。荧惑入太微，陵犯留守，后三年必有丧。”⑥ 《开元占经》卷三十六《荧惑占七》引《荆州占》曰：“荧惑入太微宫，为天下惊。”“荧惑逆行入太微天庭中，为诸侯将有杀上者。”引郗萌曰：“荧惑守太微，诸侯及三公谋其上。”⑦

---

① 陈美东：《中国古代天文学思想》，中国科学技术出版社 2013 年版，第 450 页。

② 刘盼遂：《论衡集解》，古籍出版社 1957 年版，第 454 页。

③ ［日］安居香山、中村璋八辑：《纬书集成》，第 1133 页。

④ 《史记》卷二十七《天官书》，第 1574 页。

⑤ ［日］安居香山、中村璋八辑：《纬书集成》，第 689 页。

⑥ 同上书，第 771 页。

⑦ （唐）瞿昙悉达：《开元占经》，第 376—377 页。

《续汉书·天文志中》载，汉顺帝永和三年（138年）八月，“荧惑入太微，乱臣在廷中。是时，大将军梁商父子秉势”。次年八月，“荧惑入太微”。“梁氏又专权于天廷中。”[①] 同书《天文志下》载，汉桓帝永寿元年（155年）八月，“荧惑入太微，二十一日出端门。太微，天子廷也”。“荧惑留入太微中，又为乱臣。是时梁氏专政。”此次荧惑星变是针对外戚、大将军梁冀专权乱政而发。汉灵帝光和五年（182年）四月，“荧惑在太微中，守屏”。占曰：“荧惑在太微为乱臣。”是时“中常侍赵忠、张让、郭胜、孙璋等，并为奸乱”[②]。

（二）荧惑守心

心，即心宿，东宫苍龙七宿之一，由三颗星组成，为天帝明堂施政之所。其中心宿二（天蝎座α）为其名的大火星，为天帝的象征。《春秋说题辞》曰：“心为明堂，天王布政之宫。”“心为天明堂，以布政教。”[③] 同时还是荧惑的庙堂，《史记·天官书》：“心为明堂，荧惑庙也。”[④]

《史记·天官书》集解引韦昭曰：“居其宿曰‘守’。”[⑤]《开元占经》卷六十四《分野略例》引石氏曰：“居之不去为守。”引《春秋文耀钩》曰：“留不去为守。”又引郗萌曰：“二十日以上为守。”[⑥]“荧惑守心”，“指的是荧惑在心宿发生由顺行（自西向东）转为逆行（自东向西）或由逆行转为顺行，且停留在心宿一段时期的现象。”在星占学上被视为关乎着帝王生命安危的极其严重的凶象。台湾地区学者黄一农先生称之为“中国星占学上最凶的天象”[⑦]。帛书《五星占》称：“其与心星遇，[则缟素麻衣，在]其南、在其北，皆为死亡。”[⑧]《春秋说题辞》曰：“荧惑守心，主死，天下大溃。”[⑨]《春秋演孔图》曰：“荧惑在心，则缟素麻衣。”宋均注曰：“荧惑在心，海内之殃。海内亡主，故素缟麻衣。”[⑩]

在两汉文献的记载中，“荧惑守心”多与帝王死亡紧密相联。《汉书·

① 《后汉书》志十一《天文志中》，第3245—3246页。

② 《后汉书》志十二《天文志下》，第3255—3256、3259页。

③ [日] 安居香山、中村璋八辑：《纬书集成》，第863页。

④ 《史记》卷二十七《天官书》，第1574页。

⑤ 同上。

⑥ （唐）瞿昙悉达：《开元占经》，第614页。

⑦ 黄一农：《社会天文学史十讲》，复旦大学出版社2004年版，第27、23页。

⑧ 席泽宗：《〈五星占〉释文和注解》。参见席泽宗《古新星新表与科学史探索》，陕西师范大学出版社2002年版，第184页。

⑨ [日] 安居香山、中村璋八辑：《纬书集成》，第863页。

⑩ 同上书，第587页。

天文志》载，汉高祖十二年（公元前195年）春，“荧惑守心。四月，宫车晏驾。”[①] 汉成帝绥和二年（公元前7年）春，“荧惑守心”，尽管有丞相翟方进“欲塞灾异，自杀”，想自己来承担天谴之责任，但汉成帝仍是难逃劫数，“（二）［三］月丙戌，宫车晏驾”。[②] 汉灵帝中平三年（186年）四月，“荧惑逆行守心后星。……占曰：‘为大丧。’后三年而灵帝崩”。[③]

对于这三次“荧惑守心”的文献记载，黄一农先生推算后认为，汉高祖十二年（公元前195年）春，“荧惑由壁宿顺行至毕宿，未曾守心”。绥和二年（公元前7年）春也“不曾发生荧惑守心”。只有第三次，“该年4月13日左右，荧惑在尾宿留，并转为逆行，至6月21日留心后星（天蝎座τ星）附近后，始又顺行”。[④] 刘次沅、吴立旻利用现代天文学方法进行详细的计算，得出的结论是：汉高祖十二年（公元前195年），“该年春天火星在距离心宿不太远的氐宿、亢宿留守（公元前195年3月5日顺行留氐，5月18日逆行留亢）”。“被认为是汉高祖之死的前兆，以后在流传中误为守心。”绥和二年（公元前7年）春的这一天象并不存在，火星犯的是“太微东上相星”。根据《开元占经》卷三十六《荧惑占七》引石氏曰：“荧惑犯相星，辅臣凶。”[⑤] 这一天象对丞相翟方进来说也是极其不利的。而在“两年之后的公元前5年3月21日，的确发生了荧惑守心”。应该是这两次天象“发生了混淆”。汉灵帝中平三年（186年），“火星逆行进入心宿，距离心后星较近。记录准确”。[⑥]

（三）荧惑入、守、犯舆鬼

舆鬼，即鬼宿，南方朱雀七宿之第二宿。《史记·天官书》曰：“舆鬼，鬼祠事；中白者为质。”正义曰：“舆鬼四星，主祠事，天目也，主视明察奸谋。东北星主积马，东南星主积兵，西南星主积布帛，西北星主积金玉，随其变占之。中一星为积尸，一名质，主丧死祠祀。”[⑦]

荧惑本身就是灾星，舆鬼又主丧亡，荧惑入、守、犯舆鬼，更是雪上加霜，祸不单行，多预示着大臣被杀。

《史记·天官书》集解引晋灼曰：“荧惑入舆鬼、天质，占曰大臣有

① 《汉书》卷二十六《天文志》，第1302页。
② 同上书，第1311页。
③ 《后汉书》志十二《天文志下》，第3260页。
④ 黄一农：《社会天文学史十讲》，复旦大学出版社2004年版，第31—32页。
⑤ （唐）瞿昙悉达：《开元占经》，第380页。
⑥ 刘次沅、吴立旻：《古代“荧惑守心”记录再探》，《自然科学史研究》2008年第4期。
⑦ 《史记》卷二十七《天官书》，第1554页。

诛。”索隐引宋均云：“荧惑守舆鬼南，为丈夫受其咎；北，则女子受其凶也。”①《续汉书·天文志上》曰：“荧惑为凶衰，舆鬼尸星主死亡，荧惑入之为大丧。”引《黄帝占》曰：“荧惑守舆鬼，大人忧。”②《河图帝览嬉》曰：“荧惑犯舆鬼，为国有忧，大臣诛。”③《开元占经》卷三十四《荧惑占五》引《荆州占》曰：“荧惑犯舆鬼，忠臣戮死，皆不出一年中。”④

此外，“荧惑入舆鬼”还是战争和后宫淫乱的征兆。《春秋文耀钩》曰：“荧惑入舆鬼，主以内乱淫佚。”“荧惑逆行，守舆鬼，成勾己，王者恶之。兵起，财帛金钱散，将军有战死者。”⑤《开元占经》卷三十四《荧惑占五》引甘氏曰：“荧惑入舆鬼，犯积尸，天下兵起，大战流血，有没军死将。”引《黄帝占》曰：“荧惑入舆鬼，有兵丧。”⑥

在两汉文献中，荧惑入、守、犯舆鬼的天象记录多与大臣死亡或被杀有关。汉宣帝本始四年（公元前 67 年）七月，“荧惑入舆鬼天质。占曰：‘大臣有诛者，名曰天贼在大人之侧’”。此为前大将军霍光的夫人霍显、儿子霍禹等霍氏一族被诛灭的前兆。汉成帝河平二年（公元前 24 年）十月下旬，“荧惑亦贯舆鬼”，该年十一月，“夜郎王歆大逆不道，牂柯太守立捕杀歆”。⑦汉明帝永平十三年（70 年），“火犯舆鬼，为大丧，质星为大臣诛戮。其十二月，楚王英与颜忠等造作妖［书］谋反，事觉，英自杀，忠等皆伏诛”。⑧从汉安帝元初元年（114 年）至元初六年（119 年），六年当中荧惑五次入舆鬼，“凡五星入舆鬼中，皆为死丧”。至建光元年（121 年）三月癸巳，“邓太后崩；五月庚辰，太后兄车骑将军骘等七侯皆免官，自杀，是其应也”。⑨汉顺帝永建二年（127 年）八月乙巳，“荧惑入舆鬼”。根据星占理论，“荧惑为凶。舆鬼为死丧。质星为诛戮”。是时“中常侍高梵、张防、将作大匠翟酺、尚书令高堂芝、仆射张敦、尚书尹就、郎姜述、杨凤等，及兖州刺史鲍就、使匈奴中郎［将］张国、金城太守张笃、敦煌太守张朗，相与交通，漏泄，就、述弃市，梵、防、酺、芝、敦、凤、就、

① 《史记》卷二十七《天官书》，第 1555、1573 页。
② 《后汉书》志十《天文志上》，第 3213、3222 页。
③ ［日］安居香山、中村璋八辑：《纬书集成》，第 1132 页。
④ （唐）瞿昙悉达：《开元占经》，第 346 页。
⑤ ［日］安居香山、中村璋八辑：《纬书集成》，第 686—687 页。
⑥ （唐）瞿昙悉达：《开元占经》，第 346 页。
⑦ 《汉书》卷二十六《天文志》，第 1308、1310 页。
⑧ 《后汉书》志十一《天文志中》，第 3230 页。
⑨ 同上书，第 3241 页。

国皆抵罪。又定远侯班始尚阴城公主坚得，斗争杀坚得，坐要斩马市，同产皆弃市”。[①]

荧惑守、犯舆鬼也可能应在太后或皇帝身上。《开元占经》卷三十四《荧惑占五》引《孝经章句》曰：“荧惑入舆鬼，主坐之。”引石氏曰：“荧惑入舆鬼，中旬，主后死。七日，相死。四月，主死。”引《黄帝占》曰：“荧惑守舆鬼，女主病。”[②] 汉武帝建元六年（公元前135年），“荧惑守舆鬼。占曰：‘为火变，有丧。’是岁高园有火灾，窦太后崩”。[③] 光武帝建武三十一年（55年）七月，“火在舆鬼一度，入鬼中，出尸星南半度”，根据星占理论，“荧惑为凶衰，舆鬼尸星主死亡，荧惑入之为大丧”。两年之后，“光武崩”[④]。汉质帝本初元年（146年）三月，“荧惑入舆鬼”，“闰月一日，孝质帝为梁冀所鸩，崩”。[⑤]

（四）荧惑守、犯南斗

南斗，属北方七宿之一。《史记·天官书》正义曰：“南斗六星为天庙，丞相、大宰之位，主荐贤良，授爵禄，又主兵。”“南斗为吴、越之分野。”[⑥] 按照星土分野理论，南斗为吴、越之分野，荧惑守、犯南斗，主要是对应在这两个地区。

《汉书·天文志》注引孟康曰：“犯，七寸以内光芒相及也。”又引韦昭曰：“自下往触之曰犯。”[⑦] 就星占而言，荧惑守、犯南斗，主战乱、兵殃、臣下谋反，所守之国败亡等，都是凶恶不吉利的征兆。《开元占经》卷三十二《荧惑占三》引《海中占》曰：“荧惑犯南斗，且有反臣，道路不通，丞相有事。”引甘氏曰：“荧惑入南斗中，国大乱，兵大起。荧惑入南斗口中，大臣反，被诛者，若将相出走。”又引《五行传》曰：“荧惑与斗晨出东方，因留守斗，其国绝嗣。荧惑守南斗，为乱，为贼，为丧，为兵，守之久，其国绝嗣。”[⑧]

《史记·天官书》载：“越之亡，荧惑守斗。”[⑨]《汉书·天文志》又详

① 《后汉书》志十一《天文志中》，第3243页。
② （唐）瞿昙悉达：《开元占经》，第347—348页。
③ 《汉书》卷二十六《天文志》，第1305页。
④ 《后汉书》志十《天文志上》，第3223页。
⑤ 《后汉书》志十一《天文志中》，第3247页。
⑥ 《史记》卷二十七《天官书》，第1543、1607页。
⑦ 《汉书》卷二十六《天文志》，第1273页。
⑧ （唐）瞿昙悉达：《开元占经》，第323—324页。
⑨ 《史记》卷二十七《天官书》，第1606页。

载："元鼎中，荧惑守南斗。占曰：'荧惑所守，为乱贼丧兵；守之久，其国绝祀。南斗，越分也。'其后越相吕嘉杀其王及太后，汉兵诛之，灭其国。"①《续汉书·天文志中》，汉顺帝永和二年（137 年）八月，"荧惑犯南斗。斗为吴"。次年五月，吴郡太守行丞事羊珍与越兵弟叶、吏民吴铜等二百余人起兵造反，"杀吏民，烧官亭民舍，攻太守府。太守王衡距守，吏兵格杀珍等"。② 汉灵帝熹平元年（172 年）十月，"荧惑入南斗中，占曰：'荧惑所守为兵乱。'斗为吴。其十一月，会稽贼许昭聚众自称大将军，昭父生为越王，攻破郡县"。③

（五）荧惑与其他四行星的相犯与合聚

《史记·天官书》曰："同舍为合。"④ 由于荧惑是一颗灾星，其与其他行星相合相犯，在星占学上皆为凶占。

1. 荧惑与岁星（木星）合犯。为旱灾及臣下叛逆作乱之兆。《汉书·天文志》，岁星"与荧惑合则为饥，为旱"⑤。《续汉书·天文志下》："荧惑犯岁星，为奸臣谋，大将戮。"⑥《开元占经》卷二十《五星占三》引甘氏曰："荧惑干木星，蛰虫冬出，动雷，旱行，禾不成。"又引《荆州占》曰："荧惑犯岁星为战。"引《海中占》曰："荧惑与木星合，为内乱，大臣谋主。"⑦

《汉书·天文志》载，汉成帝建始四年（公元前 29 年）七月，"荧惑逾岁星，居其东北半寸所如连李"。占曰："荧惑与岁星斗，有病君饥岁。"到河平元年（公元前 28 年）三月即发生旱灾，"伤麦，民食榆皮"。⑧

2. 荧惑合、犯太白（金星）。《开元占经》卷四十五《太白占一》引《五行传》曰："太白者，西方金精也。""为兵，为杀。"⑨ 荧惑犯、合太白，预示着战祸和兵丧，这几乎是星占家们一致的观点。《史记·天官书》：火星"与金合为铄，为丧，皆不可举事，用兵大败"⑩。马王堆三号汉墓帛

① 《汉书》卷二十六《天文志》，第 1306 页。

② 《后汉书》志十一《天文志中》，第 3244 页。

③ 《后汉书》志十二《天文志下》，第 3258 页。

④ 《史记》卷二十七《天官书》，第 1576 页。

⑤ 《汉书》卷二十六《天文志》，第 1285 页。

⑥ 《后汉书》志十二《天文志下》，第 3256 页。

⑦ （唐）瞿昙悉达：《开元占经》，第 205—206 页。

⑧ 《汉书》卷二十六《天文志》，第 1310 页。

⑨ （唐）瞿昙悉达：《开元占经》，第 451 页。

⑩ 《史记》卷二十七《天官书》，第 1575 页。

书《五星占》曰："大白与荧惑遇，金、火也，命曰乐（铄），不可用兵。""荧惑从大白，军忧；离之，军［却］；出其阴，有分军；出其阳，有［偏将之战］。［当其］行，大白遝（逮）之，［破军杀］将。"[①]《汉书·天文志》曰："荧惑与太白合则为丧，不可举事用兵"[②]。《开元占经》卷二十一《五星占四》引《荆州占》曰："荧惑太白相犯，为兵丧，为逆谋。""荧惑入太白，将军戮。"又引《海中占》曰："荧惑太白合，野有破军杀将。"[③]

《汉书·天文志》载，汉昭帝始元年间，"荧惑出东方，守太白"，"其后左将军桀、票骑将军安与长公主、燕剌王谋乱，咸伏其辜。兵诛乌桓"。[④]

3. 荧惑与辰星（水星）合犯。马王堆三号汉墓帛书《五星占》曰："营惑与辰星遇，水、火［也，命曰粹，不可用兵］，兴事大败"。[⑤]《汉书·天文志》，荧惑"与辰合则为北军，用兵举事大败。"[⑥] 但对水、火二星合犯的占候，还须考虑时间和空间的因素。刘向《洪范传》曰："火水合于斗，不可举事，用兵必受其殃"。《荆州占》曰："荧惑与辰星秋合，有兵。冬合，有丧。"[⑦]

《汉书·天文志》载，汉景帝前元二年（公元前155年）七月，"火与水晨出东方，因守斗。占曰：'其国绝祀。'至其十二月，水、火合于斗。占曰：'为淬，不可举事用兵，必受其殃'。"[⑧] 次年，吴王刘濞等七国发动叛乱，被太尉周亚夫率军平定，刘濞为越人所杀。

4. 荧惑与填（镇）星（土星）合犯。《汉书·天文志》曰：荧惑"与填合则为忧，主孽卿"[⑨]。《续汉书·天文志中》："荧惑犯镇星为大人忌。"[⑩]《开元占经》卷二十一《五星占四》引《荆州占》曰："荧惑与填星合而犯，大将军为乱。若守之，女主凶。"引《海中占》曰："填星与荧惑合，女子为天下害。"又引郗萌曰："填星与荧惑合，为祸丧，其国不可举事，

---

① 席泽宗：《〈五星占〉释文和注解》。参见席泽宗《古新星新表与科学史探索》，陕西师范大学出版社2002年版，第186页。

② 《汉书》卷二十六《天文志》，第1286页。

③ （唐）瞿昙悉达：《开元占经》，第212—213页。

④ 《汉书》卷二十六《天文志》，第1307页。

⑤ 席泽宗：《〈五星占〉释文和注解》。参见席泽宗《古新星新表与科学史探索》，陕西师范大学出版社2002年版，第186页。

⑥ 《汉书》卷二十六《天文志》，第1286页。

⑦ （唐）瞿昙悉达：《开元占经》，第215页。

⑧ 《汉书》卷二十六《天文志》，第1303页。

⑨ 同上书，第1286页。

⑩ 《后汉书》志十一《天文志中》，第3247页。

用兵必受其殃。"[①] 该星占"似指君王之家有作孽者"[②]。

根据五行理论，荧惑主火，填星主土，荧惑犯填星为火临土上，又是旱灾发生的征兆。《春秋纬》曰："荧惑干填星，大旱。"[③]《春秋文耀钩》曰："火与土合，忧，主孽祥。""填星与火合，则大旱，阳行害。"[④]

《续汉书·天文志中》，汉顺帝汉安二年（143 年）六月，"荧惑光芒犯镇星"，次年八月，"孝顺帝崩，孝冲明年正月又崩"。[⑤]

三 荧惑星占对汉代政治运作的影响

《风俗通义·十反》曰："荧惑火精，尤史家所宜察也。"[⑥] 由于荧惑所具有的极其不吉利性质，每次荧惑失行、变异都会引起朝野上下的极度恐慌和震动，在汉代社会政治生态中发挥着特殊而突出的作用。成为大臣、儒学经师们劝谏帝王修身养德、亲贤纳忠、推行仁政的重要借口。

（一）对统治者的道德教化功能

《吕氏春秋·制乐篇》曾记载过一次"荧惑守心"的天象。

> 宋景公之时，荧惑在心，公惧，召子韦而问焉，曰："荧惑在心，何也?"子韦曰："荧惑者，天罚也；心者，宋之分野也；祸当于君。虽然，可移于宰相。"公曰："宰相所与治国家也，而移死焉，不祥。"子韦曰："可移于民。"公曰："民死，寡人将谁为君乎？宁独死。"子韦曰："可移于岁。"公曰："岁害则民饥，民饥必死。为人君而杀其民以自活也，其谁以我为君乎？是寡人之命固尽已，子无复言矣。"子韦还走，北面载拜曰："臣敢贺君。天之处高而听卑。君有至德之言三，天必三赏君。今夕荧惑其徙三舍，君延年二十一岁。"公曰："子何以知之?"对曰："有三善言，必有三赏。荧惑有三徙舍，舍行七星，星一徙当一年，三七二十一，臣故曰君延年二十一岁矣。臣请伏于陛下以伺候之。荧惑不徙，臣请死。"公曰："可。"是夕荧惑果徙三舍。[⑦]

① （唐）瞿昙悉达：《开元占经》，第 211 页。

② 卢央：《中国古代星占学》，中国科学技术出版社 2013 年版，第 264 页。

③ ［日］安居香山、中村璋八辑：《纬书集成》，第 922 页。

④ 同上书，第 679 页。

⑤ 《后汉书》志十一《天文志中》，第 3247 页。

⑥ （东汉）应劭撰，王利器校注：《风俗通义校注》，中华书局 2010 年版，第 255 页。下引《风俗通义校注》皆出此版本。

⑦ 《吕氏春秋·制乐》，第 347—348 页。

对于此次“荧惑在心”，司马迁在《史记·宋微子世家》记为宋景公三十七年（公元前480年），但黄一农先生经电脑推算后认为：“当年火星并不曾经过心宿，亦即不可能出现‘守心’或‘在心’的天象。”① 这极有可能是先秦时期人们杜撰出来的。但汉代人明显是相信这一天象的记载及其故事的，频频见于《淮南子·道应训》《史记·宋微子世家》《新序·杂事》《论衡·变虚》《论衡·无形》等篇。

两汉大臣多次以宋景公为例，劝诫帝王深思天谴产生的原因，深刻反省自己，悔过修德，克己责躬，以德治天下，如此方能消灾祛祸，福寿绵长。桓谭在《新论·遣非篇》中说：“夫（当作‘灾’）异变怪者，天下所常有，无世而不然。逢明主、贤臣、智士、仁人，则修德善政，省职慎行以应之，故咎殃消亡而祸转为福焉。”“宋景公有荧惑守心之忧，星为徙三舍。由是观之，则莫善于以德义精诚报塞之矣。”②

杜钦在《举贤良方正对策》中借“宋景公小国之诸侯耳，有不忍移祸之诚，出人君之言三，荧惑为之退舍”这一事例指出：“变感以类相应，人事失于下，变象见于上。能应之以德，则异咎消亡；不能应之以善，则祸败至。”劝谏汉成帝“正后妾，抑女宠，防奢泰，去佚游，躬节俭，亲万事……忍无益之欲，以全众庶之命”。如能做到这些，则“尧舜不足与比隆，咎异何足消灭!”③

汉哀帝时，宠臣息夫躬因“往年荧惑守心，太白高而芒光，又角星茀于河鼓，其法为有兵乱”，竟然建议“可遣大将军行边兵，敕武备，斩一郡守，以立威，震四夷，因以厌应变异”。对此，丞相王嘉颇不以为然，他驳斥道：“天之见异，所以敕戒人君，欲令觉悟反正，推诚行善。民心说而天意得矣。”④

汉安帝亲政后，尚书陈忠在上疏中规劝安帝“推宋景之诚，引咎克躬，咨访群吏”。对汉成帝移祸丞相，逼翟方进自杀的做法给以强烈的批评，“昔孝成皇帝以妖星守心，移咎丞相，使贲丽纳说方进，方进自引，卒不蒙上天之福，徒乖宋景之诚”。⑤

---

① 黄一农：《社会天文学史十讲》，复旦大学出版社2004年版，第30页。

② （清）严可均辑：《全上古三代秦汉三国六朝文·全后汉文》，第543页。

③ 《汉书》卷六十《杜周传附杜钦传》，第2671—2672页。

④ 《汉书》卷四十五《息夫躬传》，第2148页。

⑤ 《后汉书》卷四十六《陈忠传》，第1557、1565页。

汉灵帝光和元年（178 年）七月，议郎蔡邕在《答诏问灾异》中说："臣窃见荧惑变色，入太微西门，太白正昼而见。臣闻荧惑示变，人主当精明其德，则有休庆之色。又以非其月令尊宿，法当君臣出端谋，戒不臣。""昔宋景公小国诸侯，三有德言，而荧惑之退舍。"因而在对策中提出："谨礼事，治兵政，审察中外之言，申明门户守御之令，以杜渐防萌，则其救也。"①

（二）借荧惑星变的天威来震慑君王，促使其改弦更张，实行仁政，亲贤退奸

对于君主来说，要应对天谴，不仅要有善言，关键是要有善政、善行。王充在《论衡·变虚篇》中说："人君有［善言］善行，善行动于心，善言出于意，同由共本，一气不异。宋景公出三善言，则其先三善言之前，必有善行也。有善行，必有善政。政善，则嘉瑞臻，福祥至，荧惑之星，无为守心也。使景公有失误之行，以致恶政，恶政发，则妖异见，荧［惑］之守心，……景公却荧惑之异，亦宜以行。景公有恶行，故荧惑守心。不改政修行，坐出三善言，安能动天？天安肯应？"②

按照汉代星占学的观点，荧惑失行与政事缓急、社会治乱有密切的关系，要消除灾异，就必须顺从天意民愿，实行仁政，亲贤纳忠。

汉顺帝阳嘉二年（133 年），郎顗因"荧惑失度，盈缩往来，涉历舆鬼，环绕轩辕"等异常天象而对状尚书，"条便宜七事"，其中第四事即是根据"荧惑失度"这一天象来抨击汉顺帝施政中的种种弊端，他说：

> 荧惑以去年春分后十六日在娄五度，推步三统，荧惑今当在翼九度，今反在柳三度，则不及五十余度。去年八月二十四日戊辰，荧惑历舆鬼东入轩辕，出后星北，东去四度，北旋复还。轩辕者，后宫也。荧惑者，至阳之精也，天之使也，而出入轩辕，绕还往来。《易》曰："天垂象，见吉凶。"其意昭然可见矣。

之所以出现这一异常天象，主要是因为后宫宫女太多，造成大量怨女，"今宫人侍御，动以千计，或生而幽隔，人道不通，郁积之气，上感皇天，故遣荧惑入轩辕，理人伦，垂象见异，以悟主上"。据此要求汉顺帝"宜简

---

① 邓安生：《蔡邕集编年校注》，河北教育出版社 2002 年版，第 242 页。

② 刘盼遂：《论衡集解》，古籍出版社 1957 年版，第 93—94 页。

出宫女，恣其姻嫁，则天自降福，子孙千亿”。[①]

司徒朱伥也以“荧惑比有变异”而上疏，指出：“臣窃见九月庚辰，今月丙辰，过荧惑于东井辟，金光辉合，并移时乃出。”建议汉顺帝“详左右清禁之内，谨供养之官，严宿卫之身，申敕屡省，务知戒慎，以退未萌，以此无疆”[②]。

延熹九年（166年），襄楷借“荧惑入太微”等天象诣阙上疏，指责汉桓帝用刑过重，导致“政刑暴滥”。他说：

> 臣窃见去岁五月，荧惑入太微，犯帝坐，出端门，不轨常道。其闰月庚辰，太白入房，犯心小星，震动中耀。中耀，天王也；傍小星者，天王子也。夫太微天廷，五帝之坐，而金火罚星扬光其中，于占，天子凶；又俱入房、心，法无继嗣。……咎在仁德不修，诛罚太酷。

接着，他又说：“臣又推步，荧惑今当出而潜，必有阴谋。皆由狱多冤结，忠臣被戮。”要求汉桓帝修德省刑，“宜承天意，理察冤狱”。[③]

汉灵帝即位之初，谢弼在《上封事陈得失》中说：“荧惑守亢，裴回不去，法有近臣谋乱，发于左右。不知陛下所与从容帷幄之内，亲信者为谁。宜急斥黜，以消天戒。”[④] 意欲规劝灵帝罢黜宦官，以正朝廷。

据《后汉书·李固传》，太尉李固因得罪大将军梁冀被害，祸及二子。其小儿子李燮隐姓埋名逃难徐州，及梁冀被诛，“灾眚屡见。明年，史官上言宜有赦令，又当存录大臣冤死者子孙，于是大赦天下，并求固后嗣”。[⑤]这里所说的“灾眚”，就包含“荧惑犯帝座”。《华阳国志》卷十（下）《先贤士女总赞·汉中士女》详细记述道：“延熹二年，梁冀诛。后月经阳道，晕五车。史官上书：‘昔有大星升汉而西，卷舌扬芒迫月，荧惑犯帝座，则有大臣枉诛。星在西方，太尉固应之。今晕如之，宜有赦命，录其遗嗣，以除此异。’于是下赦，燮得返旧。四府并辟，公车征议郎。”[⑥]

总之，荧惑失行作为一种与社会政治有密切关系的灾异现象，通过对其星占占辞及其社会政治功能的研究，对于我们更好地理解和认识汉代社会的

---

① 《后汉书》卷三十下《郎顗传》，第1061—1062页。

② （东汉）应劭撰，王利器校注：《风俗通义校注》，第254—255页。

③ 《后汉书》卷三十下《襄楷传》，第1081页。

④ 《后汉书》卷五十七《谢弼传》，第1858—1859页。

⑤ 《后汉书》卷六十三《李固传》，第2090页。

⑥ （东晋）常璩撰，严茜子点校：《华阳国志》，齐鲁书社2010年版，第164页。

主流意识形态、特异的政治文化等都具有重要的辅助作用。

第三节　汉代太白星占及其军事、政治影响

太白，即金星，《开元占经》卷四十五《太白占一》引石氏曰："太白者，大而能白，故曰太白。"① 是太阳系八大行星之一，清晨出现于东方，谓之启明，傍晚出现于西方，被称为长庚。因距地球最近，在夜空中是仅次于月球的最明亮的星体，"最亮时可达负4.4等"②，故较早地为人们所注目和熟知。从现代天文学的认识而言，太白金星只是太阳系中一颗普通的行星，无关人间的吉凶祸福。但在汉代乃至整个中国古代星占学中，太白金星与荧惑一样，也是一颗著名的灾星、罚星，主兵事和杀伐，其占辞多与军事有关，成为社会各个阶层都极为恐惧的不祥之星。尤其是太白昼见、太白经天、太白入犯太微及太白与其他四行星合犯等严重"失行"天象都被视为战争和社会治乱的征兆，成为军事决策的重要参考和大臣、儒生上书劝谏帝王实行仁政、改革吏治的借口。

一　太白星占及其象征意义

在中国古代星占学中，太白和荧惑（火星）被并称为两大灾星、罚星。《后汉书·襄楷传》李贤注："金火并为罚星。"③《史记·天官书》曰："察日行以处位太白。曰西方，秋，（司兵月行及天矢）日庚、辛，主杀。杀失者，罚出太白。"④

《史记·天官书》概括记载其运行轨迹，"其出行十八舍二百四十日而入。入东方，伏行十一舍百三十日；其入西方，伏行三舍十六日而出。"⑤长沙马王堆汉墓帛书《五星占》更详细记载其会合周期，"摄提格以正月与营室晨出东方，二百廿四日时晨入东方，浸行百二十日；［夕］出［西方，二百廿四日夕］入西方；伏十六日九十六分日，晨出东方。五出，为日八岁，而复与营室晨出东方。"⑥

---

① （唐）瞿昙悉达：《开元占经》，第451页。

② 徐振韬主编：《中国古代天文学词典》，中国社会科学出版社2013年版，第222页。

③ 《后汉书》卷三十下《襄楷传》，第1076页。

④ 《史记》卷二十七《天官书》，第1577页。

⑤ 同上。

⑥ 席泽宗：《〈五星占〉释文和注解》。参见席泽宗《古新星新表与科学史探索》，陕西师范大学出版社2002年版，第179页。

根据五行体系，太白于五季（春、夏、季夏、秋、冬）主秋，五方主西、五事主言，五常主义，五音主商。

《开元占经》卷四十五《太白占一》引《五行传》曰：“太白者，西方金精也，于五常为义，举动得宜，于五事为言，号令民从。义亏言失，逆秋令，则太白为变动，为兵，为杀。”①

《淮南子·天文训》：“西方，金也，其帝少昊，其佐蓐收，执矩而治秋。其神为太白，其兽白虎，其音商，其日庚辛。”②

纬书《龙鱼河图》曰：“天太白星主兵凶，其精下为雨师之神。”③

太白于五行中主金，而金为制作兵器的材料，故在星占学中，太白为兵象，主杀伐，其运行状况和占辞多与军事有关。《汉书·天文志》曰：

> 太白，兵象也。出而高，用兵深吉浅凶；埤，浅吉深凶。行疾，用兵疾吉迟凶；行迟，用兵迟吉疾凶。……出则兵出，入则兵入。象太白吉，反之凶。赤角，战。④

按照“凡天变，过度乃占”的原则，从星占学的角度来看，太白如按其正常的轨道和规律运行，则不用入占，乃是天下太平的象征。《史记·天官书》曰：“其当期出也，其国昌。其出东为东，入东为北方；出西为西，入西为南方。所居久，其乡利；易其乡凶。”⑤《开元占经》卷四十五《太白占一》引《荆州占》亦曰：“太白出入如度，天下昌。”⑥《尚书考灵曜》曰：“太白出入当，五谷成熟，民人昌。”⑦

主要是占候其“失行”的反常状态。对于太白来说，当出不出，当入不入，或不当出而出，不当入而入都属于“失行”，为重大兵灾的征兆，甚至有国家破亡、政权垮台之虞。

《史记·天官书》曰：“太白失行，以其舍命国。……当出不出，当入不入，是谓失舍，不有破军，必有国君之篡。”⑧ 长沙马王堆三号汉墓中出

① （唐）瞿昙悉达：《开元占经》，第451页。

② 赵宗乙：《淮南子译注》，黑龙江人民出版社2003年版，第107页。

③ （日）安居香山、中村璋八辑：《纬书集成》，第1153页。

④ 《汉书》卷二十六《天文志》，第1283页。

⑤ 《史记》卷二十七《天官书》，第1579页。《汉书·天文志》所载与之相同。（第1282页）

⑥ （唐）瞿昙悉达：《开元占经》，第452页。

⑦ ［日］安居香山、中村璋八辑：《纬书集成》，第363页。

⑧ 《史记》卷二十七《天官书》，第1577页。

土的汉代帛书《五星占》亦曰，太白“未［当出而出，当入而不入，是谓失舍，天］下兴兵，所当之国亡。宜出而不出，命曰须谋。宜入而不入，天下偃兵，野有兵讲，所当之国大凶。”[①]《春秋文耀钩》曰：“太白不当出而出，主躁臣炽，军破主死，兵马滋。”[②]

《汉书·天文志》进一步总结道：太白“当出不出，当入不入，为失舍，不有破军，必有死王之墓，有亡国。一曰，天下匽兵，野有兵者，所当之国大凶。当出不出，未当入而入，天下匽兵，兵在外，入。未当出而出，当入而不入，天下起兵，有至破国。未当出而出，未当入而入，天下举兵，所当之国亡。……入七日复出，将军战死。入十日复出，相死之。入又复出，人君恶之。已出三日而复微入，三日乃复盛出，是为耎而伏，其下国有军，其众败将北。已入三日，又复微出，三日乃复盛入，其下国有忧，帅师虽众，敌食其粮，用其兵，虏其帅。出西方，失其行，夷狄败；出东方，失其行，中国败。”[③]

太白主兵事和杀伐，在上天为“天之将军”[④]，于人间则为武将、大将军、大司马的象征。《史记·天官书》，“太白，大臣也，其号上公。……大司马位谨候此。”[⑤]《汉书·谷永传》载，汉成帝阳朔年间，谷永借太白天象指责大司马、车骑将军王音：“太白出西方六十日，法当参天，今已过期，尚在桑榆之间，质弱而行迟，形小而光微。”注引如淳曰：“言其行迟象王音也。永见音为司马，以疏间亲，自以位过，故以太白喻司马，司马主兵故也。”[⑥]

由于太白在军事上的重要地位，在秦汉时期，一直是立庙供奉和祭祀的重要星神之一，《史记·封禅书》载，在秦代，“雍有日、月、参、辰、南北斗、荧惑、太白、岁星、填星、［辰星］、二十八宿、风伯、雨师、四海、九臣、十四臣、诸布、诸严、诸逑之属，百有余庙。”[⑦] 汉宣帝时，又“立岁星、辰星、太白、荧惑、南斗祠于长安城旁”[⑧]。据《汉书·地理志》，在右扶风陈仓县，“有上公、明星、黄帝孙、舜妻（盲）［育］冢祠”。[⑨]“明

---

① 席泽宗：《〈五星占〉释文和注解》。参见席泽宗《古新星新表与科学史探索》，陕西师范大学出版社2002年版，第179页。

② ［日］安居香山、中村璋八辑：《纬书集成》，第692页。

③ 《汉书》卷二十六《天文志》，第1282页。

④ 《汉书》卷五十一《邹阳传》，第2344页。

⑤ 《史记》卷二十七《天官书》，第1582页。

⑥ 《汉书》卷八十五《谷永传》，第3457页。

⑦ 《史记》卷二十八《封禅书》，第1653—1654页。

⑧ 《汉书》卷二十五下《郊祀志下》，第1250页。

⑨ 《汉书》卷二十八上《地理志上》，第1547页。

星”，为太白金星的别称，《史记·天官书》曰：“亢为疏庙，太白庙也。太白，……其他名殷星、太正、营星、观星、宫星、明星、大衰、大泽、终星、大相、天浩、序星、月纬。”[①]《尔雅·释天》曰：“明星谓之启明。”[②]

二 重大太白“失行”天象的星占释读

（一）太白昼见和经天

太白昼见是在“角距合适时，有时白天也可看到”。“经天”是太白昼见的特殊情况，“古人有时将白昼看到金星过子午圈称为经天，又称太白经天”。[③]《史记·天官书》索隐引孟康曰：“太白阴星，出东当伏东，出西当伏西，过午为经天。”又引晋灼曰：“日，阳也，日出则星没。太白昼见午上为经天。”[④]

太白昼见或经天所昭示的重大国家政事主要有以下三种。

1. 君弱臣逆

根据星占学的观点，日为阳，太白为阴。而太阳为“众阳之宗，人君之表，至尊之象”，[⑤] 是君主的象征。太白昼见或经天，是与日争辉，为君弱臣逆之象。《史记·天官书》曰：“昼见而经天，是谓争明，强国弱，小国强，女主昌。”[⑥]《春秋纬考异邮》曰：“陪臣行毒，诸谒向尊，则太白经天，主命凶。”[⑦]《春秋汉含孳》曰：“阳弱臣逆，则太白经天。”（阳弱：君宗弱，不堪为主也）[⑧]

《后汉书·天文志中》，汉安帝永初三年（109 年）三月，“太白昼见，为强臣，是时邓氏之盛。”汉顺帝永和三年（138 年）二月至闰八月，五次出现“太白昼见”，司马彪解释曰：“太白者，将军之官，又为西州。昼见，阴盛，与君争明。” “是时，大将军梁商父子秉势，故太白常昼见也。”[⑨]《后汉书·天文志下》，汉桓帝延熹六年（163 年）十一月，“太白昼见。是

---

① 《史记》卷二十七《天官书》，第 1582 页。

② 管锡华译注：《尔雅》，中华书局 2014 年版，第 407 页。

③ 徐振韬主编：《中国古代天文学词典》，中国社会科学出版社 2013 年版，第 222、113 页。

④ 《史记》卷二十七《天官书》，第 1579 页。

⑤ 《汉书》卷八十一《孔光传》，第 3359 页。

⑥ 《史记》卷二十七《天官书》，第 1582 页。

⑦ ［日］安居香山、中村璋八辑：《纬书集成》，第 798 页。

⑧ 同上书，第 817 页。

⑨ 《后汉书》志十一《天文志中》，第 3239—3243 页。

时邓后家贵盛”。[①] 这几次都是外戚专权，专擅朝政在天文星象上的反映。

2. 兵兴战起，天下大乱，江山易主

《开元占经》卷四十五《太白占一》引石氏曰：“太白，兵象也。”[②] 太白主兵革，与战争极为密切。太白昼见或经天意味着刀兵四起，人民流亡，甚至是政权更迭，改朝换代。

马王堆三号汉墓帛书《五星占》曰：“凡是星不敢经天；经天，天下大乱，革王。”[③]

《史记·天官书》曰：“其出不经天；经天，天下革政。”[④]

《汉书·天文志》曰：“太白经天，天下革，民更王，是为乱纪，人民流亡。”[⑤]

《春秋感精符》曰：“杀失则攻战刑，故太白逆经天，辱君父，国被侵。”[⑥]

《春秋文耀钩》曰：“太白经天，主失枢。”[⑦]

《洛书洛罪级》曰：“太白经天，不日列侯代政。”[⑧]

《开元占经》卷四十六《太白占二》引《荆州占》曰：“太白昼见于午，名曰经天，是谓乱纪，天下乱，改政易王，人民流亡，弃其子，去其乡里。”又曰：“太白再经天，一入中宫，天下更王，国破主绝，期不出三年。”[⑨]

《汉书·天文志》载，秦始皇死后，“适庶相杀，二世即位，残骨肉，戮将相，太白再经天。因以张楚并兴，兵相跆籍，秦遂以亡”。[⑩]

3. 天子驾崩，大臣被诛

《后汉书·天文志下》曰：“太白昼见经天为兵，忧在大人。”[⑪]《开元占经》卷四十六《太白占二》引甘氏曰：“太白昼见，天子有丧。”又引巫

---

① 《后汉书》志十二《天文志下》，第 3256 页。

② （唐）瞿昙悉达：《开元占经》，第 453 页。

③ 席泽宗：《〈五星占〉释文和注解》。参见席泽宗《古新星新表与科学史探索》，陕西师范大学出版社 2002 年版，第 179—180 页。

④ 《史记》卷二十七《天官书》，第 1579 页。

⑤ 《汉书》卷二十六《天文志》，第 1283 页。

⑥ ［日］安居香山、中村璋八辑：《纬书集成》，第 756 页。

⑦ 同上书，第 692 页。

⑧ 同上书，第 1279 页。

⑨ （唐）瞿昙悉达：《开元占经》，第 464—465 页。

⑩ 《汉书》卷二十六《天文志》，第 1301 页。

⑪ 《后汉书》志十二《天文志下》，第 3257 页。

咸曰："太白昼见，是谓阴明，来年强国有丧。"① 《春秋考异邮》曰："陪臣行毒，诸汤向尊，则太白经天，命主凶。"②

《后汉书·天文志中》，汉安帝元初四年（117 年）正月，"太白昼见丙上"，此后又接连出现"太白入舆鬼中""太白入南斗口中""太白犯钺星""太白犯左执法"等一系列不寻常天象，至建光元年（121 年）三月，"邓太后崩；五月庚辰，太后兄车骑将军骘等七侯皆免官，自杀，是其应也"。汉顺帝永和五年（140 年）四月戊午，"太白昼见"。次年，"大将军商薨"。汉安二年（143 年）二月和七月，两次出现"太白昼见"，次年八月，"孝顺帝崩，孝冲明年正月又崩"。③

（二）太白入、犯太微

太白主兵、主杀。太白入、犯太微，则预示着宫廷将发生战事，大臣被杀。《汉书·天文志》，"太微者，天廷也，太白行其中，宫门当闭，大将被甲兵，邪臣伏诛"。④《后汉书·天文志下》将"邪臣伏诛"改为"大臣伏诛"，因为被杀者不一定都是邪臣。《后汉书·天文志上》，"太白为兵，太微为天廷。太白赢而北入太微，是大兵将入天子廷也"。⑤《荆州占》则表述为："大将军被甲兵，守兵大臣伏诛，左右有罪者。"又曰："太白入大微宫，为天下惊，一曰有兵。太白入天庭，国不安其宫。太白入太微中，近臣起兵；入庭中，丞相、御史诛。"又曰："太白入太微天庭中犯乘守者，杀若有罪，各以守宦名名之。"⑥ 《河图帝览嬉》曰："太白行犯太微左右执法，为大臣有忧。""太白入太微而出端门，臣不臣。"⑦

《汉书·天文志》，汉昭帝始元年间，"太白入太微西藩第一星，北出东藩第一星，北东下去"。元凤元年（公元前 80 年），"左将军桀、票骑将军安与长公主、燕剌王谋乱，咸伏其辜"。⑧《后汉书·天文志上》，王莽地皇四年（23 年）秋，"太白在太微中，烛地如月光"。司马彪据星占学理论分析，"太白为兵，太微为天廷。太白赢而北入太微，是大兵将入天子廷也"。十月，"汉兵自宣平城门入。二日己酉，城中少年朱弟、张鱼等数千人起兵

① （唐）瞿昙悉达：《开元占经》，第 466—467 页。

② ［日］安居香山、中村璋八辑：《纬书集成》，第 798 页。

③ 《后汉书》志十一《天文志中》，第 3240—3241、3246、3247 页。

④ 《汉书》卷二十六《天文志》，第 1307 页。

⑤ 《后汉书》志十《天文志上》，第 3219 页。

⑥ （唐）瞿昙悉达：《开元占经》，第 514—515 页。

⑦ ［日］安居香山、中村璋八辑：《纬书集成》，第 1133—1134 页。

⑧ 《汉书》卷二十六《天文志》，第 1306—1307 页。

攻莽，烧作室［门］，斧敬法闼。商人杜吴杀莽渐台之上，校尉公宾就斩莽首。大兵蹈藉宫廷之中。仍以更始入长安，赤眉贼立刘盆子为天子，皆以大兵入宫廷，是其应也。”① 汉灵帝建宁元年（168 年）六月，“太白在西方，入太微，犯西蕃南头星。太微，天廷也。太白行其中，宫门当闭，大将被甲兵，大臣伏诛”。该年八月，太傅陈蕃、大将军窦武谋欲尽诛宦官，结果被宦官抢先动手，该年九月辛亥，中常侍曹节、长乐五官史朱瑀等“矫制杀蕃、武等，家属徙日南比景”②。

（三）太白与其他四行星合犯

太白与木、水、火、土四行星的合聚与相犯，在星占学上凶多吉少，且多为兵灾。

1. 太白与岁星（木星）合犯

为战乱、饥荒、皇家丧葬及水旱之兆。《史记·天官书》，岁星“与太白斗，其野有破军”。木星与金星合，“为白衣会若水”。“金、木星合，光，其下战不合，兵虽起而不斗；合相毁，野有破军。”③《汉书·天文志》亦曰：岁星与太白合“为白衣之会，为水”④。“白衣之会”，《后汉书·天文志中》引《韩扬占》曰：“天下有丧。一曰有白衣之会。”⑤《开元占经》卷二十《五星占三》引巫咸曰：“太白犯岁星为饥，期三年。”引《荆州占》曰：“太白犯岁星，为旱为兵。”“岁星与太白合为丧。”“太白与岁星斗，相乱，不灭诸侯，人民离其乡。一曰民多死者。岁星逢太白曰斗。有土功，岁旱，天下大饥。先举兵不胜，必受其殃。”引《黄帝占》曰：“岁星与太白合，为饥为疾，为内兵。”⑥《春秋文耀钩》曰：“太白与木合光，大战不胜，兵虽起不成。”“太白与岁星斗，将军杀。若军在外，破军杀将，有寇贼害。”⑦

2. 太白与辰星（水星）合犯

为兵事。《汉书·天文志》：“辰与太白合则为变谋，为兵忧。”⑧《开元占经》卷二十二《五星占五》引《荆州占》曰：“太白与辰星合斗，有军在外，

---

① 《后汉书》志十《天文志上》，第 3219 页。
② 《后汉书》志十二《天文志下》，第 3258 页。
③ 《史记》卷二十七《天官书》，第 1571、1575、1581 页。
④ 《汉书》卷二十六《天文志》，第 1286 页。
⑤ 《后汉书》志十一《天文志中》，第 3247 页。
⑥ （唐）瞿昙悉达：《开元占经》，第 208—210 页。
⑦ ［日］安居香山、中村璋八辑：《纬书集成》，第 678 页。
⑧ 《汉书》卷二十六《天文志》，第 1286 页。

大战流血。兵在外则有内乱。”又引郗萌曰：“太白与辰星合，边有兵。”[①]

《汉书·天文志》载，汉景帝元年（公元前156年）正月癸酉，“金、水合于婺女。”占曰：“为变谋，为兵忧。婺女，粤也，又为齐。”[②] 到第三年，则发生吴楚七国之乱，最后被大将军周亚夫率军平定。

3. 太白与荧惑（火星）合犯

荧惑也是一颗著名的灾星、凶星。太白与荧惑合犯，为战祸和丧事等大凶之兆。《史记·天官书》，火星与“金合为铄，为丧，皆不可举事，用兵大败”[③]。《汉书·天文志》亦曰：“荧惑与太白合则为丧，不可举事用兵。”[④]《开元占经》卷二十一《五星占四》引引《荆州占》曰：“太白与荧惑相守，其间容斧，血流满野。其间容矛，有血流。久相守，血盈满。”[⑤]《春秋文耀钩》曰：“荧惑方行，太白环之，破军杀将。”“荧惑与金斗，阴不制。又曰：有战功，功不在外而在内。”[⑥]

《汉书·天文志》载，汉景帝后元元年（公元前143年）五月，“火、金合于舆鬼之东北，不至柳，出舆鬼北可五寸”。占曰：“为铄，有丧。舆鬼，秦也。”丙戌，“地大动，铃铃然，民大疫死，棺贵，至秋止”。[⑦]

4. 太白与填（镇）星（土星）合犯

为内乱、兵灾之兆。《汉书·天文志》，填星“与太白合则为疾，为内兵。”[⑧]《开元占经》卷二十二《五星占五》引郗萌曰：“填星与太白合斗，光芒相接，相为乱。”又引《荆州占》曰：“填星与太白合斗，臣谋主，有兵起，其国失地。”[⑨]《春秋文耀钩》曰：“填星与金合，则为白衣之会。”“太白干填星，发大兵相残贼。”[⑩]

三 太白星占对汉代军事决策、政治运作的影响

（一）太白星占对军事决策的影响

由于太白往往和战争息息相关，故其星象及占卜的功能首先被运用在行

---

① （唐）瞿昙悉达：《开元占经》，第221页。
② 《汉书》卷二十六《天文志》，第1303页。
③ 《史记》卷二十七《天官书》，第1575页。
④ 《汉书》卷二十六《天文志》，第1286页。
⑤ （唐）瞿昙悉达：《开元占经》，第215页。
⑥ ［日］安居香山、中村璋八辑：《纬书集成》，第679页。
⑦ 《汉书》卷二十六《天文志》，第1305页。
⑧ 同上书，第1286页。
⑨ （唐）瞿昙悉达：《开元占经》，第217—218页。
⑩ ［日］安居香山、中村璋八辑：《纬书集成》，第679页。

军打仗方面，是预测出兵时机、战事吉凶及拟定战争方略的重要参考。

马王堆汉墓帛书《五星占》曰：

> 将军在野，必视明星之所在，明星前，与之前；后，与之后。兵有大□，明星左，与之左；[右，与之右]。①

《史记·天官书》指出，行军作战必须密切关注太白的动向，并与之保持一致。

> 用兵象太白：太白行疾，疾行；迟，迟行。角，敢战。动摇躁，躁。圜以静，静。顺角所指，吉；反之，皆凶。出则出兵，入则入兵。赤角，有战；白角，有丧；黑圜角，忧，有水事；青圜小角，忧，有木事；黄圜和角，有土事，有年。其已出三日而复，有微入，入三日乃复盛出，是谓耎，其下国有军败将北。其已入三日又复微出，出三日而复盛入，其下国有忧；师有粮食兵革，遗人用之；卒虽众，将为人虏。其出西失行，外国败；其出东失行，中国败。其色大圜黄滜，可为好事；其圜大赤，兵盛不战。②

《开元占经》卷四十五《太白占一》引《荆州占》亦曰：

> 凡出军在外，必视太白。太白西，与之西；东，与之东；短，与之短；长，与之长；阴，与之阴；阳，与之阳；翕，与之翕；张，与之张。善驯其道以战，大胜。当前战者，军破将死。③

《汉书·赵充国传》载，神爵元年（公元前61年），汉宣帝在催促赵充国出兵时，除利用“今五星出东方，中国大利，蛮夷大败”之外，太白星占也是其重要依据，“太白出高，用兵深入敢战者吉，弗敢战者凶。将军急装，因天时，诛不义，万下必全，勿复有疑”。④ 但赵充国老成持重，仍坚

---

① 席泽宗：《〈五星占〉释文和注解》。参见席泽宗《古新星新表与科学史探索》，陕西师范大学出版社2002年版，第180页。

② 《史记》卷二十七《天官书》，第1579—1580页。

③ （唐）瞿昙悉达：《开元占经》，第454页。

④ 《汉书》卷六十九《赵充国传》，第2981页。

持既定的军事作战计划，最终获胜。汉宣帝的建议虽未被采纳，但从中可以看出太白等星占对军事决策的重要影响。

《汉书·王莽传下》载，地皇二年（21 年），卜者王况与魏成大尹李焉密谋起兵反莽，王况为李焉作谶书曰："十一年当相攻，太白扬光，岁星入东井，其号当行。"欲借"太白扬光"等星象为起兵造势。地皇四年（23 年），卫将军王涉门下的道士西门君惠精通天文谶记，对王涉说，"星孛扫宫室，刘氏当复兴，国师公姓名是也"。"国师"刘歆因不满王莽杀其三子，遂与王涉、大司马董忠等合谋，计划发动政变，劫持王莽，向南阳义军投降。但刘歆作为著名的术数和星占大家，显然没有赵充国的务实态度和当机立断的军事家作风，片面拘泥于星占教条，提出非要"当待太白星出，乃可"。迁延时日，贻误战机，后因孙伋、陈邯的告发而失败，董忠被诛，"刘歆、王涉皆自杀"①。

《后汉书·光武十王列传·广陵思王荆传》载，光武帝刚刚去世，广陵王刘荆就冒充大鸿胪郭况写信给废太子、东海王刘强，鼓动其"努力卒事"，举兵争夺天下，而依据之一就是所谓的"太白经天"，"太白前出西方，至午兵当起"。"至午"，李贤注："是为经天也。"②

《后汉书·窦武传》，永康元年（167 年）冬，汉桓帝驾崩，灵帝即位。大将军窦武辅政，与太傅陈蕃等密谋剪除宦官。次年八月，"太白出西方"，素善天官的侍中刘瑜根据天象上书提醒窦太后，"太白犯房左骖，上将星入太微，其占宫门当闭，将相不利，奸人在主傍。愿急防之。"又以"星辰错缪，不利大臣"，催促窦武、陈蕃"速断大计"。但窦武优柔寡断，迟疑不决，反使宦官朱瑀等提前动手反击。窦武被枭首洛阳都亭，宦官又"收捕宗亲、宾客、姻属，悉诛之，及刘瑜、冯述，皆夷其族。徙武家属日南，迁太后于云台"③。

（二）大臣、儒生借太白星象劝谏帝王实行仁政，改革吏治

在天人感应思想极其泛滥的两汉时期，每当出现重大的灾异，帝王在罪己诏书中除进行深刻的自我反省之外，还广开言路，鼓励臣民上书言事。而借日食、星变等异常天象给皇帝上书，评议时政，提出自己的改革政见是两汉大臣、儒生们的常用做法和手段。太白因其灾星、罚星的不吉利性质，由

① 《汉书》卷九十九下《王莽传下》，第 4166、4184—4185 页。

② 《后汉书》卷四十二《光武十王列传·广陵思王荆传》，第 1447 页。

③ 《后汉书》卷六十九《窦武传》，第 2243—2244 页。

占测兵事而延展到推察国事吉凶，成为上书中最有说服力，也最能引起帝王警惧、反省的重要星象。

《汉书·李寻传》载，李寻“独好《洪范》灾异，又学天文月令阴阳”，是名闻当世的星占专家。汉哀帝初即位，就出现“水出地动，日月失度，星辰乱行”等连串灾异，遣侍中卫尉傅喜询问时任黄门待诏的李寻，他在对策中多次根据太白星象阐发自己的观点，“间者太白正昼经天。宜隆德克躬，以执不轨”。“太白发越犯库，兵寇之应也。”“太白出端门，臣有不臣者。火入室，金上堂，不以时解，其忧凶。”“金上堂”，即太白金星进入房宿。由此主张：“宜察萧墙之内，毋忽亲疏之微，诛放佞人，防绝萌牙，以荡涤浊秽，消散积恶，毋使得成祸乱。”①

汉顺帝阳嘉二年（133 年），郎顗诣阙拜章，“条便宜四事”，其中第三事即以太白星象为据，认为将有臣下专权，年谷不成。他说：“去年十月二十日癸亥，太白与岁星合于房、心。太白在北，岁星在南，相离数寸，光芒交接。房、心者，天帝明堂布政之宫。……今太白从之，交合明堂，金木相贼，而反同合，此以阴陵阳，臣下专权之异也。房、心东方，其国主宋。……今金木俱东，岁星在南，是为出右，恐年谷不成，宋人饥也。”建议汉顺帝“宜审详明堂布政之务，然后妖异可消，五纬顺序矣。”②

汉桓帝时，宦官专权，政刑暴滥。延熹九年（166 年），襄楷上书，假借太白等星象分析时局，指陈要务：“臣伏见太白北入数日，复出东方，其占当有大兵，中国弱，四夷强。”其原因“皆由狱多冤结，忠臣被戮”，要求汉桓帝“宜承天意，理察冤狱”③。

光和元年（178 年），议郎蔡邕在《答诏问灾异》中论及“太白正昼而见”等异常天象时认为：“太白当昼而见，是阴阳争明，强国弱，弱国强，皆有失政。又失道而见，见为嬴长，侯王不荣。”并提出自己的对策，“谨礼事，治兵政，审察中外之言，申明门户守御之令，以杜渐防萌，则其救也”。④

太白金星作为战争的象征，和国运息息相关，其占卜不仅被广泛运用于汉代的军事和政治等领域，而且作为一种相对固定的模式被历代史书所承袭，成为中国传统“天人合一”理念的重要组成部分。

---

① 《汉书》卷七十五《李寻传》，第 3183—3187 页。

② 《后汉书》卷三十下《郎顗传》，第 1073 页。

③ 《后汉书》卷三十下《襄楷传》，第 1081 页。

④ 邓安生：《蔡邕集编年校注》，河北教育出版社 2002 年版，第 242 页。

第七章　汉代的星神祭祀及其社会功能

汉代在继承先秦及秦代的基础上，构建系统化、规范化的星神祭祀体系，对太一、日月诸星等都专祠祭拜，并制定相应的祭祀制度和礼仪。汉代的星神祭祀具有显著的社会功能，是统治者用来神化自身，维护皇权和统治秩序的重要精神工具，同时也有祈福禳灾，祈祷国泰民安、农业丰收的功利性目的和心理。此时期所形成的星神祭祀对象、礼仪和制度，对其后中国古代祭祀文化的发展演变产生了极为深刻的影响。

《左传·成公十三年》曰："国之大事，在祀与戎。"① 出于敬天、畏天、惧天的考虑，自先秦开始，天帝和日月星辰等就是国家祀典中最为重要的对象和内容。② 秦代在雍设有专门祭祀的祠庙，《史记·封禅书》载："雍有日、月、参、辰、南北斗、荧惑、太白、岁星、填星、［辰星］、二十八宿、风伯、雨师、四海、九臣、十四臣、诸布、诸严、诸逑之属，百有余庙。西亦有数十祠。……于（社）［杜］、亳有三社主之祠、寿星祠。……各以岁时奉祠。"③ 汉朝在继承、融合先秦及秦代星神祭祀制度和礼仪的基础上，结合现实的政治需要不断进行补充和调整，逐渐形成系统化、规范化、完备化的祭祀体系和模式，成为国家政治生活的重要组成部分，同时也进一步丰富了汉代的祭祀文化。

---

① 《左传·成公十三年》，第861页。

② 《周礼·春官宗伯·肆师》："立大祀，用玉帛、牲牷；立次祀，用牲币；立小祀，用牲。"郑司农云："大祀，天地；次祀，日月星辰；小祀，司命以下。"参见（东汉）郑玄注，（唐）贾公彦疏《周礼注疏》。《十三经注疏》本，上海古籍出版社1997年版，第768页。

③ 《史记》卷二十八《封禅书》，第1653—1654页。

第一节　“太一”祭祀

西汉初年，汉高祖刘邦“重祠而敬祭”。在秦代祭祀白、青、黄、赤四帝的基础上，又设立黑帝祠。“乃立黑帝祠，命曰北畤。有司进祠，上不亲往。悉召故秦祝官，复置太祝、太宰，如其故仪礼。”① 形成以五帝为最高天神的郊祀制度。杨天宇先生认为，这种制度“是战国晚期以来盛行的阴阳五行学说在汉初天神崇拜上的反映”②。

汉文帝对祭祀上帝诸神亦极其重视，他曾专门下诏说：“朕几郊祀上帝诸神，礼官议，毋讳以朕劳。”③ 汉文帝十三年（公元前 167 年），“增雍五畤路车各一乘，驾被具。”十五年（公元前 165 年），“始郊见雍五畤祠，衣皆上赤。”次年，又接受赵人新垣平的建议，建立谓阳五帝庙。《史记·封禅书》曰：

> 赵人新垣平以望气见上，言“长安东北有神气，成五采，若人冠絻焉。或曰东北神明之舍，西方神明之墓也。天瑞下，宜立祠上帝，以合符应”。于是作渭阳五帝庙，同宇，帝一殿，面各五门，各如其帝色。祠所用及仪亦如雍五畤。

《史记·封禅书》正义曰：“一宇之内而设五帝，各依其方帝别为一殿，而门各如帝色也。”又引《括地志》曰：“渭阳五帝庙在雍州咸阳县东三十里。《宫殿疏》云‘五帝庙一宇五殿也’。”当年四月，汉文帝“亲拜霸渭之会，以郊见渭阳五帝。五帝庙南临渭，北穿蒲池沟水，权火举而祠，若光煇然属天焉”。同月，汉文帝出长门，“若见五人于道北，遂因其直北立五帝坛，祠以五牢具”。其具体位置有两种说法，集解引徐广曰：“在霸陵。”正义引《括地志》：“在雍州万年县东北苑中，后馆陶公主长门园，武帝以长门名宫，即此。”总之，这是见于文献记载中最早的郊坛。在新垣平事败被诛之后，对于渭阳五帝庙、长门五帝坛等仅“使祠官领，以时致礼，不

① 《史记》卷二十八《封禅书》，第 1657 页。

② 杨天宇：《秦汉郊礼初探》，《河南大学学报》（哲学社会科学版）1989 年第 1 期。

③ 《汉书》卷二十五上《郊祀志上》，第 1213 页。

往焉”[①]。中元六年（公元前144年）十月，汉景帝“行幸雍，郊五畤”[②]。

汉武帝即位之后，“尤敬鬼神之祀”。元光二年（公元前133年），首次至雍地“郊见五畤。后常三岁一郊”[③]。随着中央集权制度的巩固和加强，汉朝已然是一个大一统国家，“皇帝成为现实秩序的主宰者和统治者，在信仰的世界中董仲舒也创造出了至高无上的‘天’，但表现在郊祀制度中却是五畤和五帝，五帝之间缺乏明确的等级秩序，这与信仰状况显然不相适应”。[④]

在国家、政治、思想大一统之后，迫切需要神祇信仰与崇拜的大一统，而之前的五帝祭祀显然不适应这一现状。在此背景下，元鼎初年，汉武帝接受亳人谬忌的建议，确立以“太一”为唯一至尊之神，位列五帝之上，形成太一佐五帝的天神祭祀体系，并在长安东南郊设立汉代第一座太一坛。

《史记·封禅书》载：

> 亳人谬忌[⑤]奏祠太一方，曰：“天神贵者太一，太一佐曰五帝。古者天子以春秋祭太一东南郊，用太牢，七日，为坛开八通之鬼道。”于是天子令太祝立其祠长安东南郊，常奉祠如忌方。[⑥]

元鼎五年（公元前112年），汉武帝郊雍，巡幸甘泉。令祠官宽舒在甘泉宫南面修建太一坛，此即著名的“甘泉泰畤”：

> 祠坛放薄忌太一坛，坛三垓。五帝坛环居其下，各如其方，黄帝西南，除八通鬼道。太一，其所用如雍一畤物，而加醴枣脯之属，杀一狸牛以为俎豆牢具。而五帝独有俎豆醴进。其下四方地，为醊食群神从者及北斗云。……太一祝宰则衣紫及绣。五帝各如其色。

该年十一月冬至，汉武帝首次至甘泉泰畤“郊拜太一”。“见太一如雍

---

① 《史记》卷二十八《封禅书》，第1660—1663页。

② 《汉书》卷五《景帝纪》，第148页。《史记·景帝本纪》记在二月，“中六年二月己卯，行幸雍，郊见五帝”。（第566页）

③ 《史记》卷二十八《封禅书》，第1664页。

④ 张荣明：《中国的国教：从上古到东汉》，中国社会科学出版社2001年版，第338页。

⑤ 谬忌，又作薄忌。

⑥ 《史记》卷二十八《封禅书》，第1666页。

郊礼。”“而衣上黄。其祠列火满坛，坛旁亨炊具。”[①] 这座太一坛是一个综合性的祭坛，“它将太一、五帝与群神按等级依次布列，充分体现了当时统治阶级信仰中的天神系统”。[②]

太一坛其实就是祭天之坛。《汉书・礼乐志》载，“以正月上辛用事甘泉圜丘”。将甘泉太一坛称之为“甘泉圜丘”。颜师古注：“为圜丘者，取象天形也。”[③]

太一，亦作泰一、泰壹、大一，在先秦时期为一哲学概念[④]和楚人信仰的天帝[⑤]，至此被汉武帝奉为最高的天神和郊祀的首祭之神。

“太一”在西汉时期具有双重的神格，既是最高的天神——天帝（在两汉时期又被称作泰帝、天皇大帝、昊天上帝、皇天上帝等），又是最尊贵的星神，是二体合一。

在先秦时期，太一就被楚人奉为最尊贵的星神。《楚辞・九歌》首篇即为“东皇太一”，王逸注：“太一，星名，天之尊神。祠在楚东，以配东帝，故云东皇。”[⑥]《史记・封禅书》载，谬忌云：“天神贵者太一”，索隐曰：“太一，天神也。”引《乐汁征图》曰：“天宫紫微北极，天一、太一。”又引宋均云：“天一、太一，北极神之别名。”[⑦]

天帝“太一”的居住之所是在天体的中央——北极星（又称北辰）。《尔雅・释天》云：“北极谓之北辰。”[⑧]《周礼・春官宗伯・大宗伯》：“以禋祀祀昊天上帝。”郑玄注：“天皇，北辰耀魄宝。”“昊天上帝，又名大一

---

① 《史记》卷二十八《封禅书》，第1675—1676页。

② 杨天宇：《秦汉郊礼初探》，《河南大学学报》（哲学社会科学版）1989年第1期。

③ 《汉书》卷二十二《礼乐志》，第1045—1046页。

④ 神名“太一”由哲学概念“太一”演变而来。详见赵东柱：《〈太一生水〉篇的宇宙图式及其文化阐释》，《齐鲁学刊》2001年第4期；谭宝刚：《“太一”考论》，《中州学刊》2011年第4期。

⑤ 关于“太一”的演变情况，多位学者都已进行考证。代表性成果有：钱宝琮：《太一考》，中国科学院自然科学史研究所编：《钱宝琮科学史论文选集》，科学出版社1983年版，第207—234页；顾颉刚：《三皇考》中第八至十四部分，《古史辨自序》，河北教育出版社2003年版，第188—213页；李零：《“太一”崇拜的考古学研究》，《中国方术续考》，中华书局2006年版，第158—181页；葛兆光：《众妙之门：北极与太一、道、太极》，《中国文化》1990年第3期；张影：《汉代“太一神”略论》，《古籍整理研究学刊》2004年第4期；王煜：《汉代太一信仰的图像考古》，《中国社会科学》2014年第3期；田天：《西汉太一祭祀研究》，《史学月刊》2014年第4期。

⑥ （西汉）刘向辑，（东汉）王逸注，（宋）洪兴祖补注，孙雪霄校点：《楚辞》，上海古籍出版社2015年版，第66页。

⑦ 《史记》卷二十八《封禅书》，第1666—1667页。

⑧ 管锡华译注：《尔雅》，中华书局2014年版，第406页。

常居，以其尊大，故有数名也。”[①]《易乾凿度》：“故太一取其数，以行九宫。”郑玄注：“太一者，北辰之神名也，居其所曰太一。”[②]《史记·天官书》：“中宫天极星，其一明者，太一常居也。”索隐引《春秋文耀钩》曰：“中宫大帝，其精北极星。含元出气，流精生一也。”又引《春秋合诚图》曰：“紫微，大帝室，太一之精也。”正义曰：“泰一，天帝之别名也。”又引刘伯庄云：“泰一，天神之最尊贵者也。”[③]《淮南子·天文训》：“太微者，太一之庭也。紫宫者，太一之居也。”[④]北极星是太一居住的星宿，是太一的代称，这已是时人的共识。《汉书·李寻传》注引孟康曰：“紫宫，天之北宫也。极，天之北极星也。……太一，天皇大帝也，与通极为一体，故曰通位帝纪也。”[⑤]

作为天界的最高主宰，太一神在西汉享受着国家祭祀的最高等级。西汉时期祭祀太一的场所主要有两处，即位于长安城东南郊的谬忌太一坛和甘泉太一坛（又称甘泉太畤、甘泉泰畤），其中甘泉太畤是祭祀太一的中心，平时“令太祝领，秋及腊间祠”。天子则三岁“一郊见”[⑥]。

不过天子三岁一郊见并未严格执行。《史记·封禅书》虽载，“今天子所兴祠，太一、后土，三年亲郊祠。”[⑦]并不完全符合历史事实，更多地只是史官、祠官所设想的一种理想化建制。据笔者统计，汉武帝先后于元鼎五年（公元前112年）、元封五年（公元前106年）、太初元年（公元前104年）、天汉元年（公元前100年）、后元元年（公元前88年）共5次郊拜泰畤。汉昭帝0次。汉宣帝在即位12年之后才于神爵元年（公元前61年）始郊拜泰畤，共5次。汉元帝5次。宣、元之时，还曾“间岁正月，一幸甘泉郊泰畤”[⑧]。汉成帝4次。汉哀帝因身体原因，“不能亲至”，只是“遣有司行事而礼祠焉”[⑨]。

此外，天神太一还是汉武帝封禅泰山时敬奉的神灵。《史记·封禅书》载：

---

① 《周礼·春官宗伯·大宗伯》，第757页。
② ［日］安居香山、中村璋八辑：《纬书集成》，第32页。
③ 《史记》郑二十七《天官书》，第1569—1540页。
④ 赵宗乙：《淮南子译注》，黑龙江人民出版社2003年版，第116页。
⑤ 《汉书》卷七十五《李寻传》，第3179页。
⑥ 《史记》卷二十八《封禅书》，第1676页。
⑦ 同上书，第1684页。
⑧ 《汉书》卷二十五下《郊祀志下》，第1253页。
⑨ 同上书，第1264页。

初，天子封泰山，泰山东北阯古时有明堂处，处险不敞。上欲治明堂奉高旁，未晓其制度。济南人公玉带上黄帝时明堂图。……于是上令奉高作明堂汶上，如带图。及五年修封，则祠太一、五帝于明堂上坐，令高皇帝祠坐对之。

其后二岁，十一月甲子朔旦冬至，推历者以本统。天子亲至泰山，以十一月甲子朔旦冬至日祠上帝明堂，毋修封禅。其赞飨曰："天增授皇帝太元神策，周而复始。皇帝敬拜太一。"①

汉平帝元始五年（5年），王莽进行祭祀改革，"称天神曰皇天上帝泰一，兆曰泰畤"。② 在长安南郊设泰畤以祭天，虽自此之后多称"皇天上帝"，而"太一"之名逐渐消失，建武元年（25年）光武帝刘秀在鄗城即位，"祭告天地，采用元始中郊祭故事"。③ 在祝文中只提到"皇天上帝"，而不再与太一连称，这应是连在一起名字太长，故给以简称，而且这样叫起来更顺口，更响亮。不过在一般人们心目中，皇天上帝就是太一。如班彪在《览海赋》中提到："通王谒于紫宫，拜太一而受符。"④ 张衡在《东京赋》中曰："飏槱燎之炎炀，致高烟乎太一。"⑤

建武二年（26年），"初制郊兆于洛阳城南七里，依鄗。采元始中故事。为圆坛八陛，中又为重坛，天地位其上，皆南乡，西上。其外坛上为五帝位。"⑥ 实行天地合郊。《后汉书·礼仪志上》载，"正月上丁，祠南郊。"⑦ 此"盖每年正月一郊，行合祭天地之礼。"⑧

元鼎五年（公元前112年），汉武帝是在十一月郊拜太畤，在实行《太初历》之后，以正月为岁首，自天汉元年（公元前100年）始，改在正月郊祀太一。《史记·乐书》，"汉家常以正月上辛祠太一甘泉，以昏时夜祠，

---

① 《史记》卷二十八《封禅书》，第1682页。

② 《汉书》卷二十五下《郊祀志下》，第1268页。《汉书》中华书局1962年版卷二十五下《郊祀志下》断句为："今称天神曰皇天上帝，泰一兆曰泰畤。"（1268页）在此按顾颉刚先生在《三皇考》中的断句和读法："今称天神曰皇天上帝泰一，兆曰泰畤。"参见《古史辨自序·三皇考》，河北教育出版社2003年版，第211页。

③ 《后汉书》志七《祭祀志上》，第3157页。

④ （清）严可均辑：《全上古三代秦汉三国六朝文·全后汉文》，第597页。

⑤ 同上书，第766页。

⑥ 《后汉书》志七《祭祀志上》，第3159页。

⑦ 《后汉书》志四《礼仪志上》，第3102页。

⑧ 杨天宇：《秦汉郊礼初探》，《河南大学学报》（哲学社会科学版）1989年第1期。

到明而终。……使童男童女七十人俱歌。春歌《青阳》，夏歌《朱明》，秋歌《西皞》，冬歌《玄冥》”。[①] 纬书《乐稽耀嘉》又记载了迎太一神的仪式，“用鼓和乐于东郊，为太皞之气，句芒之音，歌《随行》，出《云门》，致魂灵，下太一之神”。宋均注曰：“《随行》，乐篇名，言物气而出也。《云门》，黄帝乐名。用乐随气如是，足以致精魄之灵，下天神也。”[②]《乐叶图征》亦曰：“鼓和乐于东郊，致魂灵，下太一之神。”[③]

第二节　祭祀日、月、星辰

对日、月、星辰的祭祀在我国由来已久。《史记·五帝本纪》载，帝喾“历日月而迎送之，明鬼神而敬事之”。舜帝“遂类于上帝，禋于六宗”，“六宗”，集解引郑玄曰：“六宗，星、辰、司中、司命、风师、雨师也。”[④]一般来说，“自周以后，日、月、星三光祭祀基本被纳入祭天礼的范畴之内。所谓‘祭天之礼，兼及三望’，便反映了这一情况。”[⑤] 其本源于远古时期对日、月、星辰的自然宗教崇拜，随着天神的出现，日、月、星辰也依附天神而取得专坛祭祀的地位。据《史记·封禅书》所载，秦朝时已在雍设有专门祭祀日、月和众星神的神庙，各以岁时奉祀，这一祭祀传统在汉代仍得以延续。

一　朝日夕月

“朝日夕月”为自周代就实行的祭祀日神和月神的礼仪。《国语·周语上》载：“古者，先王既有天下，又崇立上帝、明神而敬事之，于是乎有朝日、夕月以教民事君。”“朝日、夕月”，韦昭注：“以春分朝日、秋分夕月，拜日于东门之外。然则夕月在西门之外也。”[⑥]《周礼·春官宗伯·典瑞》：“典瑞，掌玉瑞玉器之藏，辨其名物，与其用事……以朝日。”郑玄注：“王朝日者，示有所尊，训民事君也。天子常春分朝日，秋分夕月。”[⑦]《礼记·

---

① 《史记》卷二十四《乐书》，第1400页。
② ［日］安居香山、中村璋八辑：《纬书集成》，第551页。
③ 同上书，第559页。
④ 《史记》卷一《五帝本纪》，第16、28、29页。
⑤ 黄留珠：《秦汉祭祀综议》，《西北大学学报》（哲学社会科学版）1984年第4期。
⑥ 《国语·周语上》，第37页。
⑦ 《周礼·春官宗伯·典瑞》，第776页。

月令》曰："天子乃祈来年于天宗。"郑玄注："天宗，谓日月星辰也。"[①]《礼记·祭义》曰："祭日于坛，祭月于坎，以别幽明，以制上下。祭日于东，祭月于西，以别外内，以端其位。日出于东，月生于西，阴阳长短，终始相巡，以致天下之和。"又曰："郊之祭，大报天而主日，配以月。"[②]祭祀日月是为了报答天恩，同时也有训民事君的意涵。

汉武帝在令祠官宽舒修筑甘泉太一祠坛祭祀时，以日神和月神配享，"祭日以牛，祭月以羊彘特"。索隐引乐产云："祭日以太牢，月以少牢。特，不用牝也。"[③]在元鼎五年（公元前112年）首次郊拜太一时一并举行"朝日、夕月"之礼。注引臣瓒曰："《汉仪注》郊泰畤，皇帝平旦出竹宫，东向揖日，其夕，西南向揖月，便用郊日，不用春秋也。"又引应劭曰："天子春朝日，秋夕月。朝日以朝，夕月以夕。"应劭所说是《礼记·月令》所载的常规性祭祀，而这次则是临时性祭祀，所以颜师古又注："春朝朝日，秋暮夕月，盖常礼也。郊泰畤而揖日月，此又别仪。"[④]太始三年（公元前94年），在巡幸东海、琅邪时，又"礼日成山"。汉宣帝亲政后，"修武帝故事"，"成山祠日，莱山祠月"。在京师附近的鄠县建立日月神祠，[⑤]汉成帝时予以废除。到汉平帝元始五年（5年），王莽分群神为五部，日庙属长安城之未坠兆，月神属北郊兆。

东汉建立后，光武帝于建武二年（26年）"初制郊兆于洛阳城南七里"，仍然采取元始五年（5年）的规制，对日神和月神专庙祭拜，统一安置在中营内南道，不与群神混杂。"日月在中营内南道，日在东，月在西，……皆别位，不在群神列中"。在平定陇、蜀之后，增广郊祀，日、月和北斗"共用牛一头"，"无陛郭醊"[⑥]。

二　星神祭祀

汉朝建立后，继续保留秦代在雍所祭祀的众星神。汉宣帝神爵年间，

---

① 《礼记·月令》，第1382页。（东汉）郑玄注，（唐）孔颖达等正义：《礼记正义》，《十三经注疏》本，上海古籍出版社1997年版。

② 杨天宇：《礼记译注》，第615页。

③ 《史记》卷二十八《封禅书》，第1675页。

④ 《汉书》卷六《武帝纪》，第185—186页。

⑤ 《汉书》卷二十五下《郊祀志下》："京师近县鄠，则有劳谷、五床山、日月、五帝、仙人、玉女祠。"第1250页。

⑥ 《后汉书》志七《祭祀志上》，第3159—3161页。

“又立岁星、辰星、太白、荧惑、南斗祠于长安城旁”。[①] 汉成帝时，曾大规模削减神祇祭祀，“长安厨官县官给祠郡国候神方士使者所祠，凡六百八十三所，其二百八所应礼，及疑无明文，可奉祠如故。其余四百七十五所不应礼，或复重，请皆罢”。“本雍旧祠二百三所，唯山川诸星十五所为应礼云。若诸布、诸严、诸逐，皆罢。杜主有五祠，置其一。又罢高祖所立梁、晋、秦、荆巫、九天、南山、莱中之属，及孝文渭阳、孝武薄忌泰一、三一、黄帝、冥羊、马行、泰一、皋山山君、武夷、夏后启母石、万里沙、八神、延年之属，及孝宣参山、蓬山、之罘、成山、莱山、四时、蚩尤、劳谷、五床、仙人、玉女、径路、黄帝、天神、原水之属，皆罢。候神方士使者副佐、本草待诏七十余人皆归家。”仅雍地就罢废 188 所，但“山川诸星十五所”因“应礼”而得以保留[②]。

汉平帝元始五年（5 年），王莽在长安郊外设立五畤时，将北辰、北斗、五星等星宿配享天地别神五兆。“北辰、北斗、填星、中宿中宫于长安城之未坠兆”，“岁星、东宿东宫于东郊兆”，“荧惑星、南宿南宫于南郊兆”，“太白星、西宿西宫于西郊兆”，“辰星、北宿北宫于北郊兆”[③]。

王莽虽然败亡，但这一祭祀体制却为光武帝所继承。建武二年（26 年）在洛阳城南初制郊兆时，“北斗在北道之西”，单独立祀。五星“及中（宫）［官］宿五官神”在“背中营”，“二十八宿外（宫）［官］星”及“雷公、先农、风伯、雨师”等在“背外营”。[④]

三 灵星祭祀

按《通典》卷四十四《礼四》所载，先秦时期就有祭祀灵星之俗，“周制，仲秋之月，祭灵星于国之东南”。[⑤] 灵星是汉代国家祭祀的重要星神。《史记·封禅书》载，汉高祖八年（公元前 199 年）制诏御史，“其令郡国县立灵星祠，常以岁时祠以牛”。西汉国家层面所设立的灵星祠位于长安城东，集解引《庙记》云：“灵星祠在长安城东十里。”[⑥] 元和三年（86 年），东汉章帝又“为郡国立［社］稷，及祠（社）灵星礼（器）”[⑦]。

---

① 《汉书》卷二十五下《郊祀志下》，第 1250 页。
② 同上书，第 1257—1258 页。
③ 同上书，第 1258 页。
④ 《后汉书》志七《祭祀志上》，第 3159—3160 页。
⑤ （唐）杜佑：《通典》卷四十四《礼四》，岳麓书社 1995 年版，第 646 页。
⑥ 《史记》卷二十八《封禅书》，第 1659 页。
⑦ 《后汉书》志九《祭祀志下》，第 3204 页。

灵星又称“天田星”，或称“天田官”，“主谷”[①]，为主管农事的星神。《史记·封禅书》集解引张晏曰：“龙星左角曰天田，则农祥也，晨见而祭。”正义引《汉旧仪》云：“龙星左角为天田，右角为天庭。天田为司马，教人种百谷为稷。灵者，神也。辰之神为灵星，故以壬辰日祠灵星于东南，金胜为土相也。”[②]

灵星祭祀属地方官祀，由地方官吏亲临负责。《后汉书·祭祀志下》详细记载了祭祀灵星的仪式，“祀用壬辰位祠之。壬为水，辰为龙，就其类也。牲用太牢，县邑令长侍祠。舞者用童男十六人。舞者象教田，初为芟除，次耕种、芸耨、驱爵及获刈、舂簸之形，象其功也”。[③] 舞用童男十六人，形象地模仿从开垦、耕种到收获的整个农事过程。

四　寿星祭祀

寿星又称老人星。《史记·封禅书》索隐：“盖南极老人星也，见则天下理安，故祠之以祈福寿。”[④]

据《通典》卷五十五《礼十五·吉礼十四》载，在周代就对寿星立祠祭祀，列入国家祀典。“周立寿星祠于下杜、亳，时奉焉。”[⑤] 卷四十四《礼四·吉礼三》又载：“秋分日，享寿星于南郊。”[⑥] 秦汉亦在（社）［杜］、亳设寿星祠专祠祭祀。

至东汉时期，又把祭祀老人星与敬老活动相结合。《后汉书·礼仪志中》：“仲秋之月，县道皆案户比民。年七十者，授之以王杖，餔之糜粥。八十九十，礼有加赐。王杖长［九］尺，端以鸠鸟为饰。鸠者，不噎之鸟也。欲老人不噎。是月也，祀老人星于国都南郊老人庙。”[⑦] 《晋书·礼志上》引《汉仪》又提到在二月份也祭祀老人星，“常以仲春之月，立高禖祠于城南，祀以特牲。又，是月也，祠老人星于国都南郊老人星庙”。[⑧] 老人星常于秋分、春分之时出现，八月和二月都是观测老人星的最佳时节，《史记·天官书》：“狼比地有大星，曰南极老人。”正义曰：“老人一星，在弧

① 《后汉书》志九《祭祀志下》，第3204页。
② 《史记》卷二十八《封禅书》，第1659页。
③ 《后汉书》志九《祭祀志下》，第3204页。
④ 《史记》卷二十八《封禅书》，第1655页。
⑤ （唐）杜佑：《通典》卷五十五《礼十五》，岳麓书社1995年版，第808页。
⑥ （唐）杜佑：《通典》卷四十四《礼四》，岳麓书社1995年版，第647页。
⑦ 《后汉书》志五《礼仪志中》，第3124页。
⑧ 《晋书》卷十九《礼志上》，第597页。

南，一曰南极，为人主占寿命延长之应。常以秋分之曙见于景，春分之夕见于丁。”① 所以二月和八月在老人星出现时都要予以祭祀。

五 风伯、雨师祭祀

风伯（又称风师）、雨师亦是自先秦时期就专祠祭拜的星神。《通典》卷四十四《礼四》载，“月令：立春后丑日，祭风师于国城东北。立夏后申日，祀雨师于国城西南。”②《周礼·春官·大宗伯》：“以槱燎祀司中、司命、风师、雨师。”疏引郑司农云：“风师，箕也。雨师，毕也。”③ 风伯即箕宿，雨师即毕宿。《汉书·郊祀志上》颜师古注又提出另一种观点：“风伯，飞廉也。雨师，屏翳也，一曰屏号。”并解释说：“而说者乃谓风伯箕星也，雨师毕星也。此志既言二十八宿，又有风伯、雨师，则知非箕、毕也。”④ 颜师古的观点是不符合汉代实际的。在汉代祭祀中，风伯、雨师就是箕、毕二宿。王先谦在《汉书补注》中云：“若飞廉为风伯，屏翳为雨师，虽见于《楚辞注》，而其名为祀典所不载，不得援以为据也。风伯、雨师虽已在二十八宿之中，而既有专祀，则不得不别言之。”⑤ 东汉天文学家张衡在《思玄赋》中曰：“属箕伯以函风兮，澄澒溶而为清。”“箕伯”，注曰：“风师也。”⑥ 风伯即为箕星，故合称箕伯。应劭在《风俗通义·祀典》中亦云：“风师者，箕星也，箕主簸扬，能致风气。易巽为长女也，长者伯，故曰风伯。”“雨师者，毕星也。……其德散大，故雨独称师也。”⑦ 蔡邕在《独断》中亦曰：“风伯神，箕星也。其象在天，能兴风。雨师神，毕星也。其象在天，能致雨。”⑧

汉朝原是继承秦制，在雍地对风伯、雨师设专祠祭祀。汉平帝元始五年（5 年）在长安郊所设的五部兆祠神中，风伯庙在东郊兆，雨师庙在北郊兆。建武二年（26 年）光武帝在洛阳南郊建立的郊兆中，风伯、雨师位于“背外营神”中。《后汉书·郊祀志下》载，县邑常“以丙戌日祠风伯于戌地，

① 《史记》卷二十七《天官书》，第 1559—1561 页。
② （唐）杜佑：《通典》卷四十四《礼四》，岳麓书社 1995 年版，第 647 页。
③ 《周礼·春官·大宗伯》，第 757 页。
④ 《汉书》卷二十五上《郊祀志上》，第 1208 页。
⑤ （清）王先谦：《汉书补注》，中华书局 1983 年版，第 537 页。
⑥ 《后汉书》卷五十九《张衡传》，第 1933—1935 页。
⑦ （东汉）应劭撰，王利器校注：《风俗通义校注》，第 364—366 页。
⑧ （东汉）蔡邕：《独断》，中华书局 1985 年版，第 10 页。

以己丑日祠雨师于丑地，用羊豕"[①]。《风俗通义·祀典》载："戌之神为风伯，故以丙戌日祀于西北，火胜金为木相也。""土中之众者莫若水，……其德散大，故雨独称师也。丑之神为雨师，故以己丑日祀雨师于东北，土胜水为火相也。"[②]

六　司命祭祀

司命是自先秦时期就被人们普遍尊奉的主管人之寿夭命数的神灵。"源于古代人民对生命的信仰和对年寿的追求，它首先是司掌生命年寿的职能神，后来与星辰崇拜和占星术相结合，当作星辰之神而被纳入国家祀典。"[③]《楚辞·九歌》中有《大司命》《少司命》二篇，洪兴祖在《补注》中引五臣云："司命，星名。主知生死，辅天行化，诛恶护善也。"其中《大司命》曰："纷总总兮九州，何寿夭兮在予！"洪兴祖《补注》曰："此言九州之大，生民之众，或寿或夭，何以皆在于我？以我为司命故也。"[④] 王夫之在《楚辞通释》中认为："大司命统司人之生死，而少司命则司人子嗣之有无。以其所司者婴稚，故曰少。大则统摄之辞也。"[⑤]

司命在汉代一直被纳入国家祀典。据《史记·封禅书》，在汉高祖六年（公元前201年）确立的国家祭祀体系中，司命分属晋巫和荆巫。"晋巫，祠五帝、东君、云中［君］、司命。""荆巫，祠堂下、巫先、司命、施糜之属。"[⑥]

从汉代有关文献记载来看，司命星有三。

一为文昌宫司命，为文昌宫第四星，是文昌宫诸星神中影响最大的一颗。《史记·天官书》："斗魁戴匡六星曰文昌宫：一曰上将，二曰次将，三曰贵相，四曰司命，五曰司中，六曰司禄。"[⑦]

二为上台司命。《春秋元命苞》云："西近文昌二星曰上台，为司命，主寿；次二星中台，为司中，主宗室；东二星曰下台，为司禄，主兵。"[⑧]

---

① 《后汉书》志九《祭祀志下》，第3204页。

② （东汉）应劭撰，王利器校注：《风俗通义校注》，第364—366页。

③ 晏昌贵：《简帛数术与历史地理论集》，商务印书馆2010年版，第222页。

④ （西汉）刘向辑，（东汉）王逸注，（宋）洪兴祖补注，孙雪霄校点：《楚辞》，上海古籍出版社2015年版，第83—84页。

⑤ （清）王夫之：《楚辞通释》，上海人民出版社1975年版，第36页。

⑥ 《史记》卷二十八《封禅书》，第1658页。

⑦ 《史记》卷二十七《天官书》，第1544页。

⑧ ［日］安居香山、中村璋八辑：《纬书集成》，第648页。

三为虚北司命。《史记·天官书》，“北宫玄武，虚、危。……危东六星，两两相比，曰司空。”张守节正义曰：“危东两两相比者，是司命等星也。司空唯一星耳，又不在危东，恐‘命’字误为‘空’也。司命二星，在虚北，主丧送。”① 《春秋元命苞》曰：“危东六星，两两而比，曰司空，主水。金、木守之，天下忧水。”宋均注：“司空六星，二名司禄，二为司命，二为司非，二为司危也。”②

在这三者当中，最为流行的是文昌司命。《史记·封禅书》，“荆巫，祠堂下、巫先、司命、施糜之属。”索隐引郑众曰：“司命，文昌四星也。”③ 《潜夫论·忠贵》曰：“文昌奠功，司命举过，观恶深浅，称罪降罚。”④ 《风俗通义·祀典》曰：“司命，文昌也。”⑤

司命为太一神的僚属。《史记·封禅书》载，汉武帝曾置寿宫神君，“寿宫神君最贵者太一，其佐曰大禁、司命之属，皆从之”。⑥

《春秋佐助期》还描述司命神的具体名字和形状，“司命神名为灭党，长八尺，小鼻望羊，多髭癯瘦”。⑦ 1956 年 11 月到 1957 年 6 月，山东省文物管理处在山东济宁收集到一件汉代的石雕人像。“其像作半身立状，头大、戴冠、面部丰盈、博衣大袖，左手抱一婴儿，右手持一长方形物，右腕下并悬一物，形状至为奇特。”孙作云先生认为这个石像就是“东汉民间的司命神像”⑧。

《春秋元命苞》曰：“司命主老幼。”⑨ 《春秋佐助期》曰：司命“通于命运期度”⑩。《太平御览》卷五二九《礼仪部八》引许慎《五经异义》云：“司命，主督察人命也。”⑪ 是主管人间生死年寿的星神，还兼管着人们的贫富贵贱。《后汉书·张衡传》，张衡在《思玄赋》中曰：“或辇贿而违车兮，孕行产而为对。”李贤注：“辇，运也。违，避也。车谓张车子也。有夫妇夜田者，天帝见而矜之，问司命曰：‘此可富乎？’司命曰：‘命当贫，有张

① 《史记》卷二十七《天官书》，第 1562 页。
② ［日］安居香山、中村璋八辑：《纬书集成》，第 657 页。
③ 《史记》卷二十八《封禅书》，第 1658—1659 页。
④ 《潜夫论·忠贵》，第 114 页。
⑤ （东汉）应劭撰，王利器校注：《风俗通义校注》，第 384 页。
⑥ 《史记》卷二十八《封禅书》，第 1668 页。
⑦ ［日］安居香山、中村璋八辑：《纬书集成》，第 820 页。
⑧ 孙作云：《汉代司命神像的发现》，《光明日报》1963 年 12 月 4 日史学版 275 号。
⑨ ［日］安居香山、中村璋八辑：《纬书集成》，第 646 页。
⑩ 同上书，第 820 页。
⑪ 《太平御览》卷五二九《礼仪部八》，第 191 页。

车子财可以借而与之期。曰，车子生，急还之。’田者稍富，及期，夫妇辇其贿以逃。同宿有妇人，夜生子，问名于其父，父曰：‘生车间，名车子。’其家自此之后遂大贫敝。”①

上文引《周礼·春官·大宗伯》：“以槱燎祀司中、司命。”《礼记·祭法》载，司命为天子为群姓所立“七祀”和诸侯为国所立“五祀”之首神，春、秋两祀②。郑玄注：“今时民家，或春秋祠司命、行神、山神，门、户、灶在旁，是必春祠司命，秋祠厉也。”孔颖达正义又曰：“汉时既春秋俱祠司命与山神，则是周时必应春祠司命，司命主长养，故祠在春。厉主杀害，故祠在秋。”③《风俗通义·祀典》记载了对司命的祭祀方式：“槱者，积薪燔柴也。今民间独祀司命耳，刻木长尺二寸为人像，行者檐箧中，居者别作小屋，齐地大尊重之，汝南余郡亦多有，皆祠以猪，率以春秋之月。”④ 即以猪祠司命。

第三节　汉代星神祭祀的社会功能和文化意涵

刘向在《五经通义》中指出：“王者所以因郊祭日月、星辰、风伯、雨师、山川，何？以为皆有功于民，故祭之也，皆天地之别神从官也，缘天地之意，亦欲及之，故岁一祭之。”⑤ 王充在《论衡·祭意》中也指出：“凡祭祀之义有二：一曰报功，二曰修先。报功以勉力，修先以崇恩，力勉恩崇，功立化通，圣王之务也。是故圣王制祭祀也，法施于民则祀之，以死勤事则祀之，以劳定国则祀之，能御大灾则祀之，能捍大患则祀之。”⑥ 中国历来是一个多神信仰的国度，天神地祇，体系繁杂，神灵众多。“从祭祀文化的角度说，祭祀日月星辰与祭祀其他天神如天帝、风、雨一样，是以日月星辰之神所主，以祭祀的奉献来企求这些神灵的眷顾。”⑦ 在星神崇拜和祭

① 《后汉书》卷五十九《张衡传》，第 1924、1927 页。

② 《礼记·祭法》曰：“王为群姓立七祀：曰司命、曰中霤、曰国门、曰国行、曰泰厉、曰户、曰灶。”“诸侯为国立五祀：曰司命、曰中霤、曰国门、曰国行、曰公厉。”（东汉）郑玄注，（唐）孔颖达等正义：《礼记正义》，《十三经注疏》本，上海古籍出版社 1997 年版，第 1590 页。

③ 《礼记·祭法》，第 1590 页。（东汉）郑玄注，（唐）孔颖达等正义：《礼记正义》，《十三经注疏》本，上海古籍出版社 1997 年版。

④ （东汉）应劭撰，王利器校注：《风俗通义校注》，第 384 页。

⑤ 同上书，第 365 页引。

⑥ （东汉）王充：《论衡》，第 393—394 页。

⑦ 陈来：《古代思想文化的世界：春秋时代的宗教、伦理与社会》，生活·读书·新知三联书店 2009 年版，第 51 页。

祀方面“带有强烈的讨好付出——索取回报的实用主义色彩”[①]。之所以祭拜这些星神，是因为他们“皆有功于民”，或者能够“赐吉祥”“降嘉觞”，“延寿命，永未央”[②]，或者能够“御大灾”“捍大患”，即能够保佑芸芸众生，降福消灾，利物利民。“神灵之休，祐福兆祥。”[③]“神祇嘉享，万福降辑。”[④] 因此才对他们尊崇有加。且从天人感应和星占学的角度来说，这些星神都具有主宰赏罚和监督人间社会的神性，所以，两汉时期的星神祭祀，“绝非仅仅是出于纯粹的信仰需求而慰藉心灵，也不单单是基于传统而完成制度传承的使命，在很大程度上还在于其所具有的社会政治功能”。[⑤]

一 神化皇权，维护统治

陈富荣先生认为：“借助于宗教观念和宗教礼仪，把整个社会秩序提高到神圣状态，借以实施社会管理，这种神圣的束缚比纯粹血缘束缚和现代意义上的家庭束缚更强烈，所以历代剥削阶级都把统治秩序神圣化，并制定各种宗教礼仪来维护这种秩序。”[⑥] 陈麟书先生也指出：“政治上，历代帝王无不借鬼神信仰来维护政权，治理百姓。”[⑦] 两汉时期的星神祭祀（尤其是国家层面的祭祀）具有显著的政治色彩，甚至可以说是一种典型的政治宗教。统治者之所以建立庞杂祭祀体系的目的当然是首先为帝王政治服务的，一方面是借星神和祭祀来神化皇帝，把皇权延伸至神权，通过宗教崇拜强化政治信仰，引导人们自然而然地服从皇权的统治，维护以皇帝这个“真命天子”为核心的封建统治秩序的神圣性与权威性；另一方面是期望天神保佑皇权，达到江山永固，皇祚永续。

秦代原来只有白、青、黄、赤四帝之祠。汉高祖二年（公元前205年），刘邦在东击项羽入关后问：“吾闻天有五帝，而有四，何也？”众随从“莫知其说”，刘邦自答道：“吾知之矣，乃待我而具五也。”“乃立黑帝祠，

---

① 彭卫、杨振红：《中国风俗通史·秦汉卷》，上海文艺出版社2002年版，第13页。

② 《汉书》卷二十二《礼乐志》，第1069页。

③ 《汉书》卷二十五上《郊祀志上》，第1231页。

④ 《汉书》卷二十五下《郊祀志下》，第1266页。“辑”，颜师古注：“辑与集同。”（第1267页）

⑤ 王柏中：《神灵世界：秩序的构建与仪式的象征——两汉国家祭祀制度研究》，民族出版社2005年版，第267页。

⑥ 陈富荣：《宗教礼仪与文化》，新华出版社1992年版，第40页。

⑦ 陈麟书：《宗教观的历史·理论·现实》，四川大学出版社1996年版，第11页。

命曰北畤。”[①]《史记·历书》亦载：“汉兴，高祖曰‘北畤待我而起’，亦自以为获水德之瑞。”[②] 俨然以“黑帝”而自居，把自己融入到五色帝之中。

汉武帝接受谬忌的主张，独尊“太一神”为至上神，来“经纬天地”，形成以太一为首、五帝为佐，统领日月诸星、风伯雨师、山川河岳众神的格局，这其实就是人间社会以皇帝为核心、三公九卿为辅佐，下辖百官、地方州郡县等金字塔式官僚体系的真实写照，作为“天子”的皇帝是太一神在人世间的象征和唯一代表。武、宣、元、成等帝不惜长途跋涉，多次殷勤地到泰畤亲自祭拜太一，甚至封禅泰山，无非就是进一步向臣民强调、灌输“唯天子受命于天，天下受命于天子，一国则受命于君”[③] 的理念，使人们更加笃信不疑。

汉成帝时丞相匡衡、御史大夫张谭等人在上奏中说：“帝王之事莫大乎承天之序，承天之序莫重于郊祀，故圣王尽心极虑以建其制。……天之于天子也，因其所都而各飨焉。”[④] 从郊祀五帝到独尊太一，一直到成、哀时期的郊祀改革，目的都是为了表达、明示帝王君临天下是“承天之序”，君权来自神授，为皇权的合法性、正统性提供神圣的依据。

建武元年（25 年），光武帝在鄗邑即位，在城南设坛举行隆重的祭祀天地之礼，在祭文中宣称：“皇天上帝，后土神祇，眷顾降命，属秀黎元，为民父母，秀不敢当。”以此表明自己是“上当天心，下为元元所归”[⑤]。建武三十二年（56 年），光武帝封禅泰山，在刻石中多次引用谶书，反复强调“赤帝九世”“帝刘之九”“帝刘之秀，九名之世”“九世之主”“赤三德，昌九世，会修符，合帝际”等语[⑥]，凸显自己是“赤帝”刘邦的九世皇孙，正宗的龙的传人，“赤汉德兴，九世会昌”的应验者，进一步向世人昭示汉朝的火德之运是得天之佑，在九世再次受命中兴。

两汉帝王在明堂祀天时，还供奉高祖或其他帝王配祀，成为祭祀礼制不可或缺的内容。这一方面是出于孝道，继承周礼中以祖配天的传统；另一方面当然也有神化帝王及帝王世系的意味，以增强刘汉政权的正当性。

《汉书·郊祀志下》载，汉武帝开始在汶上建明堂时，“及是岁修封，

---

① 《史记》卷二十八《封禅书》，第 1657 页。

② 《史记》卷二十六《历书》，第 1505 页。

③ 《春秋繁露·为人者天》，第 319 页。

④ 《汉书》卷二十五下《郊祀志下》，第 1253—1254 页。

⑤ 《后汉书》志七《祭祀志上》，第 3157 页。

⑥ 同上书，第 3165 页。

则祠泰一、五帝于明堂上坐，合高皇帝祠坐对之”。[①]《三辅黄图》卷三载，汉武帝元封元年（公元前110年）封禅后，“梦高祖坐明堂朝群臣。于是祀高祖于明堂以配天，还，作首山宫以为高灵馆”。[②] 元封五年（公元前106年）三月，汉武帝至泰山，“甲子，祠高祖于明堂，以配上帝”。太始四年（公元前93年）四月，汉武帝又行幸至泰山明堂，“壬午，祀高祖于明堂，以配上帝，因受计。癸未，祀孝景皇帝于明堂。甲申，修封”。[③] 汉平帝元始四年（4年）正月，王莽在进行郊祀制度改革时，“郊祀高祖以配天，宗祀孝文以配上帝”。[④] 元始五年（5年），又提出根据“天地合祭，先祖配天，先妣配坠，其谊一也”的原则恢复南、北郊祭，在合祭天地时，以高祖、高后配祀，“祭天南郊，则以坠配，一体之谊也。天坠位皆南乡，同席，坠在东，共牢而食。高帝、高后配于坛上，西乡，后在北，亦同席共牢”。“天子亲合祀天墬于南郊，以高帝、高后配。……以日冬至使有司奉祠南郊，高帝配而望群阳，日夏至使有司奉祭北郊，高后配而望群阴，皆以助致微气，通道幽弱。”[⑤]

光武帝在平定陇、蜀，一统天下之后，“乃增广郊祀，高帝配食，位在中坛上，西面北上。天、地、高帝、黄帝各用犊一头，青帝、赤帝共用犊一头，白帝、黑帝共用犊一头，凡用犊六头”。刘昭补注引《汉旧仪》曰：“祭天（祭）［居］紫坛幄帷。高皇帝（祭）［配］天，居堂下西向，绀帷帐，绀席。”[⑥] 汉明帝永平二年（59年）正月，“初祀五帝于明堂”，将光武帝配祀五帝，“五帝坐位堂上，各处其方。黄帝在未，皆如南郊之位。光武帝位在青帝之南少退，西面。牲各一犊，奏乐如南郊”。[⑦] 元和二年（85年）二月，汉章帝巡狩泰山，“壬申，宗祀五帝于孝武所作汶上明堂，光武帝配，如洛阳明堂（祀）［礼］。”[⑧]

二 祈福禳灾，迎吉纳祥

《汉书·五行志上》曰：“王者即位，必郊祀天地，祷祈神祇，望秩山

---

① 《汉书》卷二十五下《郊祀志下》，第1243页。
② 何清谷校注：《三辅黄图校注》，第205页。
③ 《汉书》卷六《武帝纪》，第196、207页。
④ 《汉书》卷十二《平帝纪》，第356页。
⑤ 《汉书》卷二十五下《郊祀志下》，第1266页。
⑥ 《后汉书》志七《祭祀志上》，第3161页。
⑦ 《后汉书》志八《祭祀志中》，第3181页。
⑧ 同上书，第3183—3184页。

川，怀柔百神，亡不宗事。慎其齐斋戒，致其严敬，鬼神歆飨，多获福助。此圣王所以顺事阴气，和神人也。”[①]《洛书斗中图》曰：“天子择日月，礼太一、五天及三万六千祇者，君臣延寿，天下太平，百姓丰年，灾怪消灭。”[②] 从帝王到一般民众普遍和自然的心理而言，祭拜神祇多数情况下并不是为了心灵上的满足或是出于信仰上的需要，主要是祈求获得神灵的保佑，“多获福助”，“解殃咎，求福祥”[③]，度厄消灾，逐殃除害，招福纳瑞，实现国泰民安和取得战争的胜利。

自董仲舒建构“天人感应”思想之后，该理念就成为汉代占统治地位的意识形态，并渗透到社会的各个阶层，规范着人们的思想和行为。根据该理论，上天以祥瑞或灾异来奖善罚恶，评判君主的执政得失、国家治理好坏、天下是否太平。其中对君主、社会、后世影响最大的就是灾异谴告学说，而在各种灾异中，又以天象变异最为严重，对帝王和臣民的精神、心理触动最大。

如何避免、消除日食星变等天殃呢？按司马迁在《史记·天官书》中提出的“太上修德，其次修政，其次修救，其次修禳，正下无之”[④] 的原则，一方面要求帝王要加强自身修养，实行德治，勤政爱民；另一方面则需要虔诚地、发自内心地祭祀、敬拜天帝和众星神，“礼之至敬，莫重于祭，所以竭心亲奉，以致肃祗者”。[⑤] 如此方能感动上苍，实现“天下和平，灾害不生”。

且根据天人感应理论，天是有意志的，亦有喜怒哀乐。“天亦有喜怒之气，哀乐之心，与人相副，以类合之，天人一也。”[⑥] 人间天子作为上天之子，当然须“以身度天”，视天为父，执子之礼，向上天恪尽孝道。“阙然无祭于天，天何必善之！”如果对天不敬，上天自然不会降福献瑞，甚至有可能带来殃咎，“不畏敬天，其殃来至闇”[⑦]。所以，“天子号天之子也，奈何受为天子之号而无天子之礼？天子不可不祭天也，无异人之不可以不食父。为人子而不事父者，天下莫能以为可。今为天之子而不事天，何以异是？”“是故天子每至岁首，必先郊祭以享天，乃敢为地，行子礼也；每将

---

① 《汉书》卷二十五上《五行志上》，第 1342 页。

② ［日］安居香山、中村璋八辑：《纬书集成》，第 1284 页。

③ 《史记》卷二十八《封禅书》，第 1666 页“索隐”。

④ 《史记》卷二十七《天官书》，第 1608 页。

⑤ 《后汉书》卷六十下《蔡邕传》，第 1993—1994 页。

⑥ 《春秋繁露·阴阳义》，第 341 页。

⑦ 《春秋繁露·郊语》，第 369 页。

兴师，必先郊祭以告天，乃敢征伐，行子道也。”①

元鼎五年（公元前 112 年）秋，汉武帝兴兵讨伐南越，为得到上天的庇佑而取得战争的胜利，专门“告祷泰一”，并“以牡荆画幡日月北斗登龙，以象太一三星，为泰一锋（旗），命曰‘灵旗’。为兵祷，则太史奉以指所伐国”②。

建始元年（公元前 32 年）十二月，汉成帝接受丞相匡衡等人的建议，“作长安南北郊，罢甘泉、汾阴祠。”③ 同时被罢废的还有雍五畤及陈宝祠等，结果当天就发生风灾，“大风坏甘泉竹宫，折拔畤中树大十围以上百余”。对此，刘向指出：“家人尚不欲绝种祠，况于国之神宝旧畤！且甘泉、汾阴及雍五畤始立，皆有神祇感应，然后营之，非苟而已也。武、宣之世，奉此三神，礼敬敕备，神光尤著。祖宗所立神祇旧位，诚未易动。”再加上汉成帝久无继嗣，认为是触怒神祇，十分悔恨和恐惧，乃以皇太后的名义下诏说：“盖闻王者承事天地，交接泰一，尊莫著于祭祀。……今皇帝宽仁孝顺，奉循圣绪，靡有大愆，而久无继嗣。思其咎职，殆在徙南北郊，违先帝之制，改神祇旧位，失天地之心，以妨继嗣之福。……其复甘泉泰畤，汾阴后土如故，及雍五畤、陈宝祠在陈仓者。”汉成帝“复亲郊礼如前。又复长安、雍及郡国祠著明者且半。”④

顾颉刚先生指出：“古代的国王和诸侯都兼有教主的职务，负着以己身替民众向天神祈免灾患的责任。”⑤ 匡衡曰：“祭祀之义以民为本。”⑥ 皇帝作为天下之主，上天在人间的代言人，天神祭祀的垄断者，承担着通天的神圣职责，更责无旁贷地负有为民请命、替民众向天神祈福消灾的责任和义务，以让百姓咸受祯祥，海内承福。汉文帝就反对专门为自己祈福，前元十三年（公元前 167 年），他下诏说：

> 朕即位十三年于今，赖宗庙之灵，社稷之福，方内艾安，民人靡疾。间者比年登，朕之不德，何以飨此？皆上帝诸神之赐也。盖闻古者飨其德必报其功，欲有增诸神祠。……而祝厘者归福于朕，百姓不与

① 《春秋繁露·郊祭》，第 405 页。
② 《汉书》卷二十五上《郊祀志上》，第 1231 页。
③ 《汉书》卷十《成帝纪》，第 304 页。
④ 《汉书》卷二十五下《郊礼志下》，第 1258—1259 页。
⑤ 顾颉刚：《秦汉的方士与儒生》，上海古籍出版社 2005 年版，第 19 页。
⑥ 《汉书》卷七十三《韦玄成传》，第 3121 页。

焉。自今祝致敬，毋有所祈。[①]

前元十四年（公元前 166 年），又下诏曰：

> 朕获执牺牲珪币以事上帝宗庙，十四年于今，历日长，以不敏不明而久抚临天下，朕甚自愧。……今吾闻祠官祝厘，皆归福朕躬，不为百姓，朕甚愧之。夫以朕不德，而躬享独美其福，百姓不与焉，是重吾不德。其令祠官致敬，毋有所祈。[②]

元康四年（公元前 62 年），汉宣帝诏曰："盖闻天子尊事天地，修祀山川，古今通礼也。间者，上帝之祠阙而不亲十有余年，朕甚惧焉。朕亲饬躬齐戒，亲奉祀，为百姓蒙嘉气，获丰年焉。"[③] 神爵四年（公元前 58 年），又修兴太一、五帝等祠，"祈为百姓蒙祉福"[④]。

三　祈祷丰年，时和岁稔

《左传·昭公元年》曰："日月星辰之神，则雪霜风雨之不时，于是乎禜之。"[⑤]《礼记·月令》载，在孟冬之月，"天子乃祈来年于天宗"。"天宗"，郑玄注："谓日月星辰也。"[⑥] 可见，祭祀日月星神的主要目的是为了求得丰年。

汉文帝在诏书中指出："农，天下之本，务莫大焉。"[⑦] 汉代乃至整个中国古代社会，都是以农为本，农业是国家最根本的经济命脉。蔡邕曰："天子以四立及季夏之节，迎五帝于郊，所以导致神气，祈福丰年。"[⑧] 祈祷风调雨顺、五谷丰登、岁岁丰穰是汉代星神祭祀的重要内容。元鼎五年（公元前 112 年）汉武帝首次郊祀太一时在祭文中说："望见泰一，修天文

① 《史记》卷二十八《封禅书》，第 1660 页。
② 《史记》卷十《文帝本纪》，第 543 页。
③ 《汉书》卷二十五下《郊祀志下》，第 1258 页。
④ 《汉书》卷八《宣帝纪》，第 263 页。
⑤ 《左传·昭公元年》，第 1219—1220 页。
⑥ 《礼记·月令》，第 1382 页。（东汉）郑玄注，（唐）孔颖达等正义：《礼记正义》，《十三经注疏》本，上海古籍出版社 1997 年版。
⑦ 《汉书》卷四《文帝纪》，第 125 页。
⑧ 《后汉书》卷六十下《蔡邕传》，第 1993 页。

禶。……朕甚念年岁未咸登，饬躬斋戒，丁酉，拜况于郊。”①

在汉代所祭祀的星神中，有不少是和农业生密切相关的。

1. 灵星。汉高祖八年（公元前199年），令郡国县立灵星祠。前文已述，灵星为主管农事的星神。祭祀灵星，是取其祈年报功之义。《风俗通义·祀典》引贾逵说：“龙第三有天田星，灵者神也，故祀以报功。”②

除其报功之义外，祭祀灵星还有祈谷求雨、避免水旱灾害之意。元封三年（公元前108年）夏，大旱，汉武帝诏：“天旱，意乾封乎？其令天下尊祠灵星焉。”③王充在《论衡·祭意》中说：“灵星之祭，祭水旱也，于礼旧名曰雩。雩之礼，为民祈谷雨，祈谷实也。春求［雨，秋求］实，一岁再祀，盖重谷也。……故世常修灵星之祀，到今不绝。”④《艺文类聚》卷二《天部下》引《益部耆旧传》载：“赵瑶为阆中令，遭旱，请雨于灵星，应时大雨。”⑤

2. 岁星（即木星），又名摄提、重华、应星、纪星等。在星占学上是一颗著名的吉祥之星、福德之星，同时又与农业生产联系极为密切，故受到人们的高度重视。《淮南子·天文训》曰：“岁星之所居，五谷丰昌；其对为冲，岁乃有殃。”⑥《史记·天官书》正义引《天官占》曰：“岁星者，东方木之精，苍帝之象也。其色明而内黄，天下安宁。夫岁星欲春不动，动则农废。……岁星农官，主五谷。”⑦《开元占经》卷二十二《岁星占一》引《荆州占》曰：“岁星，主春，农官也。……又曰主岁五谷。”又曰：“岁星所留之舍，其国五谷成熟。”《春秋文耀钩》曰：“岁星之虚，五谷大熟。”⑧《孝经援神契》曰：“岁星守心，年谷丰。”⑨《论衡·祭意》亦曰：“岁星，东方也，东方主春，春主生物，故祭岁星，求春之福也。四时皆有力于物，独求春者，重本尊始也。”⑩一年之计在于春，春主万物生长，事关稼穑农祥，关乎到一年的收成丰歉，故岁星祭祀受到人们的特别重视，在两汉时期

---

① 《汉书》卷六《武帝纪》，第185页。

② （东汉）应劭撰，王利器校注：《风俗通义校注》，第359页。

③ 《史记》卷二十八《封禅书》，第1681页。

④ （东汉）王充：《论衡》，第393页。

⑤ 《艺文类聚》卷二《天部下》，第27页。（唐）欧阳询：《艺文类聚》，上海古籍出版社1982年版。下引《艺文类聚》皆出此版本。

⑥ 赵宗乙：《淮南子译注》，黑龙江人民出版社2003年版，第167页。

⑦ 《史记》卷二十七《天官书》，第1566页。

⑧ ［日］安居香山、中村璋八辑：《纬书集成》，第681页。

⑨ 同上书，第1016页。

⑩ （东汉）王充：《论衡》，第393页。

一直专庙供奉、祭祀。

3. 风伯、雨师。顾名思义，祭祀风伯、雨师就是企盼风调雨顺，滋润万物，由此带来五谷丰登。《焦氏易林》曰："德施流行，利之四方。雨师洒道，风伯逐殃。"① 这是保证"靠天吃饭"的古代农业丰收最基本的气候条件，所以特别受到人们重视，并与星宿相联系，在两汉时期一直专庙奉祀。《风俗通义·祀典》："鼓之以雷霆，润之以风雨，养成万物，有功于人，王者祀以报功也。"②

总之，汉代构建了庞大、完整的星神祭祀体系，作为"神道设教"的形式和工具，被纳入国家的礼制轨道而成为上层建筑的重要组成部分，既反映出汉代社会对天帝、日月星辰的尊崇、敬畏和报功的社会心理，也是统治者用来神化自身，规范社会伦理、维护封建统治秩序的重要精神支柱，同时也体现出天人感应思想对宗教信仰和祭祀制度的支配作用。在神性背后所形成的祭祀对象、礼仪和制度，蕴含着典型的中国文化的基本基因，经过不断的过滤和沉淀，较为广泛地浸透到人们的思想意识和行为模式之中，对中国其后祭祀和宗教文化的发展都产生了极为深刻的影响。

---

① （西汉）焦延寿撰，徐传武、胡真校点集注：《易林汇校集注》（下册），上海古籍出版社2012年版，第1565页。

② （东汉）应劭撰，王利器校注：《风俗通义校注》，第366页。

第八章　星占学对汉代文学和社会风俗的影响

在天人感应思想占主流意识形态的汉代社会，天文星占之学对文学创作、理论建构、语言风格及社会风俗都产生了极其深刻的影响。这既是天人合一宇宙观对汉代文学和社会风俗渗透的具体体现，同时也是天文星占学极端政治化的突出反映。

第一节　星占学对汉代文学的影响

随着星占学的日益炽盛，天文星占学不仅对汉代的政治、思想、文化产生极为深刻的影响，也与文学结下不解之缘。在已有的研究成果中，学界多关注汉代天文星占学的政治功能，而其对文学影响尤其是对汉赋的影响还较少论及。[①]

一　汉赋中的天文星占意象

赋为汉代文学的代表，在汉代大赋中，天文星宿元素作为具体事象大量出现在作品当中，使辞赋家得以以“苞括宇宙”“流目八紘”之心统和天人，在广柔的星际空间驰骋遨游，恣意想象，图画天地，这进一步增强汉赋奇幻瑰丽的艺术效果，使得汉赋呈现出“大汉之文章”独特的艺术风格和

① 目前这方面的研究成果，仅见河北师范大学薛丽芳2016年的硕士学位论文《汉赋天文元素研究——兼论其与汉代思想政治之关系》，对汉赋中天文元素的文学表现形式进行重点阐述，并以北斗和太一这两个汉代最重要的星宿为视角，深入剖析汉赋中天文元素背后所蕴含的社会政治和思想文化内涵。此外，罗建新在《谶纬与两汉政治及文学之关系研究》第四章“谶纬与两汉文学之发展”中对该论题亦稍有述及。参见罗建新《谶纬与两汉政治及文学之关系研究》，上海古籍出版社2015版，第169—248页。

神韵特质。

（一）借星象宣扬天命、神化皇权、赞美圣德

天命观作为神权思想的核心，在古代中国由来已久，并通过“君权神授”之说和神道设教的方式应用到具体的政治运作当中。时至汉代，天命与皇权更被神秘地联系在一起。封建帝王（尤其是开国帝王）都是受命降世的真龙天子，从出生到创建王朝的过程中，都伴有种种吉兆、祥瑞等天命之符。班彪作《王命论》，认为“王者兴祚”都有“灵命之符”[①]。“帝王之祚，必有明圣显懿之德，丰功厚利积累之业，然后精诚通于神明，流泽加于生民，故能为鬼神所福飨，天下所归往。”[②] 傅幹在《王命叙》中重申班彪的观点：“然则帝王之起，必有天命瑞应自然之符，明统显祚丰懿之业。加以茂德成功，贤智之助，而后君临兆民，为神明所保祐，永世所尊崇。”[③]而奇异的重大天文祥瑞是帝王顺天应人、受命于天最有力的证据，成为汉代大赋中大力宣扬、极力讴歌的对象和内容。

班固在《两都赋·西都赋》中以“五星聚于东井”这一罕见天象称颂汉高祖刘邦入主关中、定都长安是“天启其心”，“及至大汉受命而都之也，仰寤东井之精，俯协河图之灵”。“仰寤东井之精”，《后汉书·班固传》李贤注：“高祖至霸上，五星聚于东井。”“东井，秦之分野，明汉当代秦都关中。”[④]

由于“五星聚于东井”的特殊星占意义和政治影响，成为汉代大赋及其他文学作品着力渲染的内容。杜笃在《论都赋》中曰：“天命有圣，托之大汉。大汉开基，高祖有勋，斩白蛇，屯黑云，聚五星于东井，提干将而呵暴秦。”[⑤] 张衡在《二京赋·西京赋》中曰：“自我高祖之始入也，五纬相汁，以旅于东井。……及帝图时，意亦有虑乎神祇。宜其可定，以为天邑。”[⑥] 史孝山在《出师颂》中曰：“茫茫上天，降祚有汉。兆基开业，人神攸赞。五曜霄映，素灵夜叹。皇运来授，万宝增焕。”[⑦]

两汉赋家在辞赋中还不遗余力地借星象赞颂刘邦肇汉、光武中兴汉祚是秉承天意，恭行天罚，顺天行诛，处处得到上天的垂青和眷顾，“荷天人之

---

① 《后汉书》卷四十上《班彪传》，第1324页。

② 《汉书》卷一百上《叙传上》，第4208页。

③ 《艺文类聚》卷十《符命部》，第189页。

④ 《后汉书》卷四十上《班固传》，第1336—1337页。

⑤ 《后汉书》卷八十上《文苑列传上》，第2598—2599页。

⑥ （南朝梁）萧统著，（唐）李善注：《文选》，第51页。

⑦ 同上书，第2097页。

符，兼不世之姿。受命于皇上，获助于灵祇。”[①] 扬雄在《长杨赋》中曰：“于是上帝眷顾高祖，高祖奉命，顺斗极，运天关，横钜海，票昆仑，提剑而叱之。”[②] 杜笃在《论都赋》中描述光武帝在建武十八年（42 年）巡视西岳时说：“推天时，顺斗极，排阊阖，入函谷，观阸于崤、黾，图险于陇、蜀。”[③] “顺斗极”，李善注引服虔曰：“随天斗极运转也。”引《洛书》曰：“圣人受命，必顺斗极。”又引《天官星占》曰：“北辰一名天关。”[④] “斗极”，即北极星和北斗七星。《春秋合诚图》曰：“天皇大帝，北辰星也，含元秉阳，舒精吐光，居紫宫中，制驭四方。”[⑤] 北极星位于天极的中心，是天帝的象征。《史记·天官书》曰：“斗为帝车，运于中央，临制四乡。”[⑥] 北斗为天帝活动和发号施令的场所。《淮南子·天文训》曰：“北斗所击，不可与敌。”[⑦] “顺斗极”就是承天受命，故能得天之祐，所向克敌，“师之攸向，无不靡披”。[⑧]

东汉赋家在借星象神化光武帝刘秀，凸显其圣功、武威方面也是挖空心思，不遗余力。杜笃在描写光武帝于建武八年（32 年）亲自西征隗嚣时说：“命腾太白，亲发狼、弧。”《后汉书·文苑列传》李贤注：“太白，天之将军。狼、弧，并星名也。”又引《演孔图》宋均注曰：“狼为野将，用兵象也。”[⑨]《汉书·天文志》，天狼星“下有四星曰弧”。[⑩]《春秋合诚图》曰：“弧主司兵，兵弩象。”[⑪] 为主管人间弓矢的星宿。崔骃在《反都赋》中也说：“上帝受命，将昭其烈。潜龙初九，真人乃发。上贯紫宫，徘徊天阙。握狼狐，蹈参伐。陶以乾坤，始分日月。”[⑫] 崔篆在《慰志赋》中歌颂光武帝刘秀：“皇再命而绍恤兮，乃云眷乎建武。运欃枪以电埽兮，清六合之土宇。”[⑬] 张衡在《二京赋·东京赋》中也提到：“授钺四七，共工是除。欃

---

① 《后汉书》卷八十上《文苑列传上》，第 2606 页。
② 《汉书》卷八十七下《扬雄传下》，第 3559 页。
③ 《后汉书》卷八十上《文苑列传上》，第 2596 页。
④ （南朝梁）萧统著，（唐）李善注：《文选》，第 406 页。
⑤ ［日］安居香山、中村璋八辑：《纬书集成》，第 542 页。
⑥ 《史记》卷二十七《天官书》，第 1542 页。
⑦ 赵宗乙：《淮南子译注》，黑龙江人民出版社 2003 年版，第 171 页。
⑧ 《后汉书》卷八十上《文苑列传上》，第 2606 页。
⑨ 同上书，第 2606—2607 页。
⑩ 《汉书》卷二十六《天文志》，第 1278 页。
⑪ ［日］安居香山、中村璋八辑：《纬书集成》，第 543 页。
⑫ （清）严可均辑：《全上古三代秦汉三国六朝文·全后汉文》，第 711 页。
⑬ 《后汉书》卷五十二《崔篆传》，第 1706 页。

枪旬始，群凶靡余。”① “欃枪”，即天欃和天枪，是彗星中的两种，《史记·天官书》张守节正义：“天欃者，在西南，长四丈，锐。”“天枪者，长数丈，两头锐，出西南方。”② 傅毅在《洛都赋》中比喻刘秀以彗星为帚扫平六合，“挥电旗于四野，拂宇宙之残难”③，消祸除患，翦灭群雄，涤荡乾坤，澄清玉宇，复兴大汉。

班固在《两都赋·序》中认为赋的一个重要功能是“润色鸿业”④，即宣扬圣道，粉饰太平，夸耀两汉帝王的文治武功和圣德伟业，做到“仁圣之事既该，而帝王之道备矣”⑤。而天文祥瑞则成为赋家为帝王歌功颂德、美化皇权政治的最佳载体。扬雄在《长杨赋》中称颂汉文帝因“躬服节俭”而达到“玉衡正而太阶平”⑥。“玉衡”为北斗七星的第五星，又指斗柄三星，在中国古代天文星占学中不仅用来指示方位、厘定季节，同时还是国家是否安宁、天下是否太平的象征，是衡量帝王治理国家好坏、是否契合天意的重要参照，即所谓的“旋、玑、玉衡，以齐七政”⑦。张守节正义引《晋书·天文志》云：“杓三星为玉衡，人君之象，号令主也。”⑧ “太阶”，亦称“泰阶”，《汉书·东方朔传》注引《黄帝泰阶六符经》曰：“太阶者，天之三阶也。……三阶平则阴阳和，风雨时，社稷神祇咸获其宜，天下大安，是为太平。”⑨ 崔寔在《大赦赋》中称颂汉桓帝于永寿三年（157 年）大赦天下而致“披玄云，照景星”⑩ 等祥瑞。“景星”，于星占学上为德星、瑞星，只有在国家政治清明时才会出现，是上天对帝王施政有德、举贤任能的嘉奖。《史记·天官书》曰：“景星者，德星也。其状无常，常出于有道之国。”⑪ 《春秋繁露·王道》篇曰：“王正，则元气和顺，风雨时，景星见，黄龙下。”⑫《白虎通·封禅》篇曰：“德至文表则景星见。”⑬《春秋感

① （南朝梁）萧统著，（唐）李善注：《文选》，第 102 页。
② 《史记》卷二十七《天官书》，第 1571 页。
③ 《艺文类聚》卷六十一《居处部一》，第 1103 页。
④ （南朝梁）萧统著，（唐）李善注：《文选》，第 2 页。
⑤ 《后汉书》卷四十下《班固传下》，第 1361 页。
⑥ 《汉书》卷八十七下《扬雄传下》，第 3560 页。
⑦ 《史记》卷二十七《天官书》，第 1542 页。
⑧ 同上书，第 1610—1611 页。
⑨ 《汉书》卷六十五《东方朔传》，第 2851 页。
⑩ （清）严可均辑：《全上古三代秦汉三国六朝文·全后汉文》，第 711 页。
⑪ 《史记》卷二十七《天官书》，第 1592 页。
⑫ 《春秋繁露·王道》，第 101 页。
⑬ 《白虎通·封禅》，第 283 页。

精符》曰："王者上感皇天，则鸾凤至，景星见。"[①]《春秋演孔图》曰："天子举贤，则景星放于天。"[②]《孝经内事》曰："天子行孝德则景星见。"[③]在此，崔寔以"景星"颂赞汉桓帝大赦之后的太平景象。

（二）以天象盛赞帝王宫殿的崔嵬与雄奇

许裒在《明堂议》中曰："圣人之教，制作之象，所以法天地，比类阴阳，以成宫室。"[④]《后汉书·祭祀志上》刘昭注引《黄图》所载《元始仪》曰："帝王之义，莫大承天。……圣王之制，必上当天心，下合地意。"[⑤]作为"天子"的人间帝王，为强化自己受命于天、众生之主的至尊无上地位，在布局设计、建造宫室时无不上法天，下则地，与天同构，以显示天子的"重威"和皇家建筑的神圣，并增强这些建筑在人们心目中高高在上的神秘感。据《吴越春秋·阖闾内传第四》记载，春秋时期伍子胥在为吴王阖闾建筑大城时，就"象天法地"，"子胥乃使相土尝水，象天法地，造筑大城。周回四十七里，陆门八，以象天八风，水门八，以法地八聪"。[⑥]

《公羊传·桓公九年》曰："天子之居，必以众大之辞言之。"[⑦]帝王都城、宫殿苑囿等是古代政治观念、制度文化的物态形式反映。汉代赋家从天文星象中得到启发和神思，通过引星象入赋，在抒写帝王宫殿苑囿之盛时与星宿进行神秘的比附，使得视野无限放大，以"众大之辞"虚构出一个令人神往的人间天上世界，进一步夸张宫室的宏伟壮观和穷工极丽。此外，通过神话帝王所居的宫室，为帝王宫殿披上天神所居的伪装，借此向人们表明其与上天之间的神秘关系，在抒写宫室之盛的同时也达到神化帝王的目的，实现人神之间的完美转换，这在汉代京殿题材的辞赋作品中多有展示。

班固在《两都赋·西都赋》中首先指出，汉高祖建都长安是本着"天人合应"的指导思想，"天人合应，以发皇明，乃眷西顾，寔惟作京。……图皇基于亿载，度宏规而大起"。建筑布局处处体现着"象天法地"的规划设计原则，以彰显皇家宫室苑囿的威严和帝王的权威。"其宫室也，体象乎天地，经纬乎阴阳，据坤灵之正位，仿太、紫之圆方。树中天之华阙，丰冠

① ［日］安居香山、中村璋八辑：《纬书集成》，第741页。

② 同上书，第582页。

③ 同上书，第1018页。

④ （清）严可均辑：《全上古三代秦汉三国六朝文·全汉文》，第269页。

⑤ 《后汉书》卷七《祭祀志上》，第3158页。

⑥ 周生春：《吴越春秋辑校汇考》，上海古籍出版社1997年版，第39页。

⑦ 《公羊传·桓公九年》，第165页。（汉）何休解诂、（唐）徐彦疏：《春秋公羊传注疏》，上海古籍出版社2014年版。

山之朱堂。……徇以离殿别寝，承以崇台闲馆，焕若列星，紫宫是环。”①

“太、紫”，即中国古代天文星占学“三垣”中的太微、紫微二垣。《文选》李善注引刘向《七略》曰：“王者师天地，体天而行。是以明堂之制，内有太室，象紫微宫；南出明堂，象太微。”②《春秋元命苞》曰：“紫微为大帝，太微为天庭。”③ 张衡在《灵宪》中曰：“紫宫为皇极之居，太微为五帝之廷。”④ 紫微垣，亦称紫宫，是天帝居住的宫室，也是整个宇宙的中心。《后汉书·霍谓传》：“呼嗟紫宫之门。”李贤注：“天有紫微宫，是上帝之所居也，王者立宫，象而为之。”⑤ 在人间则引申为天子之宫。将皇宫称之为“紫宫”，是先秦及秦汉时期通常的做法，据《吴越春秋·勾践归国外传第八》载，范蠡为越王勾践筑小城时，“乃观天文，拟法于紫宫”。⑥《三辅黄图》载，秦始皇就把咸阳宫附会为天上的紫宫。“始皇穷极奢侈，筑咸阳宫，因北陵营殿，端门四达，以则紫宫，象帝居。”⑦ 班固笔下的西汉宫殿建筑巍峨壮观，气魄浩大，所有的离宫别寝、崇台闲馆犹如天上众星环绕紫宫一样拱卫着整个建筑群的中心——未央宫，以突出帝居的核心地位和非同凡响。整个宫殿建筑群其实就是天上众星宿在人间的投射，“宫殿是小宇宙，宇宙是大宫殿。‘体象乎天地，经纬乎阴阳。据坤灵之正位，仿太紫之圆方。’赋家要把时人所理解的天体及其运动缩写到宫宇及其构架之中，以有限见无限，从无限归有限。目前的一切物象都是有限的，同时又是与天之高地之遥的无限连在一起”。⑧

班固在描写上林苑时又写道：“集乎豫章之宇，临乎昆明之池。左牵牛而右织女，似云汉之无涯。”⑨ 以昆明池象征天上的银河，东西两岸立牵牛、织女两座雕像比喻天上的牵牛星和织女星。《三辅黄图》引《关辅古语》曰：“昆明池中有二石人，立牵牛、织女于池之东西，以象天河。”⑩ 牵牛星和织女星的神话传说在先秦时期就已出现，《诗经·小雅·大东》就曾咏

---

① 《后汉书》卷四十上《班固传上》，第1340页。

② （南朝梁）萧统著，（唐）李善注：《文选》，第11页。

③ ［日］安居香山、中村璋八辑：《纬书集成》，第404页。

④ 《后汉书》志十《天文志上》，第3216页。

⑤ 《后汉书》卷四十八《霍谓传》，第1616—1617页。

⑥ 周生春：《吴越春秋辑校汇考》，上海古籍出版社1997年版，第131页。

⑦ 何清谷校注：《三辅黄图校注》，第27页。

⑧ 陈宏天、赵福海、陈复兴主编：《昭明文选译注》，吉林文史出版社1987年版，第16页。

⑨ 《后汉书》卷四十上《班固传上》，第1348页。

⑩ 何清谷校注：《三辅黄图校注》，第245页。

及："维天有汉，监亦有光。跂彼织女，终日七襄。……睆彼牵牛，不以服箱。"[①] 秦始皇建咸阳宫时曾以渭水象征天河，"渭水贯都，以象天汉；横桥南渡，以法牵牛"。[②]《文选》所录古诗十九首提到："迢迢牵牛星，皎皎河汉女，……盈盈一水间，脉脉不得语。"[③] 应劭在《风俗通义・佚文》中也说："织女七夕当渡河，使鹊为桥。"[④]

班固的比附写法对张衡产生了重大的影响，《后汉书・张衡传》载，"衡乃拟班固《两都》，作《二京赋》，因以讽谏。精思傅会，十年乃成"。[⑤] 其《二京赋・西京赋》中关于西汉宫殿苑囿的描述在结构谋篇方面很大程度上是模仿《西都赋》，如"正紫宫于未央，表峣阙于阊阖。……譬众星之环极，叛赫戏以辉煌"。"思比象于紫微，恨阿房之不可庐。"上林苑"乃有昆明灵沼，黑水玄阯，……牵牛立其左，织女处其右"等[⑥]，也都体现出宫殿与星宿的交相辉映关系。

在对个体宫殿的叙写方面，亦临摹天象来勾画宫殿的"穷奇极妙"[⑦]，使建筑架构的"飞动之势"跃于赋中。王延寿在《鲁灵光殿赋・序》中指出该殿建造的规矩制度是"上应星宿"。

首先，其建筑级别，"乃立灵光之秘殿，配紫微而为辅"。作为地方诸侯鲁恭王刘余的宫殿，在等级制度上只能是紫微宫（即长安帝宫）的配属，在形制和级别上是不能有丝毫僭越的。

其次，在区域位置上，"承明堂于少阳，昭列显于奎之分野"。[⑧] 奎宿为西方七宿之一，《淮南子・天文训》："奎、娄：鲁。"[⑨] 根据星土分野学说为鲁国的分野，在此强调该殿"据坤灵之宝势，承苍昊之纯殷"[⑩]，上应天道，下契地理，故能聚天地之元气。

最后，在栋宇结构上，"规矩应天，上宪觜陬。""觜陬"（或称娵訾），为十二星次之一。李善注引《尔雅》曰："觜陬之星，营室、东壁也。"[⑪]

---

① 《诗经・小雅・大东》，第 330—331 页。
② 何清谷校注：《三辅黄图校注》，第 22 页。
③ （南朝梁）萧统著，（唐）李善注：《文选》，第 1347 页。
④ 王利器校注：《风俗通义校注》，第 600 页。
⑤ 《后汉书》卷五十九《张衡传》，第 1897 页。
⑥ （南朝梁）萧统著，（唐）李善注：《文选》，第 52—65 页。
⑦ 同上书，第 518 页。
⑧ 同上书，第 510 页。
⑨ 赵宗乙：《淮南子译注》，黑龙江人民出版社 2003 年版，第 166 页。
⑩ （南朝梁）萧统著，（唐）李善注：《文选》，第 517 页。
⑪ 同上书，第 512 页。

即在规模法式上仿效营室、东壁二宿的格局。《周礼·考工记·辀人》，“龟蛇四斿，以象营室也”。郑玄注：“营室，玄武宿，与东壁连体而四星。”[①]营室、东壁四星相连，组合成一个近似正方形的四边形，状如宫室，在星占学上为主管房屋营造的星宿。

（三）烘托帝王田猎、巡游场面的壮观

封建帝王的田猎、巡游、出行活动声势浩大，“车骑雷起，殷山动地”，是汉代游猎赋重点渲染的内容。以天文星象为摹本烘托天子出猎、巡游的盛举和声威，将其进行神幻处理，突出“天官景从”的神话色彩，是赋家的惯用手法。而且在此类赋中，星官多是以帝王扈从的身份出场的，并被赋予人间属性，与尘世官僚体系相对应，既是星神的人格化，又将君臣关系神圣化，从而达到颂扬圣主、神化帝王的目的。

司马相如首肇其端，在《大人赋》中通过星象虚构“大人”（比喻天子）仙游天国的仪仗，“建格泽之长竿兮，总光耀之采旄。垂旬始以为幓兮，抴彗星而为髾。掉指桥以偃蹇兮，又旖旎以招摇。揽欃枪以为旌兮，靡屈虹而为绸。……悉征灵圉而选之兮，部乘众神于瑶光。使五帝先导兮，反太一而后陵从”。[②]“格泽”“旬始”，《史记·天官书》：“格泽星者，如炎火之状。黄白，起地而上。下大，上兑。”“旬始，出于北斗旁，状如雄鸡。”[③]赋中的“大人”，以格泽星为旗杆，以旬始星为飘带，以彗星、欃枪为旗帜，再加上乘应龙、象舆，骑赤螭、青虬，五帝先导，诸神相从，威风八面，以致汉武帝读后都有“缥缥有陵云之志”[④]。

扬雄也极擅长借星象竭力铺叙所描绘的对象，以天帝巡天来比喻帝王的出游。在《甘泉赋》中描述汉成帝郊祠甘泉泰畤时“天行”的“辉光眩耀”。“于是乃命群僚，历吉日，协灵辰，星陈而天行。诏招摇与泰阴兮，伏钩陈使当兵，属堪舆以壁垒兮，梢夔魖而抶獝狂。”[⑤]“招摇”，为北斗第七星，在柄端。《汉书·天文志》，“杓端有两星：一内为矛，招摇。”颜师古注引孟康曰：“近北斗者招摇，招摇为天矛。”[⑥]“泰阴”，又称太阴，为太岁别名，即岁星（木星），在星占学上为福德之星。《史记·天官书》张

① 《周礼·考工记·辀人》，第914页。
② 《史记》卷一百一十七《司马相如传》，第3703页。
③ 《史记》卷二十七《天官书》，第1591—1592页。
④ 《汉书》卷八十七下《扬雄传下》，第3575页。
⑤ 《汉书》卷八十七上《扬雄传上》，第3523页。
⑥ 《汉书》卷二十六《天文志》，第1275页。

守节正义引《天官占》云："岁星者，东方木之精，苍帝之象也。……见，则喜。其所居国，人主有福，不可以摇动。"① "钩陈"，班固在《两都赋》中写道："周以钩陈之位，卫以严更之署。"李贤注引《前书音义》曰："钩陈，紫宫外星也，宫卫之位亦象之。"② 在《校猎赋》中又描绘元延二年（公元前 11 年）汉成帝畋猎时士卒之众、旌旗招展、色彩艳丽的盛大场景。"靡日月之朱竿，曳彗星之飞旗。……涣若天星之罗，浩如涛水之波。……欃枪为闉，明月为候，荧惑司命，天弧发射，鲜扁陆离，骈衍佖路。""于是天子乃以阳晁始出乎玄宫，撞鸿钟，建九旒，六白虎，载灵舆，蚩尤并毂，蒙公先驱。立历天之旗，曳捎星之旃。"③ "荧惑"，即五大行星中的火星，在星占学上为法星、罚星。李善注引《广雅》曰："荧惑谓之罚星，或谓之执法。"④ "玄宫"，《汉书・扬雄传》颜师古注："北方之宫，故曰玄宫。"⑤ "蚩尤"，本为上古时期部落酋长之名，后成为上天星宿。《开元占经》卷八十七《妖星占下》，"蚩尤星，（在井宿中）。"⑥ "蒙公"，李善注引如淳曰："蒙公，髦头也。"⑦ 髦头即昴星，《史记・天官书》，"昴曰髦头，胡星也。"⑧ "捎星"，即拂星，彗星的一种。《汉书・扬雄传》颜师古注："捎犹拂也。历天捎云，言其高也。"⑨ 射猎队伍举着日、月、彗星为饰、朱竿为柄的旗子，光彩流离，色彩斑斓犹如天星排列。以彗星把守营门，明月放哨，火星发号施令，天弧星搭弓射箭。在此氛围的衬托下，主角天子从北宫出发，在蚩尤护卫、蒙公引导下，闪亮登场。

黄香在《九宫赋》中更是广泛借用星宿细致地描绘出天帝太一（象征人间帝王）巡视天界的情形，可以说句句离不开星名，以此附会人间帝王的省视活动。

> 使织女骖乘，王良为之御，三台执兵而奉引，轩辕乘駏驉而先驱。招摇丰隆骑师子而侠毂，各先后以为云车。左青龙而右觜觿。前七星而

① 《史记》卷二十七《天官书》，第 1566 页。
② 《汉书》卷四十上《班固传上》，第 1341—1343 页。
③ 《汉书》卷八十七上《扬雄传上》，第 3543—3546
④ （南朝梁）萧统著，（唐）李善注：《文选》，第 2358 页。
⑤ 《汉书》卷八十七上《扬雄传上》，第 3546 页。
⑥ （唐）瞿昙悉达：《开元占经》，第 873 页。
⑦ （南朝梁）萧统著，（唐）李善注：《文选》，第 392 页。
⑧ 《史记》卷二十七《天官书》，第 1558 页。
⑨ 《汉书》卷八十七上《扬雄传上》，第 3546 页。

后腾蛇。征太一而聚群神，趣荧惑而叱太白。东井辍轢而播洒，彗勃佛仿以梢击。四徼尘于干道，绝引者而惊輣。……狼弧彀张而外飨，枉矢持芒以岝崿。①

“太一”为西汉时期地位最高、最尊贵的天神。“王良”，相传为春秋时人，善驾御马，后成为上天星宿。《史记·天官书》，天驷旁一星“曰王良。王良策马，车骑满野”。司马贞索隐引《春秋合诚图》云：“王良主天马也。”张守节正义曰：“王良五星，在奎北河中，天子奉御官也。”② “轩辕”，《史记·天官书》：“轩辕，黄龙体。”司马贞索隐引《援神契》曰：“轩辕十二星，后宫所居。”③“枉矢”，流星的一种，《史记·天官书》：“枉矢，类大流星，蛇行而仓黑，望之如有毛羽然。”④ 赋中的天神太一驱使着织女、王良、三台、轩辕、招摇、觜觿、荧惑、太白、东井、彗星、天狼、天弧、枉矢等星神为臣仆驾御，侍卫警戒，随从驭使。天上星宿世界就是人间封建国家的投影，众星宿其实就是人间社会的近臣官僚，簇拥着帝王，前呼后拥，一幅人神大狂欢的局面。

张衡在《二京赋·西京赋》亦畅想天子出游时“千乘雷动，万骑龙趋”的卤簿威仪。

天子乃驾雕轸，六骏驳。……建玄弋，树招摇。栖鸣鸢，曳云梢。弧旌枉矢，虹旃蜺旄。华盖承辰，天毕前驱。⑤

“玄弋”，又作“玄戈”，《史记·天官书》裴骃集解引晋灼曰：“在招摇南，一名玄戈。”⑥《文选》李善注：“玄弋”，“北斗第八星名，为矛头，主胡兵”。“树招摇”，“画招摇星于其上，以起军坚劲，军之威怒，象天帝也”。“弧”，“弧，星名”。“华盖”，“华盖星覆北斗，王者法而作之”。“毕”，“网也，象毕星也，前驱载之”。⑦《史记·天官书》曰：“毕曰罕车，

① 《艺文类聚》卷七十八《灵异部上》，第1338页。
② 《史记》卷二十七《天官书》，第1562—1563页。
③ 同上书，第1550—1553页。
④ 同上书，第1592页。
⑤ （南朝梁）萧统著，（唐）李善注：《文选》，第67—68页。
⑥ 《史记》卷二十七《天官书》，第1545页。
⑦ （南朝梁）萧统著，（唐）李善注：《文选》，第67—68页。

为边兵，主弋猎。”①

在《思玄赋》中又以星占家的遐思玄想构画出天帝神游的路线和巡游过程。

> 出紫宫之肃肃兮，集太微之阆阆。命王良掌策驷兮，逾高阁之锵锵。建罔车之幕幕兮，猎青林之芒芒。弯威弧之拔刺兮，射嶓冢之封狼。观壁垒于北落兮，伐河鼓之磅硠。乘天潢之泛泛兮，浮云汉之汤汤。倚招摇、摄提以低佪剹流兮，察二纪五纬之绸缪遹皇。②

“高阁”“罔车”“青林”“河鼓”“天潢”“壁垒”等，皆为星名，《后汉书·张衡传》李贤注：“高阁，阁道星也。”“罔车，毕星也。”“青林，天苑也。”“王良旁有八星绝汉曰天潢。”引《史记》曰：“羽林天军西为壁垒。”③《史记·天官书》，牵牛星“其北河鼓。河鼓大星，上将；左右，左右将”④。“摄提”，亦星名，《史记·天官书》，大角星“两旁各有三星，鼎足句之，曰摄提”⑤。天帝在天空遨游肃穆庄严的紫宫、雄伟高大的太微宫，由王良掌策，过阁道，游猎青林，操起弧矢射向天狼。又向北观看森严的壁垒，敲击河鼓，泛舟天潢，横渡银河，背靠招摇、摄提，徘徊流淌，观察日月五星的运行。在此张衡以超俗的文笔和超越时空的想象力谱写出太空旅游的浪漫曲。

二　天文星占与汉代诗歌的生成

将天文星象入诗，在我国由来已久，《诗经》就多有涉及。汉代是我国诗歌发展的重要时期，题材多样，内容丰富，在时代大背景的影响下，天文星占亦为诗歌创作提供众多的鲜活的素材。

（一）天文星占对郊祀歌的影响

汉武帝时定郊祀之礼，立乐府，定乐章，“采诗夜诵”，以李延年为“协律都尉，多举司马相如等数十人造为诗赋，略论律吕，以合八音之调，

---

① 《史记》卷二十七《天官书》，第1558页。
② 《后汉书》卷五十九《张衡传》，第1934页。
③ 同上书，第1936页。
④ 《史记》卷二十七《天官书》，第1564页。
⑤ 同上书，第1548页。

作十九章之歌。以正月上辛用事甘泉圜丘，使童男女七十人俱歌，昏祠至明”①。作为由文人和乐工集体创作且为祭祀天地众神郊祀典礼的专用乐歌，其中不可避免地渗入天文星占元素，将星空进行神化的想象，志在“通神明”，尤其是对天文祥瑞的追求、向往和歌咏，成为一些乐歌的主题。对此，《宋书·乐志》评论曰：“汉武帝虽颇造新歌，然不以光扬祖考、崇述正德为先，但多咏祭祀见事及其祥瑞而已。商周《雅》、《颂》之体阙焉。”②

《天马十》曰：

> 太一况，天马下，沾赤汗，沫流赭。志俶傥，精权奇，籋浮云，晻上驰。体容与，迣万里，今安匹，龙为友。

《汉书·礼乐志》曰：该诗为元狩三年（公元前120年）“马生渥洼水中作”③。时太一已被汉武帝尊为最高的天神和宇宙的最高主宰，天马被汉武帝视为天一神赐予自己的祥瑞之物。《史记·乐书》对此亦有记载，“又尝得神马渥洼水中，复次以为《太一之歌》。歌曲曰：‘太一贡兮天马下，沾赤汗兮沫流赭。骋容与兮跇万里，今安匹兮龙为友。’”④ 在此，司马迁更是将歌名直接定为《太一之歌》，以报答太一神的赏赐。

另有《惟泰元》诗，专门用来歌颂太一神。

> 惟泰元尊，媪神蕃厘，经纬天地，作成四时。精建日月，星辰度理，阴阳五行，周而复始。云风雷电，降甘露雨，百姓蕃滋，咸循厥绪。继统共勤，顺皇之德，鸾路龙鳞，罔不肸饰。嘉笾列陈，庶几宴享，（列）［烈］腾八荒。钟鼓竽笙，云舞翔翔，招摇灵旗，九夷宾将。⑤

在此诗中，太一神“经纬天地，作成四时。精建日月，星辰度理，阴阳五行，周而复始”，掌控着天地的一切，希望在太一神的保佑下，“灭除

① 《汉书》卷二十二《礼乐志》，第1045页。

② 《宋书》卷十九《乐志》，第550页。

③ 《汉书》卷二十二《礼乐志》，第1060页。

④ 《史记》卷二十四《乐书》，第1400—1401页。

⑤ 《汉书》卷二十二《礼乐志》，第1057页。

凶灾”，实现“降甘露雨，百姓蕃滋，咸循厥绪”。

太一神之下为五帝，《五神》一诗，是专门用来歌颂五帝的。

> 五神相，包四邻，土地广，扬浮云。扢嘉坛，椒兰芳，璧玉精，垂华光。益亿年，美始兴，交于神，若有承。广宣延，咸毕觞，灵舆位，偃蹇骧。卉汩胪，析奚（道）[遗]？淫渌泽，汪然归。

“五神”，注引如淳曰：“五帝为太一相也。”①

前文已述，景星为福德之星，在郊祀歌中，又有《景星》一诗：

> 景星显见，信星彪列，象载昭庭，日亲以察。参侔开阖，爰推本纪，汾脽出鼎，皇祐元始。五音六律，依韦飨昭，杂变并会，雅声远姚。空桑琴瑟结信成，四兴递代八风生。殷殷钟石羽籥鸣。河龙供鲤醇牺牲。百末旨酒布兰生。泰尊柘浆析朝酲。微感心攸通修名，周流常羊思所并。穰穰复正直往宁，冯蠵切和疏写平。上天布施后土成，穰穰丰年四时荣。

注引如淳曰：“景星者，德星也，见无常，常出有道之国。镇星为信星，居国益地。”② 信星，即镇星（填星、土星），《汉书·天文志》曰：“填星所居中，国吉。”③

（二）民歌和七言诗中的天文元素

从收入在《文选》中的《古诗十九首》来看，个别诗歌涉及对星辰的引用。

> 明月皎夜光，促织鸣东壁。
> 玉衡指孟冬，众星何历历。
> ……
> 南箕北有斗，牵牛不负轭。

① 《汉书》卷二十二《礼乐志》，第1067页。

② 同上书，第1063—1064页。

③ 《汉书》卷二十六《天文志》，第1285页。

“玉衡”，李善注引《春秋运斗枢》曰：“北斗七星，第五曰玉衡。”引《淮南子》曰：“孟秋之月，招摇指申。”从玉衡指向判断进入孟冬季节。

“南箕北有斗，牵牛不负轭。”李善注引《毛诗》曰：“维南有箕，不可以簸杨；维北有斗，不可以挹酒浆。睆彼牵牛，不以服箱。”① 在此喻空有其名，名不副实。

迢迢牵牛星，皎皎河汉女。
……
河汉清且浅，相去复几许。
盈盈一水间，脉脉不得语。②

“河汉”，即天河。河汉女，即织女星，借牵牛、织女二星隔天河遥遥相对而不得见比喻思妇的幽怨之情。

《春秋说题辞》曰：“诗者天文之精，星辰之度，人心之操也。在事为诗，未发为谋，恬澹为心，思虑为志，故诗之为言志也。”③ 在汉代纬书中，亦有一些七言诗以天文星象立论。

如《河图圣洽符》：

上参南斗第一星，下立草屋为紫庭。
神龙之冈梧桐生，凤鸟戢翼朔旦鸣。④

在东汉末年曹操的诗中，亦曾引用天文星象。

《薤露》：

惟汉二十世，所任诚不良。
犹豫不敢断，因狩执君王。
贼臣持国柄，杀主灭宇京。
播越西迁移，号泣而且行。
沐猴而冠带，知小而谋强。

---

① （南朝梁）萧统著，（唐）李善注：《文选》，第1346页。
② 同上书，第1347页。
③ ［日］安居香山、中村璋八辑：《纬书集成》，第856页。
④ 同上书，第1210页。

白虹为贯日，己亦先受殃。
荡覆帝基业，宗庙以燔丧。
瞻彼洛城郭，微子为哀伤。①

“白虹为贯日，己亦先受殃。”“白虹贯日”在星占学上为大凶之兆。《后汉书·献帝纪》，初平元年（190 年）二月，白虹贯日。三月乙巳，“车驾入长安，幸未央宫。己酉，董卓焚洛阳宫庙及人家”。② 在此比喻大将军何进谋诛宦官事泄，反被宦官杀害，弘农王刘辩亦为董卓所杀。

第二节　天文星占与汉代社会风俗

天文星占的作用不仅仅局限于政治方面，受时代文化氛围的制约，社会风俗亦深受其影响。出于趋吉避凶的心理需求和心灵慰藉，或出于精神上的寄托，汉代人们在择日、丧葬等方面都要考虑星神的因素，以求得到星神的保佑。

一　天文星占与汉代择日习俗

从考古资料来看，择日习俗自先秦时期及秦代就极为流行。湖北江陵九店楚墓战国竹简、湖北云梦睡虎地秦墓竹简、甘肃天水放马滩秦墓竹简皆有《日书》，时至汉代则更为盛行。从现出土的汉简中，湖北江陵张家山 247 号墓竹简、河北定县八角廊村 40 号墓竹简、安徽阜阳双古堆西汉汝阴侯墓竹简、山东临沂银雀山汉墓竹简、江苏东海尹湾汉墓竹简、甘肃武威磨咀子 6 号墓木简、甘肃敦煌汉简、居延汉简、甘肃敦煌悬泉汉简等也都有《日书》，其中不少是根据星辰天象来选择吉日的。“虽然存在着浓厚的迷信色彩，但它又是中华文明的一个组成部分。”③

（一）二十八星宿与择日

睡虎地秦墓秦竹简《日书·星》就有根据二十八星宿当值的日子来选择吉日良辰以祀祠、出行、打猎、盖房、婚嫁及判断生子贫富贵贱等的记载。

---

① 曹操、曹丕、曹植：《三曹诗选》，三晋出版社 2008 年版，第 7 页。

② 《后汉书》卷九《献帝纪》，第 369—370 页。

③ 何双全：《汉简〈日书〉丛释》。参见西北师范大学文学院历史系、甘肃省文物考古研究所编《简牍学研究》（第 2 辑），甘肃人民出版社 1998 年版，第 51 页。

角，利祠及行，吉。不可盖屋。取妻，妻妒。生子，为［吏］。

亢，祠、为门、行，吉。可入货。生子，必有爵。

牴（氐），祠及行、出入货，吉。取妻，妻贫。生子，巧。

房，取妇，家（嫁）女，出入货及祠，吉。可为室屋。生子，富。

心，不可祠及行，凶。可以行水。取妻，妻悍。生子，人爱之。

尾，百事凶。以祠，必有敫（徼）。不可取妻。生子，贫。

箕，不可祠。百事凶。取妻，妻多舌。生子，分富半。

斗，利祠及行贾、贾市，吉。娶妻，妻为巫。生子，不盈三岁死。可以攻伐。

牵牛，可祠及行，吉。不可杀牛。以结者，不择（释）。以入［牛］，老一，生子，为大夫。

须女，祠、贾市、取妻，吉。生子，三月死，不死毋晨。

虚，百事凶。以结者，易择（释）。亡者，不得。取妻，妻不到。以生子，毋（无）它同生。

危，百事凶。生子，老为人治也，有（又）数诣风雨。

营室，利祠。不可为室及入之。以取妻，妻不宁。生子，为大吏。

东辟（壁），不可行。百事凶。以生子，不完。不可为它事。

奎，祠及行，吉。以取妻，女子爱而口臭。生子，为吏。

娄，利祠及行。百事吉。以取妻，男子爱。生子亡者，人意之。

胃，利入禾粟及为囷仓，吉。以取妻，妻爱。生子，必使。

卯（昴），邋（猎）、贾市，吉。不可食六畜。以生子，喜斲（斗）。

毕，以邋（猎）置罔（网）及为门，吉。以死，必二人。取妻，必二妻。不可食六畜。生子，眚。亡者，得。

此（觜）嶲，百事凶。可以敫（徼）人攻雠。生子，为正。

参，百事吉。取妻吉。唯生子不吉。

东井，百事凶。以死，必五人死；以杀生（牲），必五生（牲）死。取妻，多子。生子，旬而死。可以为土事。

舆鬼，祠及行，吉。以生子，　。可以送鬼。

［柳］，百事吉。取妻，吉。以生子，肥。可以寇〈冠〉，可请谒，可田邋（猎）。

七星，百事凶。利以垣。生子，乐。不可出女。

张，百事吉。取妻，吉。以生子，为邑桀（杰）。

翼，利行。不可臧（藏）。以祠，必有火起。取妻，必弃。生子，男为见（觋），女为巫。

[轸]，□乘车马、衣常（裳）。取妻，吉。以生子，必驾。可入货。

凡取妻、出女之日，冬三月奎、娄吉，以奎，夫爱妻；以娄，妻爱夫。

直参以出女，室必尽。

直营室以出女，父母必从居。

直牵牛、须女出女，父母有咎。

中春轸、角，中夏参、东井，中秋奎、东辟（壁），中冬竹（箕）、斗，以取妻，弃。

凡参、翼、轸以出女，丁巳以出女，皆弃之。①

这些习俗在汉代亦得到普遍遵守，随州孔家坡汉墓简牍《日书·星官》亦有类似记载。

[八月角]，……盖屋。取（娶）妻，妻妒。司□。以生……

亢，……□室、为门、取（娶）妻、嫁女、入货、生子，皆吉。

九月氐，□□□□。可以出货、畜生（牲）。不可以取（娶）妻、嫁女。司□。……

房，利取（娶）……祠，吉。可以室屋，以生子，富。

尾，百事凶。以祠祀，必有败。不可取（娶）妻。司亡。以生子，必贫。不可杀□。

箕，不可祠祀，百事凶。取（娶）妻，妻□□。司弃。以生子，贫富半。

十一月斗，利祠及行、贾市，吉。取（娶）妻，妻为□，[司]□。以生子，不盈三岁死。可以功（攻）伐、入奴婢、马牛。

十二月婺女，利祠祀、贾市，皆吉。以生……毋（无）辰（唇）。司命。以亡者，不盈五岁死。不可取（娶）妻、嫁女。虽它大吉，

① 睡虎地秦墓竹简整理小组：《睡虎地秦墓竹简》，文物出版社 1990 年版，第 191—192、208—209 页。

勿用。

虚，百事凶。以结者，易□。□□□□。取（娶）妻，妻不到。司死。以生，毋它同生。不可取（娶）妻、嫁女。虽它大吉，毋用。

正月营室，利祠。不可为室及入之。以取（娶）妻，不宁。司定。以生子，为大吏。

东辟（壁），不可行，百事凶。司不（府）。以生子，不完。不可为它事。

二月奎，利祠祀及行，吉。以取（娶）妻，妻爱而口臭。司寇。以生子，为吏。不可穿井。

娄，利以祠祀及行，百事吉。以取（娶）妻，妻爱。可筑室。司瘳（戮）。

[三月胃]，利入禾粟及为囷仓，吉。以取（娶）妻，妻爱而弃。利以祠祀。……不可以葬。

[昴]，利以弋猎、贾市，吉。不可食六畜生（牲）。可以筑室及閑牢。司兵。以生子，喜（鬭）。

[四月]毕，利以弋猎、……□□□、为门，吉。以死，必二人。不可取（娶）妻，必二妻。司空。以生子，徙。亡者，得。

五月东井，百事凶。以死，必五人；杀产，必五产。□□□，多子。司家。以生子，旬而死。

六月柳，百事吉。取妻吉。生子，子肥。可以冠，可□□，可田猎。司□。□□。

七星，百事凶。利以垣。生子，子乐。不可以取（娶）妻、嫁女。

[翼]，……有火起。取（娶）妻，妻弃。司臧。以生子，为巫，男为见（觋）。可以□门牖。

[轸]，……，可以筑室。司家。以生子，必驾。可以入货。①

这是将二十八宿分配到一年的时日当中，并“编成《日书》以指导普通百姓的生产生活，……它反映了当时普通百姓心目中的二十八宿具有神性”②。

① 湖北省文物考古研究所、随州市考古队编：《随州孔家坡汉墓简牍》，文物出版社 2006 年版，第 133—135 页。

② 杨英：《祈望和谐：周秦两汉王朝祭礼的演进及其规律》，商务印书馆 2009 年版，第 257 页。

（二）北斗与择日

《淮南子·天文训》曰：

> 北斗之神有雌雄，十一月始建于子，月从一辰，雄左行，雌右行，五月合午谋刑，十一月合子谋德。太阴所居辰为厌日，厌日不可以举百事。堪舆徐行，雄以音知雌，故为奇辰。数从甲子始，子母相求，所合之处为合。十日十二辰，周六十日，凡八合。合于岁前则死亡，合于岁后则无殃。[①]

"太阴所居辰为厌日"，王引之云："'太阴所居辰'当作'雌所居辰'。雌，北斗之神右行者也。月徙一辰。太阴则左行而岁徙一辰。两者各不相涉。'太阴'二字，因下文'太阴所居'而误也。'为厌日'本无'日'字，此因下句'厌日'而衍也。"[②] 所以，这里所说的太阴"并不是与岁星相对应的太岁，而是北斗之雌神"[③]。"堪舆"，也指的是北斗星辰及其神名[④]，为择日办事的星象依据。"厌"，《钦定协纪辨方书》曰："古压字也。月建左行，月厌右行，六十甲子相交相错，而吉凶生焉。"[⑤] 雌神所居之辰代表的月份为"厌"，在"厌"月的日子什么事情都不宜去做。

1977 年 7 月，在安徽阜阳县罗庄大队西汉汝阴侯墓中出土有西汉初期的六壬式盘，其重要用途之一是"判定占日的吉凶"。该盘"有上下两盘，上面圆的叫天盘，下面方的叫地盘。在天盘上面，中部有北斗星，周边有两圈篆文，内圈是正、二、三、四、五、六、七、八、九、十、十一、十二。这是月将，如正是正月将，二是二月将等"。十二月将又称十二神，"十二神中，天是指北斗一星，从魁指北斗二星，天魁指北斗三星。在天盘上北斗一星总是指向天罡或八月将"。[⑥] "十二神"，《汉书·艺文志》"五行家"中有《转位十二神》二十五卷。《论衡·难岁》篇曰："或上十二神登明、从魁之辈，工伎家谓之皆天神也。常立子、丑之位，俱有冲抵之气，神虽不若

---

① 赵宗乙：《淮南子译注》，黑龙江人民出版社 2003 年版，第 171 页。

② （清）王念孙：《读书杂志》，江苏古籍出版社 1985 年版，第 800 页。

③ 卢央：《中国古代星占学》，中国科学技术出版社 2013 年版，第 118 页。

④ 《汉书·扬雄传上》："属堪舆以壁垒兮，梢夔魖而抶獝狂。"注引孟康曰："堪舆，神名，造图宅书者。"第 3523 页。

⑤ 陈国勇主编：《钦定协纪辨方书》（一），广州出版社 2003 年版，第 77 页。

⑥ 严敦杰：《关于西汉初期的式盘和占盘》，《考古》1978 年第 5 期。

太岁，宜有微败。”[①] 六壬式盘则是以实物的形式证明北斗在汉代择日中的重要作用。

（三）太岁与择日

太岁，即岁星（木星），前文已述，在战国时期曾流行“岁星纪年法”。太岁一词，最早见于《荀子·儒效》，“武王之诛纣也，行之日以兵忌，东面而迎太岁，至氾而泛，至怀而坏，至共头而山隧”。“迎”，章诗同先生注：“逆，冲犯。”[②] 说明迟至战国时期就已有避太岁的习俗。随着星占术的发展，避太岁成为汉代一种重要的择日风俗，《汉书·艺文志》“历谱类”有《太岁谋日晷》二十九卷。其影响可以说延续至今，“在太岁头上动土”成为流传甚广、妇孺皆知的民间禁忌。

岁星为星神，是汉代供奉的重要星象，太岁也被神化，成为太岁神，是民间信仰中有名的凶神。《论衡·讕时》篇曰：“审论岁、月之神，岁则太岁也，在天边际，立于子位。”“移徙不避岁、月，岁、月恶其不避己之冲位怒之也。”[③]《论衡·难岁》篇亦提到：“且太岁之神审行乎？”“且太岁，天别神也，与青龙无异。”[④]《太平经》卷一百一十六曰：“然未欲大得天地之心意，有益于帝王政理者，乃当顺用天地之心意，不可逆太岁诸神，同〈起〉合其气，与帝王用事。”[⑤]

汉代对太岁信仰极其流行，成为民间择吉选日风俗的重要内容。凡是太岁星神所行径的方位，以及与之背对的方位，在移徙、嫁娶、出行、兴造时皆须避开。触犯太岁，则为不吉，就会招来灾祸。

《淮南子·天文训》曰：“太岁迎者辱，背者强，左者衰，右者昌。”[⑥]

《论衡·讕时》篇曰：

> 世俗起土兴功，岁、月有所食，所食之地，必有死者。假令太岁在子，岁食于酉，正月建寅，月食于巳，子、寅地兴功，则酉、巳之家见食矣。见食之家，作起厌胜，以五行之物，悬金木水火。假令岁、月食西家，西家悬金；岁、月食东家，东家悬炭。设祭祀以除其凶，或空亡

---

① （东汉）王充：《论衡》，第378页。

② 章诗同：《荀子简注》，上海人民出版社1974年版，第69页。

③ （东汉）王充：《论衡》，第360—361页。

④ 同上书，第377页。

⑤ 王明编：《太平经合校》，中华书局2014年版，第646页。

⑥ 赵宗乙：《淮南子译注》，黑龙江人民出版社2003年版，第130页。

徙以辟其殃。

太岁在子，子宅直符，午宅为破，不须兴功起事。[①]

《论衡·难岁》篇引《移徙法》曰："徙抵太岁，凶；负太岁，亦凶。"王充释曰：

抵太岁名曰岁下，负太岁名曰岁破，故皆凶也。假令太岁在（甲）子，天下之人皆不得南北徙，起宅嫁娶亦皆避之。其移东西，若徙四维，相之如者，皆吉。何者？不与太岁相触，亦不抵太岁之冲也。[②]

王充在此都是在诘问批驳这种禁忌，认为抵、负太岁为凶是一种毫无根据的虚妄谎言，但从中亦可看出此风俗在当时相当的盛行。《汉书·匈奴传下》载，元寿二年（公元前1年），"单于来朝，上以太岁厌胜所在，舍之上林苑蒲陶宫"。[③] 汉哀帝故意把单于安置在太岁方位所在的上林苑蒲陶宫，是希望能以太岁的威力压制他。《窆石铭》载，"沛国临濉时窆石室。永建六年五月十五日，太岁在未，所遭作，大吉利，窆石室，侯为归，我有之"。[④]

二 天文星占与汉代墓葬习俗

在汉墓出土的画像石和画像砖中，有大量的天文星象图案，这一方面反映了汉代天文学的发展水平和巨大成就，同时也是星占观念在汉代墓葬习俗中的体现。汉代人为什么把天文星象图案绘刻在墓室之中，恐怕不仅仅是为了装饰艺术或天文景观方面的考虑，更主要的是因为这些天文星象的象征意义、祥瑞观念和文化内涵，所反映的是汉代社会观念的影响，是天象与星占迷信的结合，"在内容和形式上只能是模糊的天象知识和主观臆想的人文因素的融合体"。[⑤]

《论衡·四讳》篇曰："墓者，鬼神所在，祭祀之处。"[⑥] 墓葬是世俗生

① （东汉）王充：《论衡》，第360—361页。

② 同上书，第378页。

③ 《汉书》卷九十四下《匈奴传下》，第3817页。

④ （清）严可均辑：《全上古三代秦汉三国六朝文·全后汉文》，第1046页。

⑤ 程万里：《汉画四神图像》，东南大学出版社2012年版，第194页。

⑥ （东汉）王充：《论衡》，第357页。

活在死后的延伸。古人认为人死只是肉体的死亡，灵魂是不会灭的，会在另外一个世界（即所谓的阴间）继续生活，人们普遍相信“人死辄为神鬼而有知”①。《荀子·礼论》曰：“丧礼者，以生者饰死者也，大象其生以送其死也，故事死如生，事亡如存，终始一也。”②《礼记·中庸》亦曰：“事死如事生，事亡如事存，孝之至也。”③ 不管是出于孝道伦理，还是出于心理情感，对待死者都应“事死如事生”。受天人感应思想的影响，汉代的墓葬绘刻天文星象也就是顺理成章，这也充分说明，天象的变化不仅作用于“人事”，甚至还作用于死后，从阳间影响到地下世界，是当时社会主流意识在丧葬方面的反映。

在秦始皇陵地宫顶部，就绘有日月星辰等星象图。《史记·秦始皇本纪》载：

> 始皇初即位，穿治郦山，及并天下，天下徒送诣七十余万人，穿三泉，下铜而致椁，宫观百官奇器珍怪徙臧满之。令匠作机弩矢，有所穿近者辄射之。以水银为百川江河大海，机相灌输，上具天文，下具地理。以人鱼膏为烛，度不灭者久之。④

天文星象被广泛应用于汉代墓室的画像石之中，这些天象图虽然包括一些基本的天文观念、天文成就和一定的天文观测实录，但并非是严格的科学意义的天象图，而是蕴含着丰富的精神文化和人文气息。从宗教信仰的角度来看，主要反映在以下几个方面。

（一）追求祥瑞

祥瑞，又称“符瑞”“吉瑞”“嘉瑞”“祯祥”“瑞应”等，是指“吉祥的征兆”⑤。祥瑞思想在两汉时期极为盛行，从帝王至庶民，对祥瑞都有狂热的迷信和追求，成为一种占主导地位的意识形态和畸形的文化现象。天文祥瑞作为最重要、最受人们追捧的瑞应，绘刻在汉墓画像石上的天象图多具有祯祥意义，是汉墓画像石（砖）上的重要表现题材，反映出时人的祥瑞意识和对墓主人的良好祝愿。

---

① （东汉）王充：《论衡》，第 352 页。

② 章诗同：《荀子简注》，上海人民出版社 1974 年版，第 214 页。

③ 杨天宇：《礼记译注》，第 699 页。

④ 《史记》卷六《秦始皇本纪》，第 337 页。

⑤ 《辞海》编辑委员会：《辞海》，上海辞书出版社 1990 年版，第 1923 页。

在汉代画像石中，日、月图案最为常见，“汉代画像中日、月共存的刻画就是形象的说明：日、月有规律地运行，宇宙间就充满和谐”。①

1962 年，在南阳东关一座再用汉画像的晋墓中，墓顶由五块汉画像石组成一幅完整的“日月合璧”天象图，见图四。该图“为一只阳乌背负着日轮，日轮中有一只代表月亮的蟾蜍，这显然是日月重叠的天象图。在汉代人们把这种日月重叠的天象叫做‘日月合璧’”②。

图四 南阳汉代画像石:“日月合璧”图

说明：取自吕凤林《古宛寻梦》，中国文化出版社 2010 年版，第 171 页。

这其实就是日环食天象，汉代称之为“日月合璧”，其实寓意为天文祥瑞。日为阳，月为阴，“日月合璧”是阴阳和谐、天下太平的象征，还反映出人们对德政的向往。《后汉书 · 天文志上》曰：“三皇迈化，协神醇朴，谓五星如连珠，日月若合璧。化由自然，民不犯慝。”③《易坤灵图》曰：“王者至德之萌，日月若联璧。五星若贯珠。”④

“日月合璧”天象图在其他汉代墓中亦有多处发现。如山东滕县汉墓中“日月合璧”图，“其画面是两只阳乌共一双边如璧的圆形天体，此圆天体中有乌、兔一类表示太阳、月亮的形象。”⑤ 河南省济源县泗涧沟汉墓出土有常明灯一件，为金乌和蟾、兔的合铸体。“金乌象征太阳，中柱和灯座塑

---

① 吕品、王强：《从南阳汉画看汉代的神学谶纬思想》。参见中国汉画学会、河南博物院编《中国汉画学会第十三届年会论文集》，中州古籍出版社 2011 年版，第 353 页。

② 吴曾德、周到：《南阳汉画像石中的神话与天文》，参见韩玉祥主编《南阳汉代天文画像石研究》，民族出版社 1995 年版，第 9 页。

③ 《后汉书》志十《天文志上》，第 3214 页。

④ ［日］安居香山、中村璋八辑：《纬书集成》，第 311 页。

⑤ 陈江风：《南阳天文画像石考释》，参见韩玉祥主编《南阳汉代天文画像石研究》，民族出版社 1995 年版，第 15 页。

的兔和蟾是象征月亮。日、月相合为‘明’。”①

《艺文类聚》卷一引《京房易传》曰：“日月大光，天下和平，上下俱昌，延年益寿，长世无极。”又引《瑞应图》曰：“日月扬光者，人君之象也。君不假臣下之权，则日月扬光。”② 汉代认为日月同辉天象为重大的吉瑞，故在汉代画像石中经常出现。在南阳汉代画像石中有一“日月同辉”图案，见图五。“画像左刻日轮，内有金乌；右刻相连三星及月亮，月内刻有蟾蜍；日、月之间有云气相连。古人视日、月同辉为祥瑞。”③

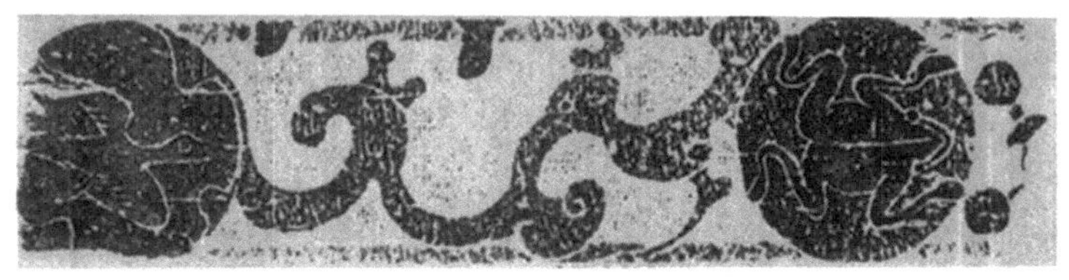

图五　南阳汉代画像石：“日月同辉”图

说明：取自闪修山、陈继海、王儒林：《南阳汉代画像石刻》，上海人民美术出版社 1981 年版，第 38 页。

1978 年 10 月，在泰安县大汶口火车站发现一座砖砌汉画像石墓，在后室的后壁上有一画像石，“东侧方框内圆中为一蟾蜍和一猴子，西侧方框内圆中有一鸟和一兔。在图案的左、右、上三边饰云气纹”。④ 周保平先生认为这是一方“日月同辉画像石”。1992 年，在山东省滕州市官桥镇大康留庄亦出土一方“日月同辉”汉画像石，“画面上刻一月轮，月内有蟾蜍、玉兔，月轮外绕一龙，两侧为人首蛇身的伏羲、女娲；其下有一大鸟，背负日轮，日中有三足乌等。”⑤

出土于南阳草店的“金乌星宿”画像石（见图六）：

① 河南省博物馆：《济源泗涧沟三座汉墓的发掘》，《文物》1973 年第 2 期。

② 《艺文类聚》卷一《天部上》，第 4—5 页。

③ 闪修山、陈继海、王儒林《南阳汉代画像石刻》，上海人民美术出版社 1981 年版，第 38 页。

④ 泰安地区文物局：《泰安县大汶口发现一座汉画像石墓》，《文物》1982 年第 6 期。

⑤ 周保平：《汉代吉祥画像研究》，天津人民出版社 2012 年版，第 532 页。

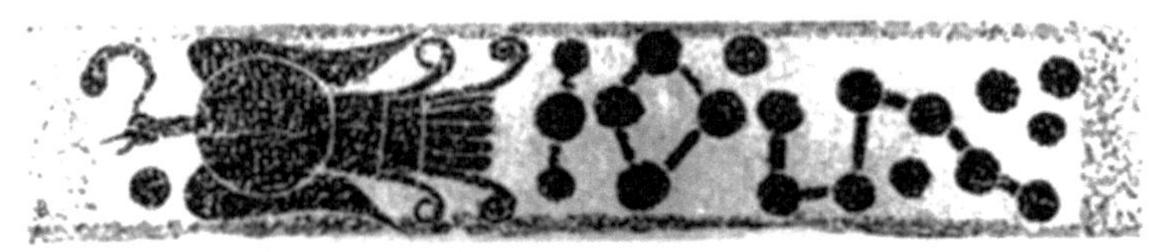

图六 南阳汉代画像石“金乌星宿”图

说明：取自南阳汉代画象石编辑委员会编《南阳汉代画像石》，文物出版社 1985 年版，第 147 页，图 520。

金乌，或称阳乌。该画像石左刻一金乌，背负日轮，右刻三星相连，所表现的是一幅“天文祥瑞图”。它的寓意是“三星高照，阴阳协调，在上象征君臣相和，政通人和，在下可以象征夫妇相和，子孙繁盛”。[①]

（二）祈福禳灾

在汉代，随着谶纬、升仙思想及鬼神信仰的盛行，驱凶辟邪、祈福禳灾观念得到极大的发展，并形成辟邪、祈禳风俗，这在汉墓出土的画像石中也得到一定程度的反映。李宏在《原始宗教的遗绪——试析汉代画像中的巫术、神话观念》中认为，“从汉代丧葬画像砖石的内容来看，多着重祈福禳灾、着重于死之归宿（升仙）和生之安宁（打鬼），……汉代画像石的宗法内容可以一言以蔽之，就是打鬼升仙，对疫鬼的祛祓和对天界神祇的向往，几乎囊括了当时民间信仰的全部”。[②] 而一些反映祈福禳灾的天文星象图案正是这一风俗的集中体现。

马王堆汉墓帛书《五星占》其实就是通过观测星辰运行以占测吉凶达到规避邪祟、追求平安目的的实物资料。出土于南阳唐河针织厂的天文画像石，陈江风先生认为：“从画面上各星宿之间的关系来考察，右侧七星应为二十八宿的尾宿，左侧有连线的各星应是牛宿和女宿。”绘刻牛宿是“应寓有祝福墓葬主人天国平安，保佑后代子孙繁衍的祝愿”[③]。尾宿，《春秋元命苞》曰：“尾九星，箕四星，为后宫之场也。”[④]《史记・天官书》：“尾为九子。”索隐引宋均曰：“属后宫场，故得兼子。子必九者，取尾有九星也。”

① 吕品、王强：《从南阳汉画看汉代的神学谶纬思想》。参见中国汉画学会、河南博物院编《中国汉画学会第十三届年会论文集》，中州古籍出版社 2011 年版，第 354 页。

② 李宏：《原始宗教的遗绪——试析汉代画像中的巫术、神话观念》，《中原文物》1991 年第 3 期。

③ 陈江风：《南阳天文画像石考释》。参见韩玉祥主编《南阳汉代天文画像石研究》，民族出版社 1995 年版，第 18 页。

④ ［日］安居香山、中村璋八辑：《纬书集成》，第 656 页。

正义曰："尾九星为后宫，亦为九子。星近心第一星为后，次三星妃，次三星嫔，末二星妾。占：均明，大小相承，则后宫叙而多子。"① 为代表女性的星宿，在朝为后妃，在野为主妇，蕴含有"子孙繁息"的意涵。

唐河针织厂汉墓北主室石壁上还有一画像石（见图七）：

图七　南阳汉代画像石："驱邪祈福 "图

说明：取自南阳汉代画象石编辑委员会编《南阳汉代画像石》，文物出版社 1985 年版，第 71 页，图 42。

南阳汉代画象石编辑委员会编写的《南阳汉代画像石》将其命名为"斗牛、龙虎、伏羲、女娲、盘古"。凌皆兵、徐颖主编的《南阳汉代画像石图像资料集锦》命名为"斗牛、龙虎、神人抱伏羲、女娲"②。任积太、王付彤认为，"这是一幅构思严密、内容深刻、刻画逼真的'驱邪祈福图'"。"图右那个搂抱伏羲女娲的'巨人 '就是少司命。"而少司命"是唯一能够主司男女婚配、保护子孙繁衍的天上之神"③。王夫之在《楚辞通释》中曰："大司命统司人之生死，而小司命则司人子嗣之有无。"④

在汉代画像石（砖）及壁画、铜镜、陶器等殉葬器物中，多有青龙、白虎、朱雀、玄武四神（或称四象、四灵）图像。⑤ 四神不仅是人们想像出来的四方瑞兽，又是天上的四宫，是古人用以表示天空东西南北四个方位的星象。《史记·天官书》《汉书·天文志》等汉代文献都把天上二十八星宿

① 《史记》卷二十七《天官书》，第 1549 页。

② 凌皆兵、徐颖主编；牛天伟、李建副主编：《南阳汉代画像石图像资料集锦》，中州古籍出版社 2012 年版，第 259 页。

③ 任积太、王付彤：《一幅"驱邪祈福图"考》，《南都学坛》1989 年第 2 期。

④ （清）王夫之：《楚辞通释》，上海人民出版社 1975 年版，第 36 页。

⑤ 据俞伟超主编的《中国画像石全集》，河南美术出版社 2000 年版，共刊出汉代画像石图版 1776 幅，其中四神图像有 199 幅。

分为四宫，分别以四神命名，在天上各镇一方，是四方的守护神。《三辅黄图》卷三云："苍龙、白虎、朱雀、玄武，天之四灵，以正四方。"①

四神作为四方的守护神，被绘刻在墓室当中，主要是其所具有的祛邪、避灾、祈福等象征作用，所反映的正是汉代人"天人合一"的宇宙观。在汉代的铜镜铭文中多有"左龙右虎主四彭，玄朱爵顺阴，浮游天天访四方，寿如金石乐未央"。"左龙右虎辟不羊（祥），朱鸟玄武顺阴阳，子孙备具居中央，长保二亲乐富昌"等语句②，其所传达的辟邪、祈福功能不言而喻。

在江苏省扬州市胡场第十四号汉墓出土的西汉木质方盒状漆面罩，面罩内壁绘有四神和云彩图案，这种设计使"漆面罩的内部已被转化成天空宇宙的缩影，而四灵的作用是从四方保护死者的身体和灵魂"③。

1988 年，出土于南阳市麒麟岗的汉墓，前室墓顶由九块石条组成一幅巨型的天象图（见图八）。"正中央天帝、天帝四周为四神，即青龙、白虎、朱雀、玄武；四神的右端分别为女娲和南斗六星，左端分别为伏羲和北斗七星，女娲怀抱月轮，伏羲怀抱日轮。"④ 位居中央的为天帝太一神，太一神下为四神，这是标准的以中宫为中心，四象环绕四周，四神夹辅太一。这既反映出汉代人太一崇拜、天人感应、阴阳五行等思想意识，同时也有渴求天帝及众星神赐福添禄、保佑墓主人平安的愿望。

图八　南阳麒麟岗汉画像石墓前室墓顶画像

说明：取自黄雅峰、陈长山《南阳麒麟岗汉画像石墓 》，三秦出版社 2008 年版，第 62 页，图 42。

---

① 何清谷校注：《三辅黄图校注》，第 150 页。

② 王纲怀、陈灿堂：《东汉龙虎铜镜》，上海古籍出版社 2016 年版，第 32、33 页。

③ 黄佩贤：《汉代四灵图像的构图分析》。参见陈江风主编《汉文化研究》，河南大学出版 2004 年版，第 174 页。

④ 曹新洲：《从南阳市麒麟岗汉墓前室墓顶画像看汉代神话体系的构成》。参见《中国汉画学会第十届年会论文集》，湖北人民出版社 2006 年版，第 276 页。

（三）成仙升天

神仙思想兴起于战国时期，在汉代得到进一步的发展，谶纬神学的泛滥又起到推波助澜的作用。汉代人对成仙情有独钟，有着异乎寻常的迷恋和狂热。追求长生，幻想羽化成仙是从帝王到平民的共同祈望。尤其是自秦始皇、汉武帝多次派方士入海寻找长生不老的仙药，将追仙、造仙运动推向高潮，更加刺激了人们成仙的欲望。“从西汉晚期到东汉中期，一场轰轰烈烈、声势浩大的群众性造仙运动波及到社会各个角落”①，进而演变成风靡一时的社会风气。

《释名·释长幼》释“仙”曰：“老而不死曰仙。仙，迁也，迁入山也。故制其字，人旁作山也。”② 王充在《论衡·无形》篇中曰：“图仙人之形，体生毛，臂变为翼，行于云，则年增矣，千岁不死。此虚图也。”③ 不过，遁迹山林，通过辟谷修炼等方法而达到长生不老是不存在的，现实生活中更不可能有成功的例子。人们奢望更多的是梦想死后能够灵魂升天，进入天界，这才是成仙后最理想的归宿和最终的目的。《淮南子·精神训》曰：“是故精神，天之有也；而骨骸者，地之有也。精神入其门，而骨骸反其根。”高诱注：“精神无形，故能入天门；骨骸有形，故反其根归土也。”④ 精神（即灵魂）升天是汉代普遍的追求和内心向往。

升仙思想是汉代丧葬文化的重要组成部分，汉代许多与升仙有关的天文画像石几乎都绘刻于墓室的顶部，“包括前室墓顶、主室墓顶、前室过梁下面”，以象征苍穹，“即神鬼世界中的‘天国世界’”⑤。

汉代画像石中有大量的仙人、升仙之类的图案，都表达出墓主人强烈的升仙愿望。其中以天上星神为主的题材，描绘出时人认知的天上神仙世界和对神奇虚幻天国的想象，反映的是祈求自己的灵魂能够被星神引导、护卫下升入天界，位列仙班。

上文所述四神图像，一方面具有祛邪祈福的象征性作用，另一方面，四神作为珍禽瑞兽和天神的座骑，是接引、帮助人们升天的重要载体。贾谊在《惜誓》中曰：“飞朱鸟使先驱兮，驾太一之象舆。苍龙蚴虬于左骖兮，白

---

① 信立祥：《汉代画像石综合研究》，文物出版社 2000 年版，第 143 页。

② （东汉）刘熙撰，（清）毕沅疏证，王先谦补：《释名疏证补》，中华书局 2008 年版，第 96 页。

③ （东汉）王充：《论衡》，第 24 页。

④ 赵宗乙：《淮南子译注》，黑龙江人民出版社 2003 年版，第 322 页。

⑤ 孙怡村：《浅析南阳汉画像石天文图像之功能》。参见《中国汉画学会第十届年会论文集》，湖北人民出版社 2006 年版，第 261 页。

虎骋而为右騑，建日月以为盖兮，载玉女于后车。”[①]《焦氏易林》曰：“玄鬣黑颡，东归高乡。朱鸟道引，灵龟载庄。遂抵天门，见我贞君。”[②] 出土于洛阳西郊汉墓中的铜镜铭文上也写有“福熹进兮日以萌，食玉英兮饮澧泉，驾文龙兮乘浮云，白虎□兮上泰山，凤凰舞兮见神仙，保长命兮寿万年”等祝福吉语。[③]

1978 年，发现于洛阳金谷园村的新莽时期墓壁画，主要内容为天上的星宿神祇。其中后室平棊壁画共有四幅，由南向北依次为：日象图、太乙图、天地图、月象图；东壁壁画四幅，由南向北依次为：苟芒像、蓐收像、凤鸟像、凰鸟像；西壁壁画有太白星和白虎像、岁星和青龙像、飞廉像、荧惑、轩辕二星像；后壁壁画共四幅，由东向西依次为祝融像、玄冥像、玄武像、辰星、天马像、辰星像[④]。这些天文图案“以日、月标识阴、阳，以后土、句芒、祝融、蓐收、玄冥五方之佐和黄龙、青龙、朱雀、白虎、玄武五方之兽来体现五行，并配以仙人驾虎、仙人御龙、仙人戏天马等图像来象征升天和祥瑞。其图像系统非常完善、清晰，集中而鲜明地体现了流行于汉代的阴阳五行、天人相应思想以及引魂升天观念”[⑤]。除“天地阴阳协理的象征外，还有它更深一层或更隐秘的意义，即神仙思想长生不老的体现”[⑥]。很明显，墓主人主希望通过阴阳、五行和谐和星神、仙人的相助而实现长生，升天成仙。

2008 年 11 月，西安市文物保护考古所在西安南郊曲江新区翠竹园发掘的西汉时期墓葬，在 M1 墓室顶券绘有天象图，据发掘简报描述：

> 墓室券顶主要为天象图，天象内容主要为云气纹、太阳金乌 、月亮蟾蜍、星宿、青龙、白虎、人物图案等 。
>
> 太阳，位于券顶南部的东侧 ，内绘金乌。

---

① （清）严可均辑：《全上古三代秦汉三国六朝文・全汉文》，第 209 页。

② （西汉）焦延寿撰，徐传武、胡真校点集注：《易林汇校集注》（上册），上海古籍出版社 2012 年版，第 425 页。

③ 中国科学院考古研究所洛阳发掘队：《洛阳西郊汉墓发掘报告》，《考古学报》1963 年第 3 期。

④ 洛阳市博物馆：《洛阳金谷园新莽时期壁画墓》。参见文物编辑委员会《文物资料丛刊》（九），文物出版社 1985 年 1 版，第 163—173 页。

⑤ 贺西林：《洛阳金谷园新莽墓壁画释读》。参见陈江风主编《汉文化研究》，河南大学出版社 2004 年版，第 68—77 页。

⑥ 顾森：《生命的图示——汉代西王母图像研究之一》，参见李砚祖主编《艺术与科学》（卷三），清华大学出版社 2006 年版，第 50 页。

月亮，位于券顶南部的西侧，内绘蟾蜍。

青龙，位于墓室券顶中部偏东，可辨识前半身，张牙舞爪。

白虎，位于墓室券顶中部略偏西北处，仅绘头与前爪，后半身隐于云气之中，张口作回首状。

另外在券顶中部偏东亦有一人物，仅见上半身，拱手，束发圆髻，面容圆润，红唇，颌下有胡须，身着袍服，通体饰青绿色。

星宿位于券顶之上，经辨认有“毕”、“轸”、“北斗”等。①

这是由太阳金乌、月亮蟾蜍、星宿 、青龙、白虎等共同组成的一幅天象图，所表现的是墓主人升天进入仙界后与天上众神拱手问候的场景，包括毕、轸、北斗等星神，寄托了对死后“理想生活”的希冀和憧憬。

另外，在汉代画像石中，还出现一定数量的牵牛（或河鼓）②、织女（或婺女、须女）③ 图案。如西安交通大学西汉壁画墓墓室顶部壁画，有一图像“表现为一人牵牛的牛宿（六星）和织布女子星象的女宿（四星）”④。在洛阳尹屯新莽壁画墓中室墓顶西坡壁画中，右侧壁画“画面的左下部为一牵牛图，人左牛右，人及牛上方共有3星”，右侧壁画“右下方有一跽坐女子，……双手左右向上托起，上有曲折相连3星”⑤。冯时先生认为，该画面是以牵牛形象代表河鼓，所表现的是牛郎、织女的古老故事⑥。

20世纪70年代发现于河南省南阳市北郊独山东坡白滩村的画像石，陈江风先生认为是一幅“辟邪祈福图”（见图九）。他说：“这幅汉画像以高度概括的手法，把南方朱雀、西方白虎和北天区的牛郎等跨度颇宽的星象浓缩在一幅图中，为集中表现统一的主题服务。它的每一个局部，或表示驱鬼辟邪（白虎），或祈求灵魂不死（月亮），或表示祭祀（鬼宿，《史记正义》

---

① 西安市文物保护考古所：《西安曲江翠竹园西汉壁画墓发掘简报》，《文物》2010年第1期。

② 河鼓三星，位于牵牛北。《史记·天官书》：“牵牛为牺牲。其北河鼓。”属于牛宿。古人常把牛郎、牵牛、河鼓视为一物。索隐引《尔雅》云：“河鼓谓之牵牛。”引孙炎曰：“河鼓之旗十二星，在牵牛北。或名河鼓为牵牛也。”（第1564页）《太平御览》卷三十一《时序部十六》引《日纬书》曰：“牵牛星，荆州呼为河鼓。”（第274页）

③ 婺女，即女宿。《史记·天官书》：“婺女，其北织女。织女，天女孙也。”索隐引《广雅》云：“‘须女谓之务女’是也。一作‘婺’。”正义曰：“须女四星，亦婺女，天少府也。……须女，贱妾之称，妇职之卑者，主布帛裁制嫁娶。”（第1564—1565页）因所负职责与织女相近，常被人们混淆。

④ 韩国河，赵海洲等著：《中国古代物质文化史·秦汉》，开明出版社2014年版，第286页。

⑤ 洛阳市第二文物工作队：《洛阳尹屯新莽壁画墓》，《考古学报》2005年第1期。

⑥ 冯时：《洛阳尹屯西汉壁画墓星象图研究》，《考古》2005年第1期。

云‘舆鬼四星，主祠事’），或表示牺牲（河鼓，亦即牛郎），都服从并统一于对墓葬主人良好的祝福这一前提下，高度概括，洗炼省净。因此，我们说，本画像是含有寄托的以白虎为主体的辟邪祈福图。”① 不过多数学者认为是“牛郎织女图”。南阳汉代画象石编辑委员会主编的《南阳汉代画像石》认为是“牛郎、织女星宿”，“右上相连三星为牵牛星，又名河鼓二，下刻相连四星，内有一女子，即女宿”。② 周保平先生认为：“其下有四星连成梯形，内有一高髻女子拱手跽坐，应为织女，即女宿。”“右上方三星为牵牛星，亦名河鼓二。牵牛星之下有牛郎牵牛。空间饰云气。”③

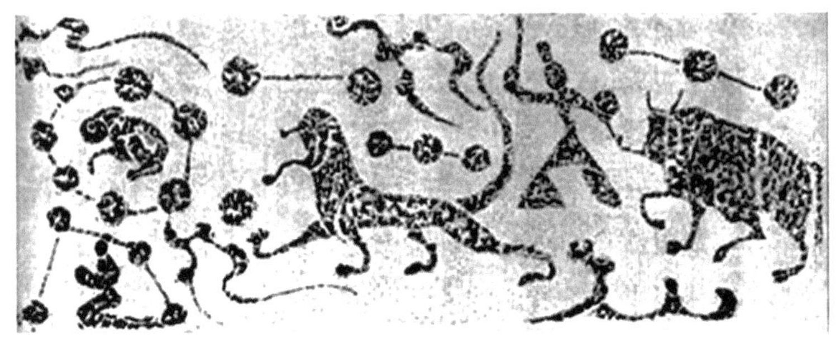

图九 河南南阳白滩汉墓出土牵牛、织女星宿画像石

说明：取自南阳汉代画象石编辑委员会编《南阳汉代画像石》，文物出版社1985年版，第148页，图530。

绘有牵牛、织女形象的画像石还有：陕西定边郝滩东汉墓墓室拱顶壁画、山东长清孝堂山石祠隔梁底面画像石、四川郫县新胜乡出土的画像石等。

将牵牛、织女形象绘刻在墓室的画像石之上，恐怕不只是为了装饰或是为了描述牵牛织女这个凄美的神话传说，当然还有其星占象征意义，突出的是“天关”（或天门）这一观念。

牵牛：《史记·天官书》云：“南斗为庙，其北建星。建星者，旗也。牵牛为牺牲。”正义曰：“建六星，在斗北，临黄道，天之都关也。”“牵牛

① 陈江风：《南阳天文画像石考释》。参见韩玉祥主编：《南阳汉代天文画像石研究》，民族出版社1995年版，第21页。

② 南阳汉代画象石编辑委员会：《南阳汉代画像石》，文物出版社1985年版，第148页。

③ 周保平：《汉代吉祥画像研究》，天津人民出版社2012年版，第534页。

为牺牲，亦为关梁。”[1]《荆楚岁时记》引《石氏星经》云：“牵牛名天关。”[2]《春秋佐助期》曰：“牵牛主关梁。”[3]《开元占经》卷六十一《北方七宿占二》引《北官候》曰：“牵牛一名天鼓，一名天关。”引郗萌曰：“牵牛明大，关梁通利。”[4] 在画像石描绘的牵牛、织女图像中，“都表现有天门、天阙，与其紧密结合在一起。而根据相关文献的记载，牵牛确实与天之入口——天关及横渡天河之桥梁有密切联系”。即牵牛象征着天关和跨越天河的桥梁，是进入天界的必经之门。所以，人们将牵牛、织女图案刻画在墓顶或棺顶，意在表现天阙和天门，是“希望墓主能像牵牛、织女一样或得到主事者牵牛、织女的帮助，顺利过天关、越天梁、渡天河，进入天阙、天门而升天成仙”[5]。

所以，汉墓中的画像石（砖）图案不只是对天象的简单模拟和艺术形式的再现，更多的是反映人们的精神寄托，是“凭借人的‘想像力’创造的一个虚无飘缈的精神世界”[6]。作为精神的物化形式，体现的是汉代人们精神世界的写照和当时盛行的思想意识形态。

① 《史记》卷二十七《天官书》，第1564页。
② （南朝梁）宗懔著、姜彦稚辑校：《荆楚岁时记》，岳麓书社1986年版，第42页。
③ ［日］安居香山、中村璋八辑：《纬书集成》，第824页。
④ （唐）瞿昙悉达：《开元占经》，第584—585页。
⑤ 王煜：《汉代牵牛、织女图像研究》，《考古》2016年第5期。
⑥ 陈江风：《汉画像“神鬼世界”的思维形态及其艺术》，《中原文物》1991年第3期。

第九章　从“恪谨天命”到“天人合一”

——天人感应思想从先秦至两汉时期的嬗递演变

天人感应思想是星占学的理论基础，不仅是中国古代哲学史上的一个重要命题，在政治思想史上亦占有极其独特的地位。尤其是自董仲舒之后成为两汉乃至整个中国古代历史上占主导地位的意识形态。在目前的研究成果中，学界对董仲舒及董仲舒之前天人感应思想的内容、发展历史及天人感应与“天人合一”的关系等进行了深入的论述①。但对其发展的阶段性特征及其内在联系尚缺乏足够的研究与探讨。

天人感应思想经历了从萌芽、发展到成熟的演变过程，其体系由粗糙到精细，其内容由简单到复杂，在不同的历史时期具有不同的内涵和特色，厘清这一发展脉络，不仅有助于对该理论有更加清晰的认知，同时对天人感应思想在中国古代政治生活中尤其是在星占学中重大而特殊的作用亦有更充分的理解。

---

①　黄朴民先生认为：“天人感应”与“天人合一”是两个不同的概念，“天人合一”是体，而“天人感应”则是用。参见《“天人感应”与“天人合一”》，《文史哲》1998 年第 4 期；王平重点阐述了汉代天人感应说产生的背景、功能、理论结构和哲学意义。参见《汉代天人感应说略述》，胡军、孙尚扬主编：《诠释与建构——汤一介先生 75 周年华诞暨从教 50 周年纪念文集》，北京大学出版社 2001 年版，第 247—255 页；宇汝松在《试论先秦天人关系演变的内驱力》中从哲学的角度认为：先秦时期的天人关系由“天人相分”到“天人相通”，最后朝“天人合一”的最高境界发展。参见《广西社会科学》，2003 年第 8 期；周桂钿先生在《董学探微》第二章“宇宙论”中对董仲舒的天人感应思想进行了总结。福建教育出版社 2015 年版，第 59—73 页；崔天兴在《先秦“绝地天通”向“天人合一”的转向》一文中勾勒出从史前传说时代到董仲舒时期“绝地天通”到向“天人合一”学说转变的大致发展轨迹。载《辽宁师范大学学报》（社会科学版），2016 年第 5 期。

第一节 从“恪谨天命”到“天命靡常”

恩格斯指出：“宗教是在最原始的时代从人们关于自己本身的自然和周围的外部自然的错误的、最原始的观念中产生的。”① 天命思想来源于远古时期最原始拙朴的宗教信仰，先民自从有思想意识开始，就对日月、星辰、风雨、雷电等产生朴素的自然崇拜，对“天”赋予超越自然的神性和魔力，充满了无限的恐惧和敬畏之情，并进行虔诚的祭拜和祈祷，形成了原始的天道观。

在河姆渡文化中，发现有“双鸟朝阳纹”牙雕（见图十），“正面中间阴刻5个大小不等的同心圆，外圆上端刻有熊熊的火焰纹，象征太阳的光芒，两侧各有一只引昂勾喙鸷鸟拥戴太阳，器物边缘还锥刻羽状纹”②。这个牙雕具有一定的宗教意义，反映了原始先民对太阳的崇拜。在我国古代神话传说中，鸟负有驮运太阳的职责，《山海经·大荒东经》载，“汤谷上有扶木，一日方至，一日方出，皆载于乌”。③ 该牙雕的主题是双鸟背负太阳，可以说是“金乌负日”的雏形。

图十 河姆渡文化中的“双鸟朝阳纹”牙雕

说明：取自贾关法《会稽读画纪历》，西泠印社2015年版，第7页。

在大汶口文化中发现刻有天象文字的陶器，邵望平先生认为这是“远

---

① 恩格斯：《路德维希·费尔巴哈和德国古典哲学的终结》，《马克思恩格斯选集》第4卷，人民出版社1972年版，第250页。

② 唐毅、罗艳梅：《中国古遗址》，四川出版集团、巴蜀书社2011年版，第24页。

③ 史礼心、李军注：《山海经》，华夏出版社2005年版，第202页。

古时代祭天的礼器”。高广仁先生也认为“它可能与祭天、祈年的活动相关”①。

在原始时代，由于生产力条件极其低下，人们对大自然的威力是无法抗拒的，只能无条件地服从。进入阶级社会之后，对天的敬畏产生出早期的天命思想，由对大自然无条件的服从演变为对天命的绝对顺承和尊崇，《尚书·尧典》提到：“乃命羲和，钦若昊天。”② 凡是军国大事的决策都须借助于天的神威。舜帝即位之后，首先“肆类于上帝”③。夏禹在征讨三苗时说：“非惟小子，敢行称乱，蠢兹有苗，用天之罚。若予既率尔群对诸群，以征有苗。”④ 夏启在讨伐有扈氏誓师时强调：“有扈氏威侮五行，怠弃三正，天用剿绝其命，今予惟恭行天之罚。”⑤ 商汤在讨伐夏桀时强调说：“有夏多罪，天命殛之。”“夏氏有罪。予畏上帝，不敢不正。”⑥ 周武王讨伐商纣王所作的《牧誓》亦曰：“今商王受，惟妇言是用，昏弃厥肆祀弗答，昏弃厥遗王父母弟不迪，……今予发惟恭行天之罚。”⑦ 口吻几乎是一样的，都在宣扬自己是替天行道。

商人对天命是极其笃信的，对上天顶礼膜拜，唯命是从。可以说，在商朝灭亡之前，人们对天命的权威是丝毫不敢怀疑和否定的。盘庚迁殷就是打着上帝的旗号，“天其永我命于兹新邑，绍复先王之大业，底绥四方”，迁都之后更强调要“恪谨天命”⑧。从甲骨文的记载来看，占卜的内容极其广泛，凡祭祀、征战、狩猎、官吏黜陟、年成丰歉及风云雨雪、日食、月食等都要进行占卜，征询上帝的旨意和指示，由上帝来裁决。陈梦家先生在《殷墟卜辞综述》中从令雨、令风、令霁、降祸、降食、降若等十六个方面总结了卜辞中所见上帝的超自然能力⑨。由此可见上帝的权威无处不在，无所不包，无所不能，“是管理自然与下国的主宰”⑩。“常常发施号令 ，与王

① 邵望平：《远古文明的火花——陶尊上的文字》，参见山东大学历史系考古教研室《大汶口文化讨论文集》，齐鲁书社1979年版，第237—244页；高广仁：《大汶口文化的社会性质与年代》，同上书，第110—119页。

② 《尚书·尧典》，第119页。

③ 《尚书·舜典》，第126页。

④ 《墨子·兼爱下》引《禹誓》，第121页。

⑤ 《尚书·甘誓》，第155页。

⑥ 《尚书·汤誓》，第160页。

⑦ 《尚书·牧誓》，第183页。

⑧ 《尚书·盘庚上》，第168页。

⑨ 陈梦家：《殷墟卜辞综述》，中华书局1988年版，第561—571页。

⑩ 同上书，第562页。

一样。”[①] 胡厚宣先生亦指出：“武丁时卜辞中称帝者甚多，实为殷人之天神，其权能力量厥有八端。”即令雨、授年、降暵、缶王、授祐、降若降不若、降祸、降灾等。从武丁时期的卜辞来看，“帝者，能降若降不若，授祐降灾，则又实为人间祸福之主宰，以神权特大，威力无比，故令降旱授年不授年，虽惟帝为能，但万一雨年不好，则宁以为乃先祖作祟，亦不能怪罪于帝天”。[②]

殷商的大小事务都要接受上帝的命令和安排，卜辞中的上帝其实就是上天，即殷人的“天神”。虽未见天命一词，但具有强烈的天命观是毋庸置疑的。甚至在殷商灭亡之前，纣王还笃信天命，坚称“我生不有命在天”[③]。大臣也借天命来警告帝王，在周文王打败黎国之后，祖伊预感到殷朝的天命将终，乃进谏纣王说，“天既讫我殷命。格人元龟，罔敢知吉。非先王不相我后人，惟王淫戏用自绝。故天弃我，不有康食，不虞天性。不迪率典。”[④]希望纣王停止淫乱行为，振作起来，勤于政事，以挽回殷商的天命。

晁福林先生指出：“商周之际的天命观经历过一个大的变动，那就是周人将殷的天命有常，改变为天命无常，天命可以赋予殷，也可以赋予周。天命观的这个变化是一个巨大进展。然而，这一变革并没有从根本上触动天命的权威。‘天’还是那个‘天’，‘天命’依然还是那个‘天命’，只是它可以将所授予的对象改变而已。”[⑤]

商朝灭亡之后，以周公、召公为代表的周初政治家一方面继承了自夏、商以来的天命思想，强调“天命不僭”[⑥]。天主宰一切，“命哲，命吉凶，命历年”。[⑦] 着力宣扬以周代商是“皇天眷佑”“受天明命”，一切都是天命的安排，是上天的意志，“天乃大命文王，殪戎殷。诞受厥命，越厥邦厥民”。[⑧]“有命自天，命此文王，于周于京，缵女维莘，长子维行，笃生武王。保右命尔，燮伐大商。”[⑨] 西周初年的大盂鼎铭文亦着力突出：“不

① 陈梦家：《殷墟卜辞综述》，第572页。

② 胡厚宣：《殷代之天神崇拜》。参见《甲骨学商史论丛初集》，上海书店1989年版，第3—11页。

③ 《尚书·西伯戡黎》，第177页。

④ 同上。

⑤ 晁福林：《“时命”与“时中”：孔子天命观的重要命题》，《清华大学学报》（哲学社会科学版）2008年第5期。

⑥ 《尚书·大诰》，第200页。

⑦ 《尚书·召诰》，第213页。

⑧ 《尚书·康诰》，第203页。

⑨ 《诗经·大雅·大明》，第400页。

（丕）显玟（文）王受天有大令。”[①] 陈梦家先生指出：“令即命，……‘天有’即‘天佑’，……所以文王受天有大令即文王受到天佑之大命。”[②]

另一方面，他们从商朝灭亡无情而严酷的现实中切身感受到天命难测，认识到“天难谌”，“天不可信”[③]，“天命靡常”[④]，“惟命不于常”[⑤]。天命神秘莫测，难以捉摸，并不是为某一家某一姓所专有、所永享，随时都有可能改变、转移，商朝的覆亡就是前车之鉴。在天命面前，周初的统治者们时时刻刻都忧心忡忡，战战兢兢，如临深渊，如履薄冰，唯恐得罪上天，失去周朝的天命。“畏天之威，于时保之。”[⑥]

同时，他们从夏、商亡国的历史覆辙中总结出教训：他们之所以失去天命，主要是因为骄奢淫逸，不行德政，不关心百姓的疾苦，导致人怒天怨，因此才为上天所弃。“有夏服天命，惟有历年。……惟不敬厥德，乃早坠厥命。有殷受天命，惟有历年。……惟不敬厥德，乃早坠厥命。”[⑦] “有夏诞厥逸，不肯戚言于民，乃大淫昏，不克终日劝于帝之迪。……天惟时求民主，乃大降显休命于成汤，刑殄有夏。” 商朝后期的帝王，“逸厥逸，图厥政，不蠲烝，天惟降时丧”。[⑧]

周初的政治家们通过“监于有夏”“监于有殷”，反复思考之后对天命的内涵有了新的认识：天意和民意是息息相通的，并通过民意表达出来。“天畏棐忱，民情大可见。”[⑨] “天聪明，自我民聪明。天明畏，自我民明威。达于上下，敬哉有土。”[⑩] 《左传·襄公三十一年》穆叔引古《泰誓》曰：“民之所欲，天必从之。”[⑪]《孟子·万章上》又引古《泰誓》曰：“天视自我民视，天听自我民听。”[⑫] 重视民意就是尊重天意，统治者必须注意以民

---

① 马承源：《中国古代青铜器》，上海人民出版社 2008 年版，第 85 页。

② 陈梦家：《西周铜器断代》（上册），中华书局 2004 年版，第 102 页。

③ 《尚书·君奭》，第 223 页。

④ 《诗经·大雅·文王》，第 397 页。

⑤ 《尚书·康诰》，第 205 页。

⑥ 《诗经·周颂·我将》，第 501 页。

⑦ 《尚书·召诰》，第 213 页。

⑧ 《尚书·多方》，第 228—229 页。

⑨ 《尚书·康诰》，第 203 页。

⑩ 《尚书·皋陶谟》，第 139 页。

⑪ 《左传·襄公三十一年》，第 1184 页。此句亦见《国语·周语中》《国语·郑语》《左传·昭公元年》。

⑫ 杨伯峻：《孟子译注》，中华书局 1960 年版，第 219 页。

心为镜鉴，"人无于水监，当于民监"。[①] 所以陈来先生指出："爱护人民，倾听人民的意愿，天以人民的意愿作为自己宰理人世的意志，……天意在民，民意即天意。……上天的意志不再是喜怒无常的，而被认为有了明确的伦理内涵，成了民意的终极支持者和最高代表。"[②] 这是将人民的意愿注入到天命思想之中，天意在一定程度上成为民意的化身，帝王受命于天不仅是代表上天来管理人民、统治人民，更是受天之命来保护人民、爱抚人民，此路径成为其后天人感应思想发展的主线。

在此基础上，他们提出"德"的观念，作为天命论的补充，提出"敬德保民"、以德配天的思想。《尚书·皋陶谟》曰："天命有德。"[③]《尚书·蔡仲之命》曰："皇天无亲，惟德是辅。"《蔡仲之命》为伪书，但这句话确是真实的。《左传·僖公五年》引《周书》曰："皇天无亲，惟德是辅。"[④] 而民意是什么？就是希望统治者能够"敬德保民"，"明德慎罚"，施惠于民，关心、救助弱势群体，"怀保小民，惠鲜鳏寡"[⑤]。

天命并不是无条件的，求天不如求已，要想"永保天命"，"至于万年，惟王子子孙孙永保民"[⑥]，维护统治的长治久安，缓和阶级矛盾，必须"顺天之则"[⑦]"惟天惠民，惟辟奉天"[⑧]。效法上天，顺从天的意志，实行德政、仁政。在"敬天"的同时注意"保民"，"若保赤子，惟民其康乂"。[⑨] 关心民瘼，视民如子，不能只贪图自己的安逸。"民莫不逸，我独不敢休。天命不彻，我不敢傚我友自逸。"[⑩]"天亦哀于四方民，其眷命用懋。王其疾敬德。""王敬作，所不可不敬德。""肆惟王其疾敬德，王其德之用，祈天永命。"[⑪] 这样的言论，在周初诸诰中处处可见，并在上层统治者中"一直被承继下来，成为一种官方哲学"[⑫]。

---

① 《尚书·酒诰》，第207页。

② 陈来：《古代宗教与伦理：儒家思想的根源》（增订本），北京大学出版社2017年版，第214页。

③ 《尚书·皋陶谟》，第139页。

④ 《左传·僖公五年》，第309页。

⑤ 《尚书·无逸》，第222页。

⑥ 《尚书·梓材》，第209页。

⑦ 《诗经·大雅·皇矣》，第415页。

⑧ 《尚书·泰誓中》，第181页。

⑨ 《尚书·康诰》，第204页。

⑩ 《诗经·小雅·十月之交》，第302页。

⑪ 《尚书·召诰》，第212—213页。

⑫ 朱凤瀚：《商周时期的天神崇拜》，《中国社会科学》1993年第4期。

至此，上帝除神性之外又增添了人性的成分，开始出现人格化和道德化的一面。天亦有喜怒之情、仁慈之心，只钟爱、眷顾、护佑有仁德之人，“有德”是获得天命、保有天命甚至是改变天命的前提和基础，初步形成早期的“天人感应”思想和天人对应关系。这也是周人的天道观比殷人进步的地方，开始由单纯地尊天、问卜转向重民，天事与人事并重，在向上天负责的同时也要向人民负责，不只是仅仅盲目地听从上天的安排，祈祷上天保佑自己的天命，而是有了通过自己的努力改变天意的想法，注意到突出和发挥人的主观能动作用。

第二节 天事恒象

西周末年，“天人感应”思想的核心“天谴论”开始初具端倪。周幽王二年（公元前780年），西周泾、渭、洛三川发生强烈的地震，周大夫伯阳父就说：

> 周将亡矣！夫天地之气，不失其序；若过其序，民乱之也。……昔伊、洛竭而夏亡，河竭而商亡。今周德若二代之季矣，其川源又塞，塞必竭。夫国必依山川，山崩川竭，亡之征也。川竭，山必崩。若国亡不过十年，数之纪也。夫天之所弃，不过其纪。①

在此伯阳父已将地震视为西周被“天之所弃”的前兆。周幽王六年十月辛卯（公元前776年9月6日）出现日食，《诗经·小雅·十月之交》指出：“日有食之，亦孔之丑。”“日月告凶，不用其行。四国无政，不用其良。”② 将日食视为上天“告凶”，是上天降下的重大灾异，并开始分析天降灾异的人事原因，认为此次日食之变是上天对周幽王不顺天意、昏庸无道、不用贤良、宠幸褒姒、为政不善的报应和惩罚。

春秋战国时期，灾异天谴论已开始得到一定程度的流行。多数思想家、政治家都认为上天是明察秋毫、赏善罚恶、公正无私的。对于君主的失德行为，会以日食、星变、地震等形式给以警告和惩戒。孟子曰：“天不言，以

① 《国语·周语上》，第26页。

② 《诗经·小雅·十月之交》，第299—300页。

行与事示之而已矣。”①《国语·周语上》曰：“夫天事恒象，任重享大者必速及，故晋侯诬王，人亦将诬之；欲替其镇，人亦将替之。”“天事恒象”，韦昭注：“恒，常也。事善象吉，事恶象凶也。”②《左传·昭公十七年》鲁大夫申须亦曰：“天事恒象，今除于火，火出必布焉。诸侯其有火灾乎?”“天事恒象”，杜预注曰：“天道恒以象类告示人。”③ 即天象预示着人事的吉凶。《国语·晋语四》中子犯亦提到：“天事必象，十有二年，必获此土。二三子志之。岁在寿星及鹑尾，其有此土乎!”④

“事恶象凶”，其实就是灾异。虽然灾异论在汉代才得到系统的论述，但作为一种思想萌芽，该思想在春秋战国时期就已出现。《左传·宣公十五年》伯宗曰：“天反时为灾，地反物为妖，民反德为乱，乱则妖灾生。”⑤ 从这些言辞中我们已经可以看出后来董仲舒灾异论的影子。

尽管此时期一些思想家提出过重民轻神的言论和思想，如随国季梁说：“夫民，神之主也，是以圣王先成民而后致力于神。”⑥ 虢国史嚚曰：“国将兴，听于民；将亡，听于神。”⑦ 但这并不等于是对天命的怀疑和否定。季梁在提出一系列的修政措施之后又说：“是乎民和而神降之福，故动则有成。”⑧ 史嚚亦曰：“神聪明正直而壹者也，依人而行。”⑨ 这是假借天命和神的权威要求君主要更加“依人而行”，重视民生，其实就是西周初期“敬天保民”思想的延续。

综合当时政治家、思想家的言行来看，还没有人敢否定天的权威。

提出“天道远，人道迩”的郑国政治家子产，也承认“敝邑之灾，君之忧也。敝邑失政，天降之灾”⑩。

崇尚“人法地，地法天，天法道，道法自然”的老子，亦肯定天是有意志的，“天将救之，以慈卫之”⑪，“天道无亲，常与善人”⑫。

---

① 杨伯峻：《孟子译注》，第 219 页。
② 《国语·周语上》，第 39—40 页。
③ （西晋）杜预集解：《春秋左传集解》，上海古籍出版社 1988 年版，第 1424—1425 页。
④ 《国语·晋语四》，第 339 页。
⑤ 《左传·宣公十五年》，第 763 页。
⑥ 《左传·桓公六年》，第 111 页。
⑦ 《左传·庄公三十二年》，第 252 页。
⑧ 《左传·桓公六年》，第 112 页。
⑨ 《左传·庄公三十二年》，第 252—253 页。
⑩ 《左传·昭公十八年》，第 1399 页。
⑪ （三国魏）王弼注，楼宇烈校释：《老子道德经注校释》，中华书局 2016 年版，第 170 页。
⑫ 同上书，第 188 页。

孔子提出："天何言哉？四时行焉，百物生焉，天何言哉？"[①] 在此是将天视作自然之天。同时又坚称"唯天为大"[②]，"获罪于天，无所祷也"[③]，把"畏天命"作为君子的"三畏"之首[④]。

《墨子》有《天志》三篇，单从题目就可以看出墨家对天命的态度。"天志"，即天是有意志的，无所不能，对君主的行为能够赏罚分明，"天子为善，天能赏之；天子为暴，天能罚之"。[⑤]"'天子有善，天能赏之；天子有过，天能罚之。'天子赏罚不当，听狱不中，天下疾病祸福，霜露不时。"[⑥] 天子实行善政、仁政，就是顺从天意，就能得到上天的奖赏；反之，实行暴政、恶政，就是违反天意，就会受到上天的惩罚。并以古代的圣王、暴君为例说："昔三代圣王禹汤文武，此顺天意而得赏也。昔三代之暴王桀纣幽厉，此反天意而得罚者也。"主张"其事上尊天，中事鬼神，下爱人"[⑦]。

即使提出"制天命而用之""明于天人之分"的荀子，亦难以摆脱传统天命观的影响，认为"人之命在天"[⑧]，要求"敬天而道"[⑨]，"制天命"的前提是敬天、顺天，"顺其类者谓之福，逆其类者谓之祸，夫是之谓天政"。[⑩] 在肯定人的主观能动性的同时并不否认天命的存在，并把"上事天"作为"礼之三本"的首位[⑪]。

即使天因降下自然灾害或祸患而招致人们的埋怨，甚至发出"不吊昊天""昊天不平"的哀怨，《诗经·小雅·雨无正》曰："浩浩昊天，不骏其德。降丧饥馑，斩伐四国。"[⑫]《诗经·小雅·节南山》曰："昊天不佣，降此鞠訩。昊天不惠，降此大戾。"[⑬] 但这也仅仅是对上天不满的情绪化表

---

① 杨伯峻：《论语译注》，第188页。

② 同上书，第83页。

③ 同上书，第27页。

④ 《论语·季氏》："孔子曰：'君子有三畏：畏天命，畏大人，畏圣人之言。小人不知天命而不畏也，狎大人，侮圣人之言。'"杨伯峻：《论语译注》，第177页。

⑤ 《墨子·天志中》，第198页。

⑥ 《墨子·天志下》，第210页。

⑦ 《墨子·天志上》，第195页。

⑧ 章诗同：《荀子简注》，上海人民出版社1974年版，第183页。

⑨ 同上书，第19页。

⑩ 同上书，第178页。

⑪ 《荀子·礼论》曰："故礼，上事天，下事地，尊先祖，而隆君师。是礼之三本也。"参见章诗同《荀子简注》，上海人民出版社1974年版，第205页。

⑫ 《诗经·小雅·雨无正》，第303页。

⑬ 《诗经·小雅·节南山》，第292页。

达，并不代表对天命的否定和信仰的动摇。类似今天的人们在遇到挫折、患难时所抱怨的：“老天爷呀，你眼瞎了吗?”这反过来正好说明人们对上天还是非常敬畏的。从内心来说仍是对上天充满了期望，希望上天能够睁睁眼，除祛灾难，降下吉祥。

《左传·昭公七年》载，该年四月甲辰朔，“日有食之”。晋平公问于士文伯曰：“谁将当日食?”士文伯对曰：“鲁、卫恶之。卫大，鲁小。”并进一步分析说：“去卫地如鲁地，于是有灾，鲁实受之。其大咎其卫君乎！鲁将上卿。”同时又指出此次灾异产生的原因及应对之策，“不善政之谓也。国无政，不用善，则自取谪于日月之灾，故政不可不慎也。务三而已：一曰择人，二曰因民，三曰从时。”① 士文伯所言反映出春秋战国时期的天人感应思想已形成系统化的理论体系。其主要内容反映在以下三个方面。

其一，已将天文异象或重大的自然灾害与人事联系在一起。

晋平公问：“谁将当日食?”说明当时已普遍把日食、星变等视为重大灾变的征兆，而这些灾变与人事有着密切的关系。《春秋经》所记载的三十六次日食，都是把日食作为重大的灾异，是上天对君主的谴告。

《左传·僖公十四年》，“八月辛卯，沙鹿崩。”晋国卜偃曰：“期年将有大咎，几亡国。”②“大咎”预示着次年在韩原之战中晋国大败，晋惠公被秦人所俘，晋几乎亡国。

《左传·文公十四年》：“有星孛入于北斗。”周内史叔服曰：“不出七年，宋、齐、晋之君，皆将死乱。”③

《左传·昭公十七年》载，该年冬天出现一次彗星，“有星孛于大辰，西及汉”。鲁国大夫申须曰：“彗所以除旧布新也。天事恒象，今除于火，火出必布焉。诸侯其有火灾乎!”据此彗星星象预测有诸侯国将发生火灾。而梓慎更具体地指出宋、卫、陈、郑四国将会发生火灾，他分析道：“若火作，其四国当之，在宋、卫、陈、郑乎！宋，大辰之虚也；陈，大皞之虚也；郑，祝融之虚也；皆火房也。星孛及汉，汉，水祥也。卫，颛顼之虚也，故为帝丘，其星为大水。水，火之牡也。其以丙子若壬午作乎！水火所以合也。若火入而伏，必以壬午，不过其见之月。”④

《左传·昭公二十三年》，“八月丁酉，南宫极震。”苌弘对刘文公曰：

① 《左传·昭公七年》，第1287—1288页。

② 《左传·僖公十四年》，第347页。

③ 《左传·文公十四年》，第604页。

④ 《左传·昭公十七年》，第1390—1391页。

“君其勉之！先君之力可济也。周之亡也，其三川震。今西王之大臣亦震，天弃之矣。”[①] 苌弘将此次地震与周三川地震相比较，预示着刘文公将为天为弃，即将亡国。

《左传·昭公二十四年》载，该年五月“乙未，朔。日有食之。”梓慎曰：“将水。”昭子曰：“旱也。日过分而阳犹不克，克必甚，能无旱乎?”[②] 尽管两人预测的不同，但都认为日食为大凶之兆，将给人们带来大的灾难。

其二，推究灾异产生的人事原因。

根据灾异来阐发人事，是天人感应思想的核心内容。前文已述，此种观点在周幽王六年（公元前 776 年）日食时就已出现，至春秋时期开始普遍流行。

“天人感应”中的“人”，其实指的是“君”，只有君主才是上天要感应的对象和目标，其他人还没有这个资格。原来专指的是周天子，东周之后，随着王室衰微，礼坏乐崩，权力下移，开始扩展到诸侯国的国君。

士文伯认为，日食产生的根本原因是不行“善政”，是人事混乱的结果。春秋战国之世的思想家、政治家从不同的视角探讨、追溯灾异产生的人事原因，其结论百虑一致，殊途同归，都认为灾异是因为君主品行低下，不行仁政、用人不当、治国无方造成的，对灾异须承担最主要的责任。在此，借灾异警示人主的思想和目的极其明显。

上博楚简《鲁邦大旱》载，鲁国发生大旱，哀公问孔子，“子不为我图之?”孔子对曰：“邦大旱，毋乃失诸刑与德乎？唯……”[③] “唯”字后残损，廖名春补为：“唯［正刑与德］。”[④] 旱灾在古人眼中是最严重的灾异之一，孔子认为，鲁国之所以出现旱灾，是因为国君“失诸刑与德”，刑罚不当，德行失误，政治昏暗所致。

《左传·襄公九年》载，该年春，宋国发生火灾。

> 晋侯问于士弱曰：“吾闻之，宋灾于是乎知有天道，何故?”对曰：“古之火正，或食于心，或食于咮，以出内火。是故咮为鹑火，心为大

---

① 《左传·昭公二十三年》，第 1446 页。

② 《左传·昭公二十四年》，第 1451 页。

③ 范丽梅：《上博楚简〈鲁邦大旱〉注译》。参见上海大学古代文明研究中心《上博馆藏战国楚竹书研究续编》，上海书店 2004 年版，第 163 页。

④ 廖名春：《试论楚简〈鲁邦大旱〉的内容与思想》。参见上海大学古代文明研究中心《上博馆藏战国楚竹书研究续编》，上海书店 2004 年版，第 102 页。

火。陶唐氏之火正阏伯居商丘，祀大火，而火纪时焉。相土因之，故商主大火，商人阅其祸败之衅，必始于火，是以日知其有天道也。”公曰：“可必乎？”对曰：“在道，国乱无象，不可知也。”①

士弱在此是根据星占学理论进行解释，并指出，如果君主无道，国政紊乱，上天就不再降下预兆。

此时期，个别君主在灾异出现之后还主动承揽责任，自行罪己。《左传·庄公十一年》载：

秋，宋大水。公使吊焉，曰：“天作淫雨，害于粢盛，若之何不吊？”对曰：“孤实不敬，天降之灾，又以为君忧，拜命之辱。”②

《史记·宋世家》亦载此事，“湣公自罪曰：‘寡人以不能事鬼神，政不修，故水。’”③

对于此次水灾，宋湣公首先引咎自责，认为是自己不敬鬼神、政事不修才招致天降灾害。这说明在时人的眼中，水灾等灾害已非纯粹的自然灾害，而是上天意志的昭示，与人事有极其密切的关系。

其三，提出应对灾异的人事措施。

士文伯提出，应对灾异，重点要做好三个方面的政事，即择人、因民、从时。杜预注：“择贤人”“因民所利而利之”“顺四时之所务”④，即必须选拔贤人、顺应民心和顺从时令。

“择人”，即选贤任能，这是春秋战国时期思想家们的一致主张。孔子在向鲁哀公论述“何为则民服”说：“举直错诸枉，则民服；举枉错诸直，则民不服。”⑤ 孟子提出“进贤论”，他说：“尊贤使能，俊杰在位，则天下之士皆悦而愿立于其朝矣。……如此，则无敌于天下。无敌于天下者，天吏也。”⑥ 墨子的主张之一就是“尚贤”，他强调说：“夫尚贤者，政之本也。”“是在王公大人为政于国家者，不能以尚贤事能为政也。是故国有贤良之士

① 《左传·襄公九年》，第963—964页。
② 《左传·庄公十一年》，第187页。
③ 《史记》卷三十八《宋微子世家》，第1961页。
④ （西晋）杜预集解：《春秋左传集解》，上海古籍出版社1988年版，第1292页。
⑤ 杨伯峻：《论语译注》，第19页。
⑥ 杨伯峻：《孟子译注》，第77页。

众，则国家之治厚，贤良之士寡，则国家之治薄。故大人之务，将在于众贤而已。”①《左传·文公十三年》曰：“大子死，有母弟，则立之；无，则长立。年钧择贤，义钧则卜，古之道也。”②

“因民”，按杜预注就是“因民所利而利之”，关注民众的需要和愿望，根据人民的利益而为政。

《左传·成公十六年》申叔时曰：

> 民生厚而德正，用利而事节，时顺而物成，上下和睦，周旋不逆，求无不具，各知其极。故诗曰：“立我烝民，莫匪尔极。”是以神降之福，时无灾害，民生敦庬，和同以听。③

“因民”主张的出发点其实就是重民思想。要求统治者要以民为本，关心黎民的安危冷暖，为人民谋福利。《左传·襄公三十一年》，邾文公曰：“天生民而树之君，以利之也。”“命在养民。”④《论语·尧曰》载孔子之言曰：“因民之所利而利之，斯不亦惠而不费乎?”⑤ 统治者注意利民、惠民，上下和睦，人民自然就没有抱怨，社会矛盾也可以得到缓和，如此就不会发生灾异和严重的社会危机。

“从时”，杜预注为“顺四时之所务”。“从时”应包括以下三种含义。

一是遵从自然规律。“时”，即顺应天时。《左传·文公六年》曰：“闰以正时，时以作事，事以厚生，生民之道于是乎在矣。”⑥ 这里所说的“时”，就是天时节气，必须按四时节气规律进行农耕劳作。《国语·齐语》曰：“令夫工，群萃而州处，审其四时，辨其功苦，权节其用，论比协材，旦暮从事，施于四方。”“令夫商，群萃而州处，察其四时，而监其乡之资，以知其市之贾。”“令夫农，群萃而州处，察其四时，权节其用，耒、耜、耞、芟，及寒，击菒除田，以待时耕；及耕，深耕而疾耰之，以待时雨；时雨既至，挟其枪、刈、耨、镈，以旦暮从事于田野。”⑦《国语·越语下》

① 《墨子·尚贤上》，第49、43—44页。
② 《左传·襄公三十一年》，第1185页。
③ 《左传·成公十六年》，第881页。
④ 《左传·文公十三年》，第597—598页。
⑤ 杨伯峻：《论语译注》，第210页。
⑥ 《左传·文公六年》，第553—554页。
⑦ 《国语·齐语》，第227—228页。

曰：“不逆天时，五谷睦熟，民乃蕃滋。”[1] 至战国时期，孟子提出：“不违农时，谷不可胜食也。”[2]

二是顺时施政，勿逆时而行。《左传·襄公二十六年》声子曰：“古之治民者，劝赏而畏刑，恤民不倦，赏以春夏，刑以秋冬。”[3]《左传·昭公二十五年》子产曰：“为政事、庸力、行务，以从四时。”[4]《管子·四时》篇曰：“唯圣人知四时，不知四时，乃失国之基。” “是故圣王务时而寄政焉。”[5]《礼记·月令》主张“顺时施政”，按自然季节来安排一年十二个月的社会政治活动和社会生产，帝王应以此来实施政令，以顺应天时。违反时节，就会受到上天的惩罚。如：

> 孟春行夏令，则雨水不时，草木早落，国时有恐。行秋令，则其民大疫，猋风暴雨总至，藜莠蓬蒿并兴。行冬令，则水潦为败，雪霜大挚，首种不入。
>
> 仲春行秋令，则其国大水，寒气揔至，寇戎来征。行冬令，则阳气不胜，麦乃不熟，民多相掠。行夏令，则国乃大旱，暖气早来，虫螟为害。
>
> 季春行冬令，则寒气时发，草木皆肃，国有大恐。行夏令，则民多疾疫，时雨不降，山林不收。行秋令，则天多沉阴，淫雨早降，兵革并起。[6]

三是勿夺民时。孔子曰：“道千乘之国：敬事而信，节用而爱人，使民以时。”[7] “使民以时”，即征发力役、役使百姓要在农闲时间进行，不要侵占农忙时节，免得耽误农业生产。《左传·隐公五年》，臧僖伯谏鲁隐公时说：“春蒐、夏苗、秋狝、冬狩，皆于农隙以讲事也。”[8] 这些田猎活动皆在农功空隙进行。《左传·桓公六年》季梁曰：“三时不害，而民和年丰也。”

---

① 《国语·越语下》，第 646 页。
② 杨伯峻：《孟子译注》，第 5 页。
③ 《左传·襄公二十六年》，第 1120 页。
④ 《左传·昭公二十五年》，第 1458 页。
⑤ 刘柯、李克和：《管子译注》，黑龙江人民出版社 2003 年版，第 281—282 页。
⑥ 杨天宇：《礼记译注》，第 177、180、184—185 页。
⑦ 杨伯峻：《论语译注》，第 4 页。
⑧ 《左传·隐公五年》，第 42 页。

“三时”，杜预注：“春、夏、秋。”[①] “三时不害”，徭役征发要避开这三个季节的劳动时间。《国语·齐语》曰：“无夺民时，则百姓富。”[②]《左传·襄公十三年》载，“冬，城防。书事，时也。于是将早城，臧武仲请俟毕农事，礼也。”[③] 鲁襄公十三年（公元前560年），鲁国修筑城墙，鲁襄公本想早些征发役夫筑城，但臧武仲谏议在农事完毕后再进行，被鲁襄公接受，于是在冬天农闲时节进行。孔子在《春秋》中专门给以记录，认为这是礼的要求。

在此时期，已初步形成应对灾异的禳救礼仪。

根据《左传·昭公十七年》太史昭子引《夏书》曰：“辰不集于房，瞽奏鼓，啬夫驰，庶人走。”[④] 在夏代已有针对日食的伐鼓礼仪。孔颖达在《尚书·胤征》“辰弗集于房，瞽奏鼓，啬夫驰，庶人走”条正义曰：“日有食之。礼有救日之法，于是瞽人乐官进鼓而击之，啬夫驰骋而取币以礼天神，庶人奔走供救日食之百役。”[⑤]

春秋时期，针对日食的禳救礼仪又增加了“用牲”“用币”等内容。《左传·庄公二十五年》载，“六月辛未，朔，日有食之。鼓、用牲于社，非常也。唯正月之朔，慝未作，日有食之，于是乎用币于社，伐鼓于朝。”[⑥]

《春秋穀梁传·庄公二十五年》又载，“六月辛未，朔，日有食之。鼓、用牲于社。言日言朔，食正朔也。鼓，礼也。用牲，非礼也。天子救日，置五麾，陈五兵五鼓。诸侯置三麾，陈三鼓三兵；大夫击门，士击柝。言充其阳也。”[⑦]

关于“用牲于社”，《穀梁传》认为“非礼”，《公羊传·庄公二十五年》则认为：“六月辛未，朔，日有食之。鼓、用牲于社，日食则曷为鼓、用牲于社，求乎阴之道也。以朱丝营社，或曰胁之，或曰为闇，恐人犯之，故营之。”[⑧]

---

① （西晋）杜预集解：《春秋左传集解》，上海古籍出版社1988年版，第88、90页。

② 《国语·齐语》，第236页。

③ 《左传·襄公十三年》，第1002页。

④ 《左传·昭公十七年》，第1385页。

⑤ 《尚书·胤征》，第158页。

⑥ 《左传·庄公二十五年》，第231—232页。

⑦ 《穀梁传·庄公二十五年》，第170页。参见承载《春秋穀梁传译注》，上海古籍出版社2004年版。

⑧ （东汉）何休解诂，（唐）徐彦疏：《春秋公羊传注疏》，上海古籍出版社2014年版，第310—311页。

尽管记载和解释各不相同，但根据《春秋经》所载，这些内容已成为当时禳救日食礼仪的重要组成部分。

《左传·昭公十七年》还发生一次关于禳救日食的争论。

> 夏六月甲戌朔，日有食之。祝史请所用币。昭子曰：“日有食之，天子不举，伐鼓于社，诸侯用币于社，伐鼓于朝，礼也。”平子御之，曰：“止也，唯正月朔，慝未作，日有食之，于是乎有伐鼓、用币，礼也。其余则否。”大史曰：“在此月也。日过分而未至，三辰有灾，于是乎百官降物，君不举，辟移时，乐奏鼓，祝用币，史用辞。”①

不过，叔孙昭子和季孙平子争论的只是应对日食的具体仪节，但都认为有特定的礼仪。鲁太史所言是传统且在当时流行的救日食礼仪。

不仅日食，对于“三辰”② 及其他灾异，在当时都有规范化的应对礼仪。

《左传·庄公二十五年》载，“秋，大水，鼓、用牲于社、于门，亦非常也。凡天灾，有币，无牲。非日、月之眚不鼓。”③

《左传·成公五年》载，“梁山崩，晋侯以传召伯宗。伯宗辟重，曰：‘辟传！’重人曰：‘待我，不如捷之速也。’问其所。曰：‘绛人也。’问绛事焉。曰：‘梁山崩，将召伯宗谋之。’问将若之何。曰：‘山有朽壤而崩，可若何？国主山川，故山崩川竭，君为之不举，降服、乘缦、彻乐、出次，祝币。史辞以礼焉。其如此而已。虽伯宗，若之何？’伯宗请见之。不可。遂以告，而从之。”④ 该记载还见于《国语·晋语五》和《春秋穀梁传》，一个不知名的“重人”都知道应对山崩川竭的禳救仪式，可见在当时已有定规。

《左传·昭公二十六年》载，“齐有彗星，齐侯使禳之。晏子曰：‘无益也，只取诬焉。天道不谄，不贰其命，若之何禳之？且天之有彗也，以除秽也。君无秽德，又何禳焉？若德之秽，禳之何损？……’公说。乃止。”⑤

---

① 《左传·昭公十七年》，第 1384—1385 页。

② “三辰”，杜预注：“日、月、星也。日月相侵，又犯昌宿，故三辰皆为灾。”参见杨伯峻《春秋左传注》，第 1385 页引。

③ 《左传·庄公二十五年》，第 231 页。

④ 《左传·成公五年》，第 822—823 页。

⑤ 《左传·昭公二十六年》，第 1479—1480 页。

彗星在中国古代星占学为被视为妖星、灾星，属于重大的灾异。此次禳救彗星因晏子的反对而未举行，所以才专门予以记载并特别强调，但这只是特例。这也说明在当时已有一套常规性的禳救礼仪，因是惯用做法，文献没有必要给以记载而已。

先秦时期的天人感应思想总体来说还处在萌发初始阶段，有关政治家、思想家只是进行零散的、火花式的论述。至西汉董仲舒时，才对其进行理论化、系统化的阐述。

第三节 从“天人合策”到“天人合一”

成书于战国末年的《吕氏春秋》已将自然界中的一些奇异现象与“天意”相联系，并结合阴阳五行学说从理论上阐释物类相召、天人相应的基本原理。重点是说明圣王之兴皆是顺天而生，故祯祥先降。《应同》篇曰：

> 凡帝王者之将兴也，天必先见祥乎下民。黄帝之时，天先见大螾大蝼，黄帝曰“土气胜”，土气胜，故其色尚黄，其事则土。及禹之时，天先见草木秋冬不杀，禹曰“木气胜”，木气胜，故其色尚青，其事则木。及汤之时，天先见金刃生于水，汤曰“金气胜”，金气胜，故其色尚白，其事则金。及文王之时，天先见火，赤乌衔丹书集于周社，文王曰“火气胜”，火气胜，故其色尚赤，其事则火。代火者必将水，天且先见水气胜，水气胜，故其色尚黑，其事则水。……类固相召，气同则合，声比则应。……祸福之所自来，众人以为命，安知其所。①

在《明理》篇中又列举出一系列的“妖孽”现象。

> 其妖孽有生如带，有鬼投其陴，有菟生雉，雉亦生鴳，有螟集其国，其音匈匈，国有游蛇西东，马牛乃言，犬彘乃连，有狼入于国，有人自天降，市有舞鸱，国有行飞，马有生角，雄鸡五足，有豕生而弥，鸡卵多假，有社迁处，有豕生狗。

认为这些妖孽现象都是“上帝降祸”，是上天对君主的惩罚，预示着国

① 《吕氏春秋·应同》，第677—678页。

乱将亡。“国有此物，其主不知惊惶亟革，上帝降祸，凶灾必亟。其残亡死丧，殄绝无类，流散循饥无日矣。此皆乱国之所生也，不能胜数，尽荆、越之竹，犹不能书。”① 出现灾异，君主须及时改弦更张，勤政修德，以趋吉避凶。故《制乐》篇曰：“见祥而为不善则福不至；妖者祸之先者也，见妖而为善则祸不至。”②

《礼记·中庸》亦有相同表述，“国家将兴，必有祯祥。国家将亡，必有妖孽。”③

西汉初年的大儒陆贾对先秦时期的天人感应学说又进行进一步的发展和理论创造，明确提出“天人合策”④ 的论断，把天象变异与人间政治得失相联系，上天以灾变祯祥来谴告、感悟人君。

> 故世衰道失，非天之所为也，乃君国者有以取之也。恶政生恶气，恶气生灾异。螟虫之类，随气而生；虹蜺之属，因政而见。治道失于下，则天文变于上；恶政流于民，则螟虫生于野。⑤
>
> 故曰：张日月，列星辰，序四时，调阴阳，布气治性，次置五行，……制之以斗衡，苞之以六合，罗之以纪纲，改之以灾变，告之以祯祥，动之以生杀，悟之以文章。⑥

在陆贾看来，天“是有人格、有意志的天地万物的主宰，能用祯祥灾异谴告人君、圣人”⑦。这已形成基本的天人感应思想

陆贾的“天人合策”之说直接为董仲舒所继承⑧，“董仲舒的灾异谴告思想，可以说是直接承袭陆贾而来”⑨。董氏在先秦以来天人感应思想的基础上，又博采阴阳五行说、墨家的“天志”论，对该思想进行一番更为详尽的论证，使天人感应学说进一步逻辑化、哲理化、神学化，建立起一套新

---

① 《吕氏春秋·明理》，第 359 页。

② 《吕氏春秋·制乐》，第 347 页。

③ 杨天宇：《礼记译注》，第 705 页。

④ 王利器：《新语校注·道基》，中华书局 1986 年版，第 18 页。下引《新语校注》皆出此版本。

⑤ 《新语校注·明诫》，第 155 页。

⑥ 《新语校注·道基》，第 2 页。

⑦ 金春峰：《汉代思想史》（增补第三版），中国社会科学出版社 2006 年版，第 74 页。

⑧ 王充在《论衡·案书》篇说：“《新语》，陆贾所造，盖董仲舒相被服焉，皆言君臣政治得失。”参见王充《论衡·案书》，第 438 页。

⑨ 金春峰:，《汉代思想史》（增补第三版），中国社会科学出版社 2006 年版，第 74 页。

的、更加完备的天人关系理论体系，标志着天人感应思想的成熟。

董仲舒天人之学的核心要义主要体现在以下三个方面。

第一，“人副天数”。天和人在生理结构上是一致的，无论是肉体或是精神，人都可以说是天的副本，具有相同的哀乐喜怒等情感。“人之形体，化天数而成；人之血气，化天志而仁；人之德行，化天理而义；人之好恶，化天之暖清；人之喜怒，化天之寒暑；人之受命，化天之四时；人生有喜怒哀乐之答，春秋冬夏之类也。”[①] 在《春秋繁露·人副天数》篇中详细列举了人天的对应关系。

> 是故人之身，首坌而员，象天容也；发，象星辰也；耳目戾戾，象日月也；鼻口呼吸，象风气也；胸中达知，象神明也；腹胞实虚，象百物也。
>
> 天地之符，阴阳之副，常设于身，身犹天也，数与之相参，故命与之相连也。天以终岁之数，成人之身，故小节三百六十六，副日数也；大节十二分，副月数也；内有五脏，副五行数也；外有四肢，副四时数也；占视占瞑，副昼夜也；占刚占柔，副冬夏也；占哀占乐，副阴阳也；心有计虑，副度数也；行有伦理，副天地也；此皆暗肤著身，与人俱生，比而偶之弇合，于其可数也，副数，不可数者，副类，皆当同而副天一也。是故陈其有形，以著无形者，拘其可数，以著其不可数者，以此言道之亦宜以类相应，犹其形也，以数相中也。[②]

因为人是天的副本，天人同类，同气相求，命之相联，故二者之间能够双向相动、相互感应，“天亦有喜怒之气，哀乐之心，与人相副，以类合之，天人一也。”[③] “天人之际，合而为一。”[④]

董仲舒的观点应是借鉴当时医学的成果。《黄帝内经·灵枢·刺节真邪》提出“人参天地”的观点，认为人“与天地相应，与四时相副，人参天地”[⑤]。

《黄帝内经·素问》又把五脏、肢节、经络等与天地、阴阳等相互对

---

① 《春秋繁露·为人者天》，第318页。
② 《春秋繁露·人副天数》，第355—357页。
③ 《春秋繁露·阴阳义》，第341页。
④ 《春秋繁露·深察名号》，第288页。
⑤ 郝易整理：《黄帝内经》，中华书局2011年版，第338页。下引《黄帝内经》皆出此版本。

应，得出人身类天、天人一体的结论，为天人同构提供医学上的理论基础。

《阴阳应象大论》曰："天有四时、五行以生长收藏，以生寒暑燥湿风。人有五脏化五气，以生喜怒悲忧恐。"又曰："惟贤人上配天以养头，下象地以养足，中傍人事以养五脏。……故治不法天之纪，不用地之理，则灾害至矣。"①

《阴阳离合论》曰："天为阳，地为阴，日为阳，月为阴。大小月三百六十日成一岁，人亦应之。"②

《宝命全形论》曰："天有阴阳，人有十二节。天有寒暑，人有虚实。能经天地阴阳之化者，不失四时。……若夫法天则地，随应而动，和之者若响，随之者若影。"③

《脉要精微论》曰：人"与天地如一。"④《气交变大论》曰："善言天者，必应于人；善言古者，必验于今；善言气者，必彰于物；善言应者，同天地之化。"⑤

《淮南子·精神训》中也提到"人参天地"的思想。

> 故头之圆也象天，足之方也象地。天有四时、五行、九解、三百六十六日，人亦有四支、五藏、九窍、三百六十六节。天有风雨寒暑，人亦有取与喜怒。故胆为云，肺为气，肝为风，肾为雨，脾为雷，以与天地相参也，而心为之主。是故耳目者日月也，血气者风雨也。⑥

《汉书·董仲舒传》载，汉武帝在策问时提到："善言天者必有征于人，善言古者必有验于今。"董仲舒对曰："天人之征，古今之道也。孔子作《春秋》，上揆之天道，下质诸人情，参之于古，考之于今。"⑦《黄帝内经》主要是从自然之天和人之生理的角度来谈论天人关系，董仲舒则把它上升到哲学、神学的高度。

第二，"君权神授"。金春峰先生认为，董仲舒所讲的天，有三个方面的意义，即神灵之天、道德之天和自然之天。在天人合一理论中，主要指的

---

① 《黄帝内经》，第14、16页。
② 同上书，第18页。
③ 同上书，第53页。
④ 同上书，第36页。
⑤ 同上书，第141页。
⑥ 赵宗乙：《淮南子译注》，黑龙江人民出版社2003年版，第324页。
⑦ 《汉书》卷五十六《董仲舒传》，第2515页。

是神灵之天，在这方面，“基本上是对先秦以来的传统天命观的沿袭，而不是董仲舒自己的创造，其范围主要限于论证君权神授”。①

按照董仲舒的观点，天是宇宙间万物的主宰，拥有绝对的、无上的权威，“天者万物之祖，万物非天不生”。②“天者，百神之大君也，事天不备，虽百神犹无益也。”③ 天不仅是百神之君，万物之祖，亦是人间帝王和王朝命运的支配者，君主的权力来自天授，“王者受命而王”。④“受命之君，天意之所予也。”⑤“天之所大奉使之王者，必有非人力所能致而自至者，此受命之符也。”⑥

董仲舒将君权抬高到神授的地位，主要目的是强调帝王权力的神圣性，天下臣民都须绝对地服从帝王的统治，“唯天子受命于天，天下受命于天子，一国则受命于君”。⑦ 否则，就是违背天意，将给自己带来祸患灾殃，“以此见天之不可不畏敬，犹主上之不可不谨事，不谨事主，其祸来至显，不畏敬天，其殃来至闇”。⑧

第三，祥瑞灾异说。天作为有人格意义的至上神，既可以授予君主天命，当然也可以收回，如果违背天命，则随时有可能被废。“天子不能奉天之命，则废而称公，王者之后是也。”⑨ 在帝王获得天命或失去天命之前，上天都会降下祥瑞或灾异作为征兆，“帝王之将兴也，其美祥亦先见，其将亡也，妖孽亦先见，物故以类相召也。”⑩

在董仲舒的祥瑞灾异说中，重点是“灾异谴告说”，这也是其天人合一思想的核心和落脚点，对后世的影响也最大。

他在《举贤良对策》中说：

> 天人相与之际，甚可畏也。国家将有失道之败，而天乃先出灾害以谴告之，不知自省，又出怪异以警惧之，尚不知变，而伤败乃至。以此

① 金春峰：《汉代思想史》（增补第三版），中国社会科学出版社2006年版，第122页。

② 《春秋繁露·顺命》，第410页。

③ 《春秋繁露·郊语》，第398页。

④ 《春秋繁露·三代改制质文》，第185页。

⑤ 《春秋繁露·深察名号》，第286页。

⑥ 《汉书》卷五十六《董仲舒传》，第2500页。

⑦ 《春秋繁露·为人者天》，第319页。

⑧ 《春秋繁露·郊语》，第396页。

⑨ 《春秋繁露·顺命》，第412页。

⑩ 《春秋繁露·同类相动》，第358—359页。

见天心之仁爱人君而欲止其乱也。①

在《春秋繁露·必仁且智》中亦有类似的表述：

> 天地之物，有不常之变者，谓之异，小者谓之灾，灾常先至，而异乃随之。灾者，天之谴也，异者，天之威也，谴之而不知，乃畏之以威。……凡灾异之本，尽生于国家之失，国家之失乃始萌芽，而天出灾害以谴告之；谴告之，而不知变，乃见怪异以惊骇之；惊骇之，尚不知畏恐，其殃咎乃至。以此见天意之仁，而不欲陷人也。②

董仲舒的“灾异谴告说”使人们在占测天意方面具有较强的可操作性，人们可以通过观察灾异现象而窥测天意，预测人事吉凶，并通过修德、修政、修救等措施及时弥补过失，甚至引导或改变天意，转祸为福，逢凶化吉，重新挽回天命。即“殆人君以政动天，天动气以应之”③。这正是董仲舒对天人感应思想的发展、创新之处。上天对人君出现违背天意的行为，并不是不教而诛，一棍子打死，而是通过灾害、怪异、殃咎等一步一步地警示、提醒，让君主在天谴面前有一个反躬自省、修正错误、改过迁善的机会，“君子察物之异，以求天意，大可见矣”。④“灾异以见天意，天意有欲也、有不欲也，所欲、所不欲者，人内以自省，宜有惩于心，外以观其事，宜有验于国，故见天意者之于灾异也，畏之而不恶也，以为天欲振吾过，救吾失，故以此报我也。”⑤ 而之前的天人感应之说并没有给君主提供这样的修正机会，一旦失德败政，就等于失去了天命，只能被动地接受惩罚，听任摆布，不能有所作为。从这个角度来看，降下灾害、怪异等乃是上天关爱、眷顾天子的表现。

董仲舒所设计的天人合一理论，其本质含义与传统的天人感应思想是一致的，是对先秦时期天人感应思想的逻辑延伸，只不过是换了一种说法或概念而已。

董仲舒之后，天人感应思想的影响日渐加深，大师辈出，班固曰：“汉

---

① 《汉书》卷五十六《董仲舒传》，第 2498 页。
② 《春秋繁露·必仁且智》，第 259—260 页。
③ （东汉）王充：《论衡》，第 229 页。
④ 《春秋繁露·循天之道》，第 456 页。
⑤ 《春秋繁露·必仁且智》，第 260 页。

兴推阴阳灾异者，孝武时有董仲舒、夏侯始昌，昭、宣则睦弘、夏侯胜，元、成则京房、翼奉、刘向、谷永，哀、平则李寻、田终术。此期纳说时君著名者也。”① 当时的政治家和大儒，几乎都是借天意来诉说民意。

不过，这些大师们虽然都善言灾异，但师法各异，所论并不是只有董仲舒的灾异学说这一家。陈侃理认为：“《周易》、《春秋》、《尚书·洪范》一起构成了‘天人之道’的三大支柱，这三大支柱都是儒家经典，在西汉各有代表人物。”② 董学的理论基础是《公羊春秋》，其他学派的灾异论所依据的经典也不尽相同，其中尤以《京氏易》和刘向的《洪范五行传》影响最大。

据《汉书·睦两夏侯京翼李传》，夏侯胜是随夏侯始昌“受《尚书》及《洪范五行传》，说灾异”。京房受《易》于梁人焦延寿，其学说长于以《易》言灾变，“分六十四卦，更直日用事，以风雨寒温为候，各有占验”。翼奉随后苍学习《齐诗》，“好律历阴阳之占”。李寻“治《尚书》”，“独好《洪范》灾异，又学天文月令阴阳”。谷永学的是《京氏易》③。

据《汉书·刘向传》，刘向在奉诏校对经书时，“见《尚书·洪范》，箕子为武王陈五行阴阳休咎之应。向乃集合上古以来历春秋六国至秦、汉符瑞灾异之记，推迹行事，连传祸福，著其占验，比类相从，各有条目，凡十一篇，号曰《洪范五行传论》”。④ 班固指出：“董仲舒治《公羊春秋》，始推阴阳，为儒者宗。宣元之后，刘向治《穀梁春秋》，数其祸福，传以《洪范》，与仲舒错。至向子歆治《左氏传》，其春秋意亦已乖矣，言五行传，又颇不同。”⑤

至两汉之际，谶纬神学开始出现并盛行。谶纬神学直接继承董仲舒、刘向等人的灾异学说。刘师培先生指出：“董（仲舒）、刘（向）大儒，竞言灾异，实为谶纬之滥觞。”⑥钟肇鹏先生指出：“谶纬的内容虽无所不包，而其主导思想则是以阴阳五行为骨架的天人感应的神学目的论。”⑦

《四库全书提要》曰：“儒者多称谶纬，其实谶自谶，纬自纬，非一类

① 《汉书》卷七十五《睦两夏侯京翼李传》“赞曰”，第3194—3195页。

② 陈侃理：《京房的〈易〉阴阳灾异论》，《历史研究》2011年第6期。

③ 《汉书·谷永传》：谷永“于天官、《京氏易》最秘，故善言灾异”。第3173页。

④ 《汉书》卷三十六《刘向传》，第1950页。

⑤ 《汉书》卷二十七上《 五行志上》，第1317页。

⑥ 刘师培著，邬国义、吴修艺编校：《刘师培史学论著选集》，上海古籍出版社2006年版，第137页。

⑦ 钟肇鹏：《谶纬论略》，辽宁教育出版社1991年版，第89页。

也。谶者，诡为隐语，预决吉凶。" "纬者，经之支流，衍及旁义。"[①] 谶纬的主要目是"预决吉凶"，用神学语言突出天命思想，"绝大多数是以天人相应或感应为基点。很显然，这是汉代思想中的主流之一——天人感应论的显现"。[②] 中元元年（56 年），光武帝在临去世之前"宣布图谶于天下"[③]，从此，谶纬成为东汉王朝的国家大法和标准的指导思想，也使东汉时期的社会政治和思想文化都弥漫着浓郁的神学氛围。

第四节　两汉时期天人感应思想述评

从商周到两汉，天人感应思想经历了不同的发展阶段，每一阶段都有不同的表现形式和特点。尽管有不同的发展阶段、表现形式和思想流派，但其论述重心都是围绕着天人感应思想而展开。"其出发点和归宿都是为皇权政治服务的。其目的是在神化皇权的同时，借助于天的权威来约束帝王的行为，避免皇权的滥用，从而达到天道、王道与人道的和谐统一。"[④] 两汉时期的天人感应思想既是对先秦以来敬天保民思想的继承，也是天人感应思想在两汉时期的进一步发展，而且越到后来，束君尊民的趋向愈加明显。

一　天人感应思想的立足点是为了"民"

从天人感应思想发展的历史脉络来看，尊天是一成不变的。出发点和最终目的是为了"君"，即更好地维护君主统治的长治久安，但立足点和着眼点却是为了"民"，由重民到以民为本。在这个二元理论体系中，具体举措是借天意来约束君权，而天意和民意又是一体的，顺天就是顺民，说到底，是希望统治者"上观天心，下察人志"[⑤]，以百姓为天，根据人民的意志及时调整统治政策，让君主成为人民心目中理想的、所期望的圣君。

人民对君主的评价标准和天的评价标准是完全一致的，"人之所誉，鬼

---

① 四库全书研究所整理：《四库全书总目》（上册）卷六《经部·易类六·附录》，中华书局 1997 年版，第 72 页。

② 汤一介、李中华主编，许抗生、聂保平、聂清著：《中国儒学史》（两汉卷），北京大学出版社 2011 年版，第 270 页。

③ 《后汉书》卷一下《光武帝纪下》，第 84 页。

④ 陈冬仿：《灾异学说与两汉政治研究》，《农业考古》2014 年第 1 期。

⑤ 《后汉书》卷二十五《鲁恭传》，第 877 页。

神亦然。”[①] “天人同道，好恶均心。人不好异类，则天亦不与通。”[②] 能否以民为本，推行仁政，做到安民、悦民、乐民是获得天心天意的必要条件。

董仲舒曰：“且天之生民，非为王也；而天立王，以为民也。故其德足以安乐民者，天予之，其恶足以贼害民者，天夺之。”[③] 统治者实行善政，就会得天上天的降瑞褒奖，“天下之人同心归之，若归父母，故天瑞应诚而至。……善治则灾害日去，福禄日来。……为政而宜于民者，固当受禄于天”。[④]

鲍宣曰：“天人同心，人心说则天意解矣。”[⑤]

汉哀帝时的丞相王嘉曰：“天之见异，所以敕戒人君，欲令觉悟反正，推诚行善。民心说而天意得矣。”[⑥]

王常曰：“夫民所怨者，天所去也；民所思者，天所与也。举大事必当下顺民心，上合天意，功乃可成。”[⑦]

王符曰：“天以民为心，民安乐则天心顺，民愁苦则天心逆。……故君臣法令善则民安乐，民安乐则天心慰，天心慰则阴阳和，阴阳和则五谷丰，五谷丰而民眉寿，民眉寿则兴于义，兴于义而无奸行，无奸行则世平，而国家宁、社稷安，而君尊荣矣。”“是故将致太平者，必先调阴阳；调阴阳者，必先顺天心；顺天心者，必先安其人。”“人”，汪继培曰：“当作‘民’。”彭铎认为，“此盖后人避唐讳改”。[⑧]

汉和帝时侍御史鲁恭曰：“人道乂于下，则阴阳和于上。”“万民者，天之所生。天爱其所生，犹父母爱其子。一物有不得其所者，则天气为之舛错，况于人乎？故爱人者必有天报。”[⑨]

为政之本，在于得民，只有得民，能才“以顺天心”，在汉儒看来，天道就是以民为本。杜邺对成都侯、大司马卫将军王商曰：“奉天之道，贵以诚质大得民心也。”[⑩] 汉章帝时卫尉马廖认为，施政应“上合天心，下顺民

① 王明编：《太平经合校》，中华书局 2014 年版，第 480 页。
② （东汉）王充：《论衡》，第 52 页。
③ 《春秋繁露·尧舜不擅移汤武不专杀》，第 220 页。
④ 《汉书》卷五十六《董仲舒传》，第 2500—2505 页。
⑤ 《汉书》卷七十二《鲍宣传》，第 3092 页。
⑥ 《汉书》卷四十五《息夫躬传》，第 2184 页。
⑦ 《后汉书》卷十五《王常传》，第 579 页。
⑧ 《潜夫论·本政》，第 88—90 页。
⑨ 《后汉书》卷二十五《鲁恭传》，第 876 页。
⑩ 《汉书》卷二十五下《郊祀志下》，第 1262 页。

望，浩大之福，莫尚于此。”①

这是把虚无缥缈的天意具体化为民意，体现的是以民为本的思想，二者形似矛盾，其实一致。在民意、天意、君主之间形成一种微妙的相互制约的权力平衡关系。

二　约束君权，缓和社会矛盾

《潜夫论·遏利》篇曰：“帝以天为制，天以民为心。”② 通过“星辰之变，表象之应，以显天戒，明王事”③，是天人感应思想和星占学的主要目的和出发点，这也从一个侧面展示出中国古代天文学突出的民族特色。天人感应思想的思路就是把民意上升到天意，再用天意来制衡君权。对此，南宋人赵彦卫指出：“董仲舒、刘向于五行灾异，凡一虫一木之异，皆推其事以著验。二子汉之大儒，倦倦爱君之心，以为人主无所畏，惟畏天畏祖宗，故委曲推类而言之，庶有警悟。”④ 清人皮锡瑞也指出：“当时儒者以为人主至尊，无所畏惮，借天象以示儆，庶使其君有失德者犹知恐惧修省。”⑤

冯友兰先生指出：“吾人必知汉人之环境，然后能明汉人之伟大。”⑥ 1907 年 10 月《东方杂志》所录的《论彗星之现无关于灾异》一文指出：“夫专制之世，君权无限，若不称天以临之，则将纵其欲而无所不为。故怀忠君爱国之心者，一遇天象有变，谆谆然，即借以为鉴戒。”⑦ 从今人的角度来看，天人感应和星占学当然都是标准的伪科学，但汉代思想家建构天人感应宇宙图式的目的，是借助上天的权威来制衡君权，避免君主权力滥用，肆意妄为。让君主永远警钟长鸣，勤修政事，仁政爱民，不敢懈怠，相当于给皇权带上一个紧箍咒，防止其胡作非为，暴政虐民。以稳定社会秩序，缓和阶级矛盾，维护封建统治，这才是天人感应思想真正的政治价值和人文意义所在。在君主专制时代，这也是思想家们为了约束君权所能想到的唯一可行且能为君主所认可的办法。

陆贾曰：“因天变而正其失，理其端而正其本。”⑧ 《白虎通·灾变》

---

① 《后汉书》卷二十四《马廖传》，第 853 页。
② 《潜夫论·遏利》，第 26 页。
③ 《后汉书》志十《天文志上》，第 3215 页。
④ （南宋）赵彦卫:《云麓漫钞》卷十四。古典文学出版社 1957 版，第 204 页。
⑤ 皮锡瑞:《经学历史》，中华书局 1959 年版，第 106 页。
⑥ 冯友兰:《中国哲学史》，中华书局 1986 年版，第 573 页。
⑦ 东方杂志社编辑:《东方杂志》（第八期），光绪三十三年八月，第 150 页。
⑧ 《新语校注·思务》，第 169 页。

曰："天所以有灾变者何？所以谴告人君，觉悟其行，欲令悔过修德，深思虑也。"[①] 在君主专制时代，帝王权势高高在上，只靠国家法律是不可能约束君主行为的。同时由于中国古代特殊的封建政治文化传统，不可能建立起类似于西方式的"立宪君主"体制，只能求助于上天，借助上天的权威来约束君权，即"屈民而伸君，屈君而伸天"[②]，"就是用天的权威限制皇帝私欲，这样可以缓和阶级矛盾，对于巩固封建制度，对于封建统治者的长远利益，都是有好处的"。[③] 对于君主来说，可以无法，但不可能无天，其所作所为都要受到上天的监督和制约，这就迫使君主必须加强自我约束，提高修养，端正行为，实行德政，宽政爱民，以获取上天的护佑，更好地维护和延续王朝的天命。

从两汉时期的实际情况来看，在一定程度上达到了这个目的，灾异成为悬在皇位宝座之上的一柄"达摩克利斯之剑"，确实对帝王产生一种强大的震慑力，迫使帝王时刻都要考虑为政不良所造成的严重后果。汉元帝之后，一旦出现灾异，汉代皇帝首先下诏罪己。清人赵翼在《汉诏多惧词》中指出，汉代帝王"皆小心谨畏，故多蒙业而安"。"两汉之衰，但有庸主而无暴君。"[④] 徐复观先生亦认为，天人感应学说在控制皇帝方面"已发生相当的效果"[⑤]。以中国幅员之大，时时处处都会有所谓的灾异发生，由于上天谴告的警戒作用，让君主永远警钟长鸣，不敢懈怠。

根据天人感应思想，灾异的出现多是因为君主的失德、败政所引发的。杜钦曰："变感以类相应，人事失于下，变象见于上。能应之以德，则异咎消亡；不能应之以善，则祸败至。"[⑥] 在灾异发生之后，两汉帝王在下诏罪己、虔诚反省的同时都能及时推出一系列的利民、惠民措施，作为对"天谴"的回应，希望以此来挽回天心，转祸为福。

三　天人感应思想的最高理想是实现天人和谐

天人感应学说的最高理想和最高境界是追求天人的和谐，希望通过调和天、君、人之间的关系，来实现阴阳和合，天人和谐，达到"海内晏然，

---

① 《白虎通·灾变》，第267页。
② 《春秋繁露·玉杯》，第32页。
③ 周桂钿：《中国传统科技》（上），福建教育出版社2016年版，第290页。
④ （清）赵翼著，曹光甫校点：《廿二史札记》，第38页。
⑤ 徐复观：《两汉思想史》（二），九州出版社2014年版，第535页。
⑥ 《汉书》卷六十《杜钦传》，第2671页。

天下大洽，阴阳和调，万物咸得其宜，国无灾害之变，民无饥寒之色，家给人足，畜积有余，囹圄空虚；凤凰来集，麒麟在郊，甘露既降，朱草萌芽；远方异俗之人，向风慕义，各奉其职而来朝贺"① 的太平盛世。

《潜夫论·本训》篇曰："是故天本诸阳，地本诸阴，人本中和。三才异务，相待而成，各循其道，和气乃臻，机衡乃平。"② 而在这三者之间的关系中，"以人随君，以君随天"。③ 君主起着至关重要的作用，处于承天治民的关键位置。

董仲舒曰：

> 故为人君者，正心以正朝廷，正朝廷以正百官，正百官以正万民，正万民以正四方。四方正，远近莫敢不壹于正，而亡有邪气奸其间者。是以阴阳调而风雨时，群生和而万民殖，五谷熟而草木茂，天地之间被润泽而大丰美，四海之内闻盛德而皆徕臣，诸福之物，可致之祥，莫不毕至，而王道终矣。④

人君思想端正是实现阴阳调和、风调雨顺，招瑞致祥，达到王道之治的前提和基础。

《太平经》曰："人取象于天，天取象于人。"⑤ 这里所说的"人"，其实是指的就是"君"。汉桓帝延熹八年（165 年），河南刘淑在对策中曰："君其纲也，臣其纪也。纲纪正则万目张，君臣正则万国理，故能父慈子孝，夫信妇贞，兄爱弟顺。如此则阴阳和，风雨时，万物得所矣。"⑥ 君主的政治行为与天象密切相关，或者说直接影响着天象。只有政治清明（当然这直接取决于君主的所作所为）才能招致和气，实现天下太平。

作为统治者，必须顺天应人，做到阴阳调和。《淮南子·泰族训》曰："故圣人事穷而更为，法弊而改制，非乐变古易常也，将以救败扶衰，黜淫济非，以调天地之气，顺万物之宜也。"⑦ 《韩诗外传》卷七曰："善为政者，循情性之宜，顺阴阳之序，通本末之理，合天人之际。如是则天地奉养

---

① 《汉书》卷六十五《东方朔传》，第 2872 页。

② 《潜夫论·本训》，第 366 页。

③ 《春秋繁露·王道》，第 31 页。

④ 《汉书》卷五十六《董仲舒传》，第 2502—2503 页。

⑤ 王明编：《太平经合校》，中华书局 2014 年版，第 691 页。

⑥ （清）严可均辑：《全上古三代秦汉三国六朝文·全后汉文》，第 826 页。

⑦ 赵宗乙：《淮南子译注》，黑龙江人民出版社 2003 年版，第 1059 页。

而生物丰美矣。不知为政者。使情厌性，使阴乘阳，使末逆本，使人诡天，气鞠而不信，郁而不宜，如是则灾害生，怪异起，群生皆伤，而年谷不熟。”①

刘向曰：“和气致祥，乖气致异；祥多者其国安，异众者其国危，天地之常经，古今之通义也。”② 人事失调必然引起阴阳失衡，人民对统治者的不满必然导致怨气、戾气、乖气旺盛，这是破坏阴阳和谐，出现天变、灾异的重要原因。

刘向对汉元帝说：“是以日月无光，雪霜夏陨，海水沸出，陵谷易处，列星失行，皆怨气之所致也。”又批评汉成帝，因其营建昌陵，劳民费财，致使阴阳不和，“及徙昌陵，增埤为高，积土为山，发民坟墓，积以万数，营起邑居，期日迫卒，功费大万百余。死者恨于下，生者愁于上，怨气感动阴阳，因之以饥馑，物故流离以十万数，臣甚惽焉。”③

熹平元年（172 年），光禄勋杨赐在向汉灵帝的上封事中说：“和气致祥，乖气致灾，休征则五福应，咎征则六极至。夫善不妄来，灾不空发。王者心有所惟，意有所想，虽未形颜色，而五星以之推移，阴阳为其变度。以此而观，天之与人，岂不符哉?”④

《白虎通·封禅》篇曰：“天下太平，符瑞所以来至者，以为王者承统理，调和阴阳，阴阳和，万物序，休气充塞，故符瑞并臻，皆应德而至。”⑤《春秋繁露·王道》曰：“道，王道也；王者，人之始也。王正，则元气和顺，风雨时，景星见，黄龙下；王不正，则上变天，贼气并见。”⑥ 汉章帝建初七年（82 年），大鸿胪韦彪在上疏中指出，“政化之本，必顺阴阳”。⑦要顺阴阳，达到天、地、人三者的和谐，必须根据百姓意愿和顺应时令来安排政事，选贤任能，实行德治仁政。百姓安宁，天下自然太平。

阳朔二年（公元前 23 年）春，汉成帝在诏书中说：“昔在帝尧立羲、和之官，命以四时之事，令不失其序。故《书》云：‘黎民于蕃时雍’。明以阴阳为本也。今公卿大夫或不信阴阳，薄而小之，所奏请多违时政。传以

---

① （汉）韩婴撰，许维遹校释：《韩诗外传集释》，中华书局 1980 年版，第 262 页。

② 《汉书》卷三十六《刘向传》，第 1941 页。

③ 同上书，第 1942、1956 页。

④ 《后汉书》卷五十四《杨赐传》，第 1776 页。

⑤ 《白虎通·封禅》，第 283 页。

⑥ 《春秋繁露·王道》，第 101 页。

⑦ 《后汉书》卷二十六《韦彪传》，第 918 页。

不知，周行天下，而欲望阴阳和调，岂不谬哉！其务顺四时月令。”①

《后汉书·五行志三》引《广州先贤传》载，汉和帝策问阴阳不和，或水或旱的原因，养奋在对策中曰：“天有阴阳，阴阳有四时，四时有政令。春夏则予惠布施宽仁，秋冬则刚猛盛威行刑。赏罚杀生各应其时，则阴阳和，四时调，风雨时，五谷升。”②

汉顺帝阳嘉三年（134年），尚书周举在对策中曰：“二仪交构，乃生万物，万物之中，以人为贵。故圣人养之以君，成之以化，顺四节之宜，适阴阳之和，使男女婚娶不过其时。包之以仁恩，导之以德教，示之以灾异，训之以嘉祥。此先圣承乾养物之始也。夫阴阳闭隔，则二气否塞；二气否塞，则人物不昌；人物不昌，则风雨不时；风雨不时，则水旱成灾。”③

实现阴阳和调、天人和谐的关键在于“人”的和谐，最后落脚点仍是归结在百姓身上。只有做到家给人足，黎庶康宁，让百姓安心、安乐、安宁、安康，才能实现天平地宁，自然就能实现天人之间的整体和谐。这也是衡量政治好坏的试金石和标尺。

《韩诗外传》卷三曰：“太平之时，民行役者不逾时，男女不失时以偶。孝子不失时以养；外无旷夫，内无怨女；上无不慈之父，下无不孝之子；父子相成，夫妇相保；天下和平，国家安宁；人事备乎下，天道应乎上。故天不变经，地不易形，日月昭明，列宿有常；天施地化，阴阳和合；动以雷电，润以风雨，节以山川，均其寒暑，万民育生，各得其所。”④

汉元帝即位之初，有日蚀地震等灾变，给事中匡衡在对策中曰：“贤者在位，能者布职，朝廷崇礼，百僚敬让。道德之行，由内及外，自近者始，然后民知所法，迁善日进而不自知。是以百姓安，阴阳和，神灵应，而嘉祥见。”⑤

《论衡·宣汉》篇曰：“夫太平以治定为效，百姓以安乐为符。……百姓安者，太平之验也。夫治人以人为主，百姓安而阴阳和，阴阳和则万物育，万物育则奇瑞出。”“百姓乂安”则“阴阳和调”⑥。

---

① 《汉书》卷十《成帝纪》，第312页。

② 《后汉书》志十五《五行志三》，第3309页。

③ 《后汉书》卷六十一《周举传》，第2025页。

④ （汉）韩婴撰，许维遹校释：《韩诗外传集释》，中华书局1980年版，第102页。

⑤ 《汉书》卷八十一《匡衡传》，第3335页。

⑥ （东汉）王充：《论衡》，第295页。

周桂钿先生指出："科学地评价一种哲学，必须把它放在具体的历史环境中去考察，不能用我们今天的感情去代替历史的科学的分析。"① 总体而言，天人感应理论和思想路向并没有偏离儒学之正轨，是有一定历史合理性的，其出发点和归宿都是为了解决现实的政治和社会问题，并成为一种固化的天人理论模式和集体无意识的民族记忆，潜移默化地影响着其后中国古代社会政治的发展和走向。不能完全将其视为封建糟粕和荒诞妄说而给以简单地否定，或一笔抹杀其思想和文化意义，还需结合时代背景给以实事求是的分析和评价。

在其后的中国历史发展中，虽历代君主对天人感应思想的重视程度各有不同，思想家也对其褒贬不一。但作为一种封建时代的思想文化和政治理论，对中国古代各个历史时期的政治生活和思想文化都在一定程度上产生了极其重要的深刻影响，在特定的时代的确起到一定的积极作用。直到进入近代社会，资产阶级维新派仍在利用灾异来宣传自己的变法主张，如严复在《救亡决论》提到："曩己丑、庚寅之间，祈年殿与太和门数月连毁。一所以事天，一所以临民，王者之大事也。灾异至此，可为寒心！"② 因此，对于天人感应思想及其影响我们还须给以认真的、客观的研究和总结，以更深入地认识汉代的社会政治及其本质特征。

---

① 周桂钿：《中国传统科技》（上），福建教育出版社2016年版，第294页。

② 王栻主编：《严复集》（第一册），中华书局1986年版，第49页。

参考文献

一　古籍文献

（清）阮元校刻：《十三经注疏》，上海古籍出版社 1997 年版。

周振甫：《周易译注》，中华书局 1991 年版。

周振甫：《诗经译注》，中华书局 2002 年版。

（清）孙诒让：《周礼正义》，中华书局 2013 年版。

杨伯峻：《论语译注》，中华书局 1980 年版。

杨伯峻：《春秋左传注》，中华书局 1981 年版。

杨伯峻：《孟子译注》，中华书局 1960 年版。

（西晋）杜预集解：《春秋左传集解》，上海古籍出版社 1988 年版。

（东汉）何休解诂，（唐）徐彦疏：《春秋公羊传注疏》，上海古籍出版社 2014 年版。

承载：《春秋穀梁传译注》，上海古籍出版社 2004 年版。

（西汉）戴德撰，卢辩注：《大戴礼记》，中华书局 1985 年版。

管锡华译注：《尔雅》，中华书局 2014 年版。

（三国魏）王弼注，楼宇烈校释：《老子道德经注校释》，中华书局 2016 年版。

杨天宇：《礼记译注》，上海古籍出版社 2004 年版。

（汉）宋忠注，（清）秦嘉谟等辑：《世本八种》，中华书局 2008 年版。

上海师范大学古籍整理组校点：《国语》，上海古籍出版社 1978 年版。

孟庆祥：《战国策译注》，黑龙江人民出版社 1986 年版。

（西汉）司马迁：《史记》，中华书局 2014 年版。

（东汉）班固：《汉书》，中华书局 1962 年版。

（南朝宋）范晔：《后汉书》，中华书局 1965 年版。

（西晋）陈寿：《三国志》，中华书局 1982 年版。

（东汉）荀悦、（东晋）袁宏撰，张烈点校：《两汉纪》，中华书局 2002 年版。

（东汉）刘珍等著，吴树平校注：《东观汉记校注》，中华书局 2008 年版。

周天游辑注：《八家后汉书辑注》，上海古籍出版社 1986 年版。

（宋）徐天麟：《西汉会要》，中华书局 1955 年版。

（宋）徐天麟：《东汉会要》，中华书局 1955 年版。

（唐）房玄龄等：《晋书》，中华书局 1974 年版。

（南朝梁）沈约：《宋书》，中华书局 1974 年版。

（唐）魏征等：《隋书》，中华书局 1973 年版。

何清谷校注：《三辅黄图校注》，三秦出版社 1995 年版。

（清）严可均辑：《全上古三代秦汉三国六朝文》，中华书局 1958 年版。

刘柯、李克和：《管子译注》，黑龙江人民出版社 2003 年版。

孙诒让撰，孙启治点校：《墨子间诂》，中华书局 2001 年版。

章诗同：《荀子简注》，上海人民出版社 1974 年版。

陈奇猷：《吕氏春秋校释》，学林出版社 1984 年版。

赵宗乙：《淮南子译注》，黑龙江人民出版社 2003 年版。

苏舆撰，钟哲点校：《春秋繁露义证》，中华书局 1992 年版。

（西汉）韩婴撰，许维遹校释：《韩诗外传集释》，中华书局 1980 年版。

郝易整理：《黄帝内经》，中华书局 2011 年版。

（西汉）焦延寿撰，徐传武、胡真校点集注：《易林汇校集注》，上海古籍出版社 2012 年版。

（西汉）刘向著，向宗鲁校证：《说苑校证》，中华书局 1987 年版。

（西汉）扬雄著，李轨注：《扬子法言》，上海古籍出版社 1989 年版。

（清）陈立撰，吴则虞点校：《白虎通疏证》，中华书局 1994 年版。

（东汉）许慎：《说文解字》，中华书局 1963 年版。

（东汉）王充：《论衡》，上海人民出版社 1974 年版。

刘盼遂：《论衡集解》，古籍出版社 1957 年版。

（东汉）王符著，（清）汪继培笺，彭铎校正：《潜夫论笺校正》，中华书局 1985 年版。

（东汉）刘熙撰，（清）毕沅疏证，王先谦补：《释名疏证补》，中华书局 2008 年版。

（东汉）应劭撰，王利器校注：《风俗通义校注》，中华书局 2010 年版。

王利器：《盐铁论校注》，上海古籍出版社 2002 版。

王利器：《新语校注》，中华书局 1986 年版

（东汉）蔡邕：《独断》，中华书局 1985 年版。

（西汉）刘向辑，（东汉）王逸注，（宋）洪兴祖补注，孙雪霄校点：《楚辞》，上海古籍出版社 2015 年版。

王明：《太平经合校》，中华书局 2014 年版。

史礼心、李军注：《山海经》，华夏出版社 2005 年版。

（南朝梁）萧统著，（唐）李善注：《文选》，上海古籍出版社 1986 年版。

（唐）瞿昙悉达：《开元占经》，九州出版社 2012 年版。

杨守敬、熊会贞疏，段熙仲点校，陈桥驿复校：《水经注疏》，江苏古籍出版社 1989 年版。

黄怀信、张懋镕、田旭东：《逸周书汇校集注》，中华书局 2007 年版。

黄怀信：《鹖冠子汇校集注》，中华书局 2014 年版。

（晋）葛洪集，成林、程章灿译注：《西京杂记全译》，贵州人民出版社 1993 年版。

（晋）常璩撰，刘琳校注：《华阳国志校注》（修订版），成都时代出版社 2007 年版。

周生春：《吴越春秋辑校汇考》，上海古籍出版社 1997 年版。

（北魏）杨衒之著，杨勇校笺：《洛阳伽蓝记校笺》，中华书局 2006 年版。

（唐）杜佑：《通典》，岳麓书社 1995 年版。

（唐）欧阳询：《艺文类聚》，上海古籍出版社 1982 年版。

（唐）刘知几著，（清）浦起龙通释，王煦华整理：《史通通释》，上海古籍出版社 2009 年版。

（北宋）李昉编纂，夏剑钦、王巽斋校点：《太平御览》，河北教育出版社 1994 年版。

（宋）王应麟著，张三夕、杨毅点校：《汉艺文志考证》，中华书局 2011 年版。

（清）王聘珍著：《大戴礼记解诂》，中华书局 1983 年版。

（清）王夫之：《楚辞通释》，上海人民出版社 1975 年版。

（清）赵翼著，曹光甫点校：《廿二史札记》，上海古籍出版社 2011 年版。

（清）顾炎武著，黄汝成集释，栾保群、吕宗力校点：《日知录集释》，上海古籍出版社2014年版。

（清）王筠：《夏小正正义》，中华书局1985年版。

（清）王念孙：《广雅疏证》，江苏古籍出版社2000年版。

（清）王先谦：《汉书补注》，中华书局1983年版。

（清）阮元等撰，彭卫国、王原华点校：《畴人传汇编》，广陵书社2009年版。

（清）皮锡瑞：《经学历史》，中华书局1959年版。

睡虎地秦墓竹简整理小组：《睡虎地秦墓竹简》，文物出版社1990年版。

张家山二四七号汉墓竹简整理小组：《张家山汉墓竹简》（二四七号墓），文物出版社2006年版。

银雀山汉墓竹简整理小组：《银雀山汉墓竹简》（贰），文物出版社2010年版。

湖北省文物考古研究所、随州市考古队编：《随州孔家坡汉墓简牍》，文物出版社2006年版。

［日］安居香山、中村璋八辑：《纬书集成》，河北人民出版社1994年版。

（清）赵在翰辑，钟肇鹏、萧文郁点校：《七纬》，中华书局2012年版。

饶宗颐：《老子想尔注校证》，上海古籍出版社1991年版。

章伟文译注：《周易参同契》，中华书局2014年版。

邓安生：《蔡邕集编年校注》，河北教育出版社2002年版。

石午主编：《丛书集成·术数全书》，中州古籍出版社1994年版。

四库全书研究所整理：《四库全书总目》，中华书局1997年版。

二 参考著作

中共中央马克思、恩格斯、列宁、斯大林著作编译局：《马克思恩格斯选集》，人民出版社1972年版。

朱文鑫：《〈史记·天官书〉恒星图考》，中华书局（上海）1927年版。

朱文鑫：《天文考古录》，商务印书馆（上海）1933年版。

朱文鑫：《历代日食考》，商务印书馆（上海）1934年版。

章鸿钊：《中国古历析疑》，科学出版社1958年版。

冯友兰：《中国哲学史新编》，人民出版社1962年版。

冯友兰：《中国哲学史》，中华书局 1986 年版。

郭沫若：《殷契粹编考释》，科学出版社 1965 年版。

［英］李约瑟：《中国科学技术史》（第四卷）·《天学》（第一分册），《中国科学技术史》翻译小组译，科学出版社 1975 年版。

中华书局编辑部：《历代天文律历等志汇编》，中华书局 1975 年版。

竺可桢：《竺可桢文集》，科学出版社 1979 年版。

中国社会科学院考古研究所：《中国古代天文文物图集》，文物出版社 1980 年版。

陈遵妫：《中国天文学史》（第一册），上海人民出版社 1980 年版。

陈遵妫：《中国天文学史》（第二册），上海人民出版社 1982 年版。

陈遵妫：《中国天文学史》（第三册），上海人民出版社 1984 年版。

中国天文学史整理研究小组：《中国天文学史》，科学出版社 1981 年版。

闪修山、陈继海、王儒林：《南阳汉代画像石刻》，上海人民美术出版社 1981 年版。

朱天顺：《中国古代宗教初探》，上海人民出版社 1982 年版。

钱宝琮：《钱宝琮科学史论文集》，科学出版社 1983 年版。

陈立夫主编：《中国天文学发展史》，台湾“商务印书馆”1985 年版。

南阳汉代画象石编辑委员会编：《南阳汉代画像石》，文物出版社 1985 年版。

张大可：《史记研究》，甘肃人民出版社 1985 年版。

张大可：《司马迁评传》，南京大学出版社 1994 年版。

朱锡禄：《武氏祠汉画像石》，山东美术出版社 1986 年版。

方励之主编：《科学史论集》，中国科学技术大学出版社 1987 年版。

北京天文台主编：《中国古代天象记录总集》，江苏科学技术出版社 1988 年版。

顾铁符：《夕阳刍稿——历史考古述论汇编》，紫禁城出版社 1988 年版。

陈梦家：《殷墟卜辞综述》，中华书局 1988 年版。

陈江风：《天文与人文》，国际文化出版公司 1988 年版。

陈江风：《天文与社会》，河南大学出版社 2002 年版。

潘鼐：《中国恒星观测史》，学林出版社 1989 年版。

《辞海》编辑委员会：《辞海》，上海辞书出版社 1990 年版。

[日] 安居香山：《纬书与中国神秘思想》，田人隆译，河北人民出版社1991年版。

钟肇鹏：《谶纬论略》，辽宁教育出版社1991年版。

[英] 崔瑞德、鲁惟一著：《剑桥中国秦汉史》，杨品泉等译，中国社会科学出版社1992年版。

陈富荣：《宗教礼仪与文化》，新华出版社1992年版。

詹鄞鑫：《神灵与祭祀——中国传统宗教综论》，江苏古籍出版社1992年版。

刘韶军：《古代占星术注评》，北京师范大学出版社1992年版。

李龙生：《占星术》，海南出版社1993年版。

华夫主编：《中国古代名物大典》，济南出版社1993年版。

代继华、谭力、粟时勇：《中国职官管理史稿》，法律出版社1994年版。

韩玉祥主编：《南阳汉代天文画像石研究》，民族出版社1995年版。

陈麟书：《宗教观的历史·理论·现实》，四川大学出版社1996年版。

冯时：《星汉流年——中国天文考古录》，四川教育出版社1996年版。

冯时：《中国天文考古学》，社会科学文献出版社2001年版。

冯时：《中国古代的天文与人文》，中国社会科学出版社2006年版。

冯时：《百年来甲骨文天文历法研究》，中国社会科学出版社2011年版。

冯时：《中国古代物质文化史·天文历法》，开明出版社2013年版。

刘永平主编：《张衡研究》，西苑出版社1999年版。

夏商周断代工程专家组：《夏商周断代工程1996—2000年阶段成果报告》（简本），世界图书出版公司2000年版。

俞伟超主编：《中国画像石全集》，河南美术出版社2000年版。

信立祥：《汉代画像石综合研究》，文物出版社2000年版。

张荣明：《中国的国教：从上古到东汉》，中国社会科学出版社2001年版。

席泽宗：《古新星新表与科学史探索》，陕西师范大学出版社2002年版。

庞天佑：《秦汉历史哲学思想研究》，中国社会科学出版社2002年版。

彭卫、杨振红：《中国风俗通史·秦汉卷》，上海文艺出版社2002年版。

巩启明：《仰韶文化》，文物出版社 2002 年版。

谭维四：《曾侯乙墓》，生活·读书·新知三联书店 2003 年版。

陈美东：《中国科技学术史·天文学卷》，科学出版社 2003 年版。

黄一农：《社会天文学史十讲》，复旦大学出版社 2004 年版。

陈业新：《灾害与两汉社会研究》，上海人民出版社 2004 年版。

刘乐贤：《马王堆天文书考释》，中山大学出版社 2004 年版。

顾颉刚：《古史辨自序》，河北教育出版社 2003 年版。

顾颉刚：《秦汉的方士与儒生》，上海古籍出版社 2005 年版。

王柏中：《神灵世界：秩序的构建与仪式的象征——两汉国家祭祀制度研究》，民族出版社 2005 年版。

金春峰：《汉代思想史》（增补第三版），中国社会科学出版社 2006 年版。

刘次沅、马莉萍：《中国历史日食典》，世界图书出版公司 2006 年版。

李零：《中国方术正考》，中华书局 2006 年版。

李零：《中国方术续考》，中华书局 2006 年版。

陈来：《古代思想文化的世界：春秋时代的宗教、伦理与社会》，生活·读书·新知三联书店 2009 年版。

陈来：《古代宗教与伦理：儒家思想的根源》（增订本），北京大学出版社 2017 年版。

江晓原：《天学真原》，译林出版社 2011 年版。

江晓原：《星占学与传统文化》，上海古籍出版社 1992 年版。

江晓原：《历史上的星占学》，上海科技教育出版社 1995 年版。

江晓原：《中国星占学类型分析》，上海书店出版社 2009 年版。

［日］沟口雄三、小岛毅主编：《中国的思维世界》，孙歌等译，江苏人民出版社 2006 年版。

陈久金：《帝王的星占——中国星占揭秘》，群言出版社 2007 年版。

陈久金、杨怡：《中国古代天文与历法》，中国国际广播出版社 2010 年版。

陈久金：《中国少数民族天文学史》，中国科学技术出版社 2013 年版。

卢央：《中国古代星占学》，中国科学技术出版社 2007 年版。

马承源：《中国古代青铜器》，上海人民出版社 2008 年版。

［美］费正清主编：《中国的思想与制度》，郭晓兵等译，世界知识出版社 2008 年版。

[美]班大为：《中国上古史实揭秘——天文考古学研究》，徐凤先译，上海古籍出版社2008年版。

庄威凤：《中国古代天象记录的研究与应用》，中国科学技术出版社2009年版。

杨英：《祈望和谐：周秦两汉王朝祭礼的演进及其规律》，商务印书馆2009年版。

许抗生、聂保平、聂清：《中国儒学史》（两汉卷），北京大学出版社2011年版。

钱穆：《两汉经学今古文平议》，九州出版社2011年版。

陈苏镇：《〈春秋〉与“汉道”：两汉政治与政治文化研究》，中华书局2011年版。

任蜜林：《汉代内学——纬书思想通论》，巴蜀书社2011年版。

吕宗力：《汉代的谣言》，浙江大学出版社2011年版。

钮卫星：《天文与人文》，上海交通大学出版社2011年版。

邓可卉：《比较视野下的中国天文学史》，上海人民出版社2011年版。

[日]桥本敬造：《中国占星术的世界》，王仲涛译，商务印书馆2012年版。

程万里：《汉画四神图像》，东南大学出版社2012年版。

周保平：《汉代吉祥画像研究》，天津人民出版社2012年版。

白寿彝、廖德清、施丁主编：《中国通史》（第四卷）《中古时代：秦汉时期》，上海人民出版社2013年版。

章启群：《星空与帝国——秦汉思想史与占星学》，商务印书馆2013年版。

陈美东：《中国古代天文学思想》，中国科学技术出版社2013年版。

陈久金主编：《中国古代天文学家》，中国科学技术出版社2013年版。

陈晓中、张淑莉：《中国古代天文机构与天文教育》，中国科学技术出版社2013年版。

徐振韬主编：《中国古代天文学词典》，中国科学技术出版社2013年版。

黄朴民：《天人合一：董仲舒与两汉儒学思潮研究》，岳麓书社2013年版。

徐复观：《两汉思想史》，九州出版社2014年版。

韩国河、赵海洲等著：《中国古代物质文化史·秦汉》，开明出版社

2014 年版。

方潇：《天学与法律：天学视域下中国古代法律“则天”之本源路径及其意义探究》，北京大学出版社 2014 年版。

罗建新：《谶纬与两汉政治及文学之关系研究》，上海古籍出版社 2015 版。

田天：《秦汉国家祭祀史稿》，生活·读书·新知三联书店 2015 年版。

陈侃理：《儒学、数术与政治：灾异的政治文化史》，北京大学出版社 2015 年版。

周桂钿：《董学探微》，福建教育出版社 2015 年版。

周桂钿：《中国传统科技》，福建教育出版社 2016 年版。

王纲怀、陈灿堂：《东汉龙虎铜镜》，上海古籍出版社 2016 年版。

赵贞：《唐宋天文星占与帝王政治》，北京师范大学出版社 2016 年版。

三　博硕论文

韦兵：《星占历法与宋代政治文化》，博士学位论文，四川大学，2006 年。

赵继宁：《〈史记·天官书〉考释》，博士学位论文，武汉大学，2010 年。

朱磊：《中国古代北斗信仰的考古学研究》，博士学位论文，山东大学，2011 年。

杨显：《汉代神话研究》，博士学位论文，四川师范大学，2012 年。

王小明：《〈春秋〉纬与汉代思想世界》，博士学位论文，湖南大学，2012 年。

刘宁：《谶纬天学研究》，博士学位论文，山东大学，2015 年。

陈敏学：《秦汉政治视野下的天象解说》，博士学位论文，中央民族大学，2017 年。

焦海燕：《星占学与两汉文化研究》，硕士学位论文，陕西师范大学，2010 年。

张骞：《星占学与汉代政治研究》，硕士学位论文，河北师范大学，2017 年。